プラトンとヘーゲルの
政治哲学

M・B・フォスター 著　永井健晴 訳

風行社

THE POLITICAL PHILOSOPHIES OF PLATO AND HEGEL

By M. B. Foster

First published by Oxford University Press 1935.

〔目　次〕

序 ………………………………………………………………………… 1

第一章　政治哲学の対象としての古典古代国家 Polis と西欧近代国家 State …… 7

　補説A　ポリスの三階層分割と分業（労働分割）についてのプラトンの混同 …… 39

　補説B　立法者 νομοθέτης あるいは守護者 φύλαξ になることは、「第二の教育」の産物なのであろうか？ …… 41

第二章　プラトンにおける正義 δικαιοσύνη と自由 ἐλευθερία …………………… 49

　Ⅰ　［国家の構成秩序］ …………………………………………… 51

　Ⅱ　［魂の構成秩序］ ……………………………………………… 57

　Ⅲ　［国家と魂の構成秩序の類比］ ……………………………… 72

　補説C　プラトンにおける教育 παιδεία と統治 ἀρχή ……………… 79

第三章　ヘーゲルのプラトン批判——「主体的エレメント」……… 85

　補説D　プラトンにおける節制 σωφροσύνη という徳 …………… 111

　補説E　「主体的自由」等々とそれらの両義性についての他の言及を伴うヘーゲルのプラトン批判 …………………………… 114

i

目次

第四章 近代国家における自由の条件としての法律
　Ⅰ ［法律の客体（観）性 objectivity］ ……………………………… 131
　Ⅱ ［法律の一般性 generality］ ……………………………………… 141
第五章 ヘーゲルにおける「市民社会」と「国家」 ………………… 148
第六章 統治者 ruler（ἄρχων）と主権者 sovereign ………………… 167

〔解題〕M・B・フォスター『プラトンとヘーゲルの政治哲学』…… 永井健晴 … 209
用語対照表（対訳）………………………………………………………………… 239
〔付録〕正義と自律――あるいはプラトン政治哲学のストイケイア覚書 …… 永井健晴 … 274
あとがき ………………………………………………………………………………… 275

315

ii

[凡例]

1 本著は『国家』(プラトン)と『法権利の哲学』(ヘーゲル)の二著をめぐって議論を展開している。その際、著者が基礎にしているのは、アリストテレス哲学とこれに係わる古代ユダヤ教やキリスト教神学そのものについてはテキストの中では議論されていない。本書の議論の前提とされている古代ユダヤ教やキリスト教神学との用語及び思想（解題参照）

2 原典の本文では、多くの場合、ギリシア語やドイツ語の原語は示されず、英訳語あるいは英訳語の形で使われているが、適宜、訳書では原語を挿入した。英訳語でも邦訳語でも原語の語義の完全な置き換えは不可能であるからである。（用語対照表参照）補説では、ギリシア語とドイツ語の原文が引用されている。訳書では原文に訳文を添えた。[解説]と[付録]では、ギリシア語がラテン文字で記されている。

3 本著のキー・タームである正義、自由、法などの言葉が、古代ギリシア語からキリスト教神学をへて近代哲学に至るまでに、どのような基本的な語義変容を遂げているか、これを見極めるのが、本著読解の醍醐味であろう。

4 西洋哲学の用語の多くはギリシア語とラテン語に由来する。近代英語の語彙には、語源的にゲルマン系とラテン系の諸語が混在している。したがって、古典語と現代語との間の語義上の差異性と同一性のみならず、現代語における英語・独語の間のそれにも細心の注意が払われる必要がある。

5 例えば、法を意味しうる Nomos, Law, Recht, Gesetz、あるいは理性を意味しうる Logos, reason, understanding, Vernunft, Verstand といった諸語の用語上の（歴史的かつ文法的な）差異に意識的でないと、議論の展開は捉え難い。

6 ギリシア語の長母音は、慣例に従って約めた（もっとも、そのまま残したところもある）。

7 『国家』篇からの引用の訳文は藤沢令夫訳（岩波書店）を、『法権利の哲学』からのそれは三浦和男他訳（未知谷）を基本的に用いた。尚、著者フォスターが用いているプラトンとヘーゲルのテクストは以下のものである。PLATONIS OPERA, TOMVS IV, RES PUBLICA, IOANNES BURNET (OXFORD CLASSICAL TEXTS); G.W.F. Hegel, *Philosophie des Rechts* (Lasson, 2nd ed. Leipzig, 1921).

序

　この仕事は哲学史に関する一試論たらんことを意図している。わたしがちっぽけな著作に長大な序文を付するならば、わたしはあからさまな非難に身を晒すことになろう。とはいえ、わたしは、過ぎし時代にどのようなことが可能であったかはともかく、われわれにとっては、包括的に哲学史の研究に基づかないような、哲学に関するまともな学問などありえない、という確信を表明しないわけにはいかない。思うに、哲学と哲学史の研究との親密な関係に、土台と上部構造という暗喩(メタファー)を用いることは相応しくないであろう。哲学史の研究は、哲学者の鍛錬に欠くべからざる、予備教育的な段階である、ということ以上のことをわたしは示唆していない、と思われるかもしれない。だが、わたしは哲学史の研究にこれよりも高い要求をすることになろう。哲学史の研究は、まともに「哲学する」人間の判断力の育成に不可欠であるだけではない。まさにこれを手立てにして、かれは「哲学する」ことを続けなければならない。「哲学する」ことは、哲学史を哲学的に研究することである。

　これらの要求のより高い方が一般的に認められるならば、そのことは哲学の本格的な再生の前兆(プリュード)になるかもしれない。すくなくともより低い方の要求を認めることは、哲学を荒廃から救済するために必要である。詭弁(ソフィストリ)と神秘主義(ミスティシズム)という両極端から哲学を護りうるのは、歴史的研究の訓練のみである。他のいかなることも、すくなくとも専門(職業)的な哲学者たちが〔次のような〕両極の陣営のいずれかに次第に吸収されてしまうことを阻止しえない。一方の実在論(現実主義) *Realism* においては、学問(科学)的方法のあらゆる厳格さが、小さな数の、小さくなる数の、純粋にアカデミックな関心事に適用される。他方の観念論(理想主義) *Idealism* においては、たし

序

かに重要な主題が扱われるが、しかし一種の想像力による思弁 imaginative speculation のテーマとして扱われる。これについては、その信奉者でさえ、それが学問（科学）的である、と主張しえない。いずれの方法も、近代的知識の講義細目（シラバス）を共に構成している自然科学や他の諸科学といった卓越した諸学科の——わたしは敢えてこう述べたいのであるが——上位にあるのではなく横に並ぶような地位を占めるに相応しい哲学という学問を、産み出さないであろう。そして、わたしが先取りした厄介な破目に哲学が陥っているとすれば、哲学を探究する人々の煌く才気も、その古代の名前の威信も、近代科学がはじまる時期にスコラ学的な論理を圧倒した悪評から、哲学を長期にわたり救済することはないであろう。

専門（職業）的な哲学者の階層など消えてしまっても一向に困らない、と思われるかもしれない。現在でさえ、哲学的と呼ばれる最高のタイトルを持つ実に多くの思想は、主として哲学以外の学問（科学）の研究者たち——神学者、数学者、自然科学者、あるいはプラトン学者やアリストテレス学者——である著述家たち、かれらの仕事の中に含まれている。だから、哲学はそれ自身一個の学問（科学）ではなく、自余の研究を追求することにおいてのみ実行されかつ展開されうる、一定の批判的な精神ではないのか、あるいは何かを概観する心の習慣ではないのか、という疑念は背筋に中（あた）るであろう。

哲学的洞察は特定の主題についての学問的（科学）的研究によってのみ展開されうるということ、そして、このような研究から離れて哲学的真実を達成するすべてのいわゆる方法は贋物であるということ、こうしたことを、わたしはたしかに真実であると思う。しかしながら、専門（職業）的な哲学者だけが研究するに相応しい主題が存在する、ということが示されうるならば、かれには正当に携わるべき仕事がない、という結論は出てこないであろう。このような主題、すなわち、哲学史の素材を構成する大きな仕事が存在する。哲学史は、哲学の諸々の歴史についての研究ではない。そんなものは二番煎じの哲学史である。それは諸々の卓越した哲学的著作を批判的（クリティカル）に理解することであり、それが批判的でないか、あるいはそれらの著作が卓越したものでないか、このいずれかであるかぎりでは、欠陥のあ

2

序

るものである。もしそれがこのような研究に基づいているのであれば、哲学はいつかその方法において学問(科学)的なもの以下ではなく、その関心においてアカデミックなもの以上である、一学科となるであろう。しかしながら、現今の専門(職業)的哲学者たちに実際に注意が向けられるならば、こうした物言いはおそらく、逆説よりも陳腐により近いように見えるであろう。わたしが言及した両極の党派の途方もない言動を回避するに不可欠な一部分と見なさないであろうような人は殆どいない。そして、この国[イギリス]には、その哲学教育が他[哲学史研究以外]の基礎を持つ大学も殆どない。同時代の哲学は、哲学者たちの著作において、それらの教育においても、哲学史によって占められる大きなスペースによって、以前の時代の哲学からもっとも際立って区別される。しかし、[哲学史研究という]原理の真実が、同時代に一様に大いに実行されていることによって確かめられるにしても、それを明言することは、依然としてなお余計なことではない。哲学史が書かれ研究されていても、哲学的に書かれ研究されていないのであれば、それは充分ではない。[哲学]史家が、自分が追求する研究はそれ自身哲学についての学問(科学)である、ということを認めていないのであれば、これは不可能である。[哲学]史家が、それを(何であれ)「本源的に哲学すること」という活動とは異なる何か、しかもそれに劣る何か、と捉えているかぎり、かれが実際に生み出す仕事はまぎれもなく哲学的なものである、というわけにはいくまい。[詳細・哲学史]Laborious Histories of Philosophy といった類の哲学史は、理解力を欠いて(無思慮にも)、取るに足らぬ著述家たちの仕事を調査しているが、調査者が何故こんなことをするのかといえば、こうした著述家たちが忘却されていたから、というだけのことなのである。これら[この類の哲学史]は堕落の極端な例ではあるが、思い違いは、それが払拭されるまで、多かれ少なかれ、あらゆる哲学史をこの堕落で汚染するに違いない。その場合、このような非哲学的な哲学史が普及すれば、不可避的に、哲学史こそがその果実であるところの当のものの誤解を永続化することになる。なぜならば、読者は——こうした代物が哲学史で

3

序

あるということになれば——哲学とはこれとはまったく異なるものではない、などと信じてしまうだろうからである。だが、このような哲学史について、それは哲学についてのまぎれもない学問（科学）であると主張されるわけにはいかないのである。

さらに、哲学史が、その評価において、現実にはそれに実際に携わる誰かの欠陥に責任を問われて、たまたま論難されることもあるかもしれない。哲学史は、あまりにも雑駁であるという正反対の欠点によって論難されるかもしれない。その結果、たとえば、一人の古代の著述家についての哲学史家 historian of philosophy の仕事が同じ題材についての古典学者 classical scholar の仕事と比較され、前者は堅実さや精確さに欠けている、と見えることもあろう。堅実さや精確さはいずれも、後者の研究が一つの学問（科学）と呼ばれることにお墨付きを与え、そして一つの教育的学科としてのその価値を構成するからである。一節の意味を引き出すのに何日も労苦することが習慣になっている学者は、かの哲学史家の方法を皮相なものと考えることが許されるであろう。かれはこうした［哲学］史家がタレスからアリストテレスまでを一時間半ほどで雑作もなく走り抜けるのを観察しているからである。

思うに、哲学史は、諸理念を表現してきた諸著作についての厳密な知識なしに、諸理念を研究しようとするかぎりで、こうしたダメージを蒙る比較に晒されるわけである。ところで、このような研究と真正な哲学史との関係は、たとえば、皮相な「文化史」と真正な批評（クリティシズム）（批判主義）との関係に相当する。哲学史が批判的なものになるのは、それが学者 scholar の方法と同様に厳格な方法を採用するかぎりにおいてのみである。このことでわたしが謂わんとしているのは、哲学史は同じ方法を採用しなければならない、あるいは、哲学は学識 スカラーシップ（学者の研究）に基づいてのみ可能である（オクスフォードのこの財団に基づき成立した学派によって果たされた顕著な成功は両者の親近性を充分に証示しているのであるが）、ということではなく、学問（科学）的であることを追求する哲学は、そのモデルとして、数学者の厳密性 イグザクティテュード リゴラス よりもむしろ学者のそれを採用すべきである、ということである。

序

わたしが称揚した方法の価値は、その方法の実現にわたし自身が成功していることによって評価されるべきであろう。とすれば、わたしは愧恧たる思いを抱かざるをえない。欠点については、読者にお任せするしかない。しかし、わたしは自分の注意を、二人の哲学者のみならず、二つの著作、『国家』篇 Republic と『法権利の哲学』Philosophie des Rechts とに、限定した。このかぎりで、本書の目論見は、そのタイトルが示唆していることよりも制限されている。わたしは、原典でこれら二つの著作を研究したことのない読者にも（注や補説を除いて）理解しうるであろう著作を書こうと努めた。そして、用語対照表を付して、わたしがテクストの中で書き写しながら、翻訳しなかったギリシア語についてのもっとも近い英訳を添えて、読者の便宜を図ろうとした。しかし、わたしは、それらの著作をそもそもまったく研究してこなかった読者の使用の便に供する一冊の本を書くことを企図しなかった。

本書の多くの部分、とりわけ前半の部分は、一九三二年と一九三三年のオクスフォードにおける講義で先取りされている。そして、ヘーゲル批判のいくつかのポイントは、キール大学の博士論文のためにドイツで書かれ、『ヘーゲル哲学における精神の運命としての歴史』Die Geschichte als Schicksal des Geistes in der Hegelschen Philosophie というタイトルの下に一九二九年に公刊された著作の中で先取りされている。それが呈示されている形式が実際よりも不完全でないとすれば、それは大学出版の代表としてのかれの能力においてそれを見てくださったR・G・コリングウッド Collingwood 氏のおかげである。思うに、いくつかの箇所で、議論はまたかれの批判と示唆の便宜を与えてくださったJ・D・マボット Mabbott 氏、および原稿を部分的に読んでいただいた他の人々によって軽減された。わたしは、このお二人のご助力に、そして校正の労を引き受けてくださったJ・G・バリントン・ウォード Barrington Ward 氏のご親切に、感謝の念を表したい。

序

本書の諸理念がどの程度他の著作に負っているのか、わたしには分からない。しかし、わたしは、異なる時期に、二つの著作から刺激を受けた。すなわち、ボーザンケト Bosanquet の『プラトンの『国家』篇への手引き』 *Companion to Plato's Republic* 及び J・シュテンツェル Stenzel の『教育者プラトン』*Plato der Erzieher* がそれである。これらの主題においてわたしを指導してくださった方々、すなわち、J・L・ストックス Stocks 教授、マボット氏、『国家』篇についての講義における H・W・B・ジョゼフ Joseph 氏、そして、リヒャルト・クローナー Richard Kroner 教授が、かれらがそれぞれ果たしてくださったことが何であれ、それらに対するわたしの感謝の気持ちを受け取ってくださることを、わたしは願っている。

オクスフォード
一九三五年三月

M・B・F

第一章　政治哲学の対象としての古典古代国家 Polis と西欧近代国家 State

政治哲学の対象は何か。あるいは、政治哲学は何についての言説なのか。こうした問いに対する答えは、ある意味で単純明快である。ギリシアの政治哲学はポリス Polis（古典古代国家）に、西欧近代のそれはステイト State（西欧近代国家）に係わっている。われわれはすくなくともこのように言うことができる。

ギリシアの政治哲学は都市国家 City-State を扱った。これに対して西欧近代の政治哲学は国民国家 Nation-State を扱っている。両者の差異はしばしばこのように表現される。だが、わたしはこうした用語は避けておきたい。なぜならば、こうした用語が示唆しているところによれば、ステイト State がポリス Polis と異なるのはその地理的な範囲という属性によってだけであるからである。これは誤解である。ポリス Polis は近代国家のミニアチュアではない。

ポリス Polis は、われわれがステイト State と呼んでいるものを本質的に構成している特徴を欠いていたか、あるいはもっとも不完全な形で呈示していた。このことを示して見せること、これがわたしの課題のひとつとなろう。

を西欧近代のそれから区別するような前者の特徴を引き出すこと、そしてこうした欠如から、古代の政治哲学にもかかわらず、さしあたり、ステイト State とポリス Polis が共有する性格を、すなわち両者をして学問の同じ部門——つまり政治哲学——の対象たらしめている、あるいはたらしめていた性格を、考察しておきたい。こうした問いに対する答えにもまた、疑問の余地がない。ポリス Polis とステイト State が両者とも政治哲学の対象とされて

第一章　政治哲学の対象としての古典古代国家Polisと西欧近代国家State

きたのは、それらの差異がなんであれ、両者はともに政治的結社 political association の形式だからである。政治的結社に固有の性格は何か。この問いを提起しておくことは予備的に必要なことであろう。そして、この固有の特徴を欠く結合 association の他の二概念を退けておくことは予備的に有用なことであろう。

現在「古典的」物理学［自然学］physics と呼ばれているものにおいて想定されている、純粋に物理的［自然的］physical な世界についての見方に従えば、そこでは物質的な小部分 particles を合成 aggregation 可能であり、合成体 the aggregates のそれではない。テーブルや椅子ではなく、それらを構成する原子（不可分体）atom が、物理学に固有の対象である。人々を結合して政治的共同体 political communities を形成せしめる原理が、物理的世界についてのこうした理論において原子を結合して物体を形成せしめる原理と異なるところがないとするならば、政治哲学に固有の研究対象はありえないことになろう。人間たちの自然本性は、学問（科学）的知識の可能な対象であるが、しかし都市あるいは国家のそれはそうではないことになろう。

有機的自然 organic nature の世界においては、結合 association の異なる形式が見出される。有機体 organism はその構成因 members から構成されているが、物体 physical body がその物質的原子から構成されるのと同じ仕方で構成されているわけではない。有機的統一体 unity の原理は、その諸要因 elements はそれらが互いに異なっているがゆえに結合されている、ということのように思われる。構成因が互いに異なり、それらの全体を構成因の合成体 aggregate of members と呼ぶことのできないような結合体 association の産物は、それ自身の自然本性を持ち、これは学問（科学）的理解に補完的であるがゆえにのみ、生物の諸器官 organs は、われわれがそれらの合成体 aggregate が持たないような仕方で「互いに帰属し合っている」。同一的・物理的な小部分の単なる合成体 aggregates のそれとは異なる物体 material bodies を形成する。しかし、科学的知識の対象は、小部分の自然本性であり、合成体 the aggregates のそれではない。

スズメバチや海綿動物は、生物学によって研究されうる自然本性を持っている。このタイプの有機的統一体はあらゆる生物において見出されるが、個々の有機体以外においてもまた見出される。

8

第一章　政治哲学の対象としての古典古代国家 Polis と西欧近代国家 State

たとえばそれは動物の社会においても見出される。ミツバチの群れは、われわれがそれらをもはや単なる群れとしてではなく、単数で「ひとつのミツバチの巣」を形成するものとして語ることのできる仕方で互いに結合されていよう。そして、この統一体は、あきらかに、それを構成するメンバーの差異化とそれらの機能の専門化とに依存している。動物社会の有機的統一体は、生物個体のそれのように、生物学の対象である。おそらくその異なる部門であるとしても。

人間たちが有機的統一体の原理と異ならない原理で共同体 communities に組織化 organize されているのだとすれば、人間の結合体 association は自然科学に固有の対象ということになろう。しかしながら、政治哲学として現に行われている研究は、自然科学とはいささか異なるから、その対象は有機的統一体とは異なる原理によって構成されている、ということを前提にしている。有機的統一体の産物はなお自然的対象であるが、政治哲学の特異性は、その対象が自然的な対象以上のもの、すなわち精神的なそれである、ということを前提にしている。とすれば、政治的結合体 political association の産物、つまりポリス Polis とステイト State が自然的対象以上のものであるとすれば、それらのメンバーは有機的統一体以上の何かによって互いに結合されているに違いない。

この点を強調することが重要であるのは、きわめて多くの最近の政治哲学（とりわけ観念論的哲学 idealist philosophies）が、それらが国家 State の有機的自然本性と呼んでいるものを、主張してきたからである。それらは、労働の専門化〔社会的分業〕 specialization of labour の中に機能分化の一例を見て、そしてさまざまな職業 trade や専門の仕事 profession の相互依存を、人間社会を統一する紐帯と見なしてきた。人間社会がこれとは異なる紐帯を示さないとするならば、それを「政治的」社会 political society と呼ぶことに意味はないし、種類において生物学ないし何らかの自然科学とは異なるもの、すなわち政治哲学であることを要求する学問（科学）の対象として、それを区別して設定することにも正当性はない。——このように、われわれは繰り返さなければならない。動物社会を結合している紐帯はこれとは異なるが、しかし、そうであるのは種類においてではなく、複雑性の度合いにおいてに

9

第一章　政治哲学の対象としての古典古代国家 Polis と西欧近代国家 State

すぎない。ミツバチの巣はそのメンバーたちの相互依存によって結合されているが、もし人間たちの社会がそれ以外のものによって結合されていないのであれば、人間社会の構造はいわゆる政治哲学に固有の対象ではなく、生物学に固有の対象であろう。なぜならば、それは生物学のそれとは異なる種類の統一体を示さず、同じ種類のもうひとつの例を供給するにすぎないであろうからである。

プラトンの『国家』篇の議論においては、明確にではないにしても、ポリスは、まさしくポリスを有機体以上のものにし、そしてポリスを政治哲学の固有の対象として構成している、第三のタイプの統一体（ユニティ）を示している、という結論が示されている。

「それがポリスを有機体以上のものにする」という点を繰り返しておきたい。なぜならば、このことを主張することは、ポリスが有機体的なものとして存在することを否定することではないからである。言及した統一体（ユニティ）の諸形式はどれも下位形式を排除せず、それらの上に重ね合わせられている。かくして、あらゆる生物は、同時に物体であり、力学的法則に従って相互作用する物質的小部分から構成され、生物という統一体は有機体である、と述べることは、その物体としての性格を否定することではなく、それはこの物体を超え、その上、物体という統一体以上のひとつの統一体を示している、と主張することである。

同様に、人間社会は政治的なものである、あるいは政治的なものであろう、とわれわれが主張するとすれば、これは、このような社会は動物的結合の諸形式を示すであろうということを否定することではなく、それは同じく統一体のそれ以上の形式を示すであろう、ということを主張するにすぎない。どんな生物も同時にひとつの物体であるのと同様に、どんな人間も同時にひとつの動物である。だから、どんな政治的社会も同時に動物的ないし自然的な基礎ないし下位構造（サブストラクチャー）を持つであろう。

かくして、ポリスはひとつの有機的ないし自然的な統一体を示す、という主張と、その統一体は有機的なもの以上

10

第一章　政治哲学の対象としての古典古代国家 Polis と西欧近代国家 State

のものである、という要求との間に、不整合は存在しない。人間社会は生活の必要を充足するための相互依存の結合 association of reciprocal dependence を含んでいる、と主張すること、そして、このような結合はポリスないし政治的結合の一形式として適切に限定（定義 タ ー ム）されうるものをそれ自体において構成しているわけではない、と示唆（暗示）すること、これら両方のことがプラトンに可能となる。

プラトン解釈が困難である所以は、かれは前者を主張しながら、もっぱら後者を示唆はかれを自分のもとの主張を遥かに越えたところに運んでしまうであろう、ということを決して明確には見極めていない、という点にある。あるいは、おそらく、さらに正確にいえば、かれは自分が何であれその有機的統一体について自分のもとの主張を繰り返す以上のことをしていることを何ら認識しないまま、ポリスという政治的統一体 political unity をしきりに主張している、という点にある。

かくして、プラトンの議論には、二つの道筋 ラ イ ンないし流れ カ レ ン トがある。前者は顕在的で、後者は潜在的である。前者は、ポリスが有機的な、つまり自然的な、統一体を示していること、これを強く主張し、後者は、ポリスが、その自然的統一体を越えてその上に、いかなる自然的な対象も持ちえないひとつの種差（差異）differentia を持っていること、これを示唆している。

わたしはプラトンの議論におけるこれら二つの道筋 ラ イ ンを簡単にスケッチしてみたい。
ポリスが有機的な、（少なくとも）ひとつの有機的な統一体である、という議論は、あるものについての記述において見出せる。プラトンはこれを、『国家』篇の中で「第一の国家」と一般に呼ばれているもの——その存在 being に対立するものとしての——生成 becoming についての説明と呼んでいる。
(3)
プラトンは存在すること（存在者）になるのか how it comes into being が本質的に何であるか what it is ではなく、如何にしてポリスは存在すること（存在者）になるのか how it comes into being であ
(4)
る。この区別は、われわれが直接的に親しんでいる区別 ラ シ ョ ナ ルではない。われわれ自身はそれを、われわれ自身のために、あらゆる人間的結合の動物的基礎と、理性的動物 ラ シ ョ ナ ルたちの結合に特徴的なもの——特有のもの——との区別として、表

第一章　政治哲学の対象としての古典古代国家Polisと西欧近代国家State

現することになろう。後者は、それが随伴するならば、かれらの社会を、動物的なもの以上のものに、そして際立って政治的なものに、するからである。

われはプラトンが述べていることを見たときに、こうした示唆についてよりよく判断しうることになろう。「ポリス(polis)が存在することになるのは、各個人は自己充足的ではなく、多くのことにおいて不足しているからである」。各人は、食糧、衣服、住居のようなさまざまなものを必要とするが、各人はこれら必要なものを供給するには限られた能力(capacity)しか持っていない。誰もが熟練したskilled農民、織物師、大工のいずれかであるとしても、誰もこれらのすべてではありえない。だから、誰もが自分の技能(skill)では獲られない必需品の供給のために他者に依存している。この相互依存は、人間的結合の普遍的な絆(bond)である。この紐帯(tie)によって統一された四、五人でさえ、萌芽的なポリスである何かを構成する。

あきらかに、このような社会の統一性は、われわれが有機的なものと呼んだタイプのものである。それは、生活の必要(needs)を充足させるその成員諸個人の異なる能力に依存し、こうした差異がなくなれば、たちまち解体するであろう。同じ職業の四、五人はポリスの萌芽さえ構成することなく、多数の個人に留まるであろう。全体の統一性は、われわれには分業(trade)(労働分割) division of labourとしてお馴染みの、個人的機能(function)(働き)の専門化specializationにかかっている。

プラトンは「第一の国家(city)[ポリス]」のスケッチを、この分業の原理をさらにいくらか展開することによって完成させている。かくして、農民は自分自身の道具toolsを、この必要を充足させる成員諸個人のすべて作ることはできないであろう。このようにして、しかし、これらはそれらを作ることが専門の職人たちcraftsmenによってかれらのために作られるであろう。しかし、複雑性(complication)のこうした増大は、有機的統一性の原理の拡大にすぎず、別の原理の導入ではない。

こうしたスケッチが完成すると、グラウコンは、これは「豚の国家」city of swineである、という有名なコメント

12

第一章　政治哲学の対象としての古典古代国家 Polis と西欧近代国家 State

を付する。たしかにかれは、プラトンが自分の市民たちのために処方している食糧供給の単純さに照らしてのみ、こうしたコメントを付しているのであるが、かれの批判はこの国家［シティ］についてのプラン全体にまで正当に拡張されるであろう。それは動物の共同体の中には見出しえない特徴を示さず、その統一性は自然的有機体によって表示される統一性と種類において異ならない。

もちろん、この国家［シティ］は、それを定義することが『国家』篇の主題である理想的なポリスではない。一定の重要な観点において前者は後者と異なる。われわれがそれらの観点が何であるかを決定できるならば、われわれは、何が政治的結社の差異を構成し、それを政治哲学に固有なひとつの対象にするのか、というわれわれがこれまで答えようとはしなかった問いへのひとつの鍵を持つことになろう。

プラトンは理想的なポリスを「第一の国家［シティ］」から発展するものとして捉えている。かれが「第一の国家［シティ］」に帰しているその発展についてのかれの説明を手短に考察しなければならない。われわれは、この用語を「均衡」あるいは「調和」として言い換えることができる。われわれは、「健康」と呼んでいるものである。[11] われわれは、この用語を「均衡」あるいは「調和」として言い換えることができる。われわれが「健康」と呼んでいるものである。職業あるいは技能の相互調整はそれらの統一性の絆（ボンド）であるが、しかし、その相互調整を産み出すのは、いかなる職業の機能（働き）でもない。ちょうど、生きた身体の健康がその中のどのひとつの器官の働きでもなく、その健康が器官すべての均衡（バランス）とそれらの機能（働き）の相互適合 reciprocal adjustment に存するように。

「第一の国家［シティ］」が理想的な国家［シティ］へと発展する過程への最初の一歩は、この初めての健康の喪失に存する。われわれは国家［シティ］を「その成立過程 process of coming to be においてだけでなく、熱で膨れ上がった状態 state of fever においてもまた」[13] 検討しなければならない、とプラトンは述べている。熱で膨れ上がったこの状態は、原初的共同体を性格づけていた諸機能の均衡の攪乱に存する。プラトンによれば、この攪乱は奢侈の増大によって引き起こされ、これは人間の諸階層の諸欲求（必要）wants を多様化し、それらの欲求に伴って、それを供給することを要請された職人 artisans の諸階層を多様化し、最後に、それらを供給する自分自身の共同体の能力（キャパシティ）を超過してしまう。この点に達

13

第一章　政治哲学の対象としての古典古代国家 Polis と西欧近代国家 State

すると、共同体はそれ自身の欠如 deficiencies を近隣諸国への攻撃によって埋め合わせようと駆り立てられる。かくして、この国家のこうした熱〔フィーバー〕の中に、プラトンは戦争の発生を見ている。

その共同体は近隣諸国を攻撃しようとするだけではない。近隣諸国がそれ自身と同じく熱病に罹っているのであれば、それはそれらからの攻撃を予期しなければならない。それらの攻撃からそれ自身を防衛する必要から、その中にまったく新しい階層が、すなわち、それがすでに持っていた諸階層に加えて、戦士 warriors ないし守護者 guardians [φύλακες] の階層が形成される。この階層は、「われわれがまさに記述してきた国家や組織〔シティ〕の生活のために、攻撃者に対して反撃し、死するまで戦うことになる」。

プラトンは躊躇〔ためら〕なく、国家〔シティ〕を防衛するという機能は、農業、靴作り、あるいは他の必需品の供給と同じく、ひとつの特殊な階層に割り当てられなければならない、と想定し、自分の想定を支えるために、かれがすでに明言していた分業の原理に訴えている。しかし、国家〔シティ〕を防衛するという機能は、その成員たちのあれこれの必需品 want を供給するという機能とは、実際には比較することができない。この階層を認識することはきわめて重要である。なぜならば、戦士の機能はそれに依存する諸器官のかの分割と調和的適合 harmonious adjustment を保護することに他ならないからである。

戦士〔ワリアー〕の機能は、必需品を供給することではない。それは、必需品を供給するかの均衡システムの不可侵性（統合性）integrity を保護することである。戦士をひとつの階層に専門化することは、すくなくとも分業原理の通常の適用ではない。なぜならば、戦士の機能はそれに依存する諸器官のかの分割と調和的適合を保護することに他ならないからである。

ここで問題になる原理は、われわれが守護者階層 guardians class についてのプラトンの概念における更なる発展をフォローするならば、より明確になるであろう。守護者たちがはじめて導入されるとき、かれらの機能は外敵に対して同胞を防衛するために戦うことにすぎない。そしてプラトンは、この階層が、あるいはそのさらに下位区分が、さらに重要な機能を、つまり統治 ruling の機能を、信託〔エントラスト〕されなければならない、という自分の結論への道を、徐々に手探りで進んでいるようにしか見えない。

第一章　政治哲学の対象としての古典古代国家Polisと西欧近代国家State

守護者階層の下位区分は、その守護者階層が果たさなければならない諸機能は本質的に単純なものではなく二重のものである、という認識から帰結する。それは外からだけでなく内からの擾乱に対して原初的共同体(コミュニティ)の均衡を防禦しなければならない。後者の機能の必要性は、前者のそれと同じく、国家の「熱病」状態においてあきらかにな(18)る。なぜならば、「熱」は外敵の侵寇を挑発するだけでなく、国内的均衡の擾乱ないし無秩序を引き起こし(あるいはむしろ、そうした擾乱ないし無秩序そのものであり)、国家(シティ)を防禦するという守護者の仕事は、外からの攻撃を退ける(ワーク)ことと、そして対内的無秩序を修復すること、これら二重の形式をとらなければならないからである。前者の仕事は戦士warriorsに、後者のそれは統治者rulersに相応しい。統治者が防禦ないし修復しなければならない無秩序は、国家のひとつの仕事(トレイド)ないし部門(セクション)がそれ自身の機能を果たさないこと、あるいはひとつの職務(プロヴィンス)が他の職務(タスク)を侵犯(19)することに存する。だから、当然ながら、統治者という分離された階層の現存を要求すること――こうしたこととして認められるところの第一の機能は、無秩序を刑罰によって抑止するpenal repression、という意味(20)での統治governmentであることになろう。

思想[思惟カテゴリー]の第二のより重要な道筋はプラトンを同じ結論に導いているが、それは以下のようなものである。かれは、国家(シティ)防衛を託(チャージ)されている戦士(ファイターズ)という特殊な階層がなければならない、ということを決定してから、次のように考えている。すなわち、この階層を構成する諸個人は、戦闘的な気質(テムパー)(21)という本性的な天分(エンダウメント)によってばかりでなく、技能(アーツ)や身体の鍛錬(エクササイズ)の両方における訓練課程(22)――これはかれらの本性的資質(ディスポジション)をそれが奉仕(23)することが意図されている諸目的に向けるはずである――によってもまた、この任務を果たすことに適格でなければならない。そして、かれらは自分たちの本性的資質を、そうでなければ不可避的にそうなってしまうような、無闇な争いごとに堕落させてしまうことを許容する代わりに、市民的勇気civic courageにまで発展させなけ(24)ればならないのである。この思想的道筋は、(まだもっぱら戦士(ファイターズ)として捉えられている(25))守護者(ガーディアンズ)の教育についての議論を導入している。この議論は、第二巻と第三巻の大部分を占めている。戦士のために規定された訓練課程を

15

第一章　政治哲学の対象としての古典古代国家 Polis と西欧近代国家 State

いくぶん詳しくスケッチしてから、プラトンは、この訓練が実際に実現されるべきであるとすれば、国家〔シティ〕の中に誰かそれを規定〔プリスクライブ〕することができる人がいなければならない、と指摘している。(26)プラトンが示したところによれば、ひとりの防御者〔ディフェンダー〕に適した性格を産み出すことは、かれの訓練の必須要件〔イングレディエンツ〕としての人間陶冶〔情緒の涵養〕humane studies と肉体鍛錬とのしかるべき混合にかかっている。この訓練に服するものがこれらの必須要件を結びつける均衡 proportion を、あるいはこの均衡が正しいものである理由を、知っている必要はないし、そしてかれがそれを知ることは、かれ固有の卓越性 proper excellence の部分を成してもいない。勇気 ἀνδρεία という市民的徳 civic virtue がかれの中に生み出されるためには、均衡が正しいものであることは必要であるが、かれがその正しさを確信していること、あるいはそれを正しいものたらしめているものが何か、これに気付いている必要はない。しかし、こうした性格を産み出すべき訓練士〔トレーナー〕自身は、それを生み出すことができるところの卓越性〔エクセレンス〕（徳）を超える、更なる卓越性を持っていなければならない。かれは、必要とされる性格を産み出すために教育の諸要素〔エレメント〕が混合されるべき割合 proportion を知らなければならない。このように、国家〔シティ〕における戦士階層の生産は、必然的に、かれらの訓練を規定〔プリスクライブ〕する能力のある更に上の階層の現存を前提にしている。これは、もっとも厳密な意味における統治者 rulers の階層である。

かくして、われわれは、思想の二つの道筋のいずれかによって、守護者階層の中に下位区分が必要であることに達するであろうが、どちらの道筋をわれわれが辿るにせよ、統治者階層を性格づけているに違いない際立った卓越性〔エクセレンス〕（徳）は、同じものであることが見出されるであろう。それは国家内の無秩序を防遏し、かくして原初的国家〔シティ〕の防御者〔ディフェンダー〕の「健康」であった善き秩序あるいは調和を防禦ないし再建しなければならないとすれば、この調和が何にかかっているか、そして善き秩序はどこに存するのか、これを知らなければならない。その卓越性が外敵に対する国家〔シティ〕の防御者〔ディフェンダー〕を訓練しなければならないとすれば、かれらの訓練を形作る（形相を付与する）inform べき原理を知らなければならない。(27)この卓越性は、何らかない。それが持つべき卓越性は、洞察 insight、知識 knowledge ないし知恵 wisdom である。

第一章　政治哲学の対象としての古典古代国家 Polis と西欧近代国家 State

の特殊な技術や仕事を追求するために必要とされる知識ではなく、諸々の特殊な仕事の均衡（トレイド・バランス）と、さまざまな技術者 artificers を単一の結社（アソシエーション）に統一する秩序とについての、知識である。いずれにしても、プラトンはかれの古い分業原理を、この知識の単一階層への専門（特殊）化において適用している。政治的知恵 political wisdom である。
(83)

こうした議論をフォローしながら、われわれはこれまで、分離された一階層としての統治者たちを、プラトンがこの後「補助者たち auxiliaries [ἐπίκουροι]」と呼んでいる他の守護者（ガーディアン）から、区別することを必然化する理由を、最大限に強調してきた。しかし、忘れてはならないのは、この分離は守護者階層の中での下位区分にすぎないということである。政治的結社である理想的なポリスが、政治的結社ではない「第一の国家」（シティ）から区別されるのは、この階層を含んでいることによってだけである。だから、われわれは、守護者階層の機能の中に、政治的結社 political association の種差（差異）differentia とは何か？と問うことによってわれわれが始めた問いかけ、これに対するプラトンの答えへの鍵を、見出すことになろう。この［守護者層の］機能を理解することを前提にしている。

形相 Form [εἶδος, ἰδέα, μορφή] と質料 Matter [ὕλη] との大きなギリシア的区別を理解するだけでなく、それがそれ自身単一の対象と見なされることを可能にする統一性 unity を構成する。かくして、ひとつのテーブルの形相は、その定義において、ひとつの対象と同じ種類の他の対象との同一性 identity を構成するだけでなく、それがそれ自身単一の対象と見なされることを可能にする統一性 unity を構成する。かくして、ひとつのテーブルの形相は、その定義において、その目的 end [τέλος] ないし用途 purpose と同義である。この形相は、すべてのテーブルにおいて同一であるが、しかし、それぞれにおける統一性の原理である。

それは、多様な感覚的性質が凝集し単一の対象を構成するように、感覚的「質料」（タクチュアル）の不確定的な多様性 multiplicity を秩序づけるものである。この特殊な色、固さや滑らかさのこれらの特殊な触覚的性質は、それら自身の本性 nature において互いに親近性 affinity を持たない。それらは、ひとつのテーブルの形相、プラン、デザインがそれらすべての共存を要求するかぎりで、「共属している」にすぎず、そして、結果する単位が単一の名で指示されるように、

17

第一章　政治哲学の対象としての古典古代国家 Polis と西欧近代国家 State

それらを互いに結びつける。いかなる対象も、こうした形相と質料の統一として以外には可能でない、あるいは捉えることができない。そして、これら二つのうちで、形相は普遍的 universal かつ英知的 intelligible であり、質料は特殊的 particular かつ感覚的 sensible である。

テーブルのような人為[τέχνη]の産物においては、対象を構成せしめる形相の付与（形相の定立・顕在化）information は、製作者[ποιητής]の仕事（制作）[ποιειν]であり、かれの仕事は具体化されるべき普遍的形式の知的理解 intelligent apprehension によって導かれる。自然的対象においては、形相は現前 present しているが、しかしこの現前 presence のために、それが予め概念把握 conceive されている必要はない。生きて成長している自然的対象においては、形相はその成長を制御するものであり、それを維持することがその健全さ well-being ないし健康を構成する。

健康は生きた身体の形相を保存することであるが、この形相を保存することは、いかなる身体的な特殊的器官の機能でもない。ひとつの器官は汗を、他の器官は胃液等々を産出する。しかし、どの器官も健康を産出しえない。健康は全器官の機能における均衡ないし調和にかかっている（あるいはむしろ均衡ないし調和である）からである。形相は、身体の健康として実現されるために、前以て知られている必要はない。健康が損なわれ、医者によって人為的に回復されなければならないときにのみ、形相についての知識が健康の回復に先行していなければならない。しかし、回復された健康は、どの身体器官の機能に関しても、医者にかからなかった元の健康にすぎない。それは、理性 reason の仕事である。あるいは、理性によって導かれた目的の、そしてさらに、健康を回復した身体によってではなく、身体を治療する医者によって果たされた目的の、仕事である。医者の技術によって健康を回復した身体は、自然の王国では、偶然に出会うことのないものである。そして、われわれが、病人が自分の医者であり、実現されるべき形相に関する自覚的な理解 conscious apprehension によって自分の健康を回復する、と想定しても、だからといって回復は自然過程だというわけではなく、単なる有機体が果たしうるような結果でもない。それはかれの諸器官

18

第一章　政治哲学の対象としての古典古代国家 Polis と西欧近代国家 State

の機能以上の何かを、すなわち、理性の活動を、前提にしている。この活動は、いかなる器官の仕事でもありえない。

それはすべての仕事を制御しなければならないからである。

われわれ以前に、プラトンの「第一の国家〔シティ〕」を解明するために、生物の有機体〔リヴィング・オーガニズム〕との類比〔アナロジー〕を用いた。しかし、その類比においては、それぞれの仕事が身体器官と、全体の統一性が身体の無意識的な健康と、対応している。「第一の国家〔シティ〕」が充分発展したポリスに移行すると、統一性は脅威に晒され、意識的に回復された。守護者たちの階層が導入されたのは、まさにこの統一性を保持するという任務のためである。かれらの任務に類比されるのは、もはやいずれかの特殊な身体器官の機能にではなく、理性的目的を持つ活動である。この活動にとって、健康は意識的な対象であり、それを構成する諸エレメントの多様な活動を統一する「形相」であるからである。有機的身体との類比は、理想的なポリスにおいては、一器官〔オーガン〕とは比較しえない一階層〔クラス〕が導入されたからである。なぜならば、この一階層の目的は、一機能を遂行することではなく、諸機能の均衡〔バランス〕を維持することであり、このことがポリスの理想的なポリスにまで拡張するわけにはいかない。というのは、理想的なポリスにおいては、一器官〔オーガン〕とは比較しえない一階層〔クラス〕が導入されたからである。

さて、最初の問いかけ、政治的社会 political society の特殊（固有）な性格は何か？ これに戻ることにしよう。この性格は、それを、自然の王国において見出される結合 association の諸形式から区別し、（生物学ではなく）政治哲学の適切な対象に構成する。われわれが示唆したところによれば、『国家』篇における充分発展したポリスを「第一の国家〔シティ〕」から区別するものは何か、これを発見することができるならば、答え（すくなくともプラトンの答え）への鍵を見出すことになろう。そしていまや、両者のひとつの大きな区別が明らかになっている。「第一の国家〔シティ〕」においては、その統一性（分業と諸々の仕事〔トレイド〕の調和）を構成する形式は、それが原初的なものであり、意識的な目的の産物ではない、という意味において、自然的なものである。理想的なポリスにおいては、この同一的な形相は回復され、その正義〔ジャスティス〕 [δίκαιον] は、回復された形相を自然的なそれと同一的なものたらしめている条件にまったく依存している。しかし、その回復過程は、意識的な目的によって形相が定立される行為 act informed である。

第一章　政治哲学の対象としての古典古代国家Polisと西欧近代国家State

かくして、理想的なポリスが「第一の国家〈シティ〉」と同一であるのは、その形相が自然本性によって規定〈プリスクライブ〉されている、という点においてである。前者が後者と異なるのは、それが技術（人為）によって統一されているとイメージされたのに対して、理想的なポリスの成員たちは形相についての知識 knowledge [ἐπιστήμη] によって統一されている。

これは見逃しえない差異である。この差異は、われわれがこれまで考察してきたのとは異なるひとつの結合原理 principle of association を導入する。われわれは、理想的ポリスに特徴的な、形相についての知識は、国内における熱が攪乱していた均衡〈バランス〉の回復を単に伴うにすぎない随伴〈エピフェノメナル〉的な意識以上のものではない、という誤解に対して、とりわけガードを固めなければならない。反対に、形相についての知識は、この回復に先行しなければならない。そして、原初的な無垢〈インノセンス〉の状態から抜け出したいかなる国家においても、それを一国家たらしめる統一性と調和は、一人の医者の医学的知識が、かれが治療した一人の患者のような知識の力に基づいてのみ維持されうる。この知識は、一人の陶芸家の知識が粘土を形づくる過程にとっての回復にとってそうでない以上に、あるいは花瓶の使用目的についてのそうでない以上に、随伴的なものではありえない。

自然におけるあらゆる統一性は、つまり、すべての自然的対象は、ひとつの形相の現前 presence of a form にかかっている。一ポリスの統一性は、自然的統一性としてではなく、技術〈アート〉（人為）の産物である統一性として、その形相が知られていること form's being known にかかっている。理想的なポリスの形相は常に現存している。なぜならば、それは諸イデアの王国においてひとつの永遠の存在 eternal being を持っているからである。それは、統治者がそれについての知識にまで登りつめ、この知識によって地上のポリスにおいてそれを実現〈リアライズ〉（実在化・認識）するならば、そのときにのみ、現実化〈アクチュアライズ〉（顕在化）される。

ポリスがひとつの自然的対象以上のものであるのは、自然的対象を技術〈アート〉（人為）の産物に同化する事態、すなわち、ポリスの形相はひとつの自然的対象以上のものであること being known によってのみ実現〈リアライズ〉（実在化）されうる、という事実、これによってである。

第一章　政治哲学の対象としての古典古代国家Polisと西欧近代国家State

そして、政治的社会のこの特殊な性格の認識によって、プラトンは政治哲学に対して永遠に価値のある寄与を果たしているのである。

たしかに、プラトンは、政治的社会のこうした理論でさえ、決して多くの言葉を費やして定式化しているわけではない。かれは、自然的な学問と哲学との区別も、あるいは自然的な結合と政治的なそれとの区別も、公言していない。『国家』篇における前半の諸巻には、かれが理想的なポリスの組織を、「第一の国家」の組織から区別して、はっきり概念把握している章句がある。但し、かれは両者を、〔後者における回復過程・自己完成過程の〕欠如（デフェクト）によってのみ——すなわち、熱病から回復した人の状態は熱病にそもそも冒されなかった人の状態とは異なるがゆえにのみ——区別しているにすぎないのではあるが、このような章句があるにもかかわらず、この作品は全体としては、こうした〔後者から区別される前者の理想的なポリスの組織という〕概念の放棄を要求しているのである。とはいえ、理想的なポリスは、統治者と補助者との諸徳（能力）virtues の実現を可能にするが、「第一の国家」はそうではない。だから、この特殊（固有）な〔自己〕完成化過程は、われわれ自身の完成化過程 perfection を持っているに違いない。それゆえに、この性格を政治的社会に帰することを、われわれがプラトン的と呼ぶことは正当化されているわけである。

ところで、これまでの議論の諸々の含意に従うことがプラトン的であるとすれば、これ以上それらに従うことを拒むことも、同じくプラトン的である。ポリスの形相は意識的活動によって定立 impose される、あるいは何らかの形で影響される、ということを否定することも、同様にプラトン的である。すなわち、統治 ruling は理性によって方向づけられる秩序を定立すること imposition である、と主張すること。しかし、それは統治者そのものにひとつの秩序を定立することであり、と主張することを拒むこと、理想的なポリスのこのいずれもがプラトン的である。こうした含意が、実際、さらに引き出されなければならない。理想的なポリスのそれか中にその形相を定立し維持するための組織が現前することは、このポリスの形相そのものを、原初的な国家のそれか

第一章　政治哲学の対象としての古典古代国家Polisと西欧近代国家State

ら区別させる。統治者たち rulers 自身が、自分たちが統治 rule する国家 シティ の中に、一階層として含まれている、という単純な事実は、かれらが国家の中で維持する秩序は、自分たち自身に定立される秩序でなければならない、ということを必然化する。こうした含意をさらに引き出すことは、ギリシア的政治哲学の領域から近代的なそれへと一気に飛び移ることを必然化する。そして、プラトンの理論の主要な矛盾や混乱の根源は、これらを引き出すことにかれが蹉跌していることの中に見出せるであろう。

プラトンの構想が積極的に達成したものとその限界、この両面、というかれの教説の中に、もっともはっきりと現れている。というのは、統治 ruling がひとつの技術、テクネーである、活動の特徴は、それがそれ自身実在化（実在化）realization の過程に影響されないひとつの技術 クラフツマン 自身以外のものであるひとつの質料にひとつの形相を定立すること、そして、それが職人 イッシュウ の実在化（実在化）において現出すること、この両方であるからである。われわれは、その達成と限界の両方の観点から、統治についての教説について簡単に考察しておかなければならない。

われわれが見てきたように、形相は、普遍的かつ英知的 universal and intelligible なものである。というのは、第一に、職人の仕事は、かれが一人の職人 ワーク であり、制御されているからである。統治は形相の目的 proper end から逸脱しないかぎり、実現 リアライズ されるべき形相によって方向づけられ、制御されて惑わされない。細部はそれ自身ひとつの目的 エンド でありうるが、しかし、かれの目的は決してかれの仕事の細部によって方向づけられない。細部はそれ自身ひとつの目的でありうるが、しかし、細部において具体化されるべき〈普遍的なもの〉the universal を予め知性的に理解すること precedent intellectual apprehension によって制御されている、ひとつの活動である。テクネー・アナロジー the analogy with a Thechne は、卓越した明快さでこれら両方の特徴を例示している。というのは、第一に、職人の仕事は、かれが一人の職人であり、制御されているからである。細部はそれ自身ひとつの目的でありうるが、しかし、細部において全体についての計画において方向づけられており、それがその計画によって要求されるかぎりでのみ、細部において方向づけられているにすぎないからである。彫像に取り組んでいる職人は、その像を特殊な諸次元で彫琢しなければ

22

第一章　政治哲学の対象としての古典古代国家 Polis と西欧近代国家 State

ならない。足は、言ってみれば、三フィートで、それ以上であってもならず、それ以下であってもならない。しかし、もしかれがその特殊な測定が全体的効果によって要求されているからではなく、それが四三度を持っているから、この角度を選好するならば、つまり、かれが端的に形相の具体化としてではなく、本質的にこの角度でなければならない。しかし、もしかれがその特殊な測定が全体的効果によって要求されているとするならば、この角度を選好しているかぎりでは、かれは職人ではない。

第二に、テクネー・アナロジーは、統治者の機能（また戦士のそれではないにしても）の第二の本質的特徴を、すなわち、統治者は、職人のように、自分の仕事に対して予めこれを実現する形相の明確な学問的洞察を持っていなければならない、ということを際立てている。このようにして、テクネー・アナロジーは統治活動 activity of ruling の一般的本性 generic nature と種差 specific differentia との両方を例解している。それはひとつの〈普遍的なもの〉の実現の実現の実現の実現の実現の実現の実現の実現の実現の実現の実現の実現の実現の実現の実現の実現〈特殊なもの〉を〈善きもの〉として見なしているかぎりでは、かれは職人ではない。方向づけられ、そして実現されるべき〈普遍的なもの〉の知性的な理解 apprehension によって形相を付与（定立）inform される。

〈普遍的なもの〉the universal は理性 reason によってのみ理解しうる。これに対して、その実現 realization は意思の行為 act of will である。だから、統治のテクネーとの類比は、一統治者における行為の理解として、そこでは意思全体が理性に服しているところの活動を、含意している。

実際、あるひとつの観点において、統治者は、かれに類比される職人 craftsman が達成しえないひとつの完結性 completeness を伴うこの理想を成就する。職人がこの完結性を達成するのは、かれが職人であるかぎりにおいてである。すなわち、かれのエネルギーが、かれの質料（材料）においてかれの理性によって捉えられた意匠 design を実現することの中に、吸収されるかぎりにおいてである。しかし、どんな職人にとっても、職人であり、それ以外のものではない、ということは所与のことではない。かれは落ち着かされるべき生理的恐怖、満たされるべき身体的な必要を持っていて、これらを充足するためには、職人であると同じく、クレーマティステース（金儲けをする人

第一章　政治哲学の対象としての古典古代国家Polisと西欧近代国家State

Χρηματιστής ないしmoney-makerであらざるをえない。自分自身を自分の職能に適応させるかれの自由は、その生産物が需要されるもの demand を供給するか、あるいは必要を満たすかところの条件に依存する。一度仕事がかれに設定されるなら、理性がかれの遂行（パフォーマンス）を支配（ガヴァーン）（統御）する。しかし、かれの仕事の設定は、（主人ないし顧客（カスタマー）の）「命令（オーダー）（注文）」order に依存する。これは気まぐれから行なわれるから、かれの自然本性の非合理的な部分に向けられている。主人の命令がかれの恐怖に向けられているなら、かれは奴隷である。顧客の注文にかれが従属するのは、かれの身体的な必要と、自分の稼ぎ earnings でこの必要を満たさなければならない首尾一貫した必然性 necessity によってである。そして、プラトンにとっては、この従属 submission は隷属 slavery に他ならなかった。プラトンの概念（コンセプション）によれば、経済的必要は、経済的諸法則の作用に奴隷が主人の気まぐれに従うことの間に、原理的に何ら差異を見ることができなかった。職人は、設定された仕事を遂行することにおいて合理的であるが、しかしこの形相において、あらゆる必要物とこれらを供給する過程とは、体系化され秩序づけられるからである。諸欲求 desires とそれらの充足との普遍的体系は、どんな欲求の対象でもありえず、理性の対象でのみありうる。かくして統治者の活動の——単なる手段でなく——目的（エンド）は、理性によって設定されるわけである。

しかし、統治者の活動の目的は——これはポリスの形相であるが——どんな必要の対象でもない。なぜならば、まさにこの形相において、あらゆる必要物とこれらを供給する過程が、体系化され秩序づけられるからである。諸欲求 desires とそれらの充足との普遍的体系は、どんな欲求の対象でもありえず、理性の対象でのみありうる。かくして統治者の活動の——単なる手段でなく——目的（エンド）は、理性によって設定されるわけである。

プラトンがこのテクネー・アナロジーから展開した、統治者の活動という概念は、すなわち、そこにおいて魂のほかのどのエレメントも理性に従属しているところの活動という概念は、道徳的行為 moral conduct のその後に続くほとんどあらゆる理想が多かれ少なかれ直接的にそこに由来するところのモデルである。

以上が、テクネー・アナロジーの価値、そしてそれが示唆するポリスについての教説である。いまやわれわれはそ

24

第一章　政治哲学の対象としての古典古代国家 Polis と西欧近代国家 State

の致命的な諸限界を考察しなければならない。われわれは次のことを示さなければならない。すなわち、政治的社会の秩序は理性によって定立される、というこのアナロジーが強調している固有性（属性）のみならず、その秩序は自己定立 self-impose されている、というそれ以上の固有性（属性）property ——これをこのアナロジーは暗に否定している——をもまた備えていること、このことは政治的社会の本質に属しているということ、そして、この第二の固有性は第一のそれによって示唆（含意）imply されているということ、そして、『国家』篇のプラトン自身は、こうした示唆（含意）の抵抗し難い論理によって、われわれが上でスケッチしたポリスについての教説とは矛盾する立場に追いやられ、自分自身からはこの矛盾全体を、概念の混乱によって実際にはまぎれもなく隠蔽したにすぎなかったということ、こうしたことを、われわれは示さなければならない。

テクネー *nexni* とは「デミウルゴス」δημιουργός あるいは職人クラフツマン[39] がかれ自身以外の質料に形相を定立することの制限リミテイション（限界）は、守護者ガーディアンたちが現前することそのものが the presence がそもそも必要とされる理由である。「第一の国家シティ」は職人クラフツマンたちから構成され、各人は自分の職能クラフトに適した形相を質料に定立することに従事する。もしかれらの質料にだけでなくかれら自身にもまた形相を定立することがかれらの職能に属しているならば、かれらは国家シティにおける熱病が崩壊させる諸々の職能間の調和を自分たち自身で回復しうるであろう。かれらの活動のまさしく自然本性がかれらから自身への反リフレクション省を妨げるがゆえに、諸々のテクネーに——これらはこれらで自身の質料に秩序を定立するのであるが——秩序を定立し、あるいは再定立する、もう一組の職人たちが、必要とされるわけである。

この秩序は、もちろん、さまざまなテクネーの組織化 organization であり、この組織化は共同体コミュニティの形相である。特殊な職能の「技術的」テクニカル諸活動は、この形相がそれに定立されるところの質料であり、かくして、かれ自身の職能の生産物という観点からして「普遍的なもの」ないし形相を「意思する」職人は、かれがその成員の一人であるところの共同体コミュニティの質料ないし〈特殊なもの〉 the particular だけを意思しうるにすぎず、そして、その共同体の形相を意思す

25

第一章　政治哲学の対象としての古典古代国家Polisと西欧近代国家State

ることはできない。

　共同体の形相を意思すること、つまり、分業の組織化を諸々の特殊なテクネーに定立すること、これは統治者たちが独占する機能である。統治者たちの活動は、それ自身、そこにおいてかれらが自身以外の質料にひとつの形相を定立するところの、ひとつのテクネーの自然本性を分有している。かくして、われわれは理想的なポリスの中に、分業による機能の専門化――これはそれを回復するために守護者が導入されるところの形相である――は、事実、従属者ないし生産者層（サブジェクト）において維持されるが、しかし、注意深くかつきわめて厳格に、妻子と財産の共有（コミュニティ）のための規則づけ（レギュレイションズ）によって、除外されている、ということを見出す。真実のデミウルゴスである統治者は、かれ自身がそれに従属しないところのひとつの秩序を定立する。

　しかし、守護者たち（ガーディアン）（統治者（ルーラー）と戦士（ワリアー））自身はポリスの内部での階層を構成する。かれらが互いに、そして従属する階層と共に、ひとつの統一体（ユニティ）を形成する――かれらはそうせざるをえないのであるが――べきであるならば、かれらはひとつの形相の定立によってこのような統一体へと組織化されなければならない。この組織化の形相は明らかであり、階層を三つに組織化することこそ、この理想的国家を性格づける。しかし、いかなるデミウルゴスが、この形相――従属する者たち、戦士、そして統治者自身、これらのそれぞれの身体は、その質料に他ならない――を定立するのか？　この問いに対する答えは、統治のテクネー・ドクトリン τέχνη doctrin の弱点全体を暴露する。この形相は、あきらかに理想的なポリスを構成（コンストラクト）し、その国制（コンスティテューション）を決定する職人（クラフツマン）によって、つまりソクラテスおよび対話においてかれと協働する対話者たちによって定立される。ソクラテスが言うように、「われわれ」こそ、この「国家の創設者（ファウンダーズ）」（40）である。「われわれ」は、統治者の諸機能と被治者とのかれらの諸関係とがそれら自身によって決定されるところの国制を確立する立法者 lawgivers である。（41）「われわれ」は、この国制が基礎を置く原理を理解しなければならない。しかし、統治者はそれを理解する必要はない。そしてソクラテスは、実際に一章句の中で、（42）「われわれ」が創設されはかれらから隠されているべきである、と説いている。「われわれ」は、結局、われわれ自身、「われわれ」が創設

第一章　政治哲学の対象としての古典古代国家Polisと西欧近代国家State

するポリスの成員ではなく、「われわれ」が基礎づける国制に従属することもない。

以上、われわれは簡単に統治のテクネー理論の諸帰結をフォローしてきた。もし統治がひとつの技術であり、統治者がデミウルゴス(ルーリング)であるならば、かれはそこでかれの「統治術」art of rulingが実行されるであろうところの国制を構　想(コンストラクト)する創設者ないし立法者の活動を前提にしなければならない。正確にこの点において、この理論の弱点がプラトン自身にあきらかになる。というのは、われわれが見たように、理想的な(理念上の)ポリス ideal polisを、そこに含まれる諸原理へのかれらの哲学的洞察によって構　想(コンストラクト)する、ソクラテスとかれの協力者(コラボレイター)たちによって、創設者の役割は演じられるからである。しかし、このように構成されたポリス、すなわち哲学的思弁(スペキュレーション)によってのみ生み出されたものにすぎない国家(シティ)、これはひとつの理想的存在(理念上の存在者)以上のものを持てない。それは必然的に現実性(リアリティ)を欠かざるをえない。この帰結の承認は、グラウコンによってかれに強引に押し付けられる。『国家』篇の「第二の教育」の導入に導かれる一連の議論に取りかかることになる。

いかなる条件に基づいて、理想的な(理念上の)ポリスは実現されうるのであろうか？　あきらかに、創設の任務(タスク)が思弁的哲学者から——かれの思弁の結果はひとつのユートピア以上のものでは決してありえない——取り上げられ、ポリスそのものの中の統治者階層に割り当てられる、という条件に基づいてのみである。換言すれば、国家内部の統治者階層が、教育によって、(生産者階層内部の仕事(トレイズメン)と仕事(トレイド)との関係だけでなく)諸階層間の関係を、そして結果的には、かれら自身の階層とかれらに従属する階層との関係を、決定する原理への——思弁的哲学者(ソクラテスとグラウコン)が持っている——洞察力を付与されうるならば、という条件に基づいてのみである。「その国家(シティ)の内部には、それにとってひとつの決定的な階層が含まれていなければならない。その階層は、きみグラウコンが立法者としての才能においてひとつ持っていた、そして、それによってきみが理想的な(理念上の)ポリスの法律を制定したlaid down the lawsところの、国制の原理への同じ洞察力を、持っている」[44]。このようにソクラテスが言うとき、かれはこの条件を

27

第一章　政治哲学の対象としての古典古代国家 Polis と西欧近代国家 State

表現している。この条件を充たすことが、「第二の教育」の目的である。

この条件が理解されるであろうところの意味には、最大限のそれと最小限のそれとの二つがある。それは、国家内部のひとつの階層ないし団体は、国家創設 city-founding の任務全体を、これまでグラウコンによって果たされたノモテシアー［立法］νομοθεσία を、引き受けなければならないということ、すなわち、それは、その内部で統治機能が実行されるべきところの国制を、理解するのみならず、国家自身で創造しなければならない、ということを意味するであろう。それがすくなくともこのことを意味しないならば、国家の現実性は確保されないであろう。

他方、それはまた、統治者たちが、それに基づいてグラウコンが国制を構築したところの諸原理への洞察を持たなければならないのは、今後その国制を保持するためであること、すなわち、「第二の教育」以後でさえ、統治者たちはすでに制定 laid down されているものを保持するという機能に制限されているということ、こうしたこと以上のことを意味していないであろう。重要なのは、この最小限の解釈においてさえ、その条件は、統治者たちにおいて、もはやテクネーとは類比できない種類の活動を要求している、ということを観察することである。というのは、それは、統治階層において、それ［そうした活動］自身がその質料であるところの形相についての知識を、前提にしているからである。ところが、それ［そうした活動］は、そのためにそれが挿入されたところの目的を、すなわち、国家の現実性を、達成できない。国制の構築ではなく維持することだけが、いまやグラウコンから手渡されている。

して、その国制がその存在をかれの哲学的思弁に負っているかぎり、それは非現実的なユートピアだと非難され、その住人たちは思想の創造したもの以外ではありえない。

こうした解釈には、より適切にプラトン的ものと定義されうるものが、疑いもなく存在する。かれの思想における何らかの動揺とかれの言語における混乱にもかかわらず、プラトンは、かれの統治者たちがすでに創設された国制をプリザーブ保持すること以上のことを為しうる、という考えを放棄し、かれのポリスは現実的なものではありえない、という結論を受け入れている。われわれは、まず、かの条件は、その十全の意味で受け取られるならば、いかなる結論にも

第一章　政治哲学の対象としての古典古代国家Polisと西欧近代国家State

導かれていたか、これを能うかぎり簡潔な概要の形で示し、そして、プラトン自身の教説がこれらの結論への純粋なステップをどこまで表出しているか、これを考察することで、この章を締め括るつもりである。

統治者たちgovernorsは、国制を形成する権力（憲法制定権力）power of constitution-makingを付与されるならば、もはや統治階層ruling classではなく、ひとつの主権団体sovereign bodyであろう。この一掻きによって、ポリスPolisはステイトStateになっているであろう。

一国家Stateが他の自然的諸対象と最終的かつ結論的に区別されるのは、主権的意思sovereign willをその中で具体化することによってである。わたしはこれまで、自然的対象が持つ性格とは異なる性格を国家が持っている、という消極的な意味で、「精神的」spiritualという言葉を用いてきた。いまやこれら二つの性格を積極的に定義することが可能であろう。「精神的」であるのは、その本質essenceが実存existenceを含んでいるもの、そして、その本質が（種差的specificではなく）個体的（分割不能）individualなものである。

（1）前者の性格は、存在論Ontological Argumentにおいては神に帰せられる性格である。そして、いかにして国家Stateというものがそれをもっているか、これをわれわれが見ないならば、ホッブズからヘーゲルまでの偉大な政治哲学によって神的な諸属性が国家Stateに帰せられている、という驚くべきことを、われわれは理解しないことになろう。一国家Stateをそれ自身の中にそれ自身の国制constitutionを含む結社associationとして定義することは、その権力（憲法）を制定する権力the power to lay down its own constitutionの理念を充たすことでさえない、ということを意味している。これこそ、権力は国家の本質に不可欠である、というあらゆる国家哲学のあれこれの形式において繰り返される教説の意味である。たとえばホッブズが、主権者の権利はそれらの権力以上のところにまで拡大しない、と主張するとき、かれが主張しているのは、主権sovereigntyの本質は、それにとって特殊な実現が偶因的accidentalなものであるところの一理念an ideaではなく、特殊な実現がその本質の

第一章　政治哲学の対象としての古典古代国家 Polis と西欧近代国家 State

部分を構成する理念である、ということである。同じことを別の言葉で言えば、国家 the State は自己原因 causa sui である。宇宙（世界）the universe を自然の王国と精神 spirit のそれに分けるカント的二分法においては、それ（国家）はこの基準によって、後者に入ることにならざるをえず、したがって、自然法則や因果的決定についての学問（科学）の対象ではありえない。

（２）国家の本質が個体（不可分）的 individual ものである、ということはちょうどいま述べられたことから直接的に帰結する。自然的対象の（ギリシア的教説に従えば、すべての対象の）本質は種差的 specific なものである。すなわち、それはその種の kind のすべての成員に共通の形相にある。しかし、こうした特殊な particular ものに対して固有な peculiar ものは偶因的なもの accidental である。それゆえに、このような対象の本質にとって、それがひとつの特殊なものを a particular として実現されるか否かは、外面的なこと extraneous である。しかし、それが実現されることが本質 the essence の部分を成しているとすれば、それなしに実現は不可能であるところの個体（不可分）的なもの the individual は、それ自身本質に含まれているに違いない。

ここから、『国家』篇の中でプラトンによって試みられた方法には、国家のいかなる哲学もありえない、という重要な結論が帰結する。この方法は、ポリスの本質的性格を、あれこれの特殊的な具体化という歴史的偶因性から遊離化する、という方法であり、かくして、本質は種差的 specific なものであり、個体的なものは偶因的 accidental なものである、という想定を含んでいる。ひと度、この想定が否定されるならば、その方法はその存在理由 raison d'être を失う。結局、もし統治者たちがグラウコンの全機能を引き継ぐならば、グラウコンに為すべきことは何も残されないだろう、という結論が容易に引き出される。

プラトンがこの道をその終わりまで辿っていくことは期待されるべくもなかった。もしかれがそうしていたならば、かれは『国家』篇が基礎にした土台（もろもろの基礎づけ）を『国家』篇の中で覆していたであろう。かれは自

30

第一章　政治哲学の対象としての古典古代国家 Polis と西欧近代国家 State

分自身の経験の中で、哲学の二千年の過程を先取りしていたであろう。そして、その重要性を無視することは、『国家』篇の理解にとって致命的なことであろう。実現されることとbe realized、これはポリスの本質に属する、とはかれは断言していない。しかし、かれはこの目的のために、地上での実現 earthly realization はひとつの次善の完成an added perfection を構成するであろう。統治者たちは国制の創作（憲法の制定）constitution-making の仕事をグラウコンの手から引き受けるべきである、とはかれは主張していない。しかし、かれらは、ひと度それが構成されたならばかれらがそれを保持することを可能にするであろうような、三階層の国制 the threefold constitution の諸原理への洞察 insight を、持つべきである、とかれは要求している。ひとつのテクネーとしての統治、そして自然的秩序としての国家秩序、これらのオリジナルの概念は、これらの教説の中で暗黙のうちに超越されている。われわれはいま、プラトンが如何にして前者との係わりを否認することなく後者を展開することに成功するか、これを考察しなければならない。

統治者たちは、自分たちが自分たちその質料である形相（階層の三区分 the threefold division of classes の原理）の上に定立する形相への洞察力だけでなく、自分たちが自分たちその質料である形相（分業 division of labour の原理）への洞察力をも持っている。後者の洞察力こそ、生産者階層の身分に対する統治者階層のそれの優位性を構成する。統治者たちは、かれらの優位にある卓越性、いわば、自分たちの活動における固有域 element に、負っている。もしかれらの機能が、かれらの導入を最初に必要とした仕事に、すなわち、諸々の生産的なテクネーに形相を定立することに、制限されているならば、この優位性は消えうせるであろう。職人の視力（視界）はそれをかれが自分の質料に定立しなければならないところの形相に制限されていること、そして、かれ自身の技術的な活動がその質料であるところの形相をかれが理解できないこと、こうしたことこそが、かれを統治者階層に依存せしめ、そしてかれを

一方は「金」、他方は「銅」と呼ぶことができる。統治者たちは、自分たちが自分たちその質料である形相に、まさにテクネーがいかなる類比をも供給しない、

がって、洞察力をも持っている。

第一章　政治哲学の対象としての古典古代国家Polisと西欧近代国家State

永久に一従属者 a subject たらしめているのである。しかし、もし統治という活動がそれはそれで同じ制限を負っているとするならば、統治者たちュ自身がかれらで永遠に従属者――すなわち、かれら同士の関係とかれらと被統治者たちとの関係の両方を規定する立法者への従属者――であることになり、かれらがそれを理解することなく受け入れなければならないひとつの秩序（命令）an order に従属することになろう。統治階層がこの従属から解放されるのは、その理解力が、それが生産者階層におけるその従属者たちの上に定立されなければならない秩序（命令）order（分業）を越えて、補助者や生産者階層へのそれ自身の関係（ポリスの三階層区分）を決定する秩序（命令）order（分業）にまで拡張されるかぎりにおいてである。プラトンは、次のような混同によって、ひとつのテクネーの類比全体を明示的に破棄することなく、この拡張された理解力を統治者に正当に帰属するであろうところの、従属者たちの間の分業と、はっきりとはそれに帰属しないであろうところの、ひとつのテクネーの領域に正当に帰属するであろう素朴な同一化に存する。プラトンはこの混同によってのみ、次のような妥協を主張することができるにすぎない。すなわち、『国家』篇の政治的教説は本質的にこの妥協に存し、そして、この妥協によって、統治というテクネー概念に適用される言語は、無批判に拡張され、それとは矛盾する統治概念を抱きこんでいる。

この混同は「正義」justice（ディカイオシュネー δικαιοσύνη）の意味を決定している。この用語は、最初に、「第一の国家 city」における諸々のテクネー間の基礎にある完全な調和に、そして、これらに続いて、それぞれに相互に完全に公平な形で適用されている。疑いもなく、プラトンは、統治および戦闘の諸機能の専門化（三区分の基礎）は、すでに「第一の国家 city」の構成において確立されている分業の原理をさらに適用することとして、あっさり正当化されうる、と想定しているのである。そして、これらの特殊な階層を形成することが実際にオリジナルの原理をさらに適用すること以上のことではないとするならば、それはポリスの三階層分割 a threefold division を決して生み出しえないであろう、ということを反省すること

32

第一章　政治哲学の対象としての古典古代国家 Polis と西欧近代国家 State

は、決してかれの心には浮かばない。それはいくつであれテクネーの前の数に二つを加えるにすぎないことになろう。五つあったところでは七つになり、百あったところでは百二になるだろう。理想的な（理念上の）国家に特徴的な三階層分割の導入は、統治者と戦士との二つの階層は分業原理とは異なる原理に基づいている、ということを含意している。かくして、分業原理によって生起する多数のテクネー全体は、これら二つの階層と対照して、単一の階層と見なされよう。

　ひとつの政治的社会は、最初に、分業に三階層形式 the threefold form を付加すること supervention によって構成される。そして、この付加が含意するところのものを明確に認識することが、ポリスは人為（技術）的なもの artificial と自然的なもの the natural との二つのカテゴリーのいずれかに含めることは出来ない、という結論を必然化する。プラトンはこの二つを越える第三のカテゴリーを持っていないので、ポリスは人為（技術）的かつ自然的である、ということを主張する矛盾に追い返されている。ポリスは統治というテクネーの産物であり、そしてその結果、その実現のためには、その形相についての先立つ知識に依存している。そのかぎりで、ポリスは、人為（技術）的なものである。しかし、統治者の技術（人為）によっていま実現される形相がかれの技術（人為）を生み出す技術を含んでいないが、ポリスはそれ自身の中にそれ自身の人為的製作者 artificers を含んでいる。したがって、ポリスは、この観点では、患者とではなく、自分を治療する医者と比較されなければならない。この類比も、ポリスを人為（技術）的な産物と呼ばれるわけにはいかない、治療された病人のようなものである。ひとつの人工物（技術的産物）an artifact はそれ自身それを生み出す技術を含んでいないが、ポリスはそれ自身の中にそれ自身の人為的製作者 artificers を含んでいる。したがって、ポリスは、この観点では、患者とではなく、自分を治療する医者と比較されなければならない。この類比も、ポリスは自然的なものであり、人為（技術）的なものではまったくない、という結論に導かれるように見えるかもしれない。そして、この結論は、事実、アリストテレスによって引き出されている。

第一章　政治哲学の対象としての古典古代国家 Polis と西欧近代国家 State

かれに従えば、ひとつの人為（技術）的な対象は、もしそれがそれ自身の中にそれ自身を生み出す技術（アート）を含んでいるならば、自然的なものであろう。そして、自然的対象についてのかれの概念を例証するために、自分を治療する医者の例を正面切って引き出している。しかし、この同一化が可能であるのは、アリストテレスが次のような決定的な区別を無視するからにすぎない。すなわち、自然的健康、あるいは自然に回復された健康がその実現の条件として知識に依存しないのに対して、自分を治療する医者の保持された健康はそれに依存している。プラトンは、ポリスと自分を治療する医者との比較を受け入れたであろう、という教説の中に含意されているものを識別（リコグナイズ）することによって、かれは、ポリスはひとつのテクネーである、と自分を治療する医者とのテクネーに帰することを禁じている。「技術的」活動から、ひとつの質料的具体化 material embodiment を受け入れるが、しかし、その形相的性格の変更を受け入れないひとつの形相──こうした形相についての先行する理解力を、ひとつの或るテクネーは前提にしている。国家の三階層形式は、それを実現する活動（アクティヴィティ）の仕事である秩序（つまり三階層形式）は、原初的共同体の中に自然に現存した秩序と同じものではない。実際、ひとつの秩序は自然には実現されえないであろう。なぜならば、その秩序を定立することがその仕事であるところの階層を含んでいないのであれば、それは当の（三階層）秩序ではないであろう。まさにその固有性（ピキュリアリティ）は、その実現をひとつの或るテクネーに帰することを禁じている。「技術的」活動から、ひとつの質料的具体化 material embodiment を受け入れるが、しかし、その形相的性格の変更を受け入れないひとつの形相──こうした形相についての先行する理解力を、ひとつの或るテクネーは前提にしている。国家の三階層形式は、それを実現する活動（アクティヴィティ）から、そしてそれを具体化する質料（マター）から離れて、捉えることはできない。なぜならば、もしこれらが度外視されるならば、国家（シティ）は、まさにそれを「第一の国家（シティ）」の秩序から形式的に区別せしめるところの性格を、失うからである。

かくして、プラトンが（自分を治療する医者の健康がそう見なされるであろうような）理想的な（理念上の）ポリスの国制を、人為（技術）と自然の協働（コ・オペレーション）の産物と見なすことができるのは、まさしく二つの秩序をかれが混同して

34

第一章　政治哲学の対象としての古典古代国家Polisと西欧近代国家State

いるからにすぎない。この混同の解消は、ポリスは人為（技術）、自然、両者の結合、これらのいずれの産物でもない、という帰結を伴うであろう。

わたしがプラトンの混同と呼んだもの——これについての分析の中に含まれた諸帰結についてのこのように曖昧で不適切な示唆でさえも、これは通常の意味での混同ではない、ということをわれわれに警告するには充分であろう。それは単に、もしかれがそれに気付いていたならば、プラトン自身が修正したかもしれないような落ち度ではない。それらが区別されうるもの distinct であると認識（リアライズ）されていないが故にのみ、対立しているとは識（リコグナイズ）別されていないにすぎないところの対立するものを、一緒くたにしてしまうこと、すなわち、統治者の機能を、「技術的」（テクニカル）なものの制限を越えて、ひとつのテクネーとしての統治という概念を放棄することなく、拡張すること、そして、ディカイオシュネー（正義）δικαιοσύνη の中に精神的（スピリチュアル）な内容を含め、しかも、それをさらに自然的秩序として定義すること——これらのことはプラトン哲学全体の本質である。

かくして、われわれが区別したように、分業を諸階層の三階層秩序から区別することは、それはプラトン自身の諸々の前提からの論理的かつ必然的な展開であるとしても、単純にプラトンを修正（コレクト）することではなく、かれを引き裂く（ディスラプト）ことである。それは、かれがディカイオシュネー（正義）という単一の用語の下に包摂しているかのユニークかつ翻訳不能な用語と同義な、二つの異なる概念を、区別することである。そして、相伴って成立する二つの概念のいずれも、かのユニークかつ翻訳不能の用語と同義ではないであろう。含まれている区別は、人間の社会の経済的秩序と政治的それとの間の区別である。

この区別が明示的なものとなるときにのみ、経済的秩序は、政治的秩序がそうではない、という意味で、自然的なものとして認識されうる。そして、それゆえに、政治的秩序は、自然的なものとは対立するものとして概念把握されうる。この識別は、近代の政治哲学において、最初は、自然的国家 Natural State と市民的国家 Civil State との対立において、後には、（自然法 the law of Nature の義務（オブリゲイション）は社会の中でも已まない、というロック的原理のひとつの帰結として）[56] 社会 Society と国家 State との区別において表現されている。

35

第一章　政治哲学の対象としての古典古代国家 Polis と西欧近代国家 State

もちろん、経済的法則 economic laws は自然状態 state of nature を支配すると考えられる唯一の法則であるということも、あるいは、後に国家 State から区別される社会 Society は排他的に経済的社会と同一化されるということも、いずれも真実ではない。もうひとつの種類の法則もまた、すなわち、人がかれの合理的な自然本性 rational nature ゆえに服従することになる法則もまた、人がかれの欲望の自然本性 appetitive nature ゆえに経済法則に従ったように。そして、――かれの行動 conduct がかれの自然本性 reasonable nature から形而上学的に演繹されたが、歴史的にはローマ法の体系 the system of Roman Law に由来する。しかし、経済的法則は、そこではすくなくとも自然的という用語が実定的 positive というそれに対置される諸々の意味のひとつにおいて、自然的なものである。そして、ひとつの経済的秩序は、そこで少なくとも社会 Society が国家 State に対置される諸々の意味のひとつにおいては、ひとつの社会 Society を構成する。したがって、後世のこれら諸区別の――全部ではないにしても――半分は、『国家』篇に潜在する萌芽から展開されよう。

社会 Society と国家 State との間に区別する線が引かれたとき、プラトンが無差別に適用していた諸用語を適用するに際して、差別 discrimination が可能になった。「自然的」という用語は、一国家を構成する実定的法則（実定法）the positive law と対照されて、われわれが経済的のそれと市民的のそれ the economic and the civic として区別するであろう二つの秩序 orders の一方、あるいは他方、あるいは両方によって、「社会」の秩序に限定された。そして、「社会」は構成されている、と概念把握されたことに応じて、その「自然的という」言葉は二重の――実際には多義的な――意味（能記）significance を持っているとしても、これら両秩序は、この言葉を共有している。だから、それらは、普遍的 universal なものであるものとして、――これに対して個体的 individual なものである――国家の秩序と、対照されざるをえない。この区別によって、「正義」ジャスティスという言葉は、はじめて、国家に先立つ権利の普遍的な諸法

第一章　政治哲学の対象としての古典古代国家 Polis と西欧近代国家 State

則へ遵法を意味する――そのプラトン的なそれとは異なる――近代的な含意 connotation を達成した。この区別によってまた、プラトンにとって政治哲学についての単一の学問であったものは、三つの異なる学科に属することになった。社会の普遍的秩序のひとつ、つまり経済的秩序は、経済学 Political Economy の対象となった。所有 property についてのロックの教説のうちの前者は、自然法 natural law についてのアプリオリな研究の対象のひとつの例であり、道徳法則についてのカントの教説はひとつのその展開である。これら学科のうちの前者の教説はひとつされるだろう。学問（科学）は、その用語の共通の用い方に従って、哲学と区別されるからである。しかし、両者は同様に、それらの対象として普遍的法則を持っている点で、そして、かくして国家の実定法 positive law についての研究とは対立している点で、一致した。この研究は、個体的なもの the individual についての研究であるから、科学的でも哲学的でもなく、歴史的 historical なものである。

プラトンが巻き込まれている殆んどすべての混同は、普遍的 universal なものと個体的 individual なものとを区別することができなかったことに還元されよう。かくして、かれは美 beauty と有用性 usefulness とを同一視し、素晴らしい fine 技術 art と有用 useful なそれとを区別することに失敗している。なぜならば、かれは美が個体的形相の完成（完全性）perfection of individual form に依存しているとは見ないで、有用性が特殊的形相の完成（完全性）perfection of specific form に依存していると見ているからである。したがって、たとえば、ひとつの道具の完成（完全性）は、それは個体的なものとしてそれ自身にとってユニークなものの実現であるという点で、彫刻のそれとは似ていない。かくしてまた、かれは優生学 eugenics の仕事と教育のそれとを混同している。なぜならば、飼育 breeding の目的は一タイプの完全な一見本 specimen を生産することであるが、教育 education の目的は一個体の卓越性 an individual excellence を生産することである、ということをかれは見ていないからである。そして、哲学的知識（エピステーメー ἐπιστήμη）と知られた対象への愛とをプラトンが同一視していることは、哲学的知識の適切な対象は普遍的 universal であるのに対して、愛の対象は個体的 individual で

37

第一章　政治哲学の対象としての古典古代国家Polisと西欧近代国家State

いうことをかれが認識することに失敗していることに依存している、とさえ示唆されるかもしれない。社会ソサエティの普遍的秩序と国家ステイトの政治的秩序をプラトンが同一視していることは、同じ混同のひとつの例である。これについては、われわれはここでは、そのひとつの帰結を指摘すること以上の詳述はしないつもりである。戦争はプラトンにとっていかなる問題も提供していない。かれはそれを社会構造を解体dissolutionから守るために必要な活動と、単純に見なしているからである。なぜならば、かれはそれを社会構造を解体dissolutionから守るために必要な活動と、単純に見なしているからである。なぜならば、かれはそれなしには人が〈善く生きる〉ことも〈生きる〉こともできないところの秩序を、維持するために必要である、という事実の中に、その充分な正当化を持っている。この正当化を持つ唯一の戦争は、野蛮な諸勢力に対するポリスの国制のための戦争である、ということをプラトンは決して反省していない。もしわれわれが『国家』篇の「第一の国家シティ」が同じ国制を備えた他国に侵害されたと想定するならば、喫緊の問題what is at stakeは社会秩序を維持することではない。というのは、これは両者において同様に現前しているからである。そして、その独立を他国に譲り渡す国家において、それが破壊され、あるいはそれどころか消滅させられるであろう、と想定する必要はない。侵略者はこの普遍的秩序を攻撃していないし、防御者はその崩壊を防ぐために戦っているのでもない。喫緊の問題は、この秩序が保持preserveされるべきか否かではなく、まったく異なること、すなわち、それを保持する任務がまさしく戦争されるべきはこの人的団体body of menなのかあの人的団体なのか、これである。もし独立の保持がまさしく戦争の原因と考えられうるならば、それは、社会秩序の保持は人が〈善く生きる〉ために必要である、という原理に基づいて正当化されえない。それは、それを認識することからプラトンがきわめて遠くにいるところのそれ以外の原理を、すなわち、人間が従属する秩序はかれ自身によってかれの上に定立されるべきである、という原理を、必要としている。ということは人間の自由の本質的条件である、という原理を、必要としている。

(59)

38

第一章　政治哲学の対象としての古典古代国家 Polis と西欧近代国家 State

補説 A

ポリスの三階層分割と分業（労働分割）についてのプラトンの混同

プラトンが基礎づけているのは、分業（労働分割）なのか三階層分割なのか、はともかく、かれは「各人がひとつの仕事だけをする」という原理に訴えている。397e では次のように述べられている。

οὐκοῦν διὰ ταῦτα ἐν μόνῃ τῇ τοιαύτῃ πόλει τόν τε σκυτοτόμον σκυτοτόμον εὑρήσομεν καὶ οὐ κυβερνήτην πρὸς τῇ σκυτοτομίᾳ, καὶ τὸν γεωργὸν γεωργὸν καὶ οὐ δικαστὴν πρὸς τῇ γεωργίᾳ, καὶ τὸν πολεμικὸν πολεμικὸν καὶ οὐ χρηματιστὴν πρὸς τῇ πολεμικῇ, καὶ πάντας οὕτω.

「またそれだからこそ、ただそのような国家においてのみ、靴作りはまさに靴作りであって、靴作りの仕事に加えて船長を兼ねるのではなく、農夫は農夫であって、農夫の仕事に加えて裁判官を兼ねるのではなく、戦士は戦士であって、戦争のほかに金儲けをするのではなく、そしてすべての者がこのとおりであるのを、われわれは見出すことになるのだろうね」（藤沢令夫訳、以下同）

かれが「ἀνδρεία（勇気）」(374a) と「σοφία（知恵）」(484b-d) とをそれぞれ特殊な階層の属性にしているとき、つまり、かれがポリスの三階層分割 the threefold division of the Polis を導入するとき、かれは正当化において、「第一の国家」がそれに基づいて構成された原理に、つまり分業（労働分割）の原理に、訴えている（ὡμολογοῦμεν δέ που, εἰ μέμνησαι, ἀδύνατον ἕνα πολλὰς καλῶς ἐργάζεσθαι τέχνας,「きみが憶えていてくれるなら、われわれはたしかこのように同意したはずだ――技術を要する多くの仕事を一人の人間が立派にやりこなすことは、不可能であると」

第一章　政治哲学の対象としての古典古代国家 Polis と西欧近代国家 State

δικαιοσύνη（正義）は、分業（労働分割）の維持（cf.ii.372a, iv.433a, 434a）と三階層分割 the tripartite division の維持（434b, c, 435b）とに、無差別に関連づけられている。そして、σωφροσύνη の関連づけも、同じくぐらいついている。多分、第四巻443b 以下の件(くだり)がもっとも印象的であろう（ii374a）。

Τέλεον ἄρα ἡμῖν τὸ ἐνύπνιον ἀποτετέλεσται, ὃ ἔφαμεν ὑποπτεῦσαι ὡς εὐθὺς ἀρχόμενοι τῆς πόλεως οἰκίζειν κατὰ θεόν τινα εἰς ἀρχήν τε καὶ τύπον τινὰ τῆς δικαιοσύνης κινδυνεύομεν ἐμβεβηκέναι.

Παντάπασιν μὲν οὖν.

Τὸ δέ γε ἦν ἄρα, ὦ Γλαύκων — δι᾽ ὃ καὶ ὠφελεῖ — εἴδωλόν τι τῆς δικαιοσύνης, τὸ τὸν μὲν σκυτοτομικὸν φύσει ὀρθῶς ἔχειν σκυτοτομεῖν καὶ ἄλλο μηδὲν πράττειν, τὸν δὲ τεκτονικὸν τεκταίνεσθαι, καὶ τἆλλα δὴ οὕτως.

Φαίνεται.

Τὸ δέ γε ἀληθές, τοιοῦτόν τι ἦν, ὡς ἔοικεν, ἡ δικαιοσύνη, ἀλλ᾽ οὐ περὶ τὴν ἔξω πρᾶξιν τῶν αὑτοῦ, ἀλλὰ περὶ τὴν ἐντός, ὡς ἀληθῶς περὶ ἑαυτὸν καὶ τὰ ἑαυτοῦ, μὴ ἐάσαντα τἀλλότρια πράττειν ἕκαστον ἐν αὑτῷ μηδὲ πολυπραγμονεῖν πρὸς ἄλληλα τὰ ἐν τῇ ψυχῇ γένη, κτλ.

（ほら、われわれは国家の建設を始めるとすぐに、何らかの神の導きによってか、正義の原理を示すようなある形跡のなかに踏み込んだらしい、といっていたあの推測のことだよ」

「ほんとうにそうですね」

「ただし実際には、グラウコン、それは——だからこそ役にも立ったわけだが——正義の影ともいうべきものだったのだ。生まれついての靴作りはもっぱら靴を作って他に何もしないのが正しく、大工は大工の仕事だけをするのが正しく、その他すべて同様であるという、あのことはね」

40

第一章　政治哲学の対象としての古典古代国家 Polis と西欧近代国家 State

「そのようです」

「真実はといえば、どうやら、正義とは、たしかに何かそれに類似するものではあるけれども、しかし自分の仕事をするといっても外的な行為にかかわるものではなく、内的な行為にかかわるものであり、ほんとうの意味での自己自身と自己自身の仕事にかかわるものであるようだ。すなわち、自分の内なるそれぞれのものにそれ自身の仕事でないことをするのを許さず、魂のなかにある種族に互いに余計な手出しをすることも許さない」

魂の中の正義に対応するものであると明言されているポリスにおける秩序は、明確に分業（労働分割）と同一視されている。しかし、厳密に言えば、魂の分割に類比しうるポリスにおける秩序だけが、諸階層への三区分である。

補説 B

立法者 νομοθέτης あるいは守護者 φύλαξ になることは、「第二の教育」の産物なのであろうか？

「第一の教育」は φύλακες（守護者たち）の教育であるが、防御あるいは ノモテテースは「守護」というかれらの活動は、あきらかに一人の νομοθέτης（立法者）の先立つ活動を前提にしている。たとえば、次のように言われている。この教育の成果として、国家 シティ はそれ自身の中にこれを確立するはずだからである。δύναμιν τοιαύτην ἣ διὰ παντὸς σώσει τὴν περὶ τῶν δεινῶν δόξαν, ταῦτά τε αὐτὰ εἶναι καὶ τοιαῦτα, ἅ τε καὶ οἷα ὁ νομοθέτης παρήγγελλεν ἐν τῇ παιδείᾳ（「恐しいものとはなんでありどのようなものであるかということについて、それを立法者が教育において告げ聞かせたとおりのものとみなす考えを、あらゆる場合を通じて保持しつづけるような力」）iv. 429b, c）を持っている、と。われわれが見たように、議論の論理は次のことを要求し、そして多くの関連箇所

41

第一章　政治哲学の対象としての古典古代国家 Polis と西欧近代国家 State

はそれを示唆している。すなわち、第二のないし哲学的な教育の目的は、第一の教育においては前提にされている νομοθέτης（立法者）を生み出すこと、これまでにソクラテスとグラウコンによって果たされた国制創作（憲法制定）constitution-making の仕事を引き受けることである、ということを。497c, d (quoted p.27 sup), 500d, 500d-501c (οἱ τῷ θείῳ παραδείγματι χρώμενοι ζωγράφοι, πολιτειῶν ζωγράφος [「神的な模範を用いて描く画家たちが一国の輪郭をかたどるのでなければ、国家はけっして幸せになることはできないだろう」])、502c, 502e（第一の教育において統治者について先に言われたことはすべて撤回され、再び始めからやりなおすつもりになって、これから追求していかなければならないのだ」])、vii. 519c（[幸福の島に] οἰκίσται 移住した」、540a,b（第二の教育を完了した人たちは、καὶ πόλιν καὶ ἰδιώτας καὶ ἑαυτοὺς κοσμεῖν...καὶ οὗτος ἄλλους ἀεὶ παιδεύσαντας τοιούτους... [「国家と個々人と自分自身とを秩序づけ (…) 常に絶えず他の人々を自分と同じような人間に教育」しなければならない...]).

しかし、これ以外の多くの章句も以下のことを示唆している。すなわち、見解の眼目は変更されていないこと、第二の教育の目的は、第一のそれと同じく、φύλακες（守護者たち）を生み出すことであるが、但し、第二の教育は一のそれよりもそれをより適切に行なうこと、これらのことをより端的に οἱ ἀκριβεστάτη παιδεία（もっとも厳格な教育）として区別され、484b では、哲学者の訓練は、φυλάξαι νόμους τε καὶ ἐπιτηδεύματα πόλεων [守護者としてこれを監督する]（国の法律や、きまった営みを守護する）能力と直接的に結びつけられる。Cf.ibid.c（φύλακες (守護者たち）を生み出すしている。かくして、503d では、第二の教育は端的に ἡ ἀκριβεστάτη παιδεία（もっとも厳格な守護者たち）として区別され、その産物である哲学者たちは、οἱ ἀκριβεστάτοι φύλακες（もっとも厳格な守護者たち）として区別される。484b では、哲学者の ὁρῶντα [守護者として これを監督する]（国の法律や、きまった営みを守護する）能力と直接的に結びつけられる。Cf.ibid.c（φύλακας νόμους τε καὶ ὁρῶντα [守護者として これを監督する]）。499b ff. 502a では、理想的国制を確立するはずの哲人王は、ἔκ τινος θείας ἐπινοίας（何らかの神の霊感から）（偶然から）あるいは ἔκ τύχης（偶然から）のみ生み出されうるにすぎない、ということが想定されている。551b では、κυβερνήτης（操船者）の類比が何の修正もなしに導入される「第二教育」の産物ではない、ということが想定されている。525b, 527c, 530e, 534d, 536b,e では、「われわれ」あるいは「きみ」（つまりソクラ

42

第一章　政治哲学の対象としての古典古代国家 Polis と西欧近代国家 State

テスとグラウコン）は、統治者階層(ルーリング・クラス)だけが適用しなければならない諸原理を制定する最高の立法者および教育者として、なお言及されている。530c では、ἐάν τι ἡμῶν ὡς νομοθετῶν ὄφελος ἦ（われわれが立法者として、いくらかでも役に立つところがあるならば）という意味深長な資格づけが加えられてはいるが。

この最後の一群の言及は、これ以上われわれが引用箇所を集めてみても無駄であることを思い起こさせるのに役立つかもしれない。われわれは明白な収集によってプラトンが自己矛盾していることを「確信する」必要はない。プラトンの最初の立場は、その最初の立場の放棄によってのみ承認されることが可能になったひとつの発展を要求することを余儀なくされるが、この必然性を洞察することだけが唯一重要なことである。主権を守護者に割り当てることは、論理的に要求されることであるが、ソクラテスとグラウコンの退位と、『国家』篇の主要なデザインである理想的な国家の国制 constitution of an ideal State の放棄とを、示唆したことになろう。

注

1　「精神」"spirit" という言葉は、使用するのに危険な用語である。この章の後の方でそれに充分な含意 connotation を与えるつもりである。それは危険である、ということは、注意してそれを使用しない理由ではないが、それを使用する理由でもない。それに、それはその相関語 correlative である「自然」より危険であるわけではないからである。相関語の対のいずれかは、他方の概念の曖昧さによって、必然的に影響を受ける。「下」の意味について明晰であることは不可能である。明晰な思惟にとっての より大きな危険は、「自然」という用語を、それは相関語を示唆していることに気付きさえしないで、軽はずみに使用する人たちから来る。しかも、この表現されていない相関語の含意は、まさしく、「自然」という用語に、それをギリシア語の用語 φύσις から区別する固有の意味を与えているものである。

2　（プラトン）『国家』篇第二巻）369a-372d.

3　γιγνομένην πόλιν（生成したポリス［対格］）, ii. 369a.

4　アリストテレスにおける同じ区別を参照。πόλις ... γινομένη μὲν τοῦ ζῆν ἕνεκεν, οὖσα δὲ τοῦ εὖ ζῆν（「ポリスは…なるほど生活の

43

第一章　政治哲学の対象としての古典古代国家 Polis と西欧近代国家 State

ために生じてくるのであるが、しかし、善き生活のために存在するのである。」Politics, i. 2（アリストテレス『政治学』第一巻第二章）。

あるいは、おそらく、γίγνεσθαι（生成すること）と γένος（誕生、系統、種族、種類）との語源学的親近性は、プラトンが意味しようとしていることの解明に助けとなろう。人間は genus（生まれ、種類）によって動物的結合 association の一形式であり、differentia（種差）によって理性的である。そこで、ポリスは、genus によって、諸々の動物的必要 animal needs に基づく結合 association の一形式である（この資格づけが含意することは、もちろん、なお限定されなければならない）。かくして、γιγνομένη πόλις（生成したポリス）、つまり genus が決定するもの、これについての説明は、per genus et differentiam（genus と differentia による）ポリスという上位の定義 grand definition——『国家』篇の主要な議論はここに存する。——の最初の部分である。

5　ii. 369b.
6
7　ἥ γε ἀναγκαιοτάτη πόλις（最も必要なものだけの国家）. ii. 369d.
8　ἓν ἔργον ἕκαστον πράττειν, τὰ τὰ ἑαυτοῦ πράττειν（各人が一つの仕事をすること。自分自身のことをすること）. See iii. 394e, 397e, 406c.e; iv. 433a, 441e.
9　ii. 372d.
10　ii. 372e.
11　ii. 372 e ἡ μὲν οὖν ἀληθινὴ πόλις δοκεῖ μοι εἶναι ἣν διεληλύθαμεν, ὥσπερ ὑγιής τις（「真実の国家のほうは、われわれがこれまで述べてきたのがそれであるように思われる。いわばこれは、健康な国家とでもいうべきだろう」）. Cf. 373b ἐκείνη ἡ ὑγιεινή...（先の健康な国家…）
12　τέχναι（諸技術）.
13　ii. 372e τρυφῶσαν（贅沢な）.
14　ii. 373e. この点については、cf. further, p.38 inf.
15　ii. 374a.
16　ii. 374a-e. 意訳されている。
17　iii.389d-390d における σωφροσύνη（節制）に関しての戦士たちの訓練についての説明全体は、戦士たちが従属する ἄρχοντες（統治者たち）という一つの分離された階層の存在を、前提にしているが、しかし、強く主張してはいない（389e ἀρχόντων μὲν ὑπηκόους εἶναι, αὐτοὺς δὲ ἄρχοντας τῶν περὶ πότους καὶ ἀφροδίσια καὶ περὶ ἐδῳδὰς ἡδονῶν [統治者（支配者）たちに

第一章　政治哲学の対象としての古典古代国家 Polis と西欧近代国家 State

に対しては従順であり、そしてみずからは、飲食や愛欲などの快楽に対する統治者であるということ]、iii. 398b においては、これまで議論された教育についての図式全体が、στρατιῶται（戦士たち）の教育として、言及されている。στρατιῶται という用語は、φύλακες（守護者たち）よりもはっきりと、その相関語としての ἄρχοντες（統治者たち）を含意しているように思われる。iii. 405a では、国家の ἥττησις（堕落・放縦）が医者及び裁判官という特殊な諸階層を成立させるであろう、とわれわれは告げられる。裁判官は、なお一つの分離された階層として導入されなければならない、という示唆が明示的に引き出され、そしてわれわれは従って、守護者階層自身の内部で被治者から統治者を区別しなければならない、と告げられる。iii. 412a においてはじめて、これまで戦士たちのために規定された教育の課程全体は一人の人たちに対する ἐπιστάτης（監督者）の任命（414a）が実施されなければならず、そして、そこにおいて以後、これに基づき、われわれは、この κατάστασις τῶν ἀρχόντων（統治者たちの現存を示唆している。iii. 412a においてはじめて、これまで戦士たちのために規定された教育の課程全体は一人の人たちに対する ἐπιστάτης（監督者）を裁く役目を課する]。iii. 412a においてはじめて、これまで戦士たちのために規定された教育の課程全体は一人の人たちに対する ἐπιστάτης（監督者）の任命（414a）が実施されなければならず、そして、そこにおいて以後、これに基づき、この κατάστασις τῶν ἀρχόντων（統治者たちの任命）（414a）が実施されなければならず、そして、そこにおいて以後、これに基づき、この κατάστασις τῶν ἀρχόντων（統治者たちの任命）[414b] τέλεοι φύλακες（完全な守護者たち）という仕事に最も適した人たち）を守護するという仕事に最も適した人たち）というようにさまざまに表示されている）がポリス内部の一つの第三エレメントとしてはっきり認識されているところの、さまざまな試練を、引き続き叙述している。

あるいは「回復する」restore.

18　πολυπραγμοσύνη（多くの他人の仕事までをすること、余計なお節介）.
19　δικάζειν（裁判をすること）、iii. 405ff. and cf. iv. 433e ἢ ἄλλου οὑτινοσοῦν μᾶλλον ἐφιέμενοι δικάσουσιν ἢ τούτου, ὅπως ἂν ἕκαστοι μήτ᾽ ἔχωσι τἀλλότρια μήτε τῶν αὑτῶν στερῶνται.（「その場合、かれらが裁きを行うにあたって目指すことは、ほかでもない、各人が他人のものに手を出さず、また自分のものを奪われることもないように、ということではないだろうか」）. われわれ自身しばしば政府（統治）の主要な機能は「秩序を保持する keep order」ことである、という言い方をする。しかし、保持すべきは如何なる秩序か、あるいは、無秩序を為すのは何か、これをわれわれがじっくり反省してみることは稀である。プラトンは、如何なる秩序が維持されるべきか、を定義した。それは、自然本性からして「第一の国家」に存する秩序である。
20　δικάζειν τἀλλότρια μήτε τῶν αὑτῶν στερῶνται.
21　ii. 374ff.
22　πολιτική ἀνδρεία. iv. 430c.
23　ii. 376 c; 守護者たちの ἀνδρεία（勇気）は ἄνευ παιδείας（教育なし）にありえる、ということの明確な否定のために、iv. 430b 参照.
24　μουσική（音楽）と γυμναστική（体育）.

第一章　政治哲学の対象としての古典古代国家 Polis と西欧近代国家 State

25　ii. 376e–iii. 412a.
26　iii. 412a.
27　σοφία.
28　Cf. further pp. 31 ff. *inf.* and for references to the Republic, 補説 A、p. 39 *inf.*
29　厳密に言えば、国家の形相は、守護者たちそのものにとっての意識的対象ではなく、統治者たちにとってのみの対象である。
30　もしわれわれがそれの拡張を企てるならば、われわれは、ポリスに唯一類比しうるものは、そこにおいて想像を絶する何らかの仕方で理性が新しい空前の器官の中に局在化された、奇妙かつ奇怪な成長である、ということを告白せざるをえないであろう。プラトン自身は、「第一の国家」から理想的なポリスに移行するとき、健康の暗喩の中に含意された生体の類比を、何にしても、有機体ではない人間の魂の類比によって、置き換えている。
31　全体の有機的統一体。
32　一法則との合致によって決定された行為と一法則の概念によって決定された行為との、カントによって引かれた区別と比較せよ。前者は自然的法則であり、後者は道徳的法則である。この区別を見てとることに失敗していることは、スピノザの自由概念の欠陥である。かれは、自由を、それによって人間の行為が、それらの法則が理解されるか否かに係わりなく、決定されるところの、諸法則を理解することとして、定義している。
33　e.g. iii. 405a–c.
34　プラトンによるポリスの「正義」の擁護全体は、次のような主張にかかっている。すなわち、ポリスの形相は、それが理想的なポリスにおいてもそれが原初的共同体においてそうであったところのものから変えられない、という意味で、「自然的本性的」なものである、という主張に。
35　τέχνη. 同じギリシア語の言葉を、わたしは、それが原初的共同体を構成するエレメントを叙述するために使われたとき、「仕事 'trade'」あるいは「職能 'craft'」と訳した。このような言葉の使用が、プラトンをして、統治者階層の導入に際してかれが異なる結合原理 principle of association を導入している、という事実を無視することを容易にした、ということは驚くに値しない。そして統治者階層を加えることは、もうひとつの τέχνη （諸々のテクネー）を組合化したものであった。See p. 16 *sup.*, and 補説 A、*inf.* p. 39.
36　p. 17 *sup.*
37　τέχνη を加えることは本質的に ἐπιστήμη（「第一の国家」）を加えることにすぎない。

第一章　政治哲学の対象としての古典古代国家 Polis と西欧近代国家 State

38　Cf. i. 346.

39　δημιουργός.

40　ii. 378e：καὶ ἐγὼ εἶπον·"Ὦ Ἀδείμαντε, οὐκ ἐσμὲν ποιηταὶ ἐγώ τε καὶ σὺ ἐν τῷ παρόντι, ἀλλ' οἰκισταὶ πόλεως（ぼくは言った、「アデイマントスよ、ぼくときみとは、目下のところ、作家（詩人）ではなくて国家の建設者なのだ」）.

41　iii. 398b：... ἐν ἐκείνοις τοῖς τύποις οἷς καὶ ἄρχας ἐνομοθετησάμεθα, ὅτε τοὺς στρατιώτας ἐπεχειροῦμεν παιδεύειν（「われわれがはじめに戦士たちの教育に取り掛かったときに制定したところの、あの規範を」）. Cf. iii. 417b, iv. 429e-430a, v. 458c. Σὺ μὲν τοίνυν, ἦν δ' ἐγώ, ὁ νομοθέτης αὐτοῖς ...（「それでは、ぼくはつづけた、立法者としてのきみは」とぼくはつづけた）:

42　iii. 414b, c τίς ἂν οὖν ἡμῖν, ἦν δ' ἐγώ, μηχανὴ γένοιτο τῶν ψευδῶν τῶν ἐν δέοντι γιγνομένων, ὧν δὴ νῦν ἐλέγομεν, γενναῖόν τι ἓν ψευδομένους, πεῖσαι μάλιστα μὲν καὶ αὐτοὺς τοὺς ἄρχοντας, εἰ δὲ μή, τὴν ἄλλην πόλιν（「さてそれでは、われわれは適切に用いられるべき作り偽りのことを先ほど語っていたが、そうした作り話として何か気高い性格のものを一つ作って、できれば統治者（支配者）たち自身を、そうでなければ他の国民たちを、説得する工夫はないものだろうか?」）et passim.

43　v. 471c.

44　vi. 497c, d.

45　換言すれば、かれらの機能はまだ φυλακή（守護）に制限されていて、νομοθεσία（立法）にまで拡張されていない。Cf. 補説 B, p. 41 inf.

46　Cf. 補説 B、p. 41 inf.

47　そして、デカルトの「コギト"Cogito"」の議論では、自己 the self に。

48　ホッブズ：「不死なる神である、かの偉大なリヴァイアサン」。ルソー：「人民の声は神の声である」。ヘーゲル：「地上の神」である国家。

49　ポリスの現実性という問題が提起されるとき、かれがソクラテスに語らせている、不安とためらいの大げさな表現は、かれが含まれている決定的な問題についてぼやけてぎこちない理解を持っていたことを証示している。V. 472a, cf. vi. 497d, 503a, b.

50　iii. 415.

51　For evidence see 補説 A'、p. 39 inf.

52　Cf. pp. 13, 15 sup; and ii. 374a; iii. 397d, e.

第一章　政治哲学の対象としての古典古代国家 Polis と西欧近代国家 State

53　国家の必要の上昇する複雑性及びその必要を充たすための「贅沢な仕事」の導入に起因する、テクナエ（諸技術）の多様化は、原初的健康の状態から熱で膨れ上がった状態（ii:373）への国家の移行の指標であるが、まさしく分業というオリジナルな原理の適用である。しかし、この同じ原理の適用における如何なる厳格さも、需要と供給の組織化の増大する複雑性以上のことに、導かれることはありえない。

54　もちろん、それは後者に代わるわけではない。後者は理想的国家の内部においても第三のないし銅の階層の内的組織化において維持されなければならないからである。

55　*Phys.* ii. 8 *ad fin.*

56　*Second Treaties on Civil Government*, §135.

57　See further, Ch. V, p.175 *inf.*

58　τὸ μὲν ὠφέλιμον καλόν, τὸ δὲ βλαβερὸν αἰσχρόν（「益になることは美しく、害になることは醜い」）, v. 457b.

59　See p. 13 *sup.*

48

第二章 プラトンにおける正義 δικαιοσύνη と自由 ἐλευθερία

形相 form は本質 essence である、という教説は、「第一の国家(シティ)」において完全に例解されている。この共同体(コミュニティ)は、それが分業という形相を具体化(エムバディ)する、という事実によってのみ共同体として構成され、そして、その形相との一致(相似) conformity の厳密度(イグザクティチュード)に応じて、「正しい」just ないしディカイオス δίκαιος と呼ばれている。また、職人(製作者、工作者) craftsman ないしデミウルゴス δημιουργός は、この職人たちの国家(シティ)の一成員であるが、かれの自然的な諸能力(ファカルティーズ)の形相であるひとつの技能(スキル)によってのみ構成される。この技能は、かれの徳 virtue ないしアレテー ἀρετή である。最後に、共同体の正義 justice とその成員の徳とは、この「第一の国家(シティ)」においては、相互的含意 reciprocal implication というきわめて緊密な絆によって互いに連結されている。職人の技能こそ、かれをこの経済的組織の一成員たらしめる。この経済的組織に占めるかれの場所(プレイス)(位置)だけがその発展を可能にする。

『国家』篇の政治的教説は、以下のような想定に基づいている。すなわち、これらすべての［上で「第一の国家」について述べられたこと］ことは、理想的ポリス ideal Polis においても不変である。［第一に］この理想的ポリスの本質はまた、一定の形相の具体化(エムバディメント)にある。そして、［第二に］その完成化 perfection は、「正しく」あること to be just、あるいはその形相を厳密に具体化することである。［第三に］市民(シティズン)の徳(ヴァーチュ)は、正義 δικαιοσύνη、あるいはかれの魂(ソウル) ψυχή

第二章　プラトンにおける正義 δικαιοσύνη と自由 ἐλευθερία

個人はかれの魂の正義によって国家の一成員として構成され、逆に、政治的組織におけるかれの位置は、この個人的な正義の発展を必要とする。

現実には、この〔両ポリス・モデルの〕現実的差異は、一方〔前者〕では形相は現前 present し、想定は崩れてしまう。「第一の国家」と理想的ポリスとの間の本質は何か別のもの——すなわち国家そのものに形相を定立するところの、国家内部の（統治階層 ruling class の）他方〔後者〕では形相は自己定立される self-imposed、という点にある。かくして、一方〔前者〕の本質は単純にその形相によって構成されるが、これに対して、職人 δημιουργός の活動——にある。同様に、理想的ポリスの市民 πολίτης の本質は、単純に、かれの能力は形相を付与 inform されているという点にあるが、これに対して、理想的ポリスの市民 πολίτης の本質は、かれの魂 ψυχή は形相を付与されているという点のみならず、これに形相を付与する力 power of informing を持つはずである、という点にある。この〔両者の〕差異は、次のように言うことによってのみ適切に表現されうる。すなわち、ポリスと魂との本質は、いずれも現実にはまったく形相 form ではなく、自由 freedom であり、しかも、それゆえに、両者の徳 virtue ないし完成化 perfection は、正義 δικαιοσύνη ではなく、精神 spirit であり、しかも、それゆえに、両者の徳 virtue ないし完成化 perfection は、正義 δικαιοσύνη ではなく、自由 freedom であり、精神 spirit である、と。もちろん、プラトンは、その本質を、このように表現することも、概念把握 conceive することもできなかった。かれは、形相を定立する imposing form という活動を、それ自身もうひとつの形相 form として、すなわち、三階層形相 threefold form として、概念把握することができたにすぎない。かれは、密かに、この〔三階層〕形相を、すなわち、理想的ポリス（ないし政治的組織）を「第一の国家」（経済的組織）から、前者の市民を後者の成員から、区別するこの特性として、導入している。その場合、かれは、この〔三階層〕形相は、結局のところ、「第一の国家」で実現されるいかなるものとも異なるものである、ということを識別 recognize そこない、そして、ポリスにおけるこの〔三階層〕形相の実現 realization を、前者〔「第一の国家」〕において自然的にそこに具体化さ

50

第二章　プラトンにおける正義 δικαιοσύνη と自由 ἐλευθερία

I ［国家の構成秩序］

「第一の国家〈シティ〉」の秩序はさまざまなテクネー τέχνη を統一体〈ユニティ〉へと凝集せしめる形相であり、その統一体は、それが

れた形相の回復 restoration としか見なさない。だから、かれは、正義 δικαιοσύνη という概念を拡張して、「第一の国家〈シティ〉」の国制 threefold constitution やその概念が純粋に適合するその成員たちの徳 ἀρετή、理想的ポリスの三階層的国制 threefold constitution やその［正義という］概念が純粋には適合しないその成員たちの徳をもまた、［この正義という］概念で表現しているのである。

かくして、国家〈シティ〉と魂における「三階層形相」threefold form についての教説は、それにとっては国家〈シティ〉の本質は形相であり、そして、市民の本質は職人であることを見極める（リコグナイズ（識別する）ことを拒絶していることを、同時に表現している。「第一の国家〈シティ〉」に適合した観点のひとつの超越性〈トランセンデンス〉と、そして、この観点が超越されることを見極める（リコグナイズ（識別する）ことを拒絶していることを、同時に表現している。

政治的結社 political association を経済的結社から、道徳的卓越性（徳）excellence を技術的卓越性から区別（差異化）するものは、もう一つの形相としてのみ把捉（コンシーヴ（概念把握）され、したがって、統治者 ruler はもう一人の職人（製作者）craftsman としてのみ把捉されるにすぎない。この章でわれわれが果たすべきことは、いかにして『国家』篇のもっとも重要ないくつかの教説が、こうしたことから、つまり、われわれがそう呼ぶことを許されるようなプラトン的妥協から生ずるのか、そして、いずれにしても、市民の徳は単に正義〈ジャスティス〉ではなく自由〈フリーダム〉であり、そして統治者は（そして被治者でさえ）本質的には職人以上のものであり、国家〈シティ〉の本質は形相以上のものである、といった含意が、いかにして持続的に突出してくるか、これらのことを示して見せることである。

こうした課題を三つの部分に分け、第一に、国家〈シティ〉における三階層形相 threefold form を、第二に、魂〈ソウル〉における三階層形相を、第三に、両者の関係を考察することが便宜的であろう。

51

第二章　プラトンにおける正義 δικαιοσύνη と自由 ἐλευθερία

〈知られる〉ということ being known によって構成されていなかったという意味で、そしてそれが意識的・理性的な活動の所産ではないという意味で、自然的なものである。理想的ポリスにとって本質的なことは、認識された形相が、それ自身の中の一階層である統治者によるその意識的な理解によって実現されることである――このことを、理想的ポリスへの移行において三階層秩序の導入が意味しないのであれば、この導入は無意味である。しかし、統治階層の身分および諸機能についてのプラトンの見解全体は、統治者たちの活動を「第一の国家シティ」においてすでに実現（認識）されている形相を再び定立すること re-imposition へと制限するという矯正しがたい傾向によって決定されている。われわれがすでに注意を喚起したように、この制限はひとつのテクネーとしての統治 ruling についての教説を性格づけている。そして、われわれは、この概念から起こる諸困難のいくつかとそれを支えることを唯一可能にせしめた混同との両方を指摘した。われわれがさらにこれに付け加えなければならないのは、同じ教説から帰結する結論、すなわち、統治者たちには他のすべての職人たちクラフツメンにまさる身分上の本質的な優位性が帰せられなければならない、ということである。そして、その優位性は、表面的に一瞥してさえ、「第一の国家シティ」の組織は、この優位性に匹敵するものを提供しないように見える。

　一国家シティがそれに固有の形相を具体化するのにあきらかに相入れないように見える。正義ジャスティスの理想とはあきらかに相入れないように見える。

　一国家シティがそれに固有の形相を具体化 embody することであって、それが意思されること be willed ではない。この帰結は、プラトンが常に行っている正義と健康、統治者と医者アナロジーの間の類比において完全に表現されている。健康な身体の完成 perfection に際して、その健康は意識的目的の対象とはならない。なるとすれば、それは健康ではなく心気症ハイポコンドリア（気病み）である。だから、もっとも健康な身体とは、その健康が決して思惟の対象にされなかったということである。一度この原初的な健康が失われたならば、それは医者の意識的目的によってのみ回復されうる。しかし、回復を疑う余地のないことであるが、一度この原初的な健康への学問（科学）的洞察を持っているからである。医者は健康を構成する原理以上に大きな価値を持つわけではない。そこでその回復のためにさえ要求されるのはすくなくとも害われなかった健康以上に

52

第二章 プラトンにおける正義 δικαιοσύνη と自由 ἐλευθερία

は、患者の側におけるその原理への洞察 insight ではなく、自発的であれ、強制的であれ、はたまたうまく騙されたのであれ、医者の諸命令ディクリーズに聴従することである。

したがって、その国家の形相あるいは秩序は従属者の私的判断に気に入られる必要はない。それを達成させる諸手段は二義的な重要性しか持たないから、その国家の形相あるいは秩序は従属者サブジェクトの私的判断に気に入られる必要はない。ポリスの秩序が、その中のどの個人の自由な同意アセントも命じないのであれば、すなわち、それが「第一の国家」における意識的に是認されているのではなく無意識的に従われている秩序であるように、それが〔積極的に〕受容アクセプトされているというよりもむしろ拒否リジェクトされていない秩序であるならば、われわれが見たように、それは正義 δικαιοσύνη の理想を傷つけないであろう。この秩序を回復することは、一度それが攪乱されたならば、まさしく私的判断の是認アプロベイションを要求する。それを回復すべき人たち、つまり統治者たちは、はじめにその必然性の根拠を理解しておかなければならないし、かれらの仕事ワークには、それが実現（認識）する原理を意識的に受容することによって、形相が付与 inform されなければならない。しかし、その場合でも、回復されたポリスにおいてさえ、この是認は普遍的に必要であるわけではない。従属者サブジェクトの従属サブミッションこそが重要なのであって、かれの従属の根拠はどうでもよいことなのである。かれが従う秩序がかれの私的判断によって是認されることは必要ではなく、必要なのはかれが私的判断の権利を放棄することだけである。

統治ガヴァメント（支配）は、一言でいえば、いわば正義 justice の回復と維持であり、統治者 ruler の側にかれが定立する秩序の諸根拠への洞察 insight を要求するが、しかし従属者 subject の側にはかれが従う秩序の根拠への洞察 insight を要求しない。

統治者 rulers と被治者 ruled との身分の差異は、プラトンの統治理論 theory of government 全体を理解するための鍵である。従属者たちは形相に合致（同調）conform しなければならないが、しかし同意 consent する必要はない。したがって、ポリスの秩序がリーズナブル理性的なものでなければならないとしても、それがかれらの理性リーズンに訴える必要はない。

第二章　プラトンにおける正義 δικαιοσύνη と自由 ἐλευθερία

かくして、検閲 censorship と薬としての嘘 medicinal lie とは、統治（支配）government の適切な道具である。だから、プラトンにとって、罰（処罰）punishment という問題は生じえない。なぜならば、従属者 subject に対して実行された強制 coercion は、それはかれの患者の〈善きこと〉the good, agathon のためであって、医者自身のそれのためではない、という医者によって提示された抑制 restraint と同じ明白な正当化を持つだろうからである。そのように提示された抑制は、そもそも罰ではない。それは統治（支配）governing のひとつの方法にすぎない、すなわち、それによって統治者が秩序を定立し、維持するという自分の任務を遂行する、苦痛と快楽という二つの大きな道具の一つを、適用することにすぎない。罰が統治と区別されうるのは、その罰を与えるために、それによって改善されるべき従属者 subject の潜在能力以外の何らかの条件が要求されるとき、このときのみである。それがひとつの問題になるのは、従属者は、患者ないし子どもと違って、かれの従属を要求する秩序に同意していたに違いない、と想定されるときのみである。なぜならば、そのとき、いかにして従属者の同意を要求することを正当化しうるのか、という問いが提起されるからである。

プラトンが統治者 ruler と従属者 subject との関係を把捉（概念把捉）しているのは、いつも職人（工作者）craftsman とかれの材料 material との関係の類比 ἀναλογία においてであるわけではないし、いつも医者とその生きた素材である患者との類比においてでさえない。かれはそれをむしろ、しばしば教育者と生徒との関係として考えている。統治（支配）rule と教育 education、アルケー ἀρχή とパイデイアー παιδεία は、かれにとって同じ事柄の二つの名前であり、国家における従属者には生涯教育が行われる。

事実、職人と従属する材料の関係と教師と生徒の関係との間には、重要な差異がある。プラトンが区別なしに二つの類比を用いているのは、統治者たちはかれらより劣位にある二つの階層の各々に対して同じ関係にない、ということをかれが認識していないからにすぎない。補助者たち Auxiliaries, ἐπίκουροι はかれらの生徒であり、第三階層〔生産者層〕はかれらに従属する材料である。しかし、これらの関係の差異は重要であるにしても、われわれがここで重

第二章　プラトンにおける正義 δικαιοσύνη と自由 ἐλευθερία

視しようとする論点に影響を与えない。教師と生徒との関係は、職人と材料との関係におとらず、前者への後者の従属 subjection を示唆している。しかも、それは同じ理由のためにそうなのである。すなわち、生徒は何になる素質を持っているのか、これについての或るひとつの知識 ナリッジ を、教師は持っているが、生徒は持っていないからである。生徒に加えられる苦痛は、患者に加えられる苦痛がそうでないのと同じく、司法上の（公正な）罰ではないし、いわんやかれの私的判断の同意はその正義の条件でもない。

教育の目的（到達点）は生徒を解放すること emancipation であるが、教育のこうした特性さえ、この解放はプラトンの国家においては政治的従属 political subordination から生徒を解放することと一致する、というきわめて意味深長な事実ゆえに、的外れである。生徒が理性を使用しうるようになり、つまり一個の大人となり、国家の責任を負う主体 サブジェクト subject となったならば、そのときには、プラトンはまさしく、本質的に平等な人々の間の政治的な従属 subjection を正当化するという問題に直面することになっていたであろう。しかし、「生徒の身分」status pupillaris からの解放は、一人の人間に、従属者ではなくあれ自身統治者になる資格を与えるから、生徒に対する教師の関係における特異性 ピキュリアリティ は、統治とテクネーとの比較 コンパリズン （類似 リーズン ）において示唆されている統治理論──すなわち、政治的従属関係は被治者 the ruled に対する統治者 the ruler の本質的優位性によって正当化される、という理論──の修正を何ら必要としないのである。

かくして、プラトンの統治理論は揺るぐが、統治者 ルーラー が職人 クラフツマン ではなく教育者 エデュケイター にされるならば、それだけより確固したものにされる。テクネー・アナロジー Thechne analogy の欠陥、すなわち、それが統治活動に対してあらゆる反省作用 reflexive operation を否定するということ、このことは教育のアナロジーによって、埋め合わせされるのではなく、共有される。われわれが前章で見出したところによれば、プラトン自身が展開する議論の論理が、統治 ruling はこの反省的性格 reflexive character ゆえにひとつのテクネー以上のものである、という結論を要求している。

そして、いまやわれわれは、こうした結論を引き出すことが、いかにして同時に、プラトンにとって明白に思えた身

(6)

55

第二章　プラトンにおける正義 δικαιοσύνη と自由 ἐλευθερία

分 status の差異を疑問に付し、そしてかれの統治理論が基礎にしている土台全体を揺るがすか、これを示さなくてはならない。統治はテクネー以上のものである、ということをも必然化するから、統治についての前者の概念にもまた拡大されよう。

われわれの見たところ、統治者たちは、デミウルゴス δημιουργός（職人、製作者）として ama かれらが持たなければならないかれらの質料の形相への洞察力 insight を与えられるはずである、という結論は不可避である。しかし、統治者がこのように職人の視野の諸制限から自由になりうるとするならば、他のデミウルゴスたちは何故そうではないのであろうか？　すでに見たように、そもそも職人の洞察力のこの想定された制限こそが統治者階層の導入を必然化したのである。或るひとりの人間、つまり統治者が、かれの職能の制限を越える潜在能力を持つと見られたからには、この同じ潜在能力が万人において想定されない、という理由は原理的には存在しない。一度それを想定するなら、統治者たちの階層 class は余計なものとなる。ポリスの成員たちは、かれらが「第一の国家」でそうであったように、守護者階層 class of gardians, φύλακες が導入される以前の互いに平等の状態に戻ることになろう。テクネー・アナロジーの中に含意されている諸制限から統治者たち自身を解放すること liberation は、かれらが自分たちの優位な地位 station of pre-eminence を放棄することを要求する。

「市民たちは、「第一の国家」の平等に戻るであろう」。しかし、これは実際には復帰 リヴァーション ではない。「第一の国家」の平等は、無知 イグノランス の平等であった。人々が平等であったのは、誰も自分の職能の諸制限 クラフト を越えなかったからにすぎない。しかし、要求されている平等は知恵 σοφία の平等であって、ここでは万人が諸制限を越えているはずである。要求されることは、統治階層の廃棄ではなく、従属階層の廃棄であり、そして、守護者たちが支配することを資格づけた同じ知恵 ウィスダム をすべての市民が平等に持つことである。このような一国家は「第一の国家」がそうであるような

第二章　プラトンにおける正義 δικαιοσύνη と自由 ελευθερία

自然的共同体とは異なっている。——プラトンの理想的ポリスがそれとは異なっているように、それ自身の中に全体に形相を定立しうる一階層を持っていることによってのみならず、その階層自身ひとつの全体としてそれ自身に形相を定立しうることによって。このことを果たしうる一共同体は、自由な共同体と呼ばれるからである。
かくして、国家への三階層形相 threefold form の導入は、正義という理想からの逸脱（デクレンジョン）を含んでいるが、しかし自由という理想への前進をも含んでいる。

II　[魂の構成秩序]

自由 freedom という用語は、ディカイオシュネー（正義）δικαιοσύνη という用語と同じく、さまざまな意味で社会やその成員に適用される。ホッブズは、ルッカ Luca [Lucca、イタリア北西部、Florence 西方の都市] という自由都市について、次のように述べている。その都市はその小塔の上に大文字でリーベルタース LIBERTAS という語を書いていたにもかかわらず、「そこから、いまだ誰も、個々人が、コンスタンティノポリスにおけるよりも、より多くの自由 Libertie を持っている、あるいはそこでの国家への奉仕から免除されている、ということを推し量ることができない」。そして、国家の自由とそこにおける個人の自由との間の対照は、プラトンが自覚しているポリス（国家）πόλις におけるディカイオシュネー（正義）と魂（ソウル）ψυχή におけるディカイオシュネーとの間の対照と類比しうる、と。われわれはいまや、後者のことに取りかからなければならない。

人間の形相の実現 the realization of the form of man としてのディカイオシュネー（正義）は、「第一の国家（ステイト）」の成員におけるその完成化 perfection において例証されている。人間はここでは自然的な種 species と見なされ、そして、かれがここで成就するディカイオシュネー（正義）は、ひとつの自然的な種 natural species として把捉（コンセプト）（概念把握）された人間性の本質の実現（リアライゼイション）である。この種 species についての類 genus は動物であり、

第二章　プラトンにおける正義 δικαιοσύνη と自由 ἐλευθερία

その種差 differentia は合理性 rational である。人間のこうした概念の特徴は、理性 reason は人間を自然的な種から差異化 differentiate するものとしてではなく、人間を自然的諸種の間で差異化するものとして見なされる、という点にある。人間が自分の類的な自然本性 generic nature を、自分の種差 specific differentia において、そしてそれを通じて充たすとき、人間の本質は実現されるであろう。かれは類 ジーナス によって動物であるので、かれは自分の類的な自然本性を、自分の動物 （欲求）の供給および自分の自然的諸能力 natural faculties の鍛錬 （行使）において満たすであろう。しかし、かれは種差 differentia によって理性的であるので、理性の適用によってこれらの必要 （欲求）を充たし、理性の導きの下にこれらの諸能力を鍛錬 （行使）するかぎりにおいてのみ、自分の真実の本質を実現するであろう。理性は目的へ諸手段を意識的に適合させることにおいて発揮される。理性的な被造物 rational creature ［人間］の活動 activity は、それが実現されるべき形相ないし目的をあらかじめ知性 インテレクトゥス によって理解すること precedent intellectual apprehension によって決定されている。いわば、デミウルゴスであること、そしてひとつのテクネーを行使することは、人間の特徴的かつ典型的な活動である。

この活動力 activity の行使は、かれの職能の エクササイズ クラフト 材料 マテリアール （質料）にだけでなく、職人自身の自然的諸能力にもまた、ひとつの形相を定立すること the imposition of a form を含んでいる。かれが自分の材料 （質料）に形相を定立しうるのは、獲得された技能 acquired sill によってのみである。この技能は、かれが自分の職能の スキル 材料 （質料）に形相を定立することだけではない。いかなる訓練 トレーニング も、このようにして自然が与えたもの endowment of nature に加わりえない。そうではなく、この技能は、かれがすでに持っている諸能力に「形相を定立すること」、あるいは、その諸能力を形相を定立 inform される度合いは、かれの徳 （器量） virtue, ἀρετή の尺度である。これは、かれを ファカルティーズ organization である。形相はかれの本質であり、そして「善き大工」ないし「善き靴作り」たらしめ、あるいはかれの職能が何であれ、それに「習熟」 good at せしめるところのものである。かれの職能の所産は、エルゴン （活動の所産） ἔργον ないし製作物 （作品）であり、かれが固 ワーク

58

第二章　プラトンにおける正義 δικαιοσύνη と自由 ἐλευθερία

有に習熟している good for or at ところのものである。

かくして、一個の人間の完成化（潜在能力の実現）は、いかなる特殊な自然的能力（ファカルティ）の所有にでもなく、かれの自然的諸能力の形相にかかっている。このことは道具の類比によって例示されよう。金槌の本質を構成するのは、頭部の硬さでも柄の長さでもなく（ペッスル（槌）pestle は固い頭部を、マレット（木槌）mallet は長い柄を持っているであろうが）、釘を打ち込むという目的へのその適合性 suitability であることではなく、各部分の性質を決定する形相 form である。この適合性は金槌のアレテー（徳、固有の潜在能力 ἀρετή であり、釘を打ち込むことはそのエルゴン ἔργον であり、そのアレテーを実現 realize させる仕事（製作）である。ここで、諸能力の肥大化 hypertrophy にかかっているのではない。そうではなく、一職能に就いた一個の人間の技能は、諸能力の調和ないし組織化であり、かれ固有の仕事の最善の遂行に適合しているようなそれである。諸能力のこうした組織化はかれのアレテーであり、かれのエルゴンはその仕事の遂行である。

個々の人間の形相としてのディカイオシュネー（正義）δικαιοσύνη というプラトンの理想は、「第一の国家」シティの成員である職人のアレテー（徳・器量・卓越性）において完全に実現される。しかし、後に魂において区別される三つの固有域（構成要因）の形相として、それを概念把握することが企てられると、ディカイオシュネー（正義）というプラトンの理想は崩壊する。国家においてと同じく魂において、三階層形相 threefold form を導入することは、ディカイオシュネー（正義）の理想からの逸脱を、しかしまた自由 freedom の理想への前進を表現している。前者［正義という理想］は、それに伴って個人において人間の本質はかれの種的形相 specific form であり、そして、かれの徳（卓越性・器量）は、それに伴って個人において形相が実現される完成化 perfection にかかっており、それによって個人において形相が実現される諸媒体（手段）means にはまったくかかっていない。それゆえに、それによって職人の諸能力がそれらの形相定立作用 information を受け取ったところの訓練は、かれ自身の

第二章　プラトンにおける正義 δικαιοσύνη と自由 ἐλευθερία

洞察(インサイト)によってよりも、むしろ他者の洞察によって方向づけられ(指令され)ていたとしても、このことは何ら職人(クラフツマン)の徳(卓越性・器量)の欠陥とはならない。かれが職人であるかぎり、かれの意識は、自分が自分の材料(質料)に定立しなければならない形相をもっぱら志向し、かれの眼は、内向きには、かれ自身の能力に定立されるべき形相には、決して向けられない。職人の完成化はまた、かれの種の本質的本質(specific essence)の実現に、すなわち、かれが同じ職能を他のすべての成員たちと共有する(技術的(テクニカル)という意味で)合理的な活動 rational activity の潜在能力 capacity の実現にある。個人的(インディヴィデュアル) individual なことは、いずれもかれの本質にとっては偶然的(アクシデンタル) accidental なことであり、その個人的なことの実現(リアライゼイション)はかれの完成化(パーフェクション)とは何ら関わらない。しかし、自由という理想に含まれる概念からすれば、人間のアレテーは、道徳的な徳 moral virtue、すなわち、それについての人間自身の自覚的理解(アプリヘンション) なしに は魂に定立されえない一形相であり、個々の人間の本質は、かれにとって個人的(インディヴィデュアル) individual なものであって、かれの種 species に共通のものではない。——ということは、それはそもそも形相のかれの中にはないわけである。

プラトンが三階層区分を魂の中に導入するとき、かれは、技能は自然的な諸能力(ファカルティズ)の形相であるということと正確に同じ意味で、ディカイオシュネー(正義) δικαιοσύνη は、その三つの固有域(エレメンツ)(構成要因)の形相として把捉(概念把握)されうる、ということを当然視している。だがしかし、この想定は、それがはっきりとは述されないとしても、三階層区分の教説から実際に引き出される諸々の結論と矛盾する。この想定が真実であるとするならば、それ自体しかも単純にこの形相の質料として考えられる三つの部分のいずれもが、自余のいずれに対しても内在的な優位性を持ちえず、実際、いかなる内在的な価値ないし「徳(卓越性)」もおよそ持ちえない、ということになろう。アンドレイアー(勇気) ἀνδρεία ないしソフィアー(知恵) σοφία の所有、あるいは欲求という固有域(エレメント) appetitive element の発達は、腕の力や眼の鋭さのような特殊な自然的素質(天与の才質) gifts が職人の完成化(パーフェクション)にとって偶然的 accidental である、ということと正確に同じ意味で、一人の人間の完成化にとって偶然的である、ということになろう。——もちろん、いかなる技能(スキル)も、このような素質(天与の才質)という質料 the material に基づかずに発展さ

第二章　プラトンにおける正義 δικαιοσύνη と自由 ἐλευθερία

れる、という意味において、そうだというのではないが。一人の人間は一定の腕の力なしには善き農夫になりえないし、一定の眼の鋭さなしに善き時計作りにはなりえない。そして、盲目で手足が萎えていればそもそも善き職人にはなりえないであろう。しかし、もちろん、これらの素質（天与の才質）のいずれかの特殊な発展それ自体は、一人の職人としての人間の実現にとって本質的ではない、という意味において。時計作りは一方のものなしにデミウルゴスの最高の完成化（パーフェクション）を達成し、農夫は他方のものなしにそれを達成するかもしれない。だが、一個のデミウルゴスとしてのアレテー（徳・卓越性）を構成するのは、特殊な諸能力に定立される形相であって、何らかの能力（ファカルティ）の徳 virtue ではない。

しかしながら、魂における個々の特殊な部分の諸徳は、このように一個の人間の完成化（パーフェクション）にとっては偶然的なものである、と考えることから、プラトンはきわめてかけ離れたところにいる。そうでないとするならば、従属者に留まっている単なるデミウルゴスを凌駕するところの統治者ないし戦士を、自分の魂のディカイオシュネー（正義）においてではなく、その個々の特殊な部分の諸徳において、前者［このデミウルゴス］よりもより卓越したタイプの人間の格 mannhood を構成するものと見なすこと、あるいは、その目的がアンドレイアー（勇気）ἀνδρεία とソフィアー（知恵）σοφία それぞれの再生産であるところの、守護者たちの二つの教育 education を、デミウルゴスの訓練 training より も、より重要視すること——これらのことを、プラトンはしえないことになろう。一言でいえば、プラトンが知恵 wisdom や勇気 courage を徳 virtues と見なすことは、そもそも不可能であろう。

ディカイオシュネー（正義）δικαιοσύνη を魂の三部分の形相と呼ぶということは、次のように想定するということである。すなわち、テューモス（気概）τὸ θυμοειδές とト・ロギスティコン（理知）τὸ λογιστικόν、つまり「精神的」spirited な部分と合理的 rational な部分は、それら自身、形相を付与されている（形相を所与として持っている）be formed のではなく、特殊的かつ自然的な、それゆえに質料的 material な、諸情念 passions がそうであるのと等しく、形相を受け取る潜在能力を持っている capable of receiving form、と。テューモス（気概）とト・ロギスティコン（理

第二章　プラトンにおける正義 δικαιοσύνη と自由 ἐλευθερία

知）が自然本性的なものでなく、教育（すなわち、形相定立 information）の所産であり、したがって、それら自身、〈普遍的なもの〉the universal によって形相を定立される be informed ことが明らかになるとすれば、それによってこれら三つのエレメントが統一性において関係づけられると想定されているディカイオシュネー（正義）δικαιοσύνη は、形相を質料と統一するひとつの形相という概念に劣らず、厄介 vicious で役立つ otiose な概念ということになろう。

このようなひとつの形相という概念が厄介であるのは、形相はそれ自身もうひとつの特殊なものにすぎない、ということを含意するからであり、その概念が役立たずであるのは、形相がその質料に統一されるのは、ひとつの形相によってではなく、もうひとつの形相によってであるからである。なるほど、もちろん、ト・ロギスティコン（理知）*tò λογιστικόν* もト・テュモエイデス（気概）*tò θυμοειδές* も、魂の形相であるわけではない。しかし、それらが自然的な諸能力〈ファカルティーズ〉の間で互いに区別されうるのは、一方は、形相を積極的に知ろうとする knowing 魂の中の能力として、他方は、形相を積極的に意思しようとする willing 魂の中の能力として概念把握されるかぎりにおいてである。この形相を諸情念〈パッションズ〉〈インボーズ〉に定立し、かくして魂の三部分の統一を構成〈コンスティテュート〉するものは、実際には形相そのものの衝動 nisus ではなく、いわんや他の形相ではない。それは形相を知ろうとし意思する主体〈サブジェクト〉の活動〈アクティヴィティ〉以外ではない。この弱点は、ポリスないし魂における三階層の形相についてのプラトンの教説における同じ弱点である。すなわち、プラトンは、それによってかれが形相を実現する活動をそれ自身一つの形相以外の何かとして表現しうるであろうところの思想（思惟カテゴリー）thought ないし言語の資源を、持っていないのである。

たしかに、ト・テュモエイデス（気概）とト・ロギスティコン（理知）は、それら自身、形相を付与される。しかし、そうであるのは、これらはディカイオシュネー（正義）によって形相を定立するための質料である、という想定とは矛盾する或ひとつの意味においてである。――このことを、魂の三階層区分についてのプラトンの教説は、事実上、示唆している。そして、この示唆に伴って、人間の自然本性についての新しい概念――これに従えば、人間固有の徳

第二章　プラトンにおける正義 δικαιοσύνη と自由 ἐλευθερία

(卓越性) は、正しくあることto be justではなく、自由であることto be freeである、ということになる——がもたらされる。われわれは、こうした経緯を詳しく示さなければならない。

テューモス（気概）τὸ θυμοειδὲς がその最初の導入において自然的諸情念と区別されていないことは、意味深いことである。しかし、たちまちプラトンは、この区別を、それどころか、この導入時の想定の明確な撤回を、強いられる。

その卓越性、アンドレイアー（勇気）ἀνδρεία は、生まれの偶然性an accident of birthに帰すことはできず、理性によって方向づけられる教育によって産出される、ということがまもなく明確になる。ここから、それは一つの特殊な情念、本能ないし欲望ではない、ということが帰結する。というのは、教育も理性も、自然の機能を奪い取り、人間という動物が自然から与えられている諸能力を増進することはできないからである。理性の固有の対象は、その理論的な仕事においてであれ、あるいはここでのように、実践的な仕事においてであれ、形相であって、質料ではない。学問において理性が形相を知るknowように、教育や統治rulingにおいては、それは形相を産出produceし、あるいは、その言葉のそれぞれ一方ないし他方において、形相を定立informする。

したがって、アンドレイアー（勇気）ἀνδρεία は、それが教育の所産であり、高度の情念ではなく、諸情念の一形相である。そして、その卓越性がアンドレイアーであるところのテューモス（気概）は、他の諸情念のひとつの情念ではなく、形相を定立されたinformedこれらの諸情念である。

諸情念の形相定立the information は、一個人の統一性unityを構成する。「精神化された」行為spirited actionは、かくして自我全体the whole selfによって導かれた行為であり、いかなる特殊な情念ないし欲望も挫くことになろう。「精神」は、自我の不可侵性（統合性）integrityへの脅威によって、すなわち、苦痛や危害を与えるもの、剥奪privationによってではなく、侮辱（威厳の侵害）indignityによって、憤怒を呼び覚まされる。しかし、ギリシアの理論においていつもそうであるように、個人の本質を構成する形相は、その個人を、同時に、一つの超個人的システムに従属させる（自然的対象の本質が、この自然対象に種speciesの形相のヒエラルヒーにおいてその位置を指定するところの特殊specific な

63

第二章　プラトンにおける正義 δικαιοσύνη と自由 ἐλευθερία

形相であるように）。そして、形相の実現(リアライゼイション)は、どんな所与の個体 individual であれ、その保存ではなく、その無化 annihilation を要求するであろう。かくして、通常個人的自我の主張の否定 the negation において表現されるであろう。そして、表現される同じアンドレイアー（勇気）アクト ἀνδρεία は、その否定 the negation において表現される動物たちにおける自己保存という不適切に呼ばれた「本能」は、種の永続化がそれを要求すれば、等しく個体を自己破壊に至らしめるであろう、ということをわれわれが反省する縁(よすが)となろう。

動物たちの行動 behaviour は自由ではない。そしてもし「テューモス（気概）」 τὸ θυμοειδές が自己保存の本能以上のものでないとすれば、アンドレイアー（勇気）は自由の理念の萌芽さえ含まないであろう。自由な行為(アクト)は、単に自我によってのみ導かれるのではなく、ひとに自分の利害関心を犠牲にすることを強いる自利 self-regard の形式であれ、かれにそれを放棄することを、そして勇敢な人にはかれの生命を犠牲にすることを、強いるかもしれない自尊 self-respect の形式であれ、自我の概念 the concept of self によって導かれる。プラトンのテューモス（気概）を「自尊」self-respect と翻訳することは、行き過ぎである。自己知識、自己統治、自己実現といった反省(リフレクション) のすべての概念は、ギリシア思想には縁遠く、ギリシアの哲学者たちは、ここかしこで至高の洞察の瞬間においてのみ、それらの明確な承認に達しているにすぎない。これら両極端の中間にあり、互いに明確には差異化されないこと、これが名誉 honour というプラトン的概念の本質である。プラトンの戦士 warrior が無価値の衝動を撥ねつけるとき、それが単に自然的「本能」に盲目的に従うことではないことは確かである。しかし、それはアンシャン・レジーム下のフランス紳士の行為(アクション)と同一であるわけでもない。フランス紳士は自分の名誉が要求することを概念的に把握すること conception によって動かされるからである。プラトンの戦士が「高貴なことのために」(ノーブル) 自分の命を投げ出すとき、かれを動かしているトゲウオを動かしているように、かれの目的 end が実際にまったく無意識的にかれを動かしているわけではない。とはいえ、それがひとつの目的としてかれの意識に十全に現前しているわけでもかれを動かしているようにその種 species の諸要求がその子を守る

第二章　プラトンにおける正義 δικαιοσύνη と自由 ἐλευθερία

単なる動物的なものとは区別されるがゆえに、「テューモス（気概）」τὸ θυμοειδές は自由意思 free will の一理念の萌芽を含んでいる。プラトンはそれを展開しなかった。なぜならば、かれは人間と動物の間のコントラストを充分には意識していなかったからである。守護者の徳（ヴァーチュウ）についてのかれの概念は、一貫して、動物とのコントラストへの言及によってではなく、奴隷とのそれによって展開されている。勇敢な人間が死以上に恐れるのが、奴隷の境遇である。まさに奴隷は、自分の生命を投げ出すか、あるいはそこにおいて自己を主張するか、このいずれも為しえないのである。奴隷制はどのような単一の情念ないし欲望も抑制する必要がない。奴隷の諸々の欲望や情念は、それらが主人にらの欲望を束ねてひとつの自我 self にすることである。疑いもなく、奴隷の諸々の欲望や情念は、それらが主人によって指示（プリスクライブ）されたひとつの目的に基づき方向づけ（指令さ）れるかぎりで、ひとつの命令（秩序）及びひとつの規律（ディシプリン）を受け入れる。疑いもなく、もし主人が正義に適っていれば、この目的は正しいものであり、そして奴隷は服従によってかれの自然本性の適格な方向づけのための外からの指令 prescription 達成化を果たす。奴隷がアンドレイアー（勇気）ἀνδρεία を欠いているのは、かれが自分の行動の正しい方向づけのための外からの指令 prescription に依存し続け、そして原理を自分自身の魂の中に決して同化（アシミレイト）しないからである。奴隷は決して、アリストテレスが倫理的訓練 ethical training の期間と見なす段階を、すなわち、生徒が他者の指導（ディクテイション）で正しい行為 just acts を果たすのを止め、かれ自身のうちにある原理によって自発的に正しい行為をするようになる段階を、通過しない。このような原理を行使すること、不断の指示なしに正しい行為に向かうこと、これはアンドレイアー（勇気）の徳である。そして、この徳が指示からの解放（エマンシパイション）を含意していることは明らかである。一個の人間は、かれがかれ自身の主人（マスター）であるかぎりでのみ、アンドレイアー（勇気）を実現しうるのである。

ところで、自分自身の主人になることは、自由であることである。ドゥーロス（奴隷）δοῦλος の反対のものは、エレウテロス（自由人）ἐλεύθερος である。アンドレイアー（勇気）が奴隷であることに対置されるという単純な事実は、

第二章　プラトンにおける正義 δικαιοσύνη と自由 έλευθερία

自由について何らかの概念がその［アンドレイアーという用語の］中に潜在していることを十分に証拠づけている。——それが、われわれがその用語ともっとも容易に結び付けつけるどんな概念とも、どれほど異なっているとしても。たしかに、アンドレイアー（勇気）が自由であるのは、かれの行動が、それは正しい、というかれの知識によって決定される、という近代の合理論的道徳 Rationalist morality の意味においてではないし、それがかれの好尚 liking 以外の何かによって決定されない、という近代の経験論 Empirism の意味においてでもない。前者の自由のような何かを成就するためには、アンドレイアー（勇気）より高次の徳、ソフィアー（知恵）σοφία を持たなければならないであろう。後者の自由のような何かを成就するためには、アンドレイアー（勇気）そのものを放棄しなければならないであろう。アンドレイアー（勇気）は、われわれがその言葉の異教徒的意味 the Pagan sense と呼ぶような何かにおいて自由である。それはギリシアの自律的な都市国家の自由な市民 the free citizen の徳であった。

われわれは自由のこうした概念のひとつの消極的性格に気付くかもしれない。それはストイシズム（ストア哲学）のよって導入されたキリスト教によって採用された自分の主人であること（自己支配）self-mastery という反省的な意味付け reflexive significance を欠いている。支配 mastery への従属（サブミッション）から解放（エマンシペイト）されている勇者 ἀνδρεῖος が行使するのは、自分自身を支配することではなく、自分自身が他者を支配することであるから、かれの自由の実現は奴隷制度 slavery を前提にしている。そして、いずれかがかれの目的を実現することになるとすれば、奴隷がかれにとって必要であるほどには、かれは奴隷にとって必要ではない。

この理由のために、プラトンのポリスにおける守護者たち guardians のアンドレイアー（勇気）は、それを持たない階層が現存することに依存している。プラトン自身は、自分自身の主人になる［自分が自分にまさる］to be master of oneself、というのは無意味な概念である、と主張し、そして、魂は諸部分を持つ、という結論を引き出している。かれのポリスにおける諸階層の不平等は、同じ否認からの結論に他ならない。

66

第二章　プラトンにおける正義 δικαιοσύνη と自由 ἐλευθερία

守護者たち φύλακες という最高の階層にとって特殊な徳は、ソフィアー σοφία ないし知恵 wisdom である。それはト・ロギスティコン（理知）τὸ λογιστικόν の卓越性、それによってロゴスを、すなわち形相ないし秩序の原理を、理解することが可能になるところの、魂の固有域（構成要因）στοιχεῖον である。それゆえに、それを所有することは、ひとつの法律を新たに規定 prescribe すること、これらのことを任務とする人々にとっては、議論の余地なく必要なことである。少なくとも守護者たちのこれらの行為——服従 obedience という行為ではなく立法 law-giving という行為——は、カントが、自由な行為acts は一法律（法則）との合致 accordance with a law においてではなく、統治者たちの機能は、他者たちに対して法律（法則）を規定 prescribe すること以上のことでなければならないこと、あるいは、かれらがまた自分たち自身に対してもまた法律（法則）を与える（立法する）ことは論理的に必然的なことであること、このことを認めることをプラトンは躊躇するのであるが、いかにこのプラトンの躊躇が殆んど克服し難いことであったか——これはわれわれがすでに見てきたところである。もしかれがこれらのことを認めていたならば、かれの統治者たちは、そこでは「われわれがわれわれ自身に規定する法律に服従することが自由である」と明言したとき、かれが表現した自由の条件を充たしている。自由を享受していたであろう。もしかれが法律の原理への知的洞察を、ひとつ法律を規定すること prescribing a lawの前提条件だけでなく、それに服従することの前提条件にしていたならば、もしもかれがいわばディカイオシュネー（正義）δικαιοσύνη と同じくソフィアー（知恵）を国家のあらゆる階層の普遍的な徳としていたならば、そのとき自由はかれの政治的社会の根拠かつ目的としての正義 ジャスティスの位置を占めていたであろう。そして、プラトン的ポリス Polis はヘーゲル的ステイト State に取って代わられていたであろう。[24]

ソフィアー（知恵）についてのプラトンの教説に含意されたもっとも重要なこと、そしてその教説にこれらの発展の可能性を含ませたことは、以下のことである。すなわち、ソフィアー（知恵）という徳が依存するのは、ディカイ

第二章　プラトンにおける正義 δικαιοσύνη と自由 ἐλευθερία

オシュネー（正義） δικαιοσύνη という徳がそうであるように、それに伴って形相がひとりの従属者（サブジェクト）の中に実現されるところの完成化 perfection ではなく、それによって実現（リアライゼイション）がもたらされるところの活動 activity である、といううことである。この活動の発条（スプリング）は、形相の中ではなく、形相を定立されるはずの（三階層の）魂に定立されるはずの、ロゴスの中にではなく、そこにこの形相が定立されるはずの魂の「質料」matter の中に、部分の中に、ト・ロギスティコン（理知） τὸ λογιστικόν の中にある。このことは、次のような帰結を含んでいる。すなわち、その魂の「質料」は、形相を受動的に受け取るもの the passive recipient ではなく、それによって形相が実現されるところの活動の源泉であり、そして、その特殊性は、その完成化にとって偶然的ではなく、本質的である、ということに鑑みるならば、魂は何らかの自然的実体あるいは何らかの人為（作為）の所産かのいずれのそれともまったく異なる自然本性を持っている、という帰結を。以下の章でこの帰結をさらに充分に展開するつもりである。ここでは、この結論は、プラトン自身を、かれがそれを想定することによって出発したところのものとはラディカルに異なる人間の本質についてのひとつの教説へと導き、その結果、かれはト・ロギスティコン（理知）について、人間にとって本質的なものとしてだけでなく、人間の本質全体として、語るようになる、ということだけを付け加えておきたい。このことは、人間の本質は、もはや特殊（種）的な specific なものではなく、個体的 individual なものであり、人間の完成化（パーフェクション）は、ひとつの形相の実体（サブスタンス）（基体）になることであり、ひとつの活動の主体（サブジェクト）になることである、ということを意味している。かくして、プラトンは、はじめてこの結論を明確に思想化したデカルトを先取りしている。それはおそらくもっとも基本的な原理としてキリスト教の中に含まれていたのであるが。

三部分の組織化についてのもうひとつのさらなる帰結を無視するわけにはいかない。われわれが見たように、そこから帰結するのは、二つの人間の卓越性（エクセレンス）、ソフィアー（知恵） σοφία とアンドレイアー（勇気） ἀνδρεία を、守護者階

第二章　プラトンにおける正義 δικαιοσύνη と自由 ἐλευθερία

層に排他的に帰属させることであり、そしてそれゆえに、守護者と生産者との間の必然的不平等である。しかし、この不平等はまったく一面的な担い手であるわけではない。統治と戦闘（ルーリング・ファイティング）を行う階層が魂のひとつの本質的な固有域（構成要因）のそれぞれ排他的な担い手であるわけではない。生産者階層もまたそうである。この生産者階層においてのみ、すなわち、金銭獲得術 money-making [χρηματιστική] という活動においてだけ、欲望 desire という固有域（構成要因）、魂の第三エレメントは、その固有の自然的な充足を受け取る。

クレーマティスティケー（金銭獲得術）は、それ自身ひとつのテクネー τέχνη であり、そしてそれゆえに、それを単一階層へ専門化すること specialization は、どの人間的な卓越性の一条件でもある分業の一適用以上のことではない、というのがプラトンの導入的教説である。もしこの教説が支持されうるとすれば、統治者は、これから排除されているからといって、その分だけ一個の人間ではないというわけではないであろう。靴作りは大工ではないからといって、より悪しき職人であるというわけではないであろう。しかし、この教説は、統治と戦闘のいずれもテクネーでらの間の追加的なテクネーであり、そして生産的な諸々のテクネーを、単一の階層 class に構成するものは、そもそも何もないことになろう。それゆえに、プラトンはクレーマティスティケー（金銭獲得術）を、第三階層そのものの特徴を際立たせるものとして、いわば、生産的テクネーすべてに共通する性格として、捉えることを強いられる。まさしく、ひとつの欲望的な自然本性の表出は、ひとりの人間がかれの特殊な職能から独立して持つものであり、それゆえに、ひとつの特殊なテクネーとして実現されうるのではなく、それぞれの職人によって、かれの特殊な仕事（ワーク）（製作）において、そしてそれを通じて実現されうる。したがって、こうした活動から排除されることによって、守護者（ガーディアン）は、どの職人も専門化 specialization によって制限されているという意味で、すなわち、ひと

ある、という類比的な教説が支持されえない以上に、支持されえないであろう。そして、統治と戦闘はいずれもテクネーで階層すべてについての同様の破綻（ブレイク・ダウン）（シグナライズ）を標示している。国家における第三の階層は、多様なテクネーによって構成されている。もしクレーマティスティケー（金銭獲得術）が純粋にひとつのテクネーであるとするならば、それは単にそ

第二章　プラトンにおける正義 δικαιοσύνη と自由 ἐλευθερία

つの生産的職能を採用したことで他の職能を選択する可能性 alternative possibility を放棄しなければならないという意味で、単純に制限されているわけではない。守護者はそもそも、どのような生産的仕事（制作）への参加からも排除されている。守護者を生産的労働から排除することは、プラトンによって誤って労働の専門化の一ケースとして表現されている。そして、クレーマティスティケー（金銭獲得術）からの統治というテクネーの分離は、誤って、他の諸職能［間の分離］の類比によって支えられている。職人（製作者）the artisan は、自分の魂の欲望的 desirous ないし「エピテュメーティック」epithumetic な固有域（構成要因）をひとつの特殊な職能への献身によって充たし、他の諸職能によってそれを充たす選択可能性だけを放棄するにすぎない。統治者たちは、魂の「第三の部分」全体の、何であれ、一切の充足を断念する。

この断念 renunciation によって、守護者たちは、階層としても個人としても、ひとつの卓越性を奪われる。ひとつの階層として、かれらは分業に基づく差異化された組織化のポリスにおける第三階層［生産者層］division of labour とを共に特徴づけるために、われわれは「第一の国家」と「第三のポリスにおける」第三階層［生産者層］division of labour とを共に特徴づけるために、われわれは「第一の国家」と「第三の」ものにランクしている。アンドレイアー（勇気）ἀνδρεία とソフィアー（知恵）σοφία の諸々の可能性から遮断されて人間的な完成化 perfection を達成できないのは、職人たちだけではない。守護者たちもまた、そこなわれた人々 maimed men である。欲望を欠くことによって、かれらは享受あるいは生産する能力を欠いている。

われわれの見てきたところによれば、魂の二つのより高次の能力、精神的な能力あるいは理性的な能力のいずれかは、それが守護者たちにおいてそうであるように、それ自身の徳を展開することが許されるならば、正義とは異なるひとつの価値を、かのもっとも困難な用語の諸々の意味のひとつないしその他において自由とし

第二章　プラトンにおける正義 δικαιοσύνη と自由 ἐλευθερία

て定義（限定）されるかもしれない何かを、実現する。同じことは、欲望的 desirous なエレメントについても真実である。正義である理性的秩序を何ら顧慮することなく単純に欲望を充たすことは、自由の一形式である。お望みなら、それを「恣意的」arbitrary、「欺瞞的」false、「消極的」negative な自由と呼ぶこともできようが、しかし、それでもやはり、それは疑いなく自由である。プラトン自身はそれをエレウテリアーと呼んでいる。しかし、エレウテリアーに対するプラトンの態度は、奇妙なことに、アンドレイアー（勇気）やソフィアー（知恵）に対するかれの態度とは異なっている。われわれが見出したところでは、アンドレイアー（勇気）やソフィアー（知恵）という徳は、それら自身、諸種の自由であり、プラトンによってそうであると認められている。ところが、プラトンはこのエレウテリアー（自由）を正しい秩序とは正反対のものと見なしているのである。まさしくひとつのポリスの確立は、その抑圧に依存することになるのである。ソフィアー（知恵）という自由とアンドレイアー（勇気）という自由は、実際に、それら自身、正義の理想とは一致しなかった。それらを徳 ἀρετή と呼ぶことは、各部分の間の均衡というひとつの内在的価値を越えるひとつの価値を本質として見るよう成され行使されるところのひとつの枠組みを、提供すべきである、ということがかれはポリスの理想的国家を「第一の国家」の粗野な条件から区別するからである。まさにプラトンが感じたように、欲望の自由は単純に正義に敵対的であったのに対して、これら二つの自由は、何らかの形で正義を含み、かつ越えていた。自由のこれら二種類の間を区別することは、ヘーゲルの理解と批判にとって何より重要である。このことは、以下の叙述において見出されることになろう。

nascent 理想を犠牲に供するよりも、むしろ正義に関する自分の元来の理想を犠牲にすることを、選択している。これらの自由はポリスにおいて撲滅されるべきである、と要求するどころか、ポリスは、その中でそれらの自由が育成され行使されるところのひとつの枠組みを、提供すべきである、ということはポリスの本質として見るようになる。というのは、結局のところ、その中でこれらの自由が現存することだけが、理想的国家を「第一の国家」の粗野な条件から区別するからである。まさにプラトンが感じたように、欲望の自由は単純に正義に敵対的であったのに対して、これら二つの自由は、何らかの形で正義を含み、かつ越えていた。自由のこれら二種類の間を区別することは、ヘーゲルの理解と批判にとって何より重要である。このことは、以下の叙述において見出されることになろう。

71

第二章　プラトンにおける正義 δικαιοσύνη と自由 ἐλευθερία

ヘーゲルが、プラトンの政治哲学に対するかれの基本的な批判として、何度も繰り返しているのは、プラトンのポリスは魂のこの［第三］エレメントの抑圧サプレッションに基づいていたが、このエレメントは、もはや法律的秩序に敵対し、場合によっては法律的秩序を破壊するものとして爆発的に顕現することはないであろう、そして、この欠陥と対照すれば、近代国家の権能（権力）the might はこの自由をそれ自身の中で受け入れ、その行使からそれ自身への活力を引き出しさえする余裕を持っている、ということである。このことは、以下の叙述そのものの中に潜在して見出されることになろう。しかしながら、『国家』篇に対するまさにこの批判は、『国家』篇そのものの中に潜在している。この第三のエレウテリアー（自由）ἐλευθερία［欲望の自由］をポリスから排除することは、ポリスが暗黙のうちにその中の統治階層と同一視されるかぎりで、必要なことに思われる。なぜならば、欲望の自由は、ひとりの統治者の卓越性エクセレンスとは一致しないし、秩序を守るというかれの任務の遂行とも相容れないからである。プラトンは、この同一視がそれに依拠している混同から、まったく逃避しているわけでは決してない。しかし、もしかれがそうしていた［まったく逃避しなかった］ならば、もしかれが、かれのポリスの計画が含意していることを、すなわち、統治者ルーラーではない従属者たちの階層は国家シティの不可欠な部分であるということを、はっきり認識していたとするならば、かれは、欲望の自由にいくらかの余地を許容することは、かれの国家にとってもまた本質的なことであるということを、理解していたに違いない。統治者ルーラーにおいて禁じられていることは、従属者サブジェクトにおいては不可欠インディスペンサブルなものである。というのは、それなしには、それによって国家全体の必需品ウォンッが供給される経済的活動もないであろうし、分業の経済的組織化もないであろうからである。やはり分業は、それが経済的階層に限定されるとしても、ポリス全体の国制 constitution がその上に建てられる下部構造である。

III ［国家と魂の構成秩序の類比］

第二章　プラトンにおける正義 δικαιοσύνη と自由 ἐλευθερία

ポリス πόλις におけるディカイオシュネー（正義）δικαιοσύνη と魂 ψυχή におけるそれとは異なる事柄である。――このことをプラトンは充分自覚していることを示すことに、かれの議論は殆どどこでも献身している。そして、これら二つの秩序が相互依存的というよりも、むしろこれらが類比的 analogous であることを示すことに、かれの議論は殆どどこでも献身している。にもかかわらず、一方のディカイオシュネー（正義）の成果アチーヴメントが他方のそれを含意しているであろうということ、そして、善く均衡のとれたポリスがノモス（法）νόμος に従っていることは、個人としての人間の完成化パーフェクション perfection である魂の中に、諸エレメントの均衡を生み出すであろうということ――こうしたことを『国家』篇が想定していることは疑う余地がない。こうした想定は、われわれが「第一の国家シティ」と理想的ポリスのいずれを考慮するにしても、正当化される。国家の本質が需要と供給の経済的秩序であり、そして各成員のアレテー（徳）ἀρετή がかれの技能あるいは〈かれが得意とするもの what he is good for〉であるかぎり、それらの間に相互関係（含意）reciprocal implication が存在する。そして〔36〕逆に、技能はその発展のために組織化された経済的システムにおいてのみ可能なひとつの専門化を要求する。ポリスのディカイオシュネー（正義）がもはや諸々のテクネー τέχνη の組織化ではなく、三階層形相の維持と同一視され、そして、個人のディカイオシュネー（正義）がもはや技能としての自然的諸能力ファカルティーズ の形相定立 information ではなく、魂の三階層体制 threefold constitution の均衡バランス と同一視されることになっても、両者間のこの相互関係（含意）reciprocal implication はなお続いている。この新たな同一視によって差異がもたらされるが、国家も魂もreciprocal implication はなお続いている。この新たな同一視によって差異がもたらされるが、国家も魂もreciprocal implication はなお続いている。この新たな同一視において尽くされるとは把捉（概念把握）されえない。職人の徳全体はかれの技能スキル であり、経済的社会のそれはその組織化オーガナイゼイション である。――その形相がそこにおいて実現リアライズ（顕在化・実在化）されるところの質料マター、人間という動物の自然的諸能力ファカルティーズ と、経済社会を構成する諸々の仕事（職業）トレイドとは、いずれも偶然的 accidental なものであるが、しかし、魂の三部分は、自然的諸能力が技能の発展のための質料であるようには、単純にその三階層形相の質料ではない。そして、

73

第二章　プラトンにおける正義 δικαιοσύνη と自由 ἐλευθερία

一個の人間の徳は、ひとりの職人の徳が〈技能を持って〉〈かれが熟練して〉いるのとは異なり、〈かれが正しくあること〉〈かれの魂の三エレメントが均衡していること〉his being skilled に尽くされているのとは異なり、〈かれが正しくあること〉his being just に尽くされていない。プラトンはこの差異を識別しようとしない。にもかかわらず、プラトンは、魂の二つの部分が、それぞれ一つの固有の徳、つまりソフィアー（知恵）とアンドレイアー（勇気）を持っていること、このことをまさしく承認して、その差異を示唆している。三つの部分からなるポリスの諸階層もまた、「第一の国家」の諸々の仕事（職業）が経済的組織化に関連づけられているのと同じように、質料として、国制 political constitution に関連づけられていない。そして、その本質はその諸部分の形相に尽くされず、その徳はその組織の完成化に尽くされないという点において、人間の魂が職人の技能と異なるのと同じように、諸階層から構成された国家は経済的社会とは異なる。プラトンは、かれが三つの部分からなるポリス the tripartite Polis は「第一の国家」のそれを超えるひとつの卓越性を成就することを示唆するときはいつも、この差異を示唆している。しかし、かれは国制 political constitution を経済的組織 economic organization から区別することさえできないことによって、それを識別することを妨げられているのである。

これはわれわれが『国家』篇全体の特徴であることを発見したところの手順 procedure の一例にすぎない。プラトンは、ひとつの概念的枠組みの中に、新しい諸観念を導入しつつあるが、これらはその中に収まり切らないであろう。そしてかれは、新しい観念を発展させることも、古い観念を捨てることも、それらが同一でないことを知覚できないことによって妨げられている。繰り返しになるが、こうした区別ができないことは、プラトンの政治哲学全体にとって本質的なことであり、そして新しいものを排除すること、あるいは古いものを捨てること、このいずれかによ

第二章　プラトンにおける正義 δικαιοσύνη と自由 ἐλευθερία

　強化された一貫性(コンシステンシー)を追求するならば、はるかにプラトン主義以下のものか、あるいははるかにそれ以上のものか、いずれかである何かを、そのことは生み出すことになろう。

　自由(フリーダム)という概念は、古い壜を破裂させる新しい酒である。自分の知恵を発揮する哲学者、自分の勇気を発揮する兵士、金銭獲得を果たす生産者は、それぞれ、「魂の一部分」の完成化(パーフェクション)を実現するが、これは諸部分間の均衡以外のことである。それぞれの実現(リアライゼーション)は、それぞれ違う意味で自由である。そして、それぞれの自由は、その成就のために、魂の他の諸部分を満足させることではなく、犠牲にすることを要求していることが判明する。かくして、知恵が完全に成就されうるのは、哲学者が欲望の拘束(バンデージ)からだけでなく、あらゆる実践的活動から解放されるかぎりでのみである。魂の理性的部分は、死が哲学的訓練が始めた仕事を完成し、最終的に魂の劣った部分との繋がりを断ち切ったとき、それが果たしうる最高の徳を達成するであろう。[38] 欲望は、それが理性によるあらゆる制御から自由であるとき、あきらかにもっとも自由である。「第二の部分」の徳であるアンドレイアー（勇気）は、とりわけ、欲望の自由とは相容れないが、同じく理性の活動とも相容れない。それは、実現化(リアライゼーション)に際して、理性によって理解されたのではなく、信頼に基づき信念によって受容された、理性的原理の行為において成就される。この信念を、プラトンはオルテー・ドクサ ὀρθὴ δόξα、正しい信仰 right belief と呼んでいる。そしてかれの想定によれば、その信仰が理性的理解 reasonable apprehension と異なるのは［理解力の］欠如 defect によってのみである。しかし、その申し立てられる欠如こそ、それだけがそもそもひとつの行為(アクト)が勇気 courage というひとつの行為なのである。しかし、理解力(ウィズダム)が信仰の位置に取って代わったと想定するならば、もはや危険な誘惑はありえず、兵士は知恵という知的な徳 the intellectual virtue を実際に実現したということになろうが、しかし、かれは勇敢である機会を失ったことになろう。アンドレイアー（勇気）を構成するところのものである。例えば、兵士たちが、いかなる事柄が恐れるべきことで、何がそうでないか、これについての「正しい信仰」だけを持っているかぎりで、危険な誘惑においてもこの信仰を維持することが勇気 courage というひとつの行為なのである。

[39]

75

第二章　プラトンにおける正義 δικαιοσύνη と自由 ἐλευθερία

は異教徒的自由 the pagan freedom である。それは、一人の自由な人間を奴隷から区別する徳である。それは、ソクラテスの敵対者たちに、哲学的思弁に耽ることは、自由人が利得の奴隷的追求に参加することと同じく、自由人として生まれた市民たち the free-born citizen (καλὸς κἀγαθός [善美を備える人]) の生まれながらの徳 the naïve virtue を破壊するものである、と警告する、まったく見当違いであるキリスト教の先取りである。そして、二つの理念 [知恵と勇気、理性と意思] の相互矛盾 mutal contradicton は、どんなアカデミーの舞台よりも広い舞台の上で戦われたひとつの闘争を哲学の内部で反映したものである。

魂の諸部分が備えるいくつかの徳は、かくして三部分の均衡としてディカイオシュネー（正義）δικαιοσύνη という理想の中に単に含まれていないだけでなく、この理想に敵対的である。そして、それぞれはその実行のためにひとつの団体を要求するにもかかわらず、この団体は三部分からなるポリスではなく、階層である。哲学者は哲学者たちのひとつの共同体 コミュニティ に、兵士は軍隊における一つの戦友団体 comradeship に、生産者はひとつの経済的団体に属さなければならない。かくして、魂のいくつかの部分はそれぞれ、ポリスにおけるディカイオシュネー（正義）という理想の三身分 estates のうちの一組織においてそれに客観（客体）的に対応するものを見出す。これらの身分の組織は、ポリスにおけるディカイオシュネー（正義）という理想はそれぞれの身分と他の二つの理想に含まれていないだけでなく、それに対して積極的に敵対している。かの理想はそれぞれの身分と他の二つのそれとの間の相互依存という密接な関係を含意しているのに対して、それぞれは他の二つの部分から最大の可能な独立を果たすことによって、その成員の自由をもっとも善く確保しうるように思われる。哲学者たちの共同体は、それを世俗世界 the world に結び付けている紐帯 ties を最小限に縮小することによってその成員の自由をもっとも善く成就しうる。経済的組織は、それが目的に従う制御 purposive control から解放されるときにのみ、その真の発展を達成しうる。

各々の身分は他の二つのそれとのその統一性 ユニティ から自由にされることで、その局所的制限 ローカル・リミティション から自由にされる。第一

76

第二章　プラトンにおける正義 δικαιοσύνη と自由 ἐλευθερία

身分はカトリック的兄弟関係（ブラザーフッド）となり、第二身分は世俗的範囲の騎士道制度 world-wide chivalry となり、第三身分は法律（法則）の一普遍的コードによって安全の保障された私的所有の一システムとなる。これらの団体（社会）（ソサエティーズ）のいずれも、もはや政治的なものではない。各々はひとつの法（則）に基づいている。これは、その用語のひとつあるいは他の意味においてひとつの自然法（則）a natural law である。

ディカイオシュネー（正義）δικαιοσύνη は、魂の三階層形相としては、その諸部分を単一の人格 personality に統一する結合環（リンク）である。ポリスの三階層形相としては、それは三階層をひとつの政治的結社 political association に融合する絆（ボンド）である。プラトンは、魂のディカイオシュネー（正義）はすべての人間的な卓越性の実現のための枠組みを提供する、と誤って考え、そしてそれゆえに、かれの国制 political constitution はすべての人間的な諸階層の統一化とひとつの個体的な国家における諸部分の統一化とは相互に依存している、というかれの主張（論旨）（コンテンション）は、自由の分解的影響力 the solvent influence の下でのひとつの統一体の解体（脱統合）（ユニティ） disintegration がそれに伴って秩序の解消 dissolution をもたらした、という省察（リフレクション）によって正当化されている。近代という時代の曙は、さらに、二つの理想の同時的再生（ルネサンス）によって標識づけられる。人間の魂の完成化 perfection は、そのすべての固有域（構成要因）（エレメント）をひとつの個人的人格 individual personality の中に融合することにあり、ともに、ひとつの国民国家 nation state の中にもう一度統一化することに置かれることになる。

個人と国家 the individual and the state との間には基本的な対立がある、という受容されている教説は、「個体的（個人的）（インディヴィデュアル）」individual［という言葉］に結びつけられる意味に応じて、真実であるか、あるいは真実の正反対である。その章句は、一般的には、二つの異なる対立を、すなわち、国家の法律と個人の利害関心（インタレスト）との間の対立を、含んでいるのを常としている。これらは、それぞれ純粋な対立である。国家の法律と個人の良心（コンシェンス）との間の対立、そして、良心（コンシェンス）は、プラトンがト・ロギスティコン（理知）τὸ λογιστικόν と名づけた魂の固有域（構成要因）（エレメント）であり、そして、

第二章　プラトンにおける正義 δικαιοσύνη と自由 ἐλευθερία

それは、その完全な自由のために、実際ひとつの法（法律）を、しかし、局所的制限 ローカル・リミテイション を超越するひとつの法（法律）を、要求するように思える。個人の利害関心 インタレスト は、プラトンが個人の魂の第三エレメント [τὸ ἐπιθυμητικόν（欲望）] と呼んだものを満足させることであり、このことは、諸々の経済的モティーフが自由に演じられるひとつの社会に個人が帰属している、ということを含意している。このような社会の諸々の法（法律・法則）は、われわれがこれらの法（法律）を所有・財産の維持のための諸規則のシステムとして考えるにせよ、このようなシステムの内部で経済的活動によって開示される法（法則）として考えるにせよ、ひとつの個体的な国家の実定法 positive law のようには、どんな領域的制限 テリトリアル・リミテイション にも服していない。

これらのケースのそれぞれにおいて、国家 the state に対する個人 the individual の対立は、個人がひとつの普遍的社会に帰属していることに依存している。しかし、それぞれのケースにおいて、この広い社会に個人が帰属することは、「かれの魂の諸部分」のひとつに自余の部分を排除させることになる。そもそも、われわれがそれについて個人と国家の間の対立として語ることができるのは、われわれが進んで個人をかれ自身の「魂の三エレメントの中の」単一の部分と同一視するかぎりにおいてにすぎない。しかし、もしわれわれが「個人」individual で意味するのが魂のあらゆる部分がそこで統一化されるところの一人格 personality であって、残余の部分を排除するまでに発展を遂げたそれではないとするならば、ひとつの国民国家 national state の中にこれらの普遍的諸社会を融合することは、敵対的 antagonistic なことではなく、人格のこのような発展に客観（客体）的に対応する部分であり、その発展の必要条件である。現実に存在する対立は、国家 the state の中への吸収に対立する諸社会 the societies のそれと、個人 the individual の中への吸収に対立する「魂の諸部分」のそれとの、両方である。これらが、「個人と国家 ステイト 」の対立によって曖昧に意味され、しかし混乱して表現されていることである。

再生 renaissance は単純な再帰 simple recurrence ではない。魂ないし国家のいずれかの統一 ユニティ 体としてのディカイオシュネー（正義）というギリシア的理想を単純に再建 リ・エスタブリッシュ することは不可能であった。ディカイオシュネー（正

78

第二章　プラトンにおける正義 δικαιοσύνη と自由 ἐλευθερία

義）は自由を排除した統一体であった。人格 personality と国家 state の両方の近代的概念は、自由に基づくひとつの統一体というそれであった。

こうした基本的論点においては、国家 State についての近代哲学はポリス Polis についての古代哲学と異なり、そして、この論点において、とりわけヘーゲルの政治哲学はプラトンのそれと異なっただけでなく、異なることはヘーゲル自身によってはっきり認識されていた。近代国家は自由に基づいているのであって、プラトンのそれのように自由の排除に基づいているのではない、とヘーゲルは倦むことなく主張している。この差異を充分に理解するために必要なのは、この間に介在する期間の哲学を理解しておくこと、そして、とりわけ、いかにしてプラトンにおいて萌芽的であった自由の諸観念が中世のキリスト教哲学において展開されたのか、これを見ておくことであろう。このことを、わたしはこのような仕事を企てることを提案しないが、その代わりに、わたしは、いわば、それによってヘーゲルが自分自身の政治哲学を説明しているところのプラトンの政治哲学の批判を考察することによって、近道や脇の入り口を通って、国家 State についてのヘーゲル哲学にアプローチすることに努めるつもりである。偉大な哲学者たちは、いつも自分たち自身に先行する者たちの最善の批判者、あるいは自分たち自身の顕著な重要性の判定者であったわけではない。しかし、われわれは、ヘーゲルに伴って、他のどんな哲学者たちに伴っても誤解を招くことにならないようなひとつの方法を企ててみたい。なぜならば、ヘーゲル自身は最初の哲学史家であったし、しかもいまなおもっとも偉大なそれであるからである。

補説C　プラトンにおける教育 παιδεία と統治 ἀρχή

統治（支配）ἀρχή と教育（陶冶）παιδεία はプラトンにとって置換可能な用語である。かくして、かれは第九巻590eで、「子どもたち ἡ τῶν παίδων ἀρχή, τὸ μὴ ἐᾶν ἐλευθέρους εἶναι, ἕως ἂν ἐν αὐτοῖς ὥσπερ ἐν πόλει πολιτείαν καταστήσωμεν...

第二章　プラトンにおける正義 δικαιοσύνη と自由 ἐλευθερία

を統治（支配）すること（ἀρχή）、われわれがかれらの内に、ポリスの内にと同じく、国制 πολιτεία を打ち立てるまでは、かれらを自由に放任しないこと……」について語っている。この文章の後半は、そこに達することで、生徒がポリスの自由で責任を担いうる主体（サブジェクト）になるところの、教育過程には期限があること、このことを含意しているように見えるかもしれない。しかし、これはそういうことではない。ポリスにおける従属者（サブジェクト）の生活は、かれの生徒である状態と同じ広がりを持っている。その過程の期限は、かれが、自由な一主体にではなく、一統治者に、すなわち、かれ自身が今度は一教育者になる資格を与えられる時点である。

統治（支配）することと教育することの同一視は、さらに第十巻599d-600aによって例解されるだろう。そこでソクラテスはホメロスの要求する知恵について論じている。ῶ φίλε Ὅμηρε, εἴπερ μὴ τρίτος ἀπὸ τῆς ἀληθείας εἶ ἀρετῆς πέρι, εἰδώλου δημιουργός, ὃν δὴ μιμητὴν ὡρισάμεθα, ἀλλὰ καὶ δεύτερος, καὶ οἷός τε ἦσθα γιγνώσκειν ποῖα ἐπιτηδεύματα βελτίους ἢ χείρους ἀνθρώπους ποιεῖ ἰδίᾳ καὶ δημοσίᾳ, λέγε ἡμῖν τίς τῶν πόλεων διὰ σὲ βελτίον ᾤκησεν…; σὲ δὲ τίς αἰτιᾶται πόλις νομοθέτην ἀγαθὸν γεγονέναι καὶ σφᾶς ὠφεληκέναι; 「親愛なるホメロスよ、もしあなたが人間の徳性について、真実から遠ざかること第二番目の人、そしてどのような仕事と規定したところの影像製作者ではなくして、むしろ第二番目にまで達している人であるならば、……あなたのおかげで統治が善くなった国において人間を向上させ、あるいは堕落させるかを認識できたというのであれば、われわれが真似師と規定したところの影像製作者ではなくして、む立法者の仕事は人々をより善くすることである、すなわち、教育者の仕事と同じである（cf.600c：παιδεύειν ἀνθρώπους καὶ βελτίους ἀπεργάζεσθαι「人々を教育し、よりすぐれた者にできた」）、というここでの想定は、明らかである。そして、続く文章はより印象的である。ἀλλὰ δὴ εἰ μὴ δημοσίᾳ, ἰδίᾳ τισὶν ἡγεμὼν παιδείας αὐτὸς ζῶν λέγεται Ὅμηρος γενέσθαι;「もし公にはそのようなことが何もないというのであれば、私的な面で、ホメロスがかれ自身の存命中に或る人々の教育上の指導者となったであろうか?」（600a）。一個の政治家であることと一個の教育者であることの間のそれとしてわれわれが表現する二者択一は、プラトンにとっては単純に「公的に」教育することと

80

第二章　プラトンにおける正義 δικαιοσύνη と自由 ἐλευθερία

「私的に」教育することとの間の二者択一として呈示されている。
ここでは、他のところと同じく、プラトンは古典時代のギリシア人の実践を支えている諸原理を省察している。私的教育は重要ではなかったが、国家（シティ）における生活は市民たちの学校であった。どうすれば自分の息子を最善に教育できるか、と問うた父親に与えられた答え、「かれを善く統治された国家の市民にすることによって」を比較されたし。

注

1　ii. 376b ff.
2　ii. 381c. d.
3　その規準（スタンダード）は、もちろん、功利主義的なものではない。正しい摂生（養生）the right régime は、患者がもっとも享受 enjoy しようとするそれでも、快楽あるいは苦痛の回避のための手段として望ましい健康状態でもなく、患者を〈善きもの〉にしようとするそれである。しかし、他方では、その規準は、快楽にまったく無関心な正義の法でもない。一人の患者を〈善きもの〉にするとは、かれをかれのタイプの完璧な一見本 specimen にすることである。そしてこのことは、実際には、快楽へのかれの諸々の潜在能力が、それらが果たしうる完全な満足を受け取る、ということを意味している。
4　いかに密接に、この問題において、ギリシアの諸都市国家がプラトンの理論と対応しているか、これを指摘することは、殆ど余計なことである。司法 judicature と統治 government との間には何ら区別がなかった（あるいはきわめて萌芽的なそれしかなかった）。それらは死刑 a capital punishment——懲罰 discipline の道具には決してなりえない刑罰——を持たなかった。そしてそれらの法が効果を持つ operated のは、刑罰を通じてというよりもむしろ報復を通じてであった。これらの事柄は、近代国家において動物、精神障害者、子どもに保存された処置に特徴的なことである。
5　解説のために、補説Cを参照。
6　この想定は、もちろん、プラトンに特異なことではなく、ギリシア思想を特徴づけるものである。ある人々は統治するために、他の人々は統治されるために生まれる、というアリストテレスの教義を参照。それは奴隷制の実行についての理論と対応する。
7　Ch.I, p. 31 *sup.*
8　Ch.I, p. 25 *sup.*

第二章　プラトンにおける正義 δικαιοσύνη と自由 ἐλευθερία

9 あるいは、より正確を期せば、自由の一つの理想、すなわち合理主義者。See pp. 65ff.; and cf. p. 71, n. 1.
10 このことは、勇気 ἀνδρεία と知恵 σοφία について、もっとも明瞭に真実である。これらは一つの積極的かつ内在的な価値を持っていると想定されるからである。しかし、それは魂の第三の、ないし欲望的 appetitive な、エレメントについてもまた真実である。それは、人間の実現化にとって、それがこれに敵対的である点で、偶然的以上であるからである。
11 「第一の教育」は、ii. 376e と iv. 445e との間で記述されている。第七巻は「第一の教育」に献じられている。わたしはここでは、主に（勇気 ἀνδρεία ではなく）節制 σωφροσύνη を産み出すことが目論まれた、「第一の教育」についての部分（第二巻のはじめ 376e ─第三巻 404e）への言及をオミットした。しかし、わたしが他のところで（補説 D 参照）節制 σωφροσύνη について述べていることが、ある程度このオミッションを埋め合わせ、かつ説明することを、わたしは望んでいる。
12 The *spirited* element.
13 e.g. ii. 375a.
14 iv. 430b.
15 iv. 440e.
16 プラトンが例解しているように。iv. 439e ff.
17 Cf. iii. 386b.
18 Cf. iii. 387b.
19 Cf. p. 56 *sup.*
20 iii. 387b.
21 Cf. iii. 387b: ' . . . παισὶ καὶ ἀνδράσιν οὓς δεῖ ἐλευθέρους εἶναι, δουλείαν θανάτου μᾶλλον πεφοβημένους ' （子どもでも大人でも、死よりも隷属のほうを深く恐れる自由な人間とならねばならない人々）──ここでは ἐλεύθερος（自由人）と ἀνδρεῖος（勇者）とが明確に変換可能な用語である。
22 σοφία は、ἀνδρεία のように、はじめは、それによって番犬が自分の家族を識別しうるところの自然的な能力の完成化として導入される (ii. 375d-376e; cf. the significant concatenation ibid. φιλόσοφος δὴ καὶ θυμοειδὴς καὶ ταχὺς καὶ ἰσχυρὸς
23 οὐκοῦν τὸ μὲν κρεῖττω αὑτοῦ γελοῖον; （この「おのれに克つ」という言い方は、おかしくはないかね？）iv. 430e.
ἡμῖν τὴν φύσιν ἔσται ὁ μέλλων καλὸς κἀγαθὸς ἔσεσθαι φύλαξ πόλεως．[われわれにとって、ポリスのすぐれて立派な守護者となるべき者は、その自然本来の素質において、知を愛し、気概があり、敏速で、強い人間である]．あたかも、これら四つの属性はすべて等

82

第二章　プラトンにおける正義 δικαιοσύνη と自由 ἐλευθερία

しく自然的なものであるかのように）が、しかし、たちまち、この元来のコノテーションから脱却する。プラトンが実際に「自由」を φιλόσοφος に帰している印象深い章句 (vi. 468a, b) がある。哲学者の自然本性ともっとも縁遠い性質は、ἀνελευθερία（自由ならざること）である、とかれは述べている。この性質は σμικρολογία（瑣末な詮索、吝嗇）と同一視される。そして、σοφία がこれを追放するのは、魂を「全時間と全存在」の見るに値するものの spectacle に向けることによってである。——これと比較して、ὁ ἀνθρώπινος βίος（人間の生）の諸々の関心事は、相対的な意味しか持ちえずそれらに相応しいランクに帰される。ここでは再び、自由 ἐλευθερία が奇妙に制限された意味で使われている。しかし、その概念はあきらかに、キリスト教徒の禁欲主義者が現世拒否 renunciation of the world によって達成しようと奮闘した自由を先取りしている。

25 ロゴス logos とト・ロギスティコン τὸ λογιστικόν の意味での「理性」であり、後者は能動の動詞の主体でありうる意味での「理性」である。ト・ロギスティコン τὸ λογιστικόν は、ロゴス logos とは異なり、真実を実現する潜在的な力 a potency ではなく、顕在的な力 a power である。ライプニツがモナド the monad についてどこかで述べているように、pouvoir ではなく、puissance である。δυνάμενον である。――つまり、δύναμις ではなく、δυνάμενον である。

26 第九巻においては、さらに第三章を参照。τὸ λογιστικόν は、τὸ θεῖον ἐν ἡμῖν（われわれの中の神的なもの）と呼ばれている (589b, cf. ibid. e. 590d); それはまた、τοῦ ἀνθρώπου ὁ ἐντὸς ἄνθρωπος（その人間の内なる人間）(589b) と呼ばれている。これは、それが人間の本質である、という結論を示唆している。（その結論はアリストテレスによって明らかにされた。δόξειε δ᾽ ἂν καὶ εἶναι ἕκαστος τοῦτο τῶν ἐν αὑτῷ, εἴπερ τὸ κύριον καὶ ἄμεινον [このもの（自己）のうちなる最高のもの）が、われわれにおける支配的なるものであり、〈よりよき善きもの〉なのであってみれば、各人はこのものであるとさえ考えられてよい] Ethi. Nic. X. 1178a.) 人間の本質は合理的動物であり、人間の本質はかれの中の神的なものである、と述べることの中に含まれている。

27 τὸ ἐπιθυμητικόν（欲望的部分）は χρηματίστι φύσει ἀπληστότατον（金銭を渇望する部分）である。iv. 442a

28 χρηματιστική.

29 i 345b ff.

30 iv. 434b, c. χρηματιστὴς φύσει（自然本性からして金銭を求める人）であることは、したがって、一人に人間から守護者階層のメンバーシップの資格を奪う。iv. 433a, b cf. iii. 415e, and even i. 346c.

第二章　プラトンにおける正義 δικαιοσύνη と自由 ἐλευθερία

31 iii. 397e.
32 ibid. (οὐ χρηματιστὴν πρὸς τῇ πολεμικῇ [戦争の他に金儲けをしない])。
33 自由は、近代哲学の経験論的伝統においては、その言葉のこの意味に制限された。「自分の力と才気によってなしうることにおいて、自分がなそうとする意思を持っていることをなすことを妨げられない人こそ、自由な人間である。」ホッブズ。他方、合理論者たち（とりわけカント）は、自由を、道徳的行為に、すなわち、理性の意識的理解力に統御された行為に、制限した。それぞれの概念の萌芽は、プラトンの中に見られる。前者については、χρηματιστής（金儲けをする人）の ἐλευθερία（自由）において、後者については、統治者の σοφία において。
34 viii. 555b—565e、とりわけ557b における民主制と「民主制的人間」とについての記述全体を参照。ἐλευθερίας ἡ πόλις μεστὴ καὶ παρρησίας γίγνεται, καὶ ἐξουσία ἐν αὐτῇ ποιεῖν ὅτι τις βούλεται（このポリスには自由が支配していて、何でも話せる言論の自由が行きわたっているとともに、そこでは何でも思い通りのことを行うことが放任されている）。562b and c（ἐλευθερία は民主制の目的である）。ἐλευθερία は、ここではまた、δουλεία と意識的に対立させて捉えられている（see 563d）。そして、民主制的自由を最終的に踏み越えることは、奴隷の解放である（563b）。
35 ギリシアでは奴隷階層が市民権 citizenship から排除されている。このことは、国家が支配者層以外のものによって構成されるということを、通常のギリシア人は同じく理解（概念把握）できない、ということを示唆している。
36 Cf. iv. 443c ff.
37 あるいは、それが一有機体以上のものである、という点において。
38 第十巻588以下において、プラトンは、魂の最高の部分の完成化にとって、それが「この生（活）の諸々の必要によってより劣る諸部分に拘束されることは、有害なことと明確に見なしている。
39 iv. 429e.

84

第三章 ヘーゲルのプラトン批判――「主体的エレメント」

近代の政治理論は、主として自由を国家の根拠、目的、限界としている点で、古代の政治理論とは異なっている。自由は多様な意味を担いうるが、これに応じて、近代の諸理論も互いに大いに異なってにすぎない以上、それらの差異は相対的には意味のないものとなる。そして、まさにこの一原理によって、近代の諸理論はすべて、古代の諸理論（ここでは国家は自然本性的なものである）と対比されることになろう。

ヘーゲルは、自分自身の理論をプラトン批判によって展開しようとするときにはいつも、この差異に執着しているが、しかし、かれはそれを多様なフレーズで表現している。ポリスにおいて見極めうる欠陥、しかもポリスの政治理論の中に反映されている欠陥は、「個人の諸権利 rights of the individual」、「個人の自由」、「従属者（主体）subjectの特殊性〔パティキュラリティ〕を満足させる権利」をそのポリスがおそらくもっとも共通していないことである。ところで、この関連でヘーゲルが述べているすべてのことがらについて、おそらくもっとも共通している用語は、「主体性」subjectivity [Subjektivität]である。ポリス Polis とは対照的に、近代国家 State は「主体的エレメント」subjective element に大いに活躍する場を与えるが、これこそ近代国家の特徴であり、「主体的自由」subjective freedom [subjektive Freiheit] は「近代世界の原理」である。それゆえに、この「主体性」という用語の厳密な意味を理解することが重要である。

第三章　ヘーゲルのプラトン批判──「主体的エレメント」

「サブジェクト」subject[主辞、先言措定、基体、主体]という語の元来の意味について考えるならば、われわれはこれをきわめて容易に理解するであろう。この語の元来の意味に従えば、それはアリストテレスのヒュポケイメノン ὑποκείμενον[下に置かれたもの][subjectum]のラテン語訳であり、諸々の賓辞の主辞 subject of predicates を単純に意味している。アリストテレスの教説に従えば、どんな事物の本質 essence も、その諸賓辞において、類・種 genus 及び種差 differentia の二つの賓辞において究明し尽くされる。この形相あるいはエーイドスの定義をともに構成し、事物の形相あるいはエーイドス Form or Eidos [μορφή ἤ εἶδος]を明示する、類・種のものと同じく、必然的に一般的（類・種的）general なものである。それが所与のどんな事例においても適用されるところのそれ以外の主辞について賓辞（述定）predication が可能であること、このことが形相あるいはエーイドスの自然本性である。もちろん、いかなる特殊な主辞 subject においても、何らかの賓辞ないし多くの賓辞において究明し尽くされない残余のエレメントは、いつも存在する。このエレメントは、アリストテレスの教説においては、形相的 formal なものに対置されるものとしての質料的 material なもの、本質的 essential なものに対置されるものとしての偶有的 accidental なもの、能動的 active なものに対置される受動的 passive なもの、一般的（類・種的）general なものに対置されるものとしての個体的（不可分体的）individual なものである。それは、厳密な固有性 propriety を伴って、「基体（主体）的なエレメント」subjective element と呼ばれよう。

プラトンに従えば、市民としての一個の人間 a man qua citizen の徳ヴァーチュウを構成する徳は、ディカイオシュネー（正義） δικαιοσύνη である。そして、それ（正義）は、形相的 formal なものである以上、必然的に一般的（類・種的）general なものである。それ（正義）はどれほど多くの特殊パティキュラー・サブジェクツな主辞においても同一的なものでありうる。そして、そこにおいてそれ（正義）が実現されるところの主辞の特殊パティキュラリティ性は、それ（正義）にとって偶有的アクシデンタルである。すなわち、いわば、基体的エレメントはその本質から排除されている。正しいものであることto be just（正義）は、ひとつの特殊的な魂の本質と見なされるかぎり、その本質は、自然的諸対象のそれと同じく、それにとって特殊的な基体の

第三章　ヘーゲルのプラトン批判——「主体的エレメント」

個体性 individuality of the particular subject は無関係 indifferent であるところの何かの中に位置づけられている。

基体的エレメントは、ソフィアー（知恵）σοφία という徳からは、同じような仕方で排除されていない。われわれが見出したところでは、このソフィアー（知恵）という徳はその言葉の近代的な意味の一つにおける自由の先取りである。またその基体的エレメントは、「欲求的部分」appetitive part [*ἐπιθυμητικόν*]——プラトンはこの部分をエレウテリアー（自由）*ἐλευθερία* という名の下に非難しているが、この部分は自由の第二の近代的意味に対応している[④]——からも排除されていない。以下の省察はこのことを明らかにするであろう。ディカイオシュネー（正義）*δικαιοσύνη* とは、ロゴス *λόγος* が魂の中に現前していること the presence of Logos in the soul である。それは一定の形相による所与の質料への形相定立の information of a given matter by a certain form である。形相は魂の諸部分の三階層的関係 the threefold relation であり、質料はこの関係とは別に考慮されるこれらの部分、すなわち、ト・ロギスティコン *τὸ λογιστικόν*（理性的なもの）、ト・テュモエイデス *τὸ θυμοειδές*（気概的なもの）、ト・エピテュメーティコン *τὸ ἐπιθυμητικόν*（欲望的なもの）である。ここまでは、通常のギリシア的教説が適用されえないものは何もない。形相は一般的 general かつ本質的 essential であるが、これに対して、基体の subject、個体的 individual かつ偶有的 accidental である。とりわけ、それに形相定立 information が負っているところの活動 the activity は、われわれがこの観点に固執するかぎり、質料にではなく形相に帰されなければならないし、ト・ロギスティコンであれ、ト・テュモエイデスであれ、ト・エピテュメーティコンであれ、その基体的エレメントにではなく、ロゴスに帰されなければならない。形相は一般的かつ本質的なもの the neuter substantives によって標示［デジグネイト］される質料的エレメントは、基体の subject、すなわちこの形相定立 information であるが、しかしこの形相定立においては、活動の発条［ばね］は、形相を定立するロゴスにではなく、形相を定立されるべき基体に、つまりト・ロギスティコンとして標示［デジグネイト］されるまさしく「基体的エレメント

しかし、ソフィアー（知恵）については事情が異なる。この活動もまたロゴスによる基体の subject へのひとつ

第三章　ヘーゲルのプラトン批判――「主体的エレメント」

the subjective element にある。すなわち、この基体的エレメントは、個体的エレメントであるが、偶有的なものではない。それは単に形相を定立されうる質料、ないし受動的潜在力 passive potency ではなく、それ自身において形相を実現（リアライズ）（認識）する能動的な能力 an active power to realize form in itself である。かくして、それは実現（認識）することにとって、偶有的ではなく、本質的である。ディカイオシュネー（正義）とソフィアー（知恵）との間の差異は、形相が現前すること presence of form である形相定立 information と形相の知識 knowledge of form である形相定立との間の差異である。前者［ディカイオシュネー（エクササイズ）］においては、形相こそが能動的であり、これに対して基体 the subject は、その上でこの活動が実行されるところの受動的質料以上のものではない。しかし、後者［ソフィアー］informs itself、形相はその受動的客体以上のものではない。この差異はさらに、(1)「実現する to realize」と(2)「認知する to become conscious」としての、「実在化（実現・認知）することを to make real」という英語の用語の異なる意味によって、例解されるであろう。ディカイオシュネー（正義）とソフィアー（知恵）は両方とも、「形相の実現（認知）realization of form」と定義されようが、しかし、それはそれぞれ異なる意味においてである。前者においては、形相は基体（サブジェクト）＝従属者において実現され realized （made real）、そして、実現という活動の発条は、（形相そのものにおいてか否かはともかく）いずれにしても基体（サブジェクト）＝従属者の外部にある。後者においては、基体が形相を認知する（サブジェクト）この活動の発条は、基体自身にある。これによって、基体 subject は、さらなる意味での主体 subject になる。それはもはや単に、そこにおいて諸賓辞（プレディケイツ）が備わる主辞（サブジェクト）（客体に対置されるものとしての主辞）ではなく、活動の主体（サブジェクト）（諸賓辞に対置されるものとしての主辞）である。かくして、ソフィアー（知恵）については、本質は形相（一般的なもの・類的なもの the general）ではなく、主体 the subject ＝個人 the individual（個体的・不可分的なもの）による形相の領有 the appropriation of the form である。

88

第三章　ヘーゲルのプラトン批判——「主体的エレメント」

かくして、ソフィアー（知恵）というプラトン的の徳のなかには、ヘーゲルが「主体性のエレメント」the element of subjectivity [das Element der Subjektivität] と呼んでいるものが含まれている。

しかし、この徳は、プラトンに従えば、ひとつのポリスの成員ないし市民としてのひとりの人間にとってのものではなく、その統治者ないし守護者としてのそれにとってのものにすぎない。そして、それ〔ソフィアーという徳〕が保証する「主体的自由」the subjective freedom [die subjektive Freiheit] が同じ意味を持ちうるのは、国家のすべての成員たちが等しく正義に適っているからといって、正義ではなく、少数者のために確保されている、正義を定立ないし維持するという活動アクティヴィティ（正義）のリアライゼイション実現（認知）に何ら関与しない。守護者ではない国家成員たちに開かれている唯一の徳は、ディカイオシュネー（正義）であるように思われる。そして、市民たちの魂における（基体的）（基体的・従属的）徳は、この料（質料）material の関係にある。これはまさしく、統治はひとつのテクネーである、という教説の言い換え（換位命題）converse 以外ではないところのひとつの結論である。かれらの魂は、ひとつの能動的形相を受容するための受動的質料であるが、責任を担いうるいかなる活動の源泉でもない。

かくして、もしわれわれがソフィアー（知恵）という徳の主体的エレメントに注意を向けるならば、プラトン的ポリスの図式は「主体的自由」の完全な排除に基づいている、とわれわれが言えないことは明らかである。ヘーゲルの批判が真実であるのは、その図式は本質的に統治者たちにおけるこのような自由を要求するからである。ヘーゲルの批判が真実であるのは、プラトンのポリスの国制 constitution はこの自由への参加から統治者ではないすべての人たちの排除を含意している、という限定された——しかしなお著しく重要な——意味においてのみである。

われわれがこれまでに想定したところによれば、ヘーゲルがポリスには欠けていると断言した「主体的自由」は、ソフィアー（知恵）において顕現するもの manifestation と同じものと見なしうる。しかし、これはソフィアー（知恵）

第三章　ヘーゲルのプラトン批判——「主体的エレメント」

においてのみ顕現するわけではない。魂の第三部分〔欲望部分〕は、「主体的エレメント」というタイトルに対して第一部分〔理知部分〕が持つのと等しい権利を持っている。金銭獲得術 money-making ないしクレーマティスティケーという経済的活動における欲望充足 satisfaction of appetite もまた、一種の主体的自由である。われわれが、この意味で諸用語を理解し、かれの「主体的エレメント」をプラトンの第三部分と、つまり、欲求 desire を充足する自由と、同一視するならば、ヘーゲルのプラトン批判はひとつの異なる局面を迎え入れることになる。

この〔欲望 desire の〕主体的活動に対するプラトンの態度は、理性の主体的活動に対するかれの態度とはまったく異なっている。そして実際、後者の活動は、ひとつの重要な観点において、それ自身前者とは異なる。ソフィアー（知恵）における主体の活動は、ひとつの特殊な対象に向けられている。それゆえに、それ〔欲望〕はプラトンによって、正しい統治 just rule の本質であるひとつの普遍的なものによる指令への自己献身とはまったく相容れない。あきらかに、プラトンはこのようなエレメント〔欲望部分〕をかれの統治者たちの魂から排除しなければならない。ちょうどかれがすべての経済的差異化 economic differentiation を、それがクレーマティスティケー（金銭獲得術）の仕掛けであるがゆえに、統治者階層の組織から排除するように。

このエレメントは、プラトン的国家にはまったく不在である、ということは真実であろうか？
従属者（主体）自身は「自然本性からして金銭獲得志向 chrematistical」であること、そして従属階層の組織化は分業 division of labour に基づいていること、この両方のことが推論することをプラトンは許していない。このことをわれわれが省察するとき、われわれは否と答えざるをえないように思われよう。しかし、あっさり否と答えるならば、プラトンはわれわれがこれらのことを推論することを許す以上のことはしていない、という事実を無視することになろう。従属者は、善く秩序づけられたポリスにおいてさえ、統治者が指示する意味 significance を無視する

90

第三章　ヘーゲルのプラトン批判――「主体的エレメント」

は知られていない充足を成就すること、そして、いかなるソフィアー（知恵）にもよらず、統治者の仕事がかれのソフィアー（知恵）によってそれを定立することであるところの政治的秩序とは異なるひとつの秩序［経済的秩序］を展開すること、これらのことをプラトン自身が認識していたのであれば、そのとき、プラトンはヘーゲルの批判の先手を取ること、そしてヘーゲル自身の教説の何某かを先取りすることによって前提にされているディカイオシュネー（正義）の理論の明確な放棄によってのみ、かれはそのことを果たしていたであろう。

『国家』篇の主要な倫理的テーゼは、正義は報われる（割に合う）justice pays、あるいは、その魂が完璧に理性によって秩序づけられている人間は必然的にもっとも幸福な人間である、ということである。このテーゼの証明は、理性による善の実現にまったく吸収されてしまうわけではない欲求充足 satisfaction of desire には、いかなる積極的なエレメントも存在しない、という立場にかかっている。［理性による善の実現］とは異なることになろう。ひとつの特殊なもの（例えば、三角形）の感覚的知覚 sensuous perception が普遍的なものの知的把握 intellectual comprehension に関係づけられているように、両者は互いに関係づけられるであろう。前者は、後者によって十全に実現された真実の束の間の予知 fleeting foretaste であるが、しかし、いかなるエレメントも含んでいないから、欲求充足は理性的善の束の間の予知の中に含まれるいかなる幸福のエレメントも含んでいない。この倫理的理論は、従属者は統治者理性による善の享受の中に含まれるいかなる幸福のエレメントも含んでいない。理性の充足が魂の他のあらゆる部分の充足を含んでいるのであれば、そのとき、統治者は自分自身において、人間の魂に可能なあらゆる幸福を実現する。そして、従属者は、かれの顕著な特徴である欲望のエレメントの充足によってではなく、それと正確に同じ理性 reason に欲望 appetition を従属させることによって統治者自身の魂において場所を占めているそれと正確に同じ理性 reason に欲望 appetition を従属させることによって統治者自身の魂において場所を占めているそれと同じような幸福を成就するであろう。但し、従属者は、自分自身の魂の中にいかなる理かれ［統治者］自身が果たしうるような幸福を成就するであろう。

第三章　ヘーゲルのプラトン批判——「主体的エレメント」

性原理も持たないから、統治者の魂におけるその理性原理によって統治されるべく、服従せざるをえない。『国家』篇の主要な政治的テーゼは、統治(支配)されることは従属階層の善のためである、ということである。統治階層の活動が形相を定立すること imposition of form であるとするならば、形相をまったく欠いていること、ルーリング・クラスが供給しなければならない形相に依存すること、このことが従属階層の自然本性である、という想定から、このテーゼは浮かんでくるに違いない。この想定から、国家の統一性はあらゆる統一性のうちでもっとも緊密なそれだから、その存在(者) being のために(なぜならば質料と形相の両方から構成されない存在(者) being は存在しないから)、というプラトンの結論が帰結するであろう。というのは、国家の諸々のエレメントは、個体的な諸事物の物理的相互関係にではなく、ひとつの個体的な事物の内部における質料と形相との形而上学的関係に、類比しうる紐帯によって、互いに結合されているからである。この政治的教説は、単純にその経済的諸活動によって生み出され、そして統治者たちによって定立された政治的秩序からは独立している、それ自身のひとつの秩序を有する第三階層、これについての記述とは、あきらかに相容れない。

それゆえに、[第一に]魂のひとつの主体的エレメントは、クレーマティスティケー(金銭獲得術)の中に、統治することの中にも統治されることの中にも見出されえないひとつの充足を見出すこと、そして[第二に]国家内部の従属階層は、守護者階層の秩序とも、階層と階層を統一する政治的秩序とも異なる、ひとつの秩序を開示すること——この両方がプラトンから引き出されるであろう(あるいはむしろ、引き出されるに違いない)。ところが、プラトン自身は、われわれがいままさに要約したディカイオシュネー(正義)についての政治的かつ倫理的な教説から、これらの推論を引き出すことを禁じられている。ディカイオシュネー(正義)実行のためのいかなる領域もかれの国家の国制から排除している、というヘーゲルの批判を、正当化している。ところが、ヘーゲルはここで、プラトン自身の中に潜在していることが発見されるかもしれないひとつの教説を、プラトンに反対して展開し

92

第三章　ヘーゲルのプラトン批判――「主体的エレメント」

ているにすぎないのである。このことが真実であるならば、同じことは、一方の哲学者[ヘーゲル]が他方の哲学者[プラトン]に対して為しうるどの真実の批判についても言えよう。

プラトンのポリスは「主体的自由」のためにいかなる余地も許さず、「主体的エレメント」の抑圧によってのみ維持されるにすぎない。このように、あっさり述べることによって、ヘーゲルは自分のプラトン批判を表現しているが、しかし、それがどれほど真実からかけ離れているかを探究するには、この言明の中にいくつかの留保条件（クォリフィケイションズ）を導入することが必要であった。

第一に、いかなる主体的活動もプラトンによって認められていない、ということは真実ではない。反対に、プラトン的ポリスを特徴づけるソフィアー（知恵）という徳は、必然的に、主体的エレメントのひとつの活動を前提にしている。真実であるのは、この徳と、それが含む主体的自由とは、国家内部の統治者階層に制限されていること、そして、その従属者としてのみ国家成員である人たちに許された、対応するいかなる自由も存在しないことである。主体的自由は、形相の定立 the imposition of form という点においては存在するが、しかし、それに従属する the submission to it という点においては存在しない。他方、「主体的エレメント」は、魂の最初の二つの部分[理知的部分と気概的部分]のいずれでもなく、第三の部分あるいは欲望的部分（アピティティヴ・パート）を意味する、とわれわれが限定するならば、そのとき、真実であるのは、このエレメントはプラトンのポリスからは排除されていること、そして、このような自由は統治者においても従属者においても存在しないことである。

二つの主体的活動、プラトンが統治者たちに限定しているそれと、かれがポリスから排除しているそれと、この二つの間の差異にあまりに強く固執することは不可能である。前者は形相ないし普遍的なものの実現（リアライゼイション）（認知）であり、後者は魂をひとつの特殊なものに向けることである。実際、それらは異なるだけでなく、相容れない。そして前者を成就する可能性は、後者を否認することにかかっている。ひとりの人間は、感覚で受け取ったもの（感覚的知覚）の

第三章　ヘーゲルのプラトン批判――「主体的エレメント」

幻想(イルージョンズ)に背を向けることによってのみ、普遍的なものを視ることを教えられうる。そしてかれは、感覚的欲望の充足を放棄することによってのみ、それを意思することを教えられうる。だから、統治者たちは、家族生活の私情、私有財産の占有、そして、とりわけ、金銭獲得 money-making ないしクレーマティスティケー(金銭獲得術)への関与(リナウンス)を否認しなければならないわけである。守護者たちの教育全体は、この否認を訓練することである。その目的は、ひとつの「主体的自由」の行使(エクササイズ)であるが、しかし、その意味はもうひとつの「主体的自由」の放棄(サレンダー)である。

この区別は初期から晩年までのヘーゲルを混乱させている。ヘーゲルは「主体的なもの」の排除についてプラトンを非難するに際して、プラトン的理論に反対して、二つの異なる批判をもたらしているのであるが、このことをヘーゲルは理解していない。ヘーゲルがプラトン的理論を批判しているのは、第一に、統治者がソフィアー(知恵)において成就する自由を従属者が共有していない、という理由に、そして第二に、統治者自身が否認しなければならない自由［欲望的自由］の行使のために、ポリスにはいかなる展望(スコープ)も存在しない、という理由に基づいている。結局、ヘーゲルは、かれ自身の国家 State はポリスのために、ポリスの諸欠陥を「主体的自由」に基づいて回避する、と主張して、その国家の主体 subject of State のために二つの異なる――そして見たところ互いに殆ど相容れない――自由を要求している。(1) 行為 action が単に法律 law によってではなく、法律 law の概念 concept によって決定されるように〈普遍的なもの〉を意思する点に本質がある自由、(2)〈特殊なもの〉を意思する点にその本質がある自由である。しかし、ヘーゲルは、これらの自由が同じ自由ではないことも、一方の自由の導入に与する議論は他方の自由の導入を正当化するには適さないことも、決して認識していない。

(1) ノモス(法律) νόμος は、プラトンのポリスの職人(アーティザン)たちの活動によって、しかもかれらの能動的同意なしに、定立(課) impose される。しかし、法律 law [Gesetz] は、このようには［ヘーゲルの］国家の主体たち subjects of the State の上に定立(課)されない。国家 State の主体は自由でなければならないし、そして、

94

第三章　ヘーゲルのプラトン批判——「主体的エレメント」

自分が服従しなくてはならないことは何か、これをかれが理解 understand するときにのみ、そして、かれの理解力 understanding がかれの服従の根拠であるかぎりで、自由でありうる。「わたしがあることを慣習と習慣から為すのか、あるいはその真実についての全霊をかけた確信から為すのか、自由であるいはその真実についてのわたし自身の理性の主体的活動 アクティヴィティ に基づく行為とそうでない行為、これらはまったく異なるのである。かくして、主体の自由への権利は、かれの主体的意思の権利は、それが妥当するものとして認識 リコグナイズ すべき当のものであり、それ自身をその洞察のために善として是認することになるはずである」。「近代世界の原理の要求によれば、各人が承認すべきことは、かれに正当化されたものとして示されるべきである」。

これは「啓蒙思想」Enlightenment の大原則についてのヘーゲルの宣言である。啓蒙思想によって、個人の判断は、聖職者のそれであれ君主のそれであれ、権威への依存から解放されたからである。もしわれわれが、かの原則が含意するものを正確に表現すること、そして、自由についての議論が慣習的に纏う空虚な雄弁から免れることを願うのであれば、その意味が『国家』篇の教説によって決定されていた諸概念を引証することで、それを果たせるであろう。[ヘーゲルの]国家 State の市民が自由であるのは、法律へのかれの服従が、かれにおける理性的エレメント reasoning element の活動にかかっているときと同じものである。この活動は、プラトンがそれを統括 アドミニスター (管理)する統治者において必要であると気づいていたそれと同じものである。これは服従における自由 freedom in obeying であり、服従しない自由 freedom to disobey ではない(それは必然的に不服従の可能性を含んでいるとしても)。ヘーゲル的主体は、プラトン的職人 アーティザン と同じく、自分の活動においてひとつの普遍的なものによって決定される。そして、かれは、プラトン的補助者 auxiliary と同じく、自分の感情をこの秩序のために抑制 subdue し(服従させ)なければならない。この秩序だけが、かれがそれを知っているかぎりで自分の諸活動を決定しうる秩序であり、そして、かれが自分の感情を、それを理解 アンダースタンド するかぎりで、抑制しうる秩序である。かくして、ヘーゲル的国家のあらゆる

95

第三章　ヘーゲルのプラトン批判――「主体的エレメント」

主体(サブジェクト)はソフィアー（知恵）という徳を持っていなければならない。この徳を、プラトンは、それを持っている者が従属者であることをやめ、統治者になる瞬間にのみ実行(エクササイズ)されるものとして、把捉(コンシーヴ)（概念把握）しえたのである。

近代国家Stateにおける主体は、ポリスにおいては統治者だけが為す必要があることを為さねばならないから、すなわち、〈普遍的なもの〉の概念まで上昇し、自分の知識によってそれを意思しなければならないから、プラトンがひとりの人間がひとりの統治者に相応しいものになるために必要と考えたことと寸分違わない一定の訓練に刻苦して耐えなければならない。〈普遍的なもの〉を求める意思は、あらゆる特殊な欲求を否認する規律disciplineによってのみ達成されうる。この規律は、ヘーゲルにとっては、道徳教育moral educationの形式をとり、そして、かれが道徳性moralityについて語るとき、一個の人間はあらゆる欲求から自分自身を段階的に高めていくべきである、そしてそれゆえ、カントが概念把握したような純粋に普遍的な道徳法則は空虚であり、唯一真実の道徳的行為は現実的国家の法律の実現に献身するそれであること、こうしたことをヘーゲルは決して倦むことを知らず主張している。にもかかわらず、ヘーゲルは、主体は最初に道徳的立場に達していなければならず、そして、主体はその場合にのみかの実現を意思しうる、と決して揺らぐことなく確信しているのである。なぜならば、現実の国家の法律はそれ自身普遍的であり、そしてその履行(フルフィルメント)はいかなる特殊的欲求の充足とも異なることであるからである。

カントの道徳理論とヘーゲルのそれとの関係に適切な説明を与えようとすれば、私がここで主張しようとしていること、すなわち、カントを引証することは、この仕事の限界を越えて彷徨うことになろう。しかし、カントの自由において活動的である主体的エレメントは、欲望の源泉である主体的エレメントとは異なる――それどころか基本的に対立する――ひとつのエレメントであるということ、このことを強調することに役立つであろう。それ

第三章　ヘーゲルのプラトン批判——「主体的エレメント」

は、カントが「尊敬」respectについて述べているように、「自己愛（利己愛）を放棄するthwarts my self-loveひとつの価値についての概念」である。[18]

（2）ポリスには「主体的自由」のための展望がない、とかれが断言するとき、ヘーゲルが謂わんとしているのは、ポリスには、クレーマティスティケー（金銭獲得術）においてその自然的充足を見出す魂の欲望的エレメントが活動する余地がない、ということである。この自由[欲望的自由]は、われわれがこれまで考察してきたそれ[理性的自由]とはまったく異なるものである。それは、理性によって未決定のままにされ、かつまさしく欲望によってのみ決定される自由である。ある行為は、それが法律の概念（概念把握）によって決定されるういかなる法律もないとき、前者の意味で自由である。前者の自由の条件は、その概念によってそれが決定されうるいかなる法律もないとき、この後者の意味で自由である。後者の自由の条件は、法律はその諸規定においてきわめて一般的generalであるべきであると理解されるべきである、ということである。法律は理性的なものであるべきであるから、その法律は、その内部で個人が自分の任意の選択を制御しうる一領域を、その決定によって浸透されないままにしておく、ということである。

法律の侵犯に対する個人的自由のこの領域の大きな防禦壁は私的所有制度であり、そしてその価値をプラトンが認識しそこねたことの帰結はかれが私的所有を廃棄したことである。「プラトン的国家理念には、私的所有を不可能にするような反人格的不法越権が、ひとつの普遍的原理として含まれている。」[19] ヘーゲルは、この観点において、ポリスにおける統治者の身分と従属者のそれとの間で区別をしていない。もしわれわれがこの区別をするならば、われわれは次のように言わなければならない。すなわち、ヘーゲルがここでイメージしているように思える所有（財産）の共産主義（財産の共有）は、守護者階層を越えて拡大しえなかったが、しかし、それにもかかわらず、かなり異なる根拠に基づいてではあるが、ヘーゲルの批判は職人階層についてもまた真実である、と。[20] ポリスの従属者は、

97

第三章　ヘーゲルのプラトン批判――「主体的エレメント」

統治的・制御に対してかれの自由の防禦壁を構成するようないかなる所有（財産）も持ちえない。そこにおいては従属者の活動が統治者によって統括（管理）された理性的ノモスによってきわめて細かな点に至るまで決定されていないようないかなる領域も存在しない。従属者の生活におけるいかなることも理性の仮借のない支配から自由ではないので、ヘーゲルの批判は、総じて、従属者における自由のこうした欠如に適用可能である。だから、赤ん坊をその乳母たちが運ぶ仕方のような家庭生活の特殊な細部に至るまで決定することを支持（想定）している点で、ヘーゲルはプラトンを批判しているわけである。かくして、個々の従属者が、自分自身の選択によってではなく、統治者の判断によって、あれこれの職務あるいは専門職に割り当てられること、そして、それを産み出す作業の選択を未決定のままにしておくことなく、必要な貢献について（課税において）金銭的価値の査定をすること、そして、従属者たちに対して、ひとつの共同事業への貢献として互いから要求されるひとつの特殊な奉仕を規定（指示）すること――こうしたことによって、プラトン的国家における自由の欠如はまぎれもなく示されているのである。

近代国家 the State においては、これらの選択は法律によって未決定のままにされているし、そして、個人がその選択をするのは、個人の権利である。自分の欲求充足や自分の必要の供給における個人の自由は、クレーマティスティケー（金銭獲得術）という領域においてのみ、あるいは近代国家内部の経済的領域においてのみ行使されうる。この領域は、所有（財産）に基づき、かつ自由労働に依存しており、市民法によって制限され、かつ支えられているが、しかし、その内部組織化をいかなる制定律 legal enactment でもなく、それ自身において内発的に産み出された経済諸法則 economic laws の意識されない作用に負っている。欲求が自由人 free man において理性の支配 dominium から解放されざるをえないように、この経済領域は、自由な国家 free State においては、政治的制御の支配 domination から解放されざるをえない。

ヘーゲルは、二つの自由を、かれのプラトン批判に際して、「主体的自由」subjective freedom という共通のタイ

第三章　ヘーゲルのプラトン批判――「主体的エレメント」

トルの下で混同している。この二つの自由を、わたしは今後、それぞれ「道徳的自由」moral freedom と「欲求の自由」freedom of desire という名前によって区別することにする。ヘーゲルの著作の中には、これらの二つの自由が混同されているのみならず、あきらかに互いに同一視されている章句がある。これらの章句は、明示的にせよ、黙示的にせよ、カントの道徳理論の批判に奉げられているが、これらにおいて以下の議論が繰り返し現れる。カントが道徳的意思の純粋性にとって本質的なことと考えているのは、道徳的意思は純粋に普遍的な法則によって決定されるべきであり、各々ひとつの特殊な時間と場所で存在することになる、法則のあらゆる歴史的な具体化 (エムバディメント) とはまったく切り離された無時間の存在 timeless being をもち、この普遍的な法則は、現象領域 phenomenal realm とはまったく切り離された無時間の存在 timeless being をもつことになる。このような法則が、その抽象性ゆえに、単一の行為 (アクション) を決定しうる、ということをヘーゲルは否定する。そしてヘーゲルは、特殊な義務を法則の普遍的格率から演繹しようとするカントの企てを、まやかし sham として暴露する。一個の人間は正しいことを為そうと意思するかもしれない。事実、かれは何らかの行為を遂行しようと意思する。しかし、かれが遂行する行為は、実際には、かれがそれに服従することを決意した道徳法則によって決定されないであろう。なぜならば、法則はまったく限定されないもの indeterminate であるから、他の行為ではなく、ある特定の行為を遂行するためのひとつの根拠としては役立ちえないからである。決して意識的にこの「道徳的」立場を採用しなかった無反省の人間 unreflective man は、このディレンマに晒されることはない。かれの行為は、かれが帰属する社会の法規 statutes や慣習 customs の中に具体化されているひとつの法律 law によって決定される。これらの法規や慣習は、ヘーゲルの言葉で言えば「具体的」(コンクリート) であるから、かれがそれに服従する行為をまさに決意しうるからである。ところが、「道徳的」人間は、そこでかれが何であれ歴史的慣習ないし実定法の権威を受け入れうる立場を超えている。そして、かれの自由は、それらの場所で義務の普遍的法則を定立することにある。しかし、かれの行為を決定しうる唯一の法律から、その「道徳的」(エマンシペイト) 人間は、具体的な法律への忠誠を投げ捨てることにおいて、そして、それにもかかわらず、かれの行為は何かによって決定されざる

99

第三章　ヘーゲルのプラトン批判――「主体的エレメント」

をえないから、まさしくかれの行為は、現実にはとりわけ、道徳法則への服従の見せかけにおいて遂行されたかれの行為は、現実においては必然的に、何であれそもそも法律の指令（ディレクション プリテンス）をも免れる、欲求、衝動、感情といった、かれの魂において純粋にエレメントによって決定されざるをえない。道徳的立場を採用したに伝統的な倫理的諸原善良な人々の意思がこのような行きすぎ excess を逃れるのは、その意思はやはりなお無意識に伝統的な倫理的諸原則――かれらが首尾一貫しているのであれば、これらの諸原則にいかなる権威も結び付けるべきではないであろうが――によって支配されている、という事実によってのみである。かくして、かれらは義務の法則を根っからの倫理的確信の光 light of ingrained convictions に照らして解釈していながら、この確信を法則から演繹した、とイメージしているように。カントが、自分は所有を尊重する義務を定言命法の格律から演繹した、と見せかける偽自分自身を欺いて信じ込んでいる。首尾一貫して道徳的な人間ならば、まさしく、このように欺かれはしないであろう。義務の法則によって決定されている、とみせかける偽善に陥らない、という点を除けば、不道徳な人間行為とは何ら異なるところがないであろう。かくして、純粋に道徳的意思は感情の衝動 impulse of passion と同一であり、道徳的自由は随伴する欲求という「経験的」自由と区別しえない、とヘーゲルは結論づけているのである。

思うに、［ヘーゲルのカント批判における］これらの対立項の同一化 identification of these opposites［いわば、理性の非理性への逆転］についての議論が一つの力技 tour de force である、と心の中で感じなかったヘーゲル読者はいないであろう。それを検証すること、あるいはその妥当性について決定することは、わたしの目的にとっては必要ではない。わたしが指摘したいのは、単純に、この議論において同一化 identify されるために区別 distinguish された二つのことから［理性の自由と欲望の自由］は、ヘーゲルのプラトン批判においては、かれによってまったく区別されていないということである。近代国家 State がポリス Polis と異なるのは、それが「主体的自由」に基づいている点であり、とヘーゲルが述べるとき、かれは、その用語ている点、あるいは、それが「主体的エレメント」にその諸権利を許し

100

第三章　ヘーゲルのプラトン批判——「主体的エレメント」

によって、われわれがそれらを含んでいることを見出した二つのことがらが「理性の自由と欲望の自由」のどちらかを、謂わんとしている、と考えられるはずである。そして、例えば、近代国家がポリスと異なると考えられるのは、それがその主体にかれの欲求の決定のための実行の余地を許容することにおいてなのか、あるいは、かれが従うべき法律の理性（理拠）へのひとつの決定されない実行のための余地を確保することにおいてなのか、この場合、これはまさしく深刻な差異をかれになしている。しかしながら、どちらが謂わんとされているのか、どちらが謂わんとされているのか、これはヘーゲルによって決して決定されていないのである。かれは「主体的自由」というフレーズやこれに類するものを、『法権利の哲学』 Philosophy of Right を通じて、それらは両義的（曖昧）ambiguous である、という自覚を何ら示すこともなく用いている。そして、どちらの意味でそれらのフレーズは受け取られるべきか、これはそれらが現れる殆どどの機会にも決定されうるが、その決定はコンテクストからの推論にかかっているのである。

欲望の衝動と単に「道徳的なもの」[26] とは、いずれも、ヘーゲルに従えば、かれが習俗規範性（人倫）Sittlichkeit と呼んでいる真正な道徳性 genuine morality か、あるいはそれを目指すことが各人の本質である自由か、このいずれかを成就（達成）しえないであろう。なぜならば、どちらも法律の実現 リアライゼイション において現出しないからである。[25]

しかし、習俗規範（人倫）あるいは自由、このいずれも、主体的意思におけるこれらの源泉から発現しない法律の実現によっては成就されない。「習俗規範（人倫）的 sittlich」であるところのものは、主体的意思活動 subjective willing であるが、但し、それはひとつの客観的法律に係わる主体の意思活動である。したがって、習俗規範性（人倫）の実現 リアライゼイション は、その主体の意思という一定の条件以上の何かを要求する。そこにはまた、かれ（主体）の意思を統御（支配）しうる、かくしてかれの自発的行為 ヴォランタリ・アクツ におけるその（主体の）自己実現 オウン・フルフィルメント を受け入れうる、キャパシティ 能力を持たない。それを持つのは、単なる理想であるいかなる法律もこの能力を持たない。それゆえに、もし習俗規範性（人倫）が可能であるはずとするならば、現実的な国家の諸法律は、それらに服従する主体における、良心 コンシェンス そのような法律がなければならない。アクチュアル 現実的に定立（制定）され、かつ実定的に施行された法律だけである。アクチュアル ポジティヴ エンフォース 単なる理想であるいかなる法律もこの能力を持たない。それを持つのは、

101

第三章　ヘーゲルのプラトン批判──「主体的エレメント」

の自由と欲求の自発性（デザイアー・スポンタニティ）、このいずれをも相容れる、という自然的本性を持っていなければならない。それらの法律はそれら自身、ひとつの本来的な理性根拠を持っているはずであり、啓蒙された判断の吟味・検討 scrutiny of the enlightened judgement は、この本来的な理性根拠 inherent reasonableness を開示しうるが、しかし究明し尽くすことはできない。そして、それらの法律が規定（プリスクライブ）する秩序は、その秩序が規則づける諸々の欲求を抑圧しないで充足させるようなものであるはずである。現実的な（アクチュアル）諸法律がこうした自然本性を有している、ということを保障することは、これはヘーゲルの形而上学に属する。そして、われわれは次章まで、習俗規範性（人倫）の実現の客観的な条件について考察することを延期することにしよう。ここでは、「主体的意思」という用語の中に含まれている二つの意味をヘーゲルが区別できないでいること、まさに両義性（曖昧さ）を伴う習俗規範性（人倫）というかれの概念に影響を及ぼしている、ということだけに注意を喚起しておくことにしたい。即自的に正しい法権利 [das an sich seiende Recht] a law which is right in itself を主体的意思 moral will と、他方で欲望的意思 appetitive will と同一視されるのに従って、二者択一的な解釈の余地がある。前者のケースにおいては、道徳的行為者 moral agent が国家の法律の中にかれの良心を拘束する権威をリコグナイズ認知する（見極める）とき、後者のケースにおいては、必要を充たす諸欲求が、（制限されるのではなく、しかし）まさにそれら諸欲求の充足が（行為者が意図しなかった）秩序の実現の伝達媒体 vehicle であるように、ハーモニス統御されるとき、習俗規範性（人倫）はリアライズ実現されるであろう。かくして、良心とコンシェンス欲望はアピタイトいずれも、それらが法律のひとつの適切な枠組みがフレイムワーク供給されるとき、倫理的意思 ethical will（「習俗規範（人倫）的意思」sittlicher Wille）になりうる。但し、それらはなお、その倫理的意思の実現の同一的ではなく二者択一的な手段に留まっている。道徳的モラル・エ行為者がイジェント予め理性法則 the law of reason にのみ帰していた、かれの良心に対するすべての要求を、国家の法律が持っていること、このことがこの道徳的行為者に保障されるならば、そのとき、国家へのかれの服従は、かれの理性ないしかれの良心を満足させる。経済的行為者が、かれの必要の供給に際して、法律によって束はなく、かれの理性ないしかれの良心を満足させる。

第三章　ヘーゲルのプラトン批判――「主体的エレメント」

縛されないままであるならば、かれの欲求は充たされるが、かれの理性は充たされない。かくして、これら二つの意思の間には、それらが国家の内部で行使され、かくして倫理的ethicalなものになったときでさえ、われわれが別の文脈で(28)きわめて重要であると考えた差異がある。すなわち、前者は、まさに実現されるべき目的についての先行する知識によって法律を意思するが、これに対して、後者はそうしないのである。もしわれわれが法律の実現を目的と見なし、そして主体（主観）的充足をその完成のための手段と見なすならば、そのとき、道徳的人間だけがその目的を意図（インテンド）する、ということは明らかである。経済的活動もまた、事実、法律の実現において現出する。しかし、経済的行為者の意図（インテンション）は、その実現の手段である主体（主観）的充足に制限されているのである。

ヘーゲルは「倫理的」意思のこれら二つの意味を区別しなかったから、どちらをヘーゲルはこの用語で謂わんとしているのか、という問いに決定的な答えを与えることは不可能である。基本的にはヘーゲルはそれを前者の意味で使っている。「習俗規範（人倫）的意思」sittlicher Willeは道徳的人間の意思であり、この道徳的人間は国家の中に、かれが超感覚的領域に空しく求めた法則（法律）[法権利]を見出した。そして、習俗規範性（人倫）Sittlichkeitは、かれが実現する法権利を意図する一主体の意思による法権利の実現である。(29)しかし、ヘーゲルは、しばしば、しかも警告なしに、この用語の二つの含意の他方を謂わんとしてしまっているのである。(30)

以上、われわれは、自由のこうした問題に鑑みて、ヘーゲル的国家Stateとプラトン的ポリスPolisの間のコントラストのみを考察してきた。自由は主体的エレメントの充足であり、この充足は習俗規範性（人倫）Sittlichkeitにおいて成就される。もしわれわれが主体的エレメントをプラトン的な〈魂の第三部分〔欲望的部分〕〉と同一視することになれば、ポリスはこのエレメントのいかなる自由も認めず、それゆえに、そのかぎりではいかなる習俗規範性（人倫）も成就しないように思われた。もしわれわれがそれをプラトン的な〈魂の第一部分〔理知的部分〕〉と同一視することになれば、法権利の実現（リアライゼイション）（認識）は、従属者の魂におけるこの部分のいかなる活動も要求しないが、統治者の魂

103

第三章　ヘーゲルのプラトン批判——「主体的エレメント」

におけるこの部分の活動だけを要求し、その結果、ここではまた、習俗規範性（人倫）は、市民たちによるその法権利の完成（フルフィルメント）から排除され、法権利を定立（法律を制定）する統治者の活動においてのみ成就されるように思われた。

そのかぎりで、そのとき、ポリスは、ヘーゲルにとって近代国家Stateの本質を構成するものを、殆どまったく欠いているように思われる。ところが、ヘーゲルが近代国家についてのかれの概念をカントあるいは近代的な経験論の政治理論と対比して解明するとき、ヘーゲルは、プラトンの『国家』篇がギリシア的ポリスを理想的に表現するものであると受け取り、このギリシア的ポリスこそ、近代国家の自然・本性をもっとも精確に先取しているすべての社会形式を理想的に表現するものであるが、前者が成就した習俗規範性（人倫） absolute Sittlichkeit とは対照的に、「直接無媒介的」 immediate (unmittelbar) であった、という理由に基づいてのみ、後者から区別されるのである。

習俗規範性（人倫）は、主体的活動の産物である。それゆえに、われわれが考察してきたばかりの諸批判はプラトンにおける魂の〈第一部分［理知的部分］〉と〈第三部分［欲望的部分］〉もまたひとつの主体的エレメントであったが、そしてその充足もまた一種の自由である、ということを想起するときである。ヘーゲルは、ポリスが魂の〈第二部分［気概的部分］〉の徳に基づいているかぎりで、ポリスは習俗規範性における充足を否定された主体的エレメントというタイトルを持ち、そしてそれゆえに、何らかの自由が存在していたに違いない。かくして、いかにしてこのポリスにおける習俗規範性（人倫）が存在していたのであれば、主体的エレメントの何らかの活動と、この調停が可能になるのは、プラトンにおける魂の〈第一部分［理知的部分］〉と〈第三部分［気概的部分］〉もまたひとつの主体的エレメントというタイトルを否定された主体的エレメントは「主体的自由」のための余地を残さなかった、という批判と調停されうるか、これを考察することが必要となる。そしてそれゆえに、ヘーゲルがこうしたコントラストを用いている以上、われわれが考察してきたばかりの諸批判はプラトンに関するヘーゲルの判断を完全に表現している、と想定するわけにはいかない。ポリスに習俗規範性（人倫）が存在していたのであれば、主体的エレメントの何らかの活動と、そしてそれゆえに、何らかの自由が存在していたに違いない。

104

第三章　ヘーゲルのプラトン批判――「主体的エレメント」

性（人倫）を――そしてそれゆえに自由を――実現するが、しかし、ポリスは、〈第一部分［理知的部分］〉あるいは〈第三部分［欲望的部分］〉のためにいかなる充足も用意していない点で近代的国家には及ばない、ということ謂わんとしているのだと理解されるならば、ヘーゲルのプラトンに関する判断は首尾一貫することになる。このことをより明確にするためには、われわれがこれまでこの章で排除してきたことに、すなわち、ポリスにおける〈第二階層［補助者階層］〉の位置に、そして魂の〈第二部分［気概的部分］〉の徳に、注目する必要があろう。

プラトンのポリスの〈第二階層［守護者階層］〉は両義的な地位を占めている。一方では、〈守護者階層（ガーディアン・クラス）〉という下位区分として、それはそれ自身、〈第三階層［生産者階層］〉との関係において、統治者階層である。それが服している教育は、統治術 art of ruling にとって予備教育的propaedeuticなものであり、そしてこの教育によって展開されたアンドレイアー（勇気）ἀνδρεία という徳は、真正な統治者によって所有されるソフィアー（知恵）σοφία という徳にとって、同時に準備的かつ補助的なものである。準備的であるというのは、それが後に啓蒙された理性 enlightened reason として開示（ディスクロース）されるとき、それが「善のイデア」the Idea of the Good [ἡ τοῦ ἀγαθοῦ ἰδέα] を認識しうることになるとすれば、有徳な習慣 virtuous habits による魂の形相定立information が必要であるからである。補助的であるというのは、思弁 speculation から統治 ruling（ルーリング）という実践 practice（プラクティス）に戻ってくる哲学者は、かれが理論的に理解した諸々のイデアを立法 legislation に際して実効あるものと give effect するであろうからである。〈第二階層［補助者階層］〉がもっぱらその〈第三階層［生産者階層］〉との関係において考察されるかぎり、第四巻の倫理的教育が単純に統治術にとっての予備教育的なものであり、そしてアンドレイアー（勇気）という徳が単純にソフィアー（知恵）という徳にとって補助的なものであるかぎり、国家（シティ）における〈第二階層［補助者階層］〉と魂の〈第二部分［気概的部分］〉の考察は、われわれがすでにポリスについて定式化した判断について、いかなる修正も必要としない。〈ト・テュモエイデス〉τὸ θυμοειδές（気概的部分）はひとつの主体的エレメントであるから、その徳であるアンドレイアー（勇気）の実行（エクササイズ）においては自由が存在する

105

第三章　ヘーゲルのプラトン批判——「主体的エレメント」

ことになろう。——しかし、補助者たち Auxiliaries [ἐπίκουροι] は、かれらが統治者であるかぎりでのみ、この徳を実行し、そしてこの自由を享受するにすぎないであろう。いかなる主体的活動もないであろうし、そしてそれゆえに、かれらの間の関係においては、ヘーゲルが習俗規範性（人倫）Sittlichkeit と呼んでいるものは何もないであろう。

他方では、補助者たちはかれら自身、かれらの上位の階層との関係においては従属者 subjects との関係においても、そしてかれらがこの関係において考察されるとき、アンドレイアー（勇気）というかれらの特殊な徳は、ソフィアー（知恵）の実行にとってあるいは補助的であるかのいずれかに単純に由来するのではないそれ自身のひとつの価値を獲得する。それはその用語の厳密な意味で「倫理的徳」ethical virtue と呼ばれうる何かとなる。この徳の成就における〈ト・テュモエイデス〉（気概的部分）の機能は、ポリスの諸制度において立法者によって概念把握された〈ロゴス〉ないし〈形相〉を、ポリスの諸制度に定位される厳密に倫理的な活動において、それが個人的魂の諸感情に定位〔課〕される厳密に倫理的な活動において、それを具体化するという政治的な活動においてではなく、そこにおいて補助者階層」の成員たちは、それを知的に〔知性 intellectus によって〕理解するという意味で〈ロゴス〉を実現（認知）〈リアライズ（アウト）〉することである。〈第二階層「補助者階層」〉の成員たちは、それを知的に〔知性 intellectus によって〕理解するという意味で〈ロゴス〉を実現（認知）〈リアライズ（アウト）〉することである。〈第二階層「補するわけではない。かれらが持っているのは、生（生活）の正しい規則 right rule of life への合理的洞察力 rational insight [ὀρθὴ δόξα] だけである。しかし、この「正しい信念」は、魂が受動的基体——質料 subject-matter——として統治者からの作用（働きかけ）operation に単に服属することによって、獲得されうるわけではない。形相を受け取り、補助者の魂が、無抵抗な蠟にひとつの痕跡が刻印されるように、ひとつの形相を受け取るのでは不充分である。それをしっかり保持し、それをそれ自身の内部で脱統合的な諸々の影響力 disintegrating influences に対して維持する〔ホールド〕〔インフォメイション・サブジェクト〕形相定立の主体である魂の内部には、ひとつの能動的な努力がなければならない。この努力の源泉は、〈ト・テュモエイデス〉（気概的部分）であり、そして、それを作出する能力は、プラトンによってアンドレイアー（勇気）

第三章 ヘーゲルのプラトン批判――「主体的エレメント」

と呼ばれている。[37]

アンドレイアー（勇気）という徳の実行可能性は、その主体は行為の諸原理の明晰かつ判明な理解（アプリヘンション）を持っているのではなく、その「正しい信念」right belief を持っているにすぎない、という条件にきわめて近似するのであるが、このことが認められるならば、その意味（そこではそれは「道徳的勇気」moral courage という意味での予備教育的なものである、ということから派生しないひとつの価値を持つことになろう）でのアンドレイアー（勇気）という徳は、ソフィアー（知恵）の獲得にとっての予備教育的なものであるが、そうしないならば、不名誉に死以上に恐れられるべきものである、ということを信じるのみならず、如何にして、そして何故にそれはそうなのか、を理解するならば、かれは物理的テロルの教唆に抵抗する道徳的勇気を示しえないであろう。知識はかれの諸々の誘惑を一掃し、そうしてそれらを克服する徳を使わずにすませるであろう。

いずれにしても、ここで主張しておくべき重要なポイントは以下の二つのことである。すなわち、[第一に]アンドレイアー（勇気）というこの徳は、かれが主体（従属者）subject であるかぎりで、（政治的）主体（従属者）によって実行されるひとつの主体的活動 subjective activity を含意していること、そして［第二に］、被治者 the ruled においてこの徳が現前していることによって、それが不在であれば不可能であるところのかれと統治者との間のひとつの関係（リレーション）（インスティテュート）（クラフツマン）が制度化されること、この二つである。統治者は、〈第三階層［「生産者階層」］〉の成員たちに対しては、職人が素材（質料）material に対するように関係づけられているのであるが、補助者たち auxiliary に対しては、教育者が生徒に対するように関係づけられている。生徒のアンドレイアー（勇気）は、かれを形相定立の単なる基体・質料 subject-matter 以上の何かにするから、この関係を可能にするところの当のものである。習俗規範性（人倫）Sittlichkeit は、プラトンのポリスの〈第一階層［哲人統治者階層］〉と〈第二階層［補助統治者］〉の関係において実現される。なぜならば、この関係は後者の主体的活動に基づいているからであり、後者はそれゆえにかれらが服属することにおいて自由であるからである。ポリスの従属者（主体）subject は自由を持たない、と

107

第三章　ヘーゲルのプラトン批判——「主体的エレメント」

いう論旨は、〈第三階層[生産者階層]〉の成員たちが単なる従属者 the only subjects と考えられているかぎりで、文句（留保条件）なしに主張されうる。そして、それは、ポリスは習俗規範性（人倫）の一形相を実現する、というコンテンション認識とは相容れない。〈補助者たち〉Auxiliaries がポリスにおける従属者（主体）subjects と見なされるとき、ヘーゲルの批判は修正して理解されなければならない。補助者たちはすべての主体的自由を欠いているわけではない。かれらに欠けているのは、魂の〈第一エレメント[理知的部分]〉と〈第三エレメント[欲望的部分]〉の諸徳を構成する諸自由である。近代的国家 State の主体は、プラトン的〈補助者〉とは、次の点で異なるであろう。すなわち、前者は、後者の倫理的徳 ethical virtue に、自分が服従する規則への洞察の自由 freedom of insight か、あるいは欲求を充足する自由 freedom of satisfying desire か、このいずれかを追加する、という点において。近代国家の「絶対的」習俗規範性（人倫）は、ポリスの「直接・無媒介的」習俗規範性とは、次の点で異なるであろう。すなわち、後者においては正しい規則 right rule は行為においてリアライズ実現されるが、前者においてはそのエクスキューション実行は、その正しさの根拠（理拠）rightness への主体の洞察力インサイトによってか、あるいは選択肢の間におけるかれの自由な選択によって媒介されている、という点において。なぜ「いずれか」either…or ということになるのかといえば、ヘーゲルの思想ソート（思惟カテゴリー）はここでは古い混同に感染しているからである。かれはこれら二種類の主体性 subjectivity ないし媒介 mediation の二つの様式を区別していないのである。

他方では、われわれが注意しておかなければならないは、次のような結論である。すなわち、「第一に」これらの新しい「主体的自由」のいずれかあるいは両方をプラトン的補助者の倫理的徳と代替すること、あるいは、それどころか、[第二に]前者（主体的自由）を実現して、後者[倫理的徳]を排除することが近代的国家の機能であった、ということを示唆すること、これらのことがヘーゲルの教説のどの部分をも形成している、という結論である。前者[主体的自由]なしの後者[倫理的徳]は、習俗規範性（人倫）の「直接（無媒介）的」一形式にすぎない。しかし、前者なしの前者は、およそ習俗規範性の諸形式ではない。プラトンは前者を無視している、というヘーゲルの批判は、後

108

第三章　ヘーゲルのプラトン批判——「主体的エレメント」

期のかれの倫理理論に——しかも、むしろ対立する両極端を矯正するものとして——導入される。その倫理理論は次のことから生まれた。すなわち、ヘーゲルの直接的な先行者、合理論者と経験論者のいずれの教説も、正反対のものを無視し、いずれの自由も深く根づいた「エートス」Ethos ないし「習俗規範」Sitte を基礎にすることなく実現されうる、という誤った想定をしているが、このことの批判から、この倫理理論は生まれたのである。
プラトン的「補助者」の徳であるこの「エートス」は、習俗規範性（人倫）の実現の主体的条件である。それは理性的な法律の確立がその客観的条件であるのと同様である。これら二つの条件が相互依存的であると主張することで、ヘーゲルは、法律はその施行(エンフォースメント)を確保するエートスに依存する、というアリストテレス的原理の真実性を蘇らせている。[38]

プラトンの〈補助者たち〉によって享受された自由を、われわれは「異教徒的」自由 pagan freedom というタイトルによって区別した。そして、この命名は、プラトンの市民たちのこの階層はひとつの歴史的なギリシア的政治体制（国制）polity の市民たちの身分を表現している、ということを示唆しているであろう。「自由」freedom [ἐλευθερία] はギリシア的ポリスにおいて市民であること（市民権）citizenship [πολιτεία] の一条件であった。そして、その自由の行使は、プラトンの〈第二階層［補助者階層］〉の身分(ステイタス)がそうであるように、統治者あるいは被治者のいずれとしても決定されなかった身分の両義性にかかっていた。この自由を維持するために、歴史的なポリスの市民たちは自己充足的 self-sufficient ではなかった。というのは、それはかれら自身の活動が供給しえなかった二つの条件に、すなわち、第一に、奴隷階層によるかれらの経済的必需品の充足に、第二に、ひとりの立法者 lawgiver によってかれらの国制 constitution が予め確立されていることに、依存していたからである。奴隷が市民以下の存在であり、立法者は市民以上の存在であった。奴隷は人間性 humanity 以下の存在であり、立法者は半分神 half-divine のような存在であった。これら二つの依存によって、ポリスの自由な市民は、近代的国家の成員に特徴的な二つの自由を行使するのであった。

第三章　ヘーゲルのプラトン批判――「主体的エレメント」

可能性を欠いていた。かれは「一方では」経済的な活動から排除されているから、自分の諸々の必要を［自分の活動で］充す自由を欠き、そして、［他方では］、自分の行為を決定する秩序（命令）に自分の判断を関与させていなかったから、道徳的自由を欠いていたのである。

しかし、ヘーゲルがしているように、（プラトンの〈第二階層［補助者階層］〉のみならず）プラトンのポリスは総じて、歴史の中に殆ど消えつつある社会、それを破壊してしまった新たに［理論的に］強化されたにすぎない社会、こうした社会の一形式を回顧的に表現しているにすぎない、と理解するならば、それは『国家』篇の誤解である。このように理解することは、『国家』篇が達成した眼目としてプラトン自身が主張していること、すなわち、統治者と被治者の諸機能の区別、これを無視することである。そして、それはプラトンが理想的ポリスの内部に〈第一階層［哲人統治者階層］〉と〈第三階層［生産者階層］〉を含めていることの意義を捉えそこなうことである。諸階層に関するプラトンの教説の本質がどこにあるかといえば、それは、プラトンの教説が、国家自身の内部における諸機関の諸機能として、二つの活動を、すなわち神的 divine な活動と奴隷的 servile な活動を――歴史的なギリシア的ポリスはこれを理解しそこなったのであるが――含めているがゆえに、ギリシア的実践を超えている、という点にあるのである。かくして、『国家』篇においてはじめて概念把握されたが、しかしはるかに後になって実現された、この「階層国家」class state は、ギリシア史における階層を欠くポリスを越えて、自由に向かう大いなる前進を表現しているのである。

さらなるステップ、しかもヘーゲルが印象づけているステップは、［第一階層］判断 judgement と［第三階層］における経済的充足 economic satisfaction との機能は、同じ国家の他の諸階層によってのみならず、プラトンのポリスにおける補助者のようにひとつの純朴 naïve に倫理的な活動の主体である同様の個人によって実行されるべきである、ということを要求することである。正しいこと（正義）へのこうした純朴な服属（サブミッション）を理性ないし欲求の充足と結合すること、このことこそがはじめて近代的国家の成員の「絶対的習俗規範（人倫）性」absolute Sittlichkeit と

第三章　ヘーゲルのプラトン批判――「主体的エレメント」

完全な自由とを構成するのである。
このさらなるステップは、諸階層の廃棄と、階層のない国家というギリシア的理想の再生とを含んでいる。しかし、再生は復活ではない。第一階層〔哲人統治者階層〕と第三階層〔生産者階層〕とが廃棄されることになるのは、いまや国家からこれらを排除することを通じてではなく、第二階層〔補助者階層〕によってそれらの諸制限の機能を吸収することを通じてである。この吸収の結果は何か。それは、近代的国家がポリスと異なるのは、その諸制限の内部におけるすべての個人の等しい自由においてのみならず、かれらが行使する自由の平等においてである、ということである。奴隷が市民権 franchise を認められたということだけではない。市民たちの自由 liberty は、哲学者の判断と奴隷の経済的活動との両方を含むことによって豊かなものにされたのである。

補説D　プラトンにおける節制 σωφροσύνη という徳

σωφροσύνη（節制）という徳は、主体的エレメントの活動である。すなわち、それは主体による形相の能動的受け入れ active acceptance を表現しようと意図されており、質料的基体 a material subject だけが果しうる受動的受容 the passive reception とは異なるものである。このように示唆しても許されよう。この示唆はよく根拠づけられる、とわたしは考えようとしている。少なくとも、もし上のように言えないのであれば、わたしは σωφροσύνη（節制）と δικαιοσύνη（正義）そのものとをまったく区別することができない。しかし、もし上のように言えるのであれば、わたしが第三章で与えた「直接・無媒介的な習俗規範性（人倫）」という表示については修正が要求されるように思われるであろう。というのは、σωφροσύνη（節制）は、少なくとも ἀνδρεία（勇気）が等しくそうであるように、反省されない倫理的行為 unreflective ethical conduct の徳と見なされることを要求されるであろうからである。そして、σωφροσύνη（節制）は等しくあらゆる階層の徳であるから、このような行為 conduct の可能性を、単純に統治たち

第三章　ヘーゲルのプラトン批判——「主体的エレメント」

からも従属者たちからも構成されず、両者の間の両義的な身分を占めるような階層に制限することは、誤りであったように思われよう。

σωφροσύνη（節制）をポリスのあらゆるメンバーに共通の普遍的な徳として表現することがプラトンにとって可能であったのは、かれがかれらを統治者と被治者の階層へと明示的には区別しなかったかぎりにおいてのみである。この点は繰り返しておかなければならない。われわれがこれまで説明することを怠ってきたμουσική（音楽）による教育（iii. 389d-403c）は、この徳の産出に向けられている（プラトンはこのことを主張している。389d）。そして、この教育についてのプラトンの説明全体は、それが統治者の教育なのか従属者のそれなのか、決めかねている、ということによって特徴づけられる（だから、iii. 389dでは「支配者に従順であること（ἀρχόντων ὑπηκόους εἶναι）」がσωφροσύνη（節制）の「主要な部分」と見なされている。Cf. 390a. しかし、μουσική（音楽）におけるこの訓練は「守護者たち」の教育である、ということは他の章句（394e, 395b, 396a, b）においてまったく明確に含意されている）。

従属者subjectsではない統治者rulersと統治者との別々の諸階層に都市国家を区分することが明確で明示的なものになるやいなや、σωφροσύνη（節制）という徳とこの徳を産出するμουσική（音楽）という規律disciplineとは姿を消すことを余儀なくされた。σωφροσύνη（節制）は統治者の魂の中にいかなる場所も見出せない。なぜならば、それは魂の感覚的エレメントの教育によって生み出されるが、統治という機能は、そのエレメントの教育よりもむしろ、そのエレメントの従属subjection、あるいはそれどころか根絶eradicationさえ要求するからである。それは被治者の魂の中にいかなる場所も見出せない。なぜならば、教育を必要としたり認めたりすることはなく、せいぜい技術的な訓練を利用するだけだからである。χρηματιστική（金銭獲得術）におけるかれの諸々の欲望の充足は直接的かつ自然的であって、教育を必要としたり認めたりすることはなく、せいぜい技術的な訓練を利用するだけだからである。σωφροσύνη（節制）は、一言でいえば、魂の感覚的エレメントは教育可能である、ということを含意しているが、これに対して、諸階層の区別は、それがそうでない、ということを含意している。諸階層の間の区別が次第に明示的なものとなるにつれ、プラトンがかれの教説を修正することを余儀なくされた範囲は、第

112

第三章　ヘーゲルのプラトン批判──「主体的エレメント」

三巻と第十巻においてそれぞれ表現された、詩（音楽）教育の主要な手段に対する態度の差異によって、よく例解される。国家における諸階層の区別が魂における諸部分の区別と密接に関連づけられる。そして、プラトンは第十巻において、模倣技術 mimetic art の機能についてのかれの新しい洞察を、魂の三部分それぞれの機能の発見に明示的に帰しているが、このことは意味深長である (595a: μίμησις (模倣) が魂の非合理的な部分に訴えることが示されている 602cにおいて始まる議論の全体を参照)。

それゆえに、反省されない道徳性 the unreflective morality は、統治者と被治者の諸階層へのはっきりした区別がなされていないかぎりでのみ、都市国家の全メンバーの一般的徳として表現されうるのであるが、この区別の後には、単純に支配者 regent でも従属者 subject でもない単一の階層に特殊化されなければならない。そして、この範囲で、ポリスの「直接的・無媒介的な習俗規範性 (人倫)」が ἀνδρεία (勇気) あるいは σωφροσύνη (節制) という二つの徳のいずれかにおいて例解されることが、同じく正当化される。近代国家の「絶対的習俗規範性」についてのヘーゲルの教説は、われわれが ἀνδρεία (勇気) よりもむしろ σωφροσύνη (節制) をポリスの対照された「直接的習俗規範性」の例解として受け取るならば、さらによく説明される。なぜならば、σωφροσύνη (節制) は魂の単一部分の徳ではなく、全部分の統一性の絆 bond of unity であるからである。一度この区別がなされたならば (区別をしたことは『国家』篇そのものの大きな達成であったから)、この素朴な徳を取り戻すことは不可能である。σωφροσύνη (節制) が一人の人間にとって可能であるのは、かれの立場が統治者か被治者のいずれかに決定されないかぎりでのみである。統治者と被治者の分離が起こってしまう前に可能な魂の素朴な統一性と、それが起こったときに復原された統一性との間の差異は、ポリスの市民たちの「直接的習俗規範性」と近代国家の市民たちの「媒制)が失われたとき、失われた魂の原初的統一性を、意識的達成のより高次のレヴェルで復原することが、ヘーゲル的「習俗規範性」の理念であった。近代国家の市民は統治者でも、被治者でもないという両義的な身分を取り戻すことはない (籤運 the fortunes of the lot によって二つの状況のどちらかを選択することもない)、かれは同時に統治者と被治者の両方になることになる。統治者と被治者の分離が起こってしまう前に可能な魂の素朴な統一性と、それが起こったときに復原された統一性との間の差異は、ポリスの市民たちの「直接的習俗規範性」と近代国家の市民たちの「媒

113

第三章　ヘーゲルのプラトン批判——「主体的エレメント」

介された習俗規範性」との間の差異である。

補説E 「主体的自由」等々とそれらの両義性についての他の言及を伴うヘーゲルのプラトン批判

Vorrede, pp.13-14

"Im Verlauf der folgenden Abhandlung habe ich bemerkt, dass selbst die platonische Republik, welche als das Sprichwort eines leeren Ideals gilt, wesentlich nichts aufgefasst hat als die Natur der griechischen Sittlichkeit, und dass dann im Bewusstsein des in sie einbrechenden tieferen Prinzips, das an ihr unmittelbar nur als eine noch unbefriedigte Sehnsucht und damit nur als Verderben erscheinen konnte, Plato aus eben der Sehnsucht die Hilfe dagegen hat suchen müssen, aber sie, die aus der Höhe kommen musste, zunächst nur in einer äusseren besonderen Form jener Sittlichkeit suchen konnte, durch welche er jenes Verderben zu gewältigen sich ausdachte, und wodurch er in ihren tieferen Trieb, die freie unendliche Persönlichkeit, gerade am tiefsten verletzte. Dadurch aber hat er sich als der grosse Geist bewiesen, dass eben das Prinzip, um welches sich das Unterscheidende seiner Idee dreht, die Angel ist, um welche damals die bevorstehende Umwälzung der Welt sich gedreht hat."

［『法権利の哲学』、序論］

「わたしがこの小論の以下の叙述において指摘したことだが、空虚な理想の典型と見なされているあのプラトンの「国家」ですら、本質的には、ギリシアの習俗規範の本性を把握したもの以外ではなかったのである。この習俗規範には、より深遠な原理が忍び込みはじめていたが、しかしこの原理はそこでは直接的には、いまだ充たされない憧憬としてしか、又それゆえに腐敗としてしか現れることはできなかった。この原理を意識していたプラトンは、そこでまさしくこの憧憬の念にかられて、腐敗への対抗策を求めざるをえなかった。この対抗策は高みから降りてきてくれねばな

114

第三章　ヘーゲルのプラトン批判——「主体的エレメント」

らぬはずだったが、かれに思い付くことができたのは、当面これをかのギリシアの習俗規範の特殊な外的形式のうちに求め、これによってかの腐敗を強引に制御しようということだけであった。だがこの結果、かれは「自由で無限な人格態」という、この習俗規範をより深いところで突き動かしてくるものを、まさにもっとも深く傷つけたのであった。にもかかわらずかれは、みずからが偉大な精神であることを実証した。というのは、かれの理念となる原理こそは、とりもなおさず、当時さし迫っていた世界の変革を回転させた基軸であったからである。」

§46 A. "Die Idee des platonische Staats enthält das Unrecht gegen die Person, des Privateigentums unfähig zu sein als allgemeines Prinzip."

第四六節（補注）「プラトンの国家理念には、私的所有を不可能にするような反人格的不法越権が、一般原理として含まれている。」

[ここで充たされないと言明されている人格の権利とは何であるか？　明らかに、判断の権利 the right of judgement ("das Recht der Einsicht") ではない。というのは、少なくとも守護者たちはこれを持っており、そして実際に、物質的所有 material possesions を放棄することで達成していたからである。だとすると、どうやら、欲求を充足する権利らしい。」

§121. "Dass dies Moment der Besonderheit des Handelnden in der Handlung enthalten und ausgeführt ist, macht die subjektive Freiheit in ihrer konkreteren Bestimmung aus, das Recht des Subjekts, in der Handlung seine Befriedigung zu finden."

第一二一節「行為者の特殊態というこの契機が行為のうちに含まれかつ完遂されているという事実が、行為のより具体的な限定においてある主体的自由を、つまり、行為において自らの満足を見出す主体の法権利を形づくるのである。」

§124 A. "Das Recht der Besonderheit des Subjekts, sich befriedigt zu finden, oder was dasselbe ist, das Recht der

第三章　ヘーゲルのプラトン批判——「主体的エレメント」

第一二四節（補注）「自分で満足するという主体の特殊態の法権利は、主体的自由の法権利は古代と近代との区別に際して転換点及び仲介点をなしている。その無限態におけるこの法権利はキリスト教において表明され、世界の新しい形式の一般的な現実的原理とされたのであった。愛、ロマン的なもの、個人の永遠なる目的などがまずはこの原理の身近な形象化であった。ついで道徳態と良心とが、そしてさらにその他の形式が……」

「行為あるいは主体の特殊態」"die Besonderheit des Handelnden" or "des Subjekts" は行為者において充足されるのに応じて、二つのまったく異なる事柄の一方あるいは他方を意味するであろう。もし前者の意味においてならば、「主体の特殊態」"particularity of the subject" は、それがかれの理性 reason によって是認されるがゆえに為されるであろう。もし後者の意味においてならば、それはそれを為すことが欲求されるがゆえに為されるどんな行為においても充足されるであろう。最後に引用された二つのパラグラフにおけるヘーゲルの一般的言明は、どちらの解釈においても等しく容認する。主体の特殊態を充足させる行為の諸類型としての「道徳態と良心」"die Moralitaet und das Gewissen"についての第一二四節における詳説は、かれがここでは前者の意味で「特殊態」を受

subjektiven Freiheit macht den Wende- und Mittelpunkt in dem Unterschiede des Altertums und der modernen Zeit. Dies Recht in seiner Unendlichkeit ist im Christentum ausgesprochen und zum allgemeinen wirklichen Prinzip einer neuen Form der Welt gemacht worden. Zu dessen näheren Gestaltungen gehören die Liebe, das Romantische, der Zweck der ewigen Seligkeit des Individuums u.s.f. — alsdann die Moralität und das Gewissen, ferner die anderen Formen …"

116

第三章　ヘーゲルのプラトン批判――「主体的エレメント」

け取っていることを示唆している。」

§132 "Das Recht des subjektiven Willens ist, dass das, was er als gültig anerkennen soll, von ihm als gut eingesehen werde."

第一三二節「主体的意思の法権利は、次のことである。すなわち、主体的意思が通用するものとして承認すべき事態は、自分で善として見極められなければならない als gut eingesehen werde、ということである。」

［ここから見れば、「主体の特殊性」が τὸ λογιστικόν（理知）と同定されることに疑いの余地はない。］

§136. Z. "Der Mensch ist als Gewissen von den Zwecken der Besonderheit nicht mehr gefesselt, und dies ist somit ein hoher Standpunkt, ein Standpunkt der modernen Welt, welche erst zu diesem Bewusstsein, zu diesem Untergange in sich, gekommen ist."

第一三六節（補足）「人間は良心 Gewissen として、もはや特殊態の諸目的に縛られていないのであり、このことはだから、一つの高次の立場、すなわち、この意識、この自己没入に、ようやく達した、近代世界の立場である。」

［良心 conscience は道徳的主体の σοφία（知恵）である。同じ意味で、第三一七節を参照：「充足を受け取る「主体的エレメント」は、なおもっぱら τὸ λογιστικόν（理知）と同定される。

§317 Z. "Das Prinzip der modernen Welt fordert, dass was jeder anerkennen soll, sich ihm als ein Berechtigtes zeige."

§140 A. "Das subjektive Recht des Selbstbewusstseins, dass es die Handlung unter der Bestimmung, wie sie an und für sich gut oder böse ist, wisse …"

第一四〇節（補注）「自己意識は行為を、その行為が即かつ対自的に善ないし悪である、というような限定の下で知る。……」

［いま一度述べれば、主体の権利は、かれの理性が充足される his reason shall be satisfied という権利である。］

第三章　ヘーゲルのプラトン批判――「主体的エレメント」

§182 "Die konkrete Person, welche sich als besondere Zweck ist, als ein Ganzes von Bedürfnissen und eine Vermischung von Naturnotwendigkeit und Willkür, ist das eine Prinzip der bürgerlichen Gesellschaft — aber die besondere Person als wesentlich in Beziehung auf andere solche Besonderheit, …"

第一八二節「具体的人格は、諸欲求の塊であり、かつ自然必然性と恣意との混合である以上、自分が自分にとって特殊目的として存在する。こうした具体的人格こそブルジョア社会の原理である。――ところが、この特殊的人格は本質的に他のこのような特殊態と関係している……」

§182 Z. "Die Schöpfung der bürgerlichen Gesellschaft gehört übrigens der modernen Welt an, welche allen Bestimmungen der Idee erst ihr Recht widerfahren lässt."

第一八二節（補足）「ところで、ブルジョア社会の創造は近代社会に属する。近代社会は、理念のあらゆる諸限定に、はじめてそれらの法権利を付与するからである。」

§185 A. "Die selbständige Entwicklung der Besonderheit (verg §124 Anm.) ist das Moment, welches sich in den alten Staaten als das hereinbrechende Sittenverderben und der letzte Grund des Untergangs derselben zeigt. … Plato in seinem Staate stellt die substantielle Sittlichkeit in ihrer idealen Schönheit und Wahrheit dar, er vermag aber mit dem Prinzip der selbständigen Besonderheit, das in seiner Zeit in die griechische Sittlichkeit hereingebrochen war, nicht anders fertig zu werden, als dass er ihm seinen nur substantiellen Staat entgegenstellte, und dasselbe bis in die seine Anfänge hinein, die es im Privateigentum (§46 Anm.) und in der Familie hat, und dann in seinen weiteren Ausbildung als die eigene Willkür und Wahl des Standes u.s.f. ganz ausschloss. Dieser Mangel ist es, der auch die grosse substantielle Wahrheit seines Staates verkennen und denselben gewöhnlich für eine Träumerei des abstrakten Gedankens, für das, was man oft gar ein Ideal zu nennen pflegt, ansehen macht. Das Prinzip der selbständigen in sich unendlichen Persönlichkeit des Einzelnen, der subjektiven Freiheit, das innerlich

第三章　ヘーゲルのプラトン批判——「主体的エレメント」

第一八五節（補注）「特殊態が自立的な発展を遂げたこと（第一二四節、補註参照）は、古代国家に闖入して習俗を荒廃させ、それを没落に導いた究極の根拠となった契機である。……プラトンはその『国家』の中で、実体的習俗規範をその理想的な見事さと真実さで描いて見せた。しかしながらかれは、かれの時代にギリシア的習俗規範を闖入してきた自立的特殊態の原理に対処するにあたって、それに単に実体的でしかない「国家」を対置し、そして、この原理を、それが私的所有（第四六節補註）や家族におけるその萌芽に至るまで、さらには陶冶されると、固有の恣意や身分の選択として、完全に締め出してしまった。まさしくこの欠陥によって、それがかれの「国家」の偉大な実体的真実もまた誤認され、かつこの「国家」は通常、抽象的思惟の夢想として、つまりしばしば理想とすら呼ばれるのを常とするものとして見なされるわけである。個々人の自立的で自己において無限の人格態の原理は、つまり主体的自由の原理は、内面的にはキリスト教において、外面的には、したがって抽象的一般性と結び付けられては、ローマ世界において、登場したが、現実的精神のかの単に実体的な形式においては、その法権利に至っていない。」

§185 Z. "Wenn der platonische Staat die Besonderheit ausschliessen wollte, so ist damit nicht helfen, denn solche Hilfe würde dem unendlichen Rechte der Idee widersprechen, die Besonderheit frei zu lassen. In der christlichen Religion ist vornehmlich das Recht der Subjektivität aufgefangen, wie die Unendlichkeit des Für-Sich-Seins, und hierbei muss die Ganzheit zugleich die Stärke erhalten, die Besonderheit in Harmonie mit der sittlichen Einheit zu setzen."

第一八五節（補足）「プラトン的国家は特殊態を締め出そうとしていたとしても、何の助けにもならない。というのは、このような助けは特殊態を自由に放置する理念の法権利と矛盾するであろうからである。キリスト教においては、とりわけ主体性の法権利が、〈対自存在〉の無限性と同じく登場した。ここでは、全体性は同時に、特殊態を習俗規範

第三章　ヘーゲルのプラトン批判——「主体的エレメント」

§206 "Der Stand, als die sich objektiv gewordene Besonderheit, teilt sich so einerseits nach dem Begriffe in seine allgemeinen Unterschiede. Andererseits aber, welchem besonderen Stande das Individuum angehöre, darauf haben Naturell, Geburt und Umstände ihren Einfluss, aber die letzte und wesentliche Bestimmung liegt in der subjektiven Meinung und der besonderen Willkür, die sich in dieser Sphäre ihr Recht, Verdienst und ihre Ehre gibt, so dass, was in ihr durch innere Notwendigkeit geschieht, zugleich durch die Willkür vermittelt ist und für das subjektive Bewusstsein die Gestalt hat, das Werk seines Willens zu sein."

A. "Auch in dieser Rücksicht tut sich in bezug auf das Prinzip der Besonderheit und der subjektiven Willür der Unterschied in dem politischen Leben des Morgenlandes und Abendlandes, und der antiken un der modernen Welt hervor. Die Einteilung des Ganzen in Stände erzeugt sich be jenen zwar objektiv von selbst, weil sie an sich vernünftig ist; aber das Prinzip der subjektiven Besonderheit erhält dabei nicht zugleich sein Recht, indem z.B. die Zuteilung der Individuen zu den Ständen den Regenten, wie in dem platonischen Staate (de Rep. III. 320, ed. Bip. T. vi), oder der blossen Geburt, wie in den indischen Kasten, überlassen ist. So in die Organisation des Ganzen nicht aufgenommen und in ihm nicht versöhnt, zeigt sich deswegen die subjektive Besonderheit, weil sie als wesentliches Moment gleichfalls hervortritt, als Feindseliges, als Verderben der gesellschaftlichen Ordnung (s. §185 Anm.), entweder als sie über den Haufen werfend, wie in den griechischen Staaten und in der römischen Republik, oder wenn dies als Gewalt habend oder etwa als religiöse Autorität sich erhält, als innere Verdorbenheit und vollkommene Degradation, wie gewissermassen bei den Lakedämoniern und jetzt am vollständigsten bei Indern der Fall ist. — Von der objektiven Ordnungen aber in Angemessenheit mit ihr und zugleich in ihrem Recht erhalten, wird die subjektive Besonderheit zum Prinzip aller Belebung der bürgerlichen Gesellschaft, der

120

第三章 ヘーゲルのプラトン批判——「主体的エレメント」

Entwickelung der denkenden Tätigkeit, des Verdienstes und der Ehre. Die Anerkennung und das Recht, dass, was in der bürgerlichen Gesellschaft und im Staate durch die Vernunft notwendig ist, zugleich durch die Willkür vermittelt geschehe, ist die nähere Bestimmung dessen, was vornehmlich in der allgemeinen Vorstellung Freiheit heisst."

第二〇六節「身分は、それ自身で客観的になった特殊態であるから、一面ではその概念に従って、一般的な諸区別に区分される。しかし他面では、個人がどの特殊な身分に帰属するか、このことに影響を与えるのは、性分、生まれ、環境である。とはいえ、その究極の本質的な決定は主体（主観）的の意思や特殊な恣意（選択意思）によってなされる。というのは、これらはこの領域においては権利、功績、名誉を与えられ、その結果、そこで内的必然性を通じて生起することは、同時に恣意を通じて媒介されており、主観的意識にとっては、自分の意思の成果であるとの形をとるからである。」

（補注）「この点を顧慮するなら、特殊態と主観的恣意（選択意思）との原理に関して、東洋と西洋との、そして古代世界と近代世界との政治的生活における違いが明らかになる。たしかに、諸身分への全体の区分は、東洋や古代世界においても、この区分が即自的に理性的であるから、客観的におのずから産みだされる。しかし、そこでは、主体（主観）的特殊態は、その法権利を得ていない。というのは、諸身分への諸個人の振り分けは、例えば、プラトンの「国家」におけるように、統治者たちに（de Rep.III. p. 320, ed.Bip.T. vi）、あるいはインドのカースト制におけるように、単なる生まれに委ねられているからである。主体（主観）的特殊態は、このように全体の組織化の中に受け入れられず、全体において宥和されていなくても、それは本質的契機として登場してくるから、社会的秩序の荒廃として、示される（第一八語節、補注参照）。すなわち、それは、ギリシアの諸国家やローマの共和制におけるように、社会秩序を覆すものとして示されるか、あるいは宗教的権威を保持するならば、スパルタ人においてはある程度そうであり、いまではインド人において完璧に

121

第三章　ヘーゲルのプラトン批判――「主体的エレメント」

そうであるように、内的荒廃と完璧な堕落として示される。しかしながら、主体的特殊態は、客観的秩序によって、客観的秩序に適合し、同時にその法権利において保持されるならば、ブルジョア社会や国家にありとあらゆる活力をもたらし、思惟活動、功績、名誉をもたらす原理となる。ブルジョア社会や国家において理性を通じて必然的であるもの、これは同時に恣意（選択意思）によって媒介されて生起する。このことが承認され、法権利となれば、とりわけ一般的イメージにおいて自由と呼ばれているものが、より詳しく限定されることになる（第一二一節）。」

密接に近似した意味で、第二六一節と第二六二節（補注）を参照。

§299 A. "Plato lässt in seinem Staate die Individuen den besonderen Ständen durch die Oberen zuteilen und ihnen ihre besonderen Leistungen auflegen (vergl. §185 Anm.) : in der Feudalmonarchie hatten Vasallen ebenso umbestimmte Dienste, aber auch in ihrer Besonderheit, z.B. das Richteramt u.s.f. zu leisten. … In diesen Verhältnissen mangelt das Prinzip der subjektiven Freiheit, dass das substantielle Tun des Individuums, das in solchen Leistungen ohnehin seinem Inhalte nach ein Besonderes ist, durch seinen besonderen Willen vermittelt sei; — ein Recht, das allein durch die Forderung der Leistungen in der Form des allgemeinen Wertes möglich, und das der Grund ist, der diese Verwandlung herbeigeführt hat."

第二九九節（補注）「プラトンはかれの「国家」において、上位の者たちを通じて諸個人を特殊な諸身分に振り分けさせ、かれらにかれらの特殊な職務を課している（第一八五節、補注参照）。封建的君主制においては、家臣たちは同じく無限定の奉仕を、しかしかれらの職務の特殊態においてもまた、例えば裁判官の職務等々を果たさねばならなかった。……これらの諸関係においては、主体的自由の原理が欠けている。すなわち、このような諸職務においては、いずれにしてもその内容からして一つの特殊なものである個人の実体的活動は、その特殊な意思によって媒介されているべきである、という主体的自由の原理が欠けている。この主体的自由の原理は、一般的価値の形式における諸職務の要求を通じてのみ可能である法権利であり、そしてこの法権利は、この転換を招来した根拠である。」

122

第三章　ヘーゲルのプラトン批判──「主体的エレメント」

［さきにこの補説で引用された諸章句のグループ（第一二二節、第一二四節、第一三六節補足、第一四〇節A'）が、最後に引用された諸章句（第一八二節、第一八二節補足、第一八五節補注A.及び補足、第二〇六節、第二〇六節補注、第二九九節）(45)と対照されるならば、二つの事柄が明らかになる。

（1）ヘーゲルは次のことを意識していない。すなわち、かれは後者のグループの諸章句で、前者の章句においてすでに表現された教説とはまるで異なる教説を定式化している、ということを（だから、第二〇六節の行程において、かれは第一二二節と第一二〇節補注での確認を求めている）。両グループは次の教説を共有している。すなわち、近代国家の法律（普遍的なもの）は、それが課される主体（特殊なもの）に起源を持つ活動によって実現されなければならない、という教説を。われわれは、以下のような二つの含意をわれわれの以前の議論で使われた用語に関係づけることができよう。含意されているのは、近代国家における法律のこうした実現は、(a)（アリストテレスの教説において）自然的対象の生成を構成する普遍的なもの a universal の実現とは異なり、(b) 技術（人為）art の対象の産出である形相 form の実現にあり、後者においては、技術者 the artist が形相の概念によって支配されているかぎりで、それは技術者にある。しかし、いずれのケースにおいても、形相が定立（課）impose される基体・質料 the subject-matter にはない。

主体のこの活動は、その場合、法律の実現においては、ヘーゲルが「主体的自由」と呼んでいるもの、そして、かれが近代国家を区別する特徴として認識しているものである。（両グループの諸章句を通じて）かれが使っている他のフレーズは、同じ意味を表現するのによく適合している。だから、この主体的活動は「行為における行為者の特殊態のこの契機」"dies Moment der Besonderheit des Handelnden in der Handlung"（第一二二節；第一八五節意補注、補足、第二〇六節参照）と適切に呼ばれよう。「主体的エレメント」は「特殊なエレメント」であるからである（see Ch. III. P86 sup.）。そして、こうした活動は「個人の充足」を構成し、そしてその侵害は「個人の権利」の否定である、と言

123

第三章　ヘーゲルのプラトン批判――「主体的エレメント」

（2）これらの用語――「主体的エレメント」、「個人」、「主体の特殊性」――は両義的である。われわれがしばらくプラトン的心理学の用語に立ち返るならば、明らかに、それらの三層組織の形相とは対照的に、「魂の（三つの）部分」、τὸ λογιστικόν（理知）、τὸ θυμοειδές（気概）、τὸ ἐπιθυμητικόν（欲望）のすべてを、あるいはいずれをも意味していよう。われわれが τὸ θυμοειδές の説明を控えるならば、明らかに、τὸ λογιστικόν（理知）と τὸ ἐπιθυμητικόν（欲望）はそれぞれ、それらの近代的な（すくなくともヘーゲル的な）対応物を良心 conscience と欲望 desire において持っている。「主体的エレメント」は、これらのいずれかを呼ぶのに適切に使われるであろう用語である。そこにおいて〈わたし〉が法律を実現する行為 action がなされるのは、〈わたし〉がその行為を〈わたし〉の義務であると判断するからなのか、それとも、〈わたし〉の利益追求が〈わたし〉つまり主体の中にあったし、他方のケースでは、一個人としての「主体的自由」の〈わたし〉の権利は活動において充たされた。いずれにしても、もっとも重要なのは、あらゆる所与の活動において、これら二つの「主体的エレメント」のどちらが充足されたのか、これを区別することである。良心によって命じられた活動も欲望によって唆された活動も同じく自由意志の行為である。しかし、それらは同一ではなく、自由の二者択一的な実現であり、そしてすくなくとも見たところ、相互に排他的な二者択一である、というのがあくまでも真実である。

これはヘーゲルが行っていない区別である。かれは、「主体的特殊態」"subjektive Besonderheit" やその他の限定されていないフレーズを、あたかも完全に限定されているかのように使っている。かれがきわめて一般的な言葉遣いを越えて議論を進めているあらゆる章句において、これらの用語に対して二つの可能な二者択一的意味のうちの一つを割り当てることが必要である。しかし、それは決していつも同じ意味ではなく、コンテクストだけが、あらゆる所

124

第三章　ヘーゲルのプラトン批判——「主体的エレメント」

与の事例においてどちらが充当されるべきかを決定しうる。

かくして、わたしが上で区別した二グループの諸章句の前者においては、「主体的なもの」は良心、あるいは道徳的意思、あるいは普遍的なものを志向する意思を意味している。「習俗規範性（人倫）」は、意思の一行為における実定法の実現 realization of positive law in an act of will である。われわれがこの全体的現実性の二つのエレメントとして、意思された法律と法律を意味する意思との二つのうちの前者と同定される。カント的道徳性において自我 the self は、二つのエレメント、道徳的意思と自然的情動とに分割されるが、ヘーゲルのこれらの章句における「主体的エレメント」は後者である。

しかし、後者のグループの諸章句においては、「主体的エレメント」は、もっぱらこれら二つのうちの前者と同定される。後者のグループの諸章句における「主体的エレメント」が意味しているのは、自然的意思、あるいは〈特殊的なもの〉を求める意思をまったく意味していない。それが意味しているのは、〈普遍的なもの〉を求める意思である。この意思が体現されている「人格」"Person" は、「諸々の必要の全体、自然的必要性と気まぐれの混合」（第一八二節）であると言明されている。かれの自由はかれの「特殊な恣意」（第二〇六節）に起源を持つ活動においてのみ確保される。そして、われわれが自由の定義として実際に与えられるのは、「ブルジョア社会と国家において理性を通じて必然的なことは、同時に恣意によって媒介されて生起すべきである」（第二〇六節補注）ということである。しかし、「恣意」、単に特殊的なものを求める意思と、前者のグループの諸章句において「主体的エレメント」によって暗示されていた道徳的意思とは、きわめて異なるものであり、それらは互いに排他的である。前者は、それが特殊な主体の意思であるという意味で、「特殊的意思」（第二八八節A. 参照）と呼ばれよう。しかし、後者だけが、それが特殊な対象を求める意思である、というもう一つの意味でもまた「特殊的意思」である。

これらの諸用語が使われている諸章句は、『法権利の哲学』の配列においては、わたしの選択したものが示唆しているように思われるであろうようには、はっきりと二つのグループに属していない。前者の意味は「道徳性」のセクション内の諸章句（第一〇五節—第一四一節）において、後者の意味は「ブルジョア社会」のセクション内の諸章句（第

第三章　ヘーゲルのプラトン批判――「主体的エレメント」

一八二節―第二五六節)で支配的である、ということは当然ではあるが。単一のコンテクストの諸限界内で二つの意味が混同されて現れている諸章句については、第一四八節―九節、そしておそらく第二六〇節と補足そして第二六一節と補足を参照)。

注

1　"Des Subjekts"：この言葉は政治的主体を意味しない。あるいは、統治者とは対照的なものを含意する。
2　"Das Subjektive".
3　Ch. II, pp. 67 ff. *sup.*
4　Ch. II, p. 71 *sup.* わたしは後でそれを扱うために、保留しておく。Cf. pp. 111. *inf.*
5　ソーフロシュネーについては、補説D、p. 111. *inf.* 参照。
6　ἀνδρεία（勇気）における「主体的エレメント」によって演じられる部分を留保しておく。Cf. pp. 111. *inf.*
7　χρηματιστὴς φύσει.
8　ix. 586d-587a.
9　もちろん、わたしが謂わんとしているのは、プラトンの知識についての理論である。
　われわれが、それらはイギリス経験論の倫理的かつ政治的な理論においては反駁されていた、ということを指摘するならば、これら二つのプラトン的テーゼはより明確になろう。経験論的倫理学においては、まず次のように主張された。すなわち、諸々の感覚を満足させることは、理性に近づき難く、理性によるあらゆる善の実現の中に含まれていない、積極的な満足を与えるから、感覚的経験の直接的享受は、「これは善い」という判断のための十分な証拠であるばかりでなく、唯一可能な証拠である、と。
　魂の内部での感覚の自律性についてのこの経験論的教説は、社会内部での経済的領域の自律性についての経験論的教説のそれと対応するものを持っている。経験論者たちは次のことを発見した。すなわち、社会における人間の諸々の経済的な働きthe economic operations は政治的制御を受け入れない、かつ方向付けなしに、それら自身の組織されない混沌としたものにとどまらず、一形相を待っている単なる質料ではなく、自然のままに、かれらは、この経済的領域の諸法則を、それら自身の一つの法則と秩序を生み出す、ということを。かくして、政治的哲学とは異なる一科学の対象、すなわち政治的経済学に仕立て上げ、そして、プラトンが混同した、あるいは同定した、経済的秩序と政治的

126

第三章　ヘーゲルのプラトン批判——「主体的エレメント」

秩序との区別を、はじめて可能にした (Ch. I, p. 32 sup)。初期の経験論者たちは、倫理学及び社会の両方についてのかれらの理論において、魂あるいは国家、このいずれかの「第三エレメント」の権利を要求する自律性 autonomy と専制 autocracy との区別を見逃しがちであったこと、これを付け加えることは殆ど必要ない。

10　そして、われわれはみずから想起してもよかろう。かれは両義的な立場を占めることができるし、この両義的な立場において、それらのことは、分業と三層形式との、χρηματιστική と τέχνη との、の是認されない同一化によって、引き出されることも否認されることもない、ということを。

11　ヘーゲルは次のように付け加えている。すなわち、プラトンの理論の中に反映されているこの欠陥はまた、古代世界の崩壊は、それがもはや抑圧されえないとき、(かれが、キリスト教の偉大な原理になった、と言っている)「主体的原理」の抵抗し難い噴出のせいであった、とヘーゲルは考えている (『法権利の哲学』序論、p. 13、第一八五節、第二〇六節)。かれは好んでポリスのこの欠陥と近代国家それ自身の内部で主体的自由の行使の余地を与えることによって、この原理の侵入の驚くべき強さを対照させている。近代国家は、それによって法律が存在することになるプロセスである。

われわれはおそらく、さらに古代ポリスにおける στάσις (党派抗争、内乱)の作用を近代国家における政党の作用と比較することとによるヘーゲルの対照を、指摘してもよかろう。στάσις は「主体的エレメント」の典型的侵入である(それはプラトンにとって δικαιοσύνη と端的に対立するものである。Cf. iv. 444b, v. 464d ff.)。そして、それがポリスにおいて普及したところでは、法律は停止する。しかし、政党は近代国家における法律の維持とは相容れないわけではない。実際、政党政治 Party Politics は、まさにそれ自身の行使の余地

12　"Von der Wahrheit desselben durchdrungen", §140 Z.
13　"Das Recht der Einsicht", §132 A.
14　§132; §228 A.
15　"Sich ihm als ein Berechtigtes zeige", §317 Z.; §140 A.
16　わたしは白状するが、如何にしてこの引証なしに、あるいは少なくとも同じく歴史的な引証なしに、そもそもそれがなされうるのか、わたしは分からない。
17　"Moralität."

127

第三章　ヘーゲルのプラトン批判——「主体的エレメント」

18　*Foundation of the Metaphysic of Morals*, p. 21, note; Abbot's Tr, p. 18 (italics, Foster).
19　§ 46 A.
20　統治者が所有資格を持たないのは、修道僧がそうであるのと同じ理由によるが、従属者が所有資格を持たないのは奴隷がそうであるのと同じ理由による。
21　Vorrede, p. 14.
22　§ 206 A.
23　§ 299 A.
24　"Wissenschaftliche Behandlungsarten des Naturrechts", in Lasson's *Hegels Schriften zur Politik und Rechtsphilosophie*, 2nd ed., pp. 349-54. Cf. *Phaenomenologie*, vi. c. 'Der seiner selbst gewisse Geist; die Moralität.' Lasson's 2nd ed., pp. 388-434, and *Phil.d. Rechts*, §§ 136-40.
25　'Moralisch.'
26　証明と例解については補説E′, p. 114 inf. 参照。
27　'Das Sittliche ist subjective Gesinnung, aber des an sich seienden Rechts'. § 141A.
28　Ch. I, p. 20.
29　Cf. especially §§ 145-57.
30　さらに補説E′, p. 114 inf. 参照。
31　Vorrede, p. 13, quoted, 補説E′, p. 114 *inf.*
32　Cf. § 141 A, quoted, p. 101, n. 1, *sup.*
33　... τὸ μὲν [sc. τὸ λογιστικόν] βουλευθέντα [... 一方（理知的部分）は計画審議し、他方（気概の部分）は進み出て戦い、支配者に従って、計画審議された事柄を勇気をもって遂行する]. iv. 442b.
34　Cf. especially 429 ff.
35　以下について iv. 429a-430c, 439e-441d 参照。
36　*διασῴζεσθαι*。
37　第四巻429-30、とりわけ印象深いフレーズ（429c）参照。Σωτηρίαν ἔγωγε, εἶπον, λέγω τινὰ εἶναι τὴν ἀνδρείαν. [「勇気とは」とぼ

第三章　ヘーゲルのプラトン批判――「主体的エレメント」

38 Politics, ii 8　ὁ γὰρ νόμος ἰσχὺν οὐδεμίαν ἔχει πρὸς τὸ πείθεσθαι παρὰ τὸ ἔθος. [というのは、法律はそれに従うようにするための力を習慣以外には何も持っていないからである]。

39 だから、どんなギリシア民主制においても、いかな主権的立法府 sovereign legislative も存在しなかった。ギリシア人たちは、国家のあらゆる重要案件の決定に際しても、ノモスの決定の範囲を超えているような私的な諸問題の決定に際しても、神託 oracles に依存していたが、とりわけこの依存は、まさしく道徳的自由を放棄することであった。ヘーゲルはこの関連における神託の意義を絶えず強調している (cf. e.g. §279 A and Z)。ソクラテスがはじめて自分の神託をかれの内面に持ち（「神のしるし」the "divine sign"）、かくしてキリスト教の自由を先取りした。

40 Vorrede, p. 13, quoted 補説 E, p. 114 inf, §185 A, quoted ibid. p.119. (ソクラテスによって発見された個人的自己決定の原理が破壊的原理であるとすれば、プラトンはそれを拒むことなく、かれの国家の中にソクラテスの原理からなる一つの完全な階層を含めている。)

41 Timaeus 17 c.

42 その実現が中世の偉大な成果であった、とわたしが推測することが許されるならば、わたしはそう想定する。ギリシアのポリスは哲学者も奴隷も保持できなかったが、中世は聖職者と俗人をより大きな共同体の内部に含んでいた。

43 近代国家を生み出した歴史的運動が封建制に対する反動によって挑発され、またギリシア民主制によって鼓舞されたとき。

44 かくして、例えば、第十巻では、「模倣術であるかぎりで」ὅση μιμητική, 詩作は完全に追放されている (595a)。第三巻 (395b-398b) では次のように議論されている。すなわち、模倣者はかれが模倣するものと似たものとなるから、生徒は善の模倣に制限されなければならない、と。模倣のための諸モデルが適切に選択されている、ということを条件としてのみ、μίμησις は教育の手段として認められる。

45 以前に引用された第四六節Aもまたこのグループに属する。序論 (Vorrede, p. 13) がいずれに割り振られるか決定し難い。

第四章 近代国家における自由の条件としての法律

「道徳的」意思 moral will と欲望の衝動 impulse of appetite ――これらのいずれもが「習俗規範（人倫）的なもの」sittlich になるのは、これらが、古代国家において市民的徳を構成し、[性格として]定着した倫理的資質 ethical disposition と結びつくことによってである。この倫理的資質の方はまた、これらのいずれかと結びついて「主体的自由」が加わることによって完成される。[1]

ヘーゲルは、「習俗規範（人倫）的意思」sittlicher Wille という単一の用語によって、いずれかの結合によって産み出されるものを無差別に標識づけている。しかし、われわれは、かれが混同しているものを区別するために、二つの用語を必要とするであろう。そして、わたしは以後、「倫理的」ethical 意思と「経済的」economic 意思という二つの用語を用いて、一方の、(純朴 naïve な) 倫理的資質と道徳的洞察力 moral insight との結合と、他方の、倫理的資質と欲求 desire との結合とを、標識づけることにする。わたしは、同じく、「倫理的」自由と「経済的」自由として、近代的国家 State の習俗規範性（人倫）Sittlichkeit において、一方では道徳性 morality によって、他方では欲求 desire によって達成された、それぞれの完成体を、標識づけることにする。

われわれはいまや、いずれかの結合を可能にする諸条件を考察しなければならない。換言すれば、(主体) subject は、倫理的自由という意味にせよ経済的自由という意味にせよ、自由ではなかったから、ポリスの従属者、近代的国家

第四章　近代国家における自由の条件としての法律

Stateの主体 subject が自由であることを可能にする条件を考察しなければならない。ポリスの従属者（主体）の徳がノモス Nomos にかかっていたように、近代的国家の主体の徳は法律（制定律）Lawにかかっている。そして、われわれは、後者に特有の自由の諸条件を発見するために、近代的国家の法律をポリスのノモスから区別する諸性格を探究しなければならない。

プラトンとヘーゲルの間に介在する二千年間に、政治哲学においてのみならず、思想のあらゆる他の領域においても、ひとつの革命が生起した。この革命を理解するためには、プラトンとヘーゲルの間の哲学史全体をすくなくとも理解しておくことがまず必要であろう。だが、それは目下の仕事のプランをはるかに超えた途方もない課題である。このプランは、そこに介在する期間は無視できる、といういわば虚偽の申し立て pretence に基づいているのである。

しかし、その諸結果をできるだけ簡潔に標識づけることは可能であろう。

この革命の本質は、次のように述べることによって、もっともよく表現しうるように思われる。すなわち、宇宙（普遍的なもの）における理性と秩序の原理としての形相 Form という概念は、法則（法律）Law という概念によって代替された、と。これら両方に、形相にも、同じく法則（法律）にも、われわれは「普遍的なもの」the universe という概念を適用する。そして、われわれはそれによって、われわれ自身に対して、それらの間の大きな差異を曖昧にする。

たとえば（自然科学の領域との区別を説明するなら）、いかなる特殊な物質的客体も、われわれは主体として、無数の法則の作用 オペレーション として概念把握する。その位置や重さは重力の法則によって決定されている。これらすべての法則は、その表層の外観は光学の法則によって決定されている。その運動は力学の法則によって、その温度は放射の法則によって、その表層の外観は光学の法則によって決定されている。これらすべての法則は、特殊な客体にも関係しながら、それらの作用は私的ないし特殊的なものではなく、それらが物質であるかぎり、他のすべての客体にも等しく拡大する、という意味で普遍的である。こうしたものは法則として「普遍的なもの」である。そして、われわれは、それをこのような諸法則の相互に関係づけられたシステムとして概念把握するとき、自然 Nature を法則の王国 realm of law として概念把握する。

第四章　近代国家における自由の条件としての法律

しかし、われわれはあらゆる特殊的な客体の「普遍的なもの（ユニヴァーサル）」をまったく別な仕方で概念把握してもよいだろう。われわれはそれを「特殊的なもの（パティキュラー）」が属する種（類）kind として概念把握しうるであろう。「この机」の「普遍的なもの」であり、どの具体的な共通の名詞の意味もこの意味で普遍的である。なぜならば、犬は Fido の「普遍的なもの」であり、「机」は「この机」の「普遍的なもの」であり、「石」は「あの石」の「普遍的なもの」にだけではなく、どの具体的な共通の名詞の意味もこの意味で普遍的である。なぜならば、犬は Fido の「普遍的なもの」であり、それはひとつの「特殊的なもの」は、それらの種類を標識づけている「普遍的なもの」へと包摂 subsume される、と言いうる。そして、この「普遍的なもの」は、それ自身、ひとつの種類のすべての「特殊的なもの」に適用しうるからである。諸々の「特殊的なもの」は、それから、それ自身、ひとつの「超普遍的なもの」へのさらなる包摂が可能であることが分かる。ひとつの種 species がひとつの類 genus に、この類が再びより高次の類 summum genus に達せられるまで上昇しながら。これは形相 form としてのイデアの王国であれ、形相の王国 a realm of form としての自然 Nature の概念である。この概念においては、もっとも一般的なイデア most general idea が、連続的な差異化 successive differentiations を通じて、その多様な最下位の種 infimae species に至るまで限定される。前者の概念に従えば、「個体的なもの」the individual（個人）は、諸法則のひとつの邂逅の場 meeting-place であり、後者の概念に従えば、形相のひとつの具体化 embodiment である。

わたしが言及した革命が生起したのは、これらの概念の前者が後者に取って代わったときである。そして人々は、自然 Nature における理性の諸原理を、種・類的形相 generic form の代わりに一般的諸法則 general laws において捜しはじめた。このことが中世末に起こったとき、近代の物理的自然科学 physical science of nature が誕生した。倫理学においては、行為類比しうる革命は、自然科学の諸領域の傍らで、思想の他の諸領域でも生起した。倫理学においては、行為 conduct の原理としての至高の形相 supreme form あるいは「建築術的目的」architectonic end という概念は、ノモス Nomos あるいは理性的形相道徳法則 moral law という概念に道を譲った。そして政治哲学においては、ノモス Nomos あるいは理性的形相

第四章　近代国家における自由の条件としての法律

reasonable form という概念は、人間社会における秩序の原理として、法則（法律）Law の概念あるいはヘーゲルが Gesetz と呼んでいるものの概念によって取って代わられた。

「主体的自由」の両方を主体において実現する諸条件は、それによって"Gesetz"としての Law が「ノモス」Nomos と区別されるところの諸性格にある。これらの諸性格は、第一に、主体の理性 reason にとってのその (law の) 客観 (体) 性 objectivity であり、第二に、その適用の一般性 generality である。ノモスが慣習 custom から決して区別されなかったかぎりで、それら [客観性と一般性] は法律（法則）Law を慣習から区別する諸性格である。というのは、慣習は、一主体において、かれの意識的理解の対象にされないままに作用し、そして一般的な自然本性のみならず、かれの行為の特殊な細部をも、決定するであろうからである。

法律（法則）law のこれら二つの性格 [客観性と一般性] を最強の可能なリリーフに投入するために、わたしははじめに、それらをヘーゲル的なものではないひとつの法律概念において説明することに努めたい。そのひとつの法律概念は、ヘーゲル的なものではなく、それがプラトンからはさらにはるかに隔たっているがゆえに、それらの性格を、ヘーゲル自身においては見出されない明確さと粗雑さを伴って、示しているからである。わたしが念頭においているのは、その本質においてひとつの命令 command であるものとしての (経験論 Empiricist 的) 法律概念である。

この教説は、実定的であること to be positive が法律（法則）law の本質に属している、ということを示唆している。すなわち、その法律（法則）としてのその性格を厳密に負っているのは、思弁的理性 the speculative reason によって浸透されない、その内部のエレメントである。だから、それはノモス Nomos としての法という概念とは正反対のものである。というのは、ノモスの本質は、そのノモスが具体化する理性的原理（ロゴス Logos）であるからである。ひとえにこの原理だけにノモスはその権威を負っている。そして、この原理は思弁的知性 speculative intelligence には完全に見通しうるもの transparent である。理性にとって見通しえないもの opaque は、

134

第四章　近代国家における自由の条件としての法律

その歴史的実現の諸々の偶有性 the accidents だけである。そして、これらの偶然性は、不可避的に未完結（不完全）なもの imperfection であり、その［理性の］権威の根拠ではない。しかし、ホッブズにとっては（かれを正反対の見解の代表としてもう一度取り上げるならば）、一原理は、それが純粋な理性の一原理以上のものではないと見られるや否や、行為を決定する権威を欠いてしまう。かくして、「人々が法則（法律）lawes の名で呼ばれているのである。「それらは、それら自身の保存と防禦に導く（貢献する）ものに係わる諸々の結論、あるいは定理 Theoremes に他ならない」。ホッブズは次のように付け加えている。すなわち、「もしわれわれが同じそれらの定理を、すべての物事を正しく命令する神の言葉によって下されるものと考えるならば、そのとき、それらは適切に法律（定立されたもの）Lawes と呼ばれる」と。すなわち、それらが構成された法律 laws であるのは、理性的であること being reasonable によってでなく、命令されること being commanded によってである。そして、それらの法律を、命令された主体（臣民）subject の意思に対して、義務的なもの obligatory にするところの当のものは、命令者 commander の（理性におけるのではなく）意思におけるそれらの源泉である。

命令 command は、主体（臣民）subject にとっての客体性（客観性）objectivity と、それによって法律 Law がノモス Nomos から区別されるところの一般性 generality ないし抽象性 abstractness との、両方の性格を示している。

（1）客体的（客観的）objective（という言葉）は、理論的理解力（悟性）theoretical understanding にとっての客体（客観）object を意味している。そして、命令された人格 person commanded がそれ（命令）を理解することが、そもそも（命令）が実現されることにとって本質的なひとつの条件である。このことは命令 command の特殊性（ピキュリアリティ）である。このことは慣習 custom については決して真実ではない。というのは、或る行為 action は、その行為を決定する慣習について行為者が注意しなくても、慣習によって決定されるかもしれないからである。そして、かれが後にこの洞察

第四章　近代国家における自由の条件としての法律

insightを獲得するにしても、それでもやはり、その行為は同じくそれなしに遂行されるであろうから、その洞察は付随現象的（エピフェノメナル）なものであり、行為において慣習が実現するということに不可欠な sine qua non 条件ではない、ということがあくまでも真実なのである。ところが、或る命令が、それがどんな行為であれ、その行為を決定しうるのは、命令する人格によってだけでなく、命令される人格によって、理解されるかぎりにおいてである、ということは明白である。したがって、命令が、それに従う命令される者において、すくなくとも理解するという活動（アクティビティ）を前提にしているということは、まさしく命令の自然本性の中に含まれているのである。

（2）それはいつも一般的 general ないし抽象的 abstract であるということは、そこでそれが実現される行為のすべての細部を決して理解 comprehend できないということ、これが命令 command のもうひとつの性格である。慣習化すること habituation、および形相を定立された資質 informed disposition を生み出すこと、これらによって或る subject submitted to it の中に分与 impart されるが、こうしたノモスは、それに従う者の特徴的な細部においても、かれのデザインの一般的なコンセプションにおいても、命令によって決定された行為においては、命令されたこと what is commanded と為すこと what is done のみならず、それを為すスタイルやマナーは、それを産み出す伝統に帰しうるであろう。或る芸術家（職人）artist の作品が、かれの製作（エクシキュージョン）（実行）の特徴的な細部においても、かれの流派をまぎれもなく曝け出すように。しかし、命令と命令によって決定された行為の本質（エッセンス）とその実行（エクシキュージョン）（遂行）のどうでもよい細部との間を区別する鋭い線がいつもあるに違いない。その命令がいかに特殊なものであろうとも、後者は命令によって決定されえない。たとえば、わたしは或る特殊な庭園を、あるいはそれどころか、その中の特殊なスポットを掘ることを命令されるとする。しかし、その命令も、それに従おうとするわたしの意思も、わたしが鋤を巧みに使う仕草を正確には決定しえない。もし、わたしの行為（アクションズ）が、わたしのイニシアティヴを離れて特殊な細部の極限に至るまで正確には決定されている、とわれわれが想定しうるならば、そのときわたしは、奴隷であることさえやめて、道具スポットもまた正確には決定しえない。

136

第四章　近代国家における自由の条件としての法律

か機械になっていたであろう。すなわち、命令の関係、主人と奴隷 master and servant、あるいは命令するものとされるもの commander and commanded、これらの間の関係は消え、そしてオペレーターと道具との関係に取って代わられていたであろう。[10]

それゆえに、命令 command の完遂(フルフィルメント)は、それに従う者 the subject of it において、命令自身が命令であることをやめることなしには決定しえない遂行(パフォーマンス)の特殊な細部を決定するに際して、先導能力(イニシアティヴ)の行使(エクササイズ)を要求する。あきらかに、この先導能力は、わたしが上で述べた、命令に従おうとする従属者(サブジェクト)の意思の決断能力(リゾリューション)とはまったく異なる。というのは、その決断能力は命令によって決定されていないことは何も決定できないからである。その決断能力は命令によって未決定のままにしておくことを[特殊な細部の決定で]満たそうとする意思であり、この先導能力は命令が未決定のままにしておく決定(ディターミネーション)に従属しようとする意思である。その決断能力(リゾリューション)はヘーゲルの倫理的意思 ethical will と類比できる。そして、この(先導能力の)行使は法律における一般性 generality あるいは抽象性 abstractness という性格と相関的である、ということをわたしは示そうとした。

[第一に]ヘーゲル自身は、かれの政治哲学が個人の「主体的自由」に基づいていることをかれの政治哲学の種差として要求している。そして[第二に]、二者択一的な意味のいずれかにおける主体 subject のこの自由[理性的自由と欲望的自由]と相関していることが見出された客体性(客観性)objectivity と一般性 generality とは、(命令 command によって示された)実定的である being positive という性格に、基づいている。それゆえに、以上二つのことからして、ヘーゲルは法律の実定性 positivity を認識しているのか、そして、しているとすれば、かれはいかにそれを認識しているのか、これを探究することは有益であろう。ヘーゲルは、自由についての教説においてプラトンを超えていくように、法(法律、法則、法権利)についての教説においてプラトンを超えていくのであろうか? ヘーゲルは、実定的であること to be positive は法律の本質に属する、と断定するところまでホッブズと同行しよ

第四章　近代国家における自由の条件としての法律

うとはしない。ヘーゲルの思想は、あまりにも深く合理論的な伝統Rationalist traditionに根づいているから、法律の適用の特殊な諸環境においてのみならず、つまりその歴史的具体化の時間的な偶然性においてのみならず、法律としてのその存在beingそのものにおいて、思弁的知性speculative intelligenceによって浸透しえない何かがある、という結論を許容しえない。『法権利の哲学』Philosophy of Right [Philosophie des Rechts]の可能性そのものが前提にしているのは、法律の体系system of lawと近代国家の国制constitution of the Stateとは、その主要なアウトラインにおいて、理性の必然性によって、存在そのものBeing as suchの自然本性から演繹しうる、ということである。『法権利の哲学』は、ヘーゲルの体系において、「精神の哲学」Philosophy of Spirit [Philosophie des Geistes]の内部に位置づけられている。この「精神の哲学」は、それはそれで、それを通じて思弁的理性が、「論理学」Logic [Logik]において、それ以上単純なものはありえないところの概念[Begriff]から出発して、それ自身の弁証法の必然性に従って駆り立てられる、かの発展の第三の——そして最終的な——段階に他ならない。そして、法律（法則）[法権利Recht-Gesetz]を哲学者の理性をして理解せしめるそれと同じ形而上学的演繹能力は、その法律（法則）を道徳的主体の意思の上にもまた義務づける、ということをヘーゲルは決して疑っていない。

ここまでの教説は概してプラトン的である。プラトンにとってもまた、ポリスの自然本性は、それが正しいもの（正義）justであったかぎりで、存在の自然本性に由来しうるものであるはずである。そして、この由来の過程は、かれによってもまた弁証法Dialectic [dialektike]と呼ばれた。

法律（法則）[法権利Recht-Gesetz]の哲学的演繹は、ヘーゲルに従えば、その一般的なアウトラインを特殊化すること以上には拡がりえない。あれこれ個々の国家stateの法律としてそれを具体的に具体化するために必要なさらなる特殊化パティキュライゼイションは、哲学的理解の対象ではなく、歴史的理解の対象であるにすぎない。そして、法律の現実的体系の生成についての歴史的研究はこの形而上学的演繹に代わりうるという考えを、あるいは、このような研究だけが暴露しうるであろう歴史的必然性は、哲学的思弁によって明らかにされた形而上学的必然性がそうであるように、その道

138

第四章　近代国家における自由の条件としての法律

徳的権威の根拠として役立ちうるであろうという考えを、ヘーゲルはきっぱり否認している[16]。

思弁的理性には見通しえない opaque ものが実定的 positivity は、ヘーゲルによって、法律［法権利 Recht-Gesetz］の本質に属することが否定され、そしてその歴史的な現実化 アクチュアライゼイション の諸々の偶然性に制限される。しかし、このような実定的な制定法 positive enactments でさえ、理性的な必然性ではないにしても、すくなくとも歴史的な必然性を持っており、そして、哲学的ではないにしても、すくなくともひとつの学問 サイエンス である、研究の対象である。すべての理解力（悟性）understanding にとって見通しえないひとつのエレメント（固有域）、すなわち、ヘーゲルが「法律［法権利 Recht—Gesetz］の純粋に実定的なエレメント」と呼んでいるもの、これが現れるのは、次の段階において、すなわち、行政管理 アドミニストレイション あるいは個々のケースへの法律の適用 アプリケーション みである[17]。適用においては、法律の「普遍的なもの」は特殊化 パティキュラライズ されざるをえないし、そしてそのことによって、「概念 コンセプト によっては決定されえない偶然的なものの王国の中に」歩み入らざるをえない[18]。それゆえに、適用の特殊的な細部には、主体はいかなる理性も要求しえないが、しかしその点で、自分の意思を或るひとつの意思の勧告（命令、かくなるべし）the fiat of a will に服従させなければならない[19]。

適用においては、法律の パティキュラー 特殊的なものは、このような境界決定を欠いてさえいて、なお全体としては未決定のままであるが、しかし、歴史的諸原因の産物として知性によって捉えうるもの intelligible である、ということにおいて、ヘーゲルの理論とプラトンのそれとの間のひとつの有意味（意味深長）な差異を議論しうる。しかしわたしは、この差異を示しながらも、なお両者の一致点に注意を集中しておきたい。法律［法権利 Recht-Gesetz］そのものという存在 being of law as such においては、思弁的理性に見通しえず、しかも、その具体化の諸々の偶然性あるいはその行政管理の細部のいずれからとも別個に考察されるような、そういう何らかのエレメントが存在する、ということをヘーゲルは否定する。そのかぎりにおいて、かれら（ヘーゲルとプラトンの見解）は一致するのである。

第四章　近代国家における自由の条件としての法律

しかし、ヘーゲルは、実定的であることは法律［法権利Recht］の本質に属する、ということを否定するにもかかわらず、「定立される」ことto be positedが法律［法権利Recht-Gesetz］の本質に属する、ということを主張している。Gesetzはlawに、そして、setzenはposit に相当するドイツ語である。そして、ヘーゲルは、この語源学的親近性を、ひとつの現実（実在）的関連connectionを意味づけるものとして強調している。「定立」positingというこの活動はいかに理解されるべきか？　そして、法律が意思の一活動の産物とされるや否や、それに属するに違いない実定的positiveなものとしての性格を、それに帰することなく、法律をこのような活動の産物として概念把握することは、いかにして可能なのか？「定立」positingということは、ヘーゲルにとっては、法律［法権利Recht-Gesetz］を、制定するlaying down（立法する）ことというよりも、法典化するcodifyingという行為である。まさしくこの［法典化という］行為によって、慣習法customary law の形で或る人々にとって妥当していた「法権利Recht」right は、諸主体の理解力（悟性）に呈示された知性で捉えうる諸規則intelligible rulesのひとつの公的体系として定式化される。その結果、かれらの遵法conformity は、以後、もはや無反省の慣習ではなく、これらの規則を正しいものright（法権利Recht）として認識recognizeすることに基づくことになろう。換言すれば、「定立」positingは、ヘーゲルによって、意思の行為ではなく、思想（思惟カテゴリー）の行為として理解されているのである（それは、立法家lawgiverの任務というよりもむしろ法学者lawyerの任務である）。――そしてそれゆえに、それはその産物の中に、思想（思惟カテゴリー）によって浸透されないどんなエレメントも持ち込まない。かくして、そこにおいて法律（法権利Recht）についてのヘーゲルの教説がプラトンのそれと異なるところの二つの主要な観点がある。

（1）ヘーゲルは法律law［Gesetz］を「定立」positingという活動の産物と見なしているが、この活動は、法律の自然本性の中に、思弁的理性speculative reasonによって浸透されないいかなるエレメントも持ち込まない。

（2）ヘーゲルは、思弁的理性の権能competenceを法律［法権利Recht］の現実化actualizationの特殊な細部の手前で停止させるために、

140

第四章　近代国家における自由の条件としての法律

その権能を法律［法権利 Recht］の限定［Bestimmen＝概念把握 Begreifen］determination of law に制限している。これは法律に、まさしく（1）客体（客観）性 objectivity と（2）一般性 generality という二つの性格を帰することであるが、この客体（観）性と一般性とは、その言葉の二つの意味のいずれかにおける主体の自由［理性的自由と欲望的自由］の諸条件である。かくして、（1）主体の倫理的自由の権利は、法律［法権利 Recht］は主体に対して、客体（客観）的な法典 corpus juris として、「定立され」posited、つまり公開され published、あるいは設定される set over、という条件によって充たされる。このような法律体系 legal system は、正しい（正義に適う）ポリスのノモス Nomos と同じく、理性的諸原理の必然的な発展である、と想定されなければならない。しかし、この法律体系をノモスから区別するところのこの客体（観）化 objectification は、それが（主体の行為を直接（無媒介）的に決定（限定）することを不可能にする。それは、その理性がかれ自身によって認識 recognize されるかぎりで、かれによって行為において実現されうるにすぎない。そして、かれの意思はその認識によって決定されうる。ところで、このような行為は、（倫理的）自由の行為である。

そして（2）主体の経済的自由の権利は、理性による法律［法権利 Recht］の限定 determination［Bestimmung］は、その遂行 execution の特殊な細部の手前で停止する、という条件によって確保される。

法律の客体（観）性と一般性という二つの性格を分けて、そしてそれぞれと伴に、それがその条件であるところの主体的自由を分けて、考察することは、以下の議論における便宜となろう。

I ［法律の客体（観）性 objectivity］

ヘーゲルの主張によれば、正義に適う国家の法律は、すくなくともその主要なアウトラインにおいて、論理の過程によって規定される。この点で、ヘーゲルはプラトンと一致している。そしてヘーゲルは、この過程を標識づける

141

第四章　近代国家における自由の条件としての法律

ために、弁証法というプラトン的用語を採用している。しかし、ヘーゲルの弁証法 [Dialektik] とプラトンの弁証法 [dialektikē] との間には差異がある。そしてヘーゲルは形而上学的教説におけるこの差異は、われわれが述べたかれらの政治哲学における件（くだん）の差異（すなわち、倫理的自由を国家の主体に付与しているが、これに対してプラトンはそうしていない、という差異）の根拠であることが判明するであろう。

プラトンにとっては、存在の本性 nature of being は、あるいは哲学的理解力の対象である理念（イデア）は、それ自身において不変であり、過程を欠いている。差異はまさにこの点にある。弁証法を構成する過程は、哲学者の理解力 understanding にすっかり納まってしまう。哲学者こそが、存在の不適切な諸定義 hypotheseis の批判 criticism と否定 negation によって、絶対的でありかつそれゆえに絶対的に可知的な第一原理にまで、前進する。逆の下方に向かって anairōn によって、以前に見捨てられた諸々の位置を、いまや絶対的存在としてではなく、限定された（資格づけられた）存在として前進し、そしてこの限定（資格づけ qualification）を伴って理解しうる存在として再確認するに至るのもまた、哲学者である。そして、哲学者こそ、下降過程への最終ステップを、そもそもそれが踏まれるべきならば、踏まなければならない。これによって、理念（イデア）は特殊な差異化を超えて、ひとつの個体的な具体化として実現される。フィロソフォス philosophos よりもむしろノモテテース（立法者）としての自分の能力において踏まなければならない。なぜならば、理論的理解力は、「特殊的なもの」を越えて「個体的なもの」に前進することができないからである。下降過程この最終ステップを、かれは理論的活動よりもむしろ実践的活動によって、国家の創設である。

否定 negation と肯定 positing（揚棄 Aufheben＝ἀναιρεῖν と定立 Setzen＝τιθέναι）の同じ二つの活動 activities は、ヘーゲルにとっては、ヘーゲル的弁証法の発条 spring である。しかし、それらの活動と、それらから発する過程 being あるいは理念 idea にヘーゲルにとっては、哲学者の思惟活動 thinking に制限されず、かれの対象（客体）である存在 being あるいは理念は理念 idea に内在している。疑いもなく、かれは思惟カテゴリー（思想）thought において理念の発展の諸段階を跡づけるであろうが、これを行うの

142

第四章　近代国家における自由の条件としての法律

は哲学全体の仕事である。しかし、かれは自分がフォローする［理念の発展の］過程を［実在の中に］持ち込むわけではない。理念は、それ自身に含まれているもの implications の自己展開のために、かれの理論的洞察という共同作業に依存していない。理念はまた、ひとつの現実的な国家の法律として、理念的存在 ideal being から実在的現存 real existence への最終的ステップを踏むためにさえ、立法者の実践的能力における共同作業を必要としない。より以前の諸段階 stages は理念 ideal そのものの内に含まれていたもの implications の展開にあったが、理念 ideal から実在 real への進展 passage はそれ自身、それと同一の過程のより以後の一段階にすぎない。そして、国家の法律が持っている客体（観）性 objectivity は、論理の領域でもまた肯定 affirming ないし「定立」positing ないし「措定（命題）」*thesis* [Satz] という弁証法的過程を貫いた同じ活動的（能動的）である活動性（能動性）の産物に他ならない。

ヘーゲルの教説とプラトンの教説との間の差異におけるこの最後の論点こそ、われわれの現在の国家に、プラトンが一貫して「天上に置かれた」理念（イデア）のために確保しておくことを余儀なくされていた存在の尺度（基準）［存在性・真実性］scale of being に照らして、一定の地位を与えるからである。ノモテテース（立法者）νομοθέτης の活動によって外在的（非本質的）extrinsically に理念（イデア）に加えられた実現化（実在化）ないし身体的な具体化は、その［理念の］存在の完全性 perfection of being を減ぜざるをえないであろう。かくして、このような具体化が産出した地上の国家 earthly state は、それについての完全な知識が可能である、あるいはそれに基づいてソフィアー（知恵）という徳が実行されうる、そういう諸対象の領域からは、外れることにならざるをえないであろう。したがって、われわれはすでに、従属者（主体）の意識に現前化されるのは、まさしく地上の国家だけである。従属者は、理性の固有の諸対象によってではなく、せいぜい「正しい信念」right belief ［ὀρθὴ δόξα］の対象である諸々の具体化された基準（スタンダード）によって、従属者（主体）をソフィアー（知恵）の実行から排除しているプラトンのこの形而上学的教説が、こうした政治的教説の根拠であることが判明する。しかし、ポリスについて論じたのであるが、プラト

第四章　近代国家における自由の条件としての法律

自分の行為を方向づけなければならないが、これに対して、具体化をプロデュースすることが自分の仕事である統治者だけが、理性が理解しえる非質料的(非物質的)な基準によって自分の行為を直接的に方向づけうるからである。

しかし、ヘーゲルにとっては、国家の地上での実現は、理念と何らかの外異とのエレメントとの混合を含まず、理念そのものの展開に他ならないから、これについての知識を持つことによって、プラトンが哲学者に確保することを余儀なくされた、かのソフィアー(知恵)あるいは最高の種類の知識活動を実行しているがゆえに、ヘーゲルは従属者(主体)に、プラトンが統治者に限定した自由を帰しうるのである。

理念(イデア)はヘーゲルの弁証法にとってはその自然本性の中にあるから、being を減ぜられずに持っている。そして、従属者たち(諸主体)は、かれらにとってこの地上の国家が知識活動の対象であるから、これについての知識を持つことによって、プラトンが理念(イデア)に付与したこの地上での存在の地位 status of knowledge の対象であるに他ならない。換言すれば、ヘーゲルは従属者(主体)に、プラトンが統治者に限定した自由を帰しうるのである。

主体におけるソフィアー(知恵)あるいは洞察は、もちろん、倫理的自由であるわけではなく、その条件にすぎない。それは理論的活動にすぎないが、倫理的自由は意思の徳であるからである。そのソフィアーは法律[法権利 Recht]を、それについて知識を持つという意味で認識するにすぎないが、法律は、実践においてこそ成就されるというそれ以上の意味での実現 リアライゼイション を要求する。法律を理論的理性の固有の対象に構成するまさにその客体(客観)性 objectivity は、理論的理性を克服するためには、主体における[理論的理性以上の]さらなる活動が必要である。それゆえに、こうした客体(客観)性を克服する法律は客体(客観)的であるべきである、ということが自由な行為の一条件である。自由な行為 free action を決定する法律は客体(客観)的であるべきである、ということが自由な行為 free action の一条件である。この目的のためには、理論的理解力(悟性)に付随して、主体の能動(活動)的応答 active response が生起しなければならない。これによって客体(客観)的な法律は、受け入れられ、そしていわば精神によって会得され spiritually digested、その結果、その法律はもはや単に客体(客観)的であることをやめ、あるいはそれ以上に主体に対立することをやめ、そして内側から行為の中

144

第四章　近代国家における自由の条件としての法律

に現出する一原理となる。この付随して生起する能動（活動）的応答は、ヘーゲルにとって、道徳性 morality における実践的エレメントの本質である。そして、外面的 outer であったものを、あるいはそれ以上に、思惟活動 thinking としての主体に対立するものを、こうして内面的なもの inner にすること、あるいは、客体（客観）的であったものを主体（主観）的なものにすること、このことは法律を習俗規範性（人倫）Sittlichkeit として実現することへの意思 will の不可欠な寄与である。

何らかの類比的な転換 conversion は、アリストテレスによって、倫理教育過程の目的と見なされている。その過程の開始時には、かれの行為はある外部の権威によって規定 prescribe されなければならない。しかし、かれが倫理的徳を達成するのは、その規定 prescription を決定する諸原理をかれが自分自身の魂の中に吸収したときだけである。その結果、それらの原理はもはや外からの指令 direction によってではなく、内からの起動 animation によって、かれの行為に形相を定立 inform し続ける。この類比はまったく偶然的であるわけではない。獲得された資質 acquired disposition あるいはヘクシス ἕξις [habitus] は、アリストテレスによれば、有徳な行為の内発的発条であると同時に、法律の実現に不可欠な条件であり、ヘーゲル的な倫理的意志 ethical will にきわめて類似している。ヘーゲルの倫理的教説は、アリストテレスの「倫理学」をカントの道徳論（道徳性）の上に重ね合わせたものに似ている、といった方がより近い類比であろう。アリストテレスの倫理的徳の概念からは排除されている理性の洞察力は、ほとんどそっくりカントにとっての道徳性となる。まったくではなくて、ほとんどというのは、カントにとってさえ、「尊敬」Respkt の感情が、もしそれが行為において実現されることになれば、道徳

という事実にかかっている。ヘーゲルの倫理的教説は、アリストテレスの「倫理学」をカントの道徳論（道徳性）の上に重ね合わせたものに似ている、といった方がより近い類比であろう。アリストテレスの教育体系におけるいまだ教育義務を免れていない生徒 undischarged pupil にとって、異なっているのは、それが法律の合理的必然性（必然性）を前提にすることなく、その洞察に付随して生起する点である。アリストテレスの教育体系におけるいまだ教育義務を免れていない生徒 undischarged pupil にとって、法律が持っている外面性は、かれの理論的理解力にとってのその客体（客観）性にあるのではなく、その諸原理がかれの教師（指導者）ないし統治者（支配者）だけの魂に染み込んでいて、その生徒自身の魂にはいまだ染みこんでいない、

第四章　近代国家における自由の条件としての法律

法則に付随して生起するに違いないからである。ヘーゲルの倫理的意思は、カントの「尊敬」Respektにおいてまさしく識別しうる萌芽がアリストテレスのヘクシスἕξιςに似たそれ以上の何かに発展したものである。

倫理的意思のこうした概念について考察されるべき二つのことがらがある。第一に、法律は、思想（思惟カテゴリー）にとって理解しうるintelligibleあらゆる対象がそうであるように、普遍的であり、そしてそれゆえに、それは普遍的なものを意思すべきである、ということは倫理的意思の自然本性に属する。すなわち、法律がそもそも習俗規範性（人倫）Sittlichkeitの一部になるためには、意思は、そこにおいてそれが特殊的な諸対象に基づいてのみ方向づけられるところのその自然的条件の上位にあって、その自然本性によって「普遍的なもの」に基づいてのみ方向づけられるの思想（思惟カテゴリー）のレヴェルにまで、それ自身を上昇させておかなければならない。この上昇elevation──あるいは「転換」conversionの方がよりよいであろうが──の過程は、道徳的教育の過程であり、そして、この過程の本質は、思想（思惟カテゴリー）の鍛錬（規律）に意思が従うことである。すなわち、意思の完成化──これを意思は「倫理的なもの」になるに際して成就するのであるが──は、意思が自律性を放棄し、思想（思惟カテゴリー）の優位に服することにある。

第二に、この意思は不完全にしか感情feelingと区別（差異化）されない。ヘーゲルは通常「意思」としてそれについて述べているが、しかし、かれが意思と同義語として自由に用いている諸術語は、かれが意思を概念把握する方法を示唆している。心情Herz（heart）、信条Gesinnung（sentiment or disposition）、そしてとりわけ翻訳不能な情緒GemütがそれでAる。情緒Gemütにおいて、理性の普遍的原理は「内面」化され、かくして理論的原理から潜在的に実践的な原理に形式転換される。

ヘーゲルのゲミュート（情緒）Gemütとプラトンの補助者たちを性格づけたテュモエイデス（気概）θυμοειδέςとの間に、そしてヘーゲルの倫理的意思と、立法者によって定立された形式（形相）の吸収及び能動的保持（ソーテーリアー（救国）σωτηρία）において発揮されるアンドレイアー（勇気）ἀνδρείαとの間に、親近性を見て取ること

第四章　近代国家における自由の条件としての法律

は容易である。その立法者は、この形相を、無抵抗な蠟の上に刻印された形姿のように外から刻印されたもの、内から発する能動的な形相定立の原理、あるいはアリストテレスが後にヘクシス ἕξις と呼ぶようになったもの、ないし獲得された資質、こうしたものへと転換するからである。けれども、プラトンにおいては、補助者 auxiliary が統治者に従属するのと同様に、実践的活動は理論的活動に従属しており、したがって、プラトンは、意思 will を理性 reason と欲求 desire のいずれとも異なる何かとして概念把握しえないのである。

これらの親近性の重要性は、大いに強調されるべきであろう。倫理的意思についてヘーゲルの教説の中にいつも感じられてきたあらゆる欠陥は、かれがプラトン的立場を完全に超えたわけではないし、かれは、プラトンに欠けていたもの、すなわち、意思を表示する名辞を持っていたにもかかわらず、それによって、プラトンがト・テュモエイデス（気概 τὸ θυμοειδές という用語で謂わんとしたこと以上のことを殆ど謂おうとしていない、という事実にかかっている。

倫理的自由についてのヘーゲルの概念は、ト・ロギスティコン（理知 τὸ λογιστικόν とト・テュモエイデス（気概 という二つの能力——プラトンは一方を教師としての統治者の中に存するものとして、他方を生徒としての補助者の中に存するものとして分けて概念把握したのだが——の同じ個人における結合を含んでいる。それはさらに、プラトンが守護者たちに限定した徳を社会のすべての成員たちに拡張することを含んでいる。その結果、ひとりの人間は、かれをポリス Polis における統治者にするのと同様に、かれを近代的国家 State の主体にする、資格付与（クオリフィケイション）を必要とすることになる。これらの観点のいずれからしても、ヘーゲルはプラトンを超えていたのである。われわれが示唆したこと以上のことをしなかった、すなわち、かれは、プラトン的守護者が持っていなかったひとつの能力を、すなわち、意思の自律的能力 autonomous faculty of will を、その主体たちに付与しなかった、という点にある。

ヘーゲルは、かれをしてプラトン的形而上学を越えさせしめた尺度によって、プラトンの政治哲学の限界を越えることができた。(47) われわれは後で、かれの政治哲学の欠陥はかの超越における不十分さに負っていること、これを示すこ

第四章　近代国家における自由の条件としての法律

とに努めるつもりである。しかし、まずは、われわれはかれが「主体的自由」という術語を用いている第二の意味を考察することに戻らなければならない。

II ［法律の一般性 generality］

法律の客体（観）性 objectivity が一方の自由の条件であるように、その一般性 generality は他方の自由の条件である。いかなる一般的な規則づけも決定（限定）しえない行為の特殊な細部は、主体の自由な選択に任される。そして、選択の自由を確保することにとって本質的なことは、法律は個人に対してひとつの特殊な遂行を規定することを可能にするような形で特殊化されるべきではないし、このような特殊化を果たしうるはずもない、ということである。

近代国家の法律の決定（限定）は、「一般的なもの」the general の手前で停止し、その履行（完遂）の特殊な諸手段を主体が限定されずに選択するために余地を残しておくべきである——このことを、ヘーゲルは近代国家の顕著な特徴と見なしている。かくして、近代的国家がその市民たちの諸奉仕に課する諸要求は、種類において特殊な遂行ないし貢献ではなく、貨幣の要求でなければならない。貨幣による徴税 levying an monetary tax に際して、近代的国家は、それが要求する貢献の一般的価値を規定することにそれ自身を制限し、その［貢献の］特殊な自然本性あるいはその稼得の特殊な仕方を決定することを個人の選択に任せている。また、いかなる近代的国家にとっても本質的なことは、それが有機的に組織化されるべきであること、すなわち、その個人的成員たちが、諸々の階層、専門職、職能に配分されるべきことである。しかし、近代的国家に典型的なのは、法律が特殊な配分の制御を放棄することである。プラトンのポリスにおいては、統治者たちに従属する人たちを統治者たちのひとつの任務であったが、近代的国家においては、ひとつの特殊な領域ないし職能を割り当てる

148

第四章　近代国家における自由の条件としての法律

職能ないし専門職の選択は個人に任されている。市民によるこの選択の遂行は明らかにひとつの主体的活動である。というのは、それは当然ながら、理解力（悟性）にとっての対象（客体）として呈示された法律の体系によっては決定（限定）されないからである。そして、法律はその決定（限定）の範囲において制限されるべきである、ということはこの活動の可能性の一条件である。そして、法律がこの制限によって蒙るのは、その権威の領域におけるひとつの縮減 diminution にすぎないし、賢明な統治者であれば、自余の人たちへの自分の支配力 hold を確実なものにするために、自分の支配圏の一部を犠牲に供することを自分自身が余儀なくされていることを見出すであろうように、法律は、その拘束力の中に、一種のアルザス Alsatia のような、法律を欠く任意の選択の一領域を認めることを強いられている、と思えるかもしれない。しかし、そうではない。というのは、この決定（限定）されていない選択の遂行は、実際には、法律の履行に際して現出し、しかも法律の実現 リアライゼーション のために不可欠な手段であるからである。一主体は、靴を作ることも、牛の世話をすることも、自由に選択することが許される。これら選択肢間のかれの選択は、法律に従うかれの義務によって決定されていないし、そして、理性の必然性からではなく、単純にかれの経済的必要を充たそうとするかれの欲求 desire に由来するはずである。にもかかわらず、かれの選択は、理性の必然性であるところの当のものに、一般的企図 ジェネラル・デザイン に、現実性を与えている。そして、富の一定の割合は徴税 taxation の形で貢献されるべきである、という一般原則は実現可能か否か、これは生産の特殊な諸手段のこうした選択にかかっている。

かくして、法律によって決定（限定）されない主体の活動のために余地が残されているべきであるということは、主体の自由の条件であるだけでなく、法律それ自身の 現実化 アクチュアリゼーション の条件である。

こうした教説において、ヘーゲルは相変わらず次のことを主張しつづけている。すなわち、主体的な実践的活動あるいは意思の活動は、近代的国家の実現にとって本質的であり、主体の自由はこの活動にある、と。さらに、近代国

149

第四章　近代国家における自由の条件としての法律

家がポリスと異なるのは、主として、この自由を確保するという点であり、そして、ヘーゲル哲学がプラトン哲学と異なるのは、主として、この主体の自由を、主体の権利として、かつ法律の実現(フルフィルメント)の条件として、認知している点である、と。

すでに示されたことを繰り返す必要はないが、この教説は、われわれが前の章で考察した倫理的意思についての教説とほとんど同じ語(フレイズオロジー)で表現しうるにもかかわらず、これとはまったく異なる。この後者の活動(アクティヴィティ)をわれわれは経済的意思 economic will と呼んだ。それはヘーゲルの倫理的意思の概念に代わりうる意思の概念であるが、しかし、その(ヘーゲルの倫理的意思の)概念以上に適切であるわけではない。倫理的意思と同じく、それはそれ自身において、そのプラトン的起源のあらゆる標識を帯びている。前者の概念が理性 reason から不完全に区別(差異化)されていることによって適切性(アディクワシィ) adequacy を欠いていたように、後者の概念は欲求 desire から不完全に区別されることによって適切性を欠いている。

ギリシア的倫理学が意思の概念 notion of will を成就できなかったのは、ギリシア的形而上学の必然的帰結であった。この形而上学の本質は、宇宙 the universe の内部での知性(叡智)的自然 intelligible nature と感性(感覚)的自然 sensible nature との区別であった。前者は後者の根拠ないし存在理由(根拠) ratio essendi である。換言すれば、感性(感覚)的自然の根拠はそれ自身ひとつの自然 nature である。

このような宇宙の中には意思が入り込む余地がない。自然は、一方では知性(知識) knowledge の対象(客体)であり、他方では欲求 desire の対象であろうが、しかし両者とは異なる第三の活動の対象ではないであろう。だから、感覚的自然 sensible nature は、感覚的知覚 sensuous perception の対象か、あるいは感覚的欲求 sensuous desire の対象かのいずれかであろうし、知性的自然 intelligible nature は理論的理解力(悟性) understanding の対象か、あるいは非感覚的な欲望(欲動・希求) non-sensuous appetition の対象か、このいずれかであろう。欲求や欲望 desire and

150

第四章　近代国家における自由の条件としての法律

appetition は、もちろん、理論的活動ではない。自然は知性（知識）の対象であることにのみ制限されない。自然もまた実践的活動に関与しうるが、そうであるのは目的 end ないし目的因 final cause としてのみである。かくして、実践的活動は、それが感覚的な――それゆえに特殊な パティキュラー――対象に向かう欲望 アビティション であり、欲望・欲動 appetition ないしひとつの目的に基づく方向 ディレクション に制限される。あるいは知性的な インテリジブル――対象に向かう欲動であり、欲望・欲動 appetition ないしひとつの目的に基づく方向 ディレクション に制限される。

国家に関するヘーゲルの形而上学的教説が自然に関するプラトンの形而上学との近似性を帯びるのは偶然ではない。歴史的現象の世界――現実的な近代的国家における主体の意識に呈示された、国制（憲法）constitutions、慣習的諸団体 bodies of custom、法律の歴史的諸体系――これをかれは「第二の自然」として概念把握した。この世界の内部でかれは、フュシス（物理・生理）的自然 physical nature の世界の内部における「知性（叡智）的なもの」the intelligible と「感覚的なもの」the sensible との間のプラトン的区別と正確に類比しうる、「理念」とその歴史的顕現 historical manifestation との間の区別をした。時間において現象し、場所において局在化された歴史的現存態 historical existences としての近代的諸国家は、下位の種類の知性（知識）inferior kind of knowledge ――すなわち、歴史的世界という経験的諸学問（科学）あるいは実定法学 positive jurisprudence ――の対象である。しかし、この歴史的世界の内部において、理性は、現象に対する本質として単なる「歴史的なもの」と関係づけられている知性（叡智）的なひとつの核を識別しうる。かくして、理性は、それが存在すること its being の根拠であると同時に、それが理解されること its being understood の根拠である。この核は、弁証法的理性によって概念から展開されうる普遍的な諸 デターミネイションズ 限定の全体的体系である。それはヘーゲルが近代的国家の「理念」と呼ぶところの当のものであり、『法権利の哲学』の固有の対象である。近代的国家のこの「理念」は、かくして、ひとつの知性（叡智）的自然本性に固有のカテゴリーの下で概念把握される。それは最高の種類の知識活動 knowing つまり哲学的理性の対象であり、そしてそれには最高度の存在 being が備わっている。一言でいえば、それは歴史的な現象の世界に、知性（叡智）的自然が感覚的自然に関係づけられるように、関係づけられる。「現象的なもの」the phenomenal は部分的なもの partially

第四章　近代国家における自由の条件としての法律

にすぎないが、その「理念」は完璧に実在（現実）的かつ可知的 both real and knowable である。主体の行為が生起することになる歴史的世界がこの二元論の中に汲み尽くされるならば、固有にその主体の意思の対象でありうるもの は、その歴史的世界の中には何もない、ということは明らかである。近代的国家の「理念」ないし本質は、かれ（ヘーゲル）の理性にとっての対象であろう。そして、その諸々の偶然性が未決定であることの中に、かれは欲求充足のためのポリスにおける二つの階層の間に配分した二つの活動を、かれ自身において結合するであろう。しかし、かれはいずれともラディカルに異なる活動を遂行することを表現しえない。

　人間の自然本性の心理学と法律の形而上学との間には、きわめて厳密に相互に含意を示唆し合っているところがある。かくして、実定的エレメント positive element を法律にとって本質的なものとして認識することは、意思の能力 faculty of will を人間にとって本質的なものとして認識することを含んでいる。そして逆も真なりである vice versa。この含意はプラトン自身の教説において説明されている。補助者階層 auxiliary class が服する法律は、かれらの知性 intelligence には見通せないもの opaque であり、という意味において実定的 positive であるの結果として、この階層は、法律へのその服従において、プラトンが先取りした意思の徳 virtue of will にもっとも近いものであるアンドレイアー（勇気）ἀνδρεία を展開する。しかし、この実定性は、プラトンにとっては、法律の自然本性は、完全に理性的 reasonable なものである、ということの曖昧に理解される obscurely apprehended かぎりにおいてのみである。だが、それが実定的 positive であるのは、それが曖昧に理解される obscurely apprehended かぎりにおいてのみである。そして、理解力（悟性）が啓蒙 enlighten されるならば、法律から実定的エレメントは取り除かれ、従属者（主体）subject は、意思の徳の遂行 exercise が法律遵守を必要とする段階を超えたところに高められる。まさしく法律の実定性はひとつの見かけにすぎず、法律が理解される際に伴う曖昧さ obscurity にかかっているように、意思は従属者（主体）の自然本性にとって本質的なもの

第四章　近代国家における自由の条件としての法律

のではなく、かれの理解力の欠陥にかかっている。しかし、もし法律の本質はその命令的性格 imperative character にあると考えられるならば、すなわち、もしその自然本性にひとつの知性（叡智）的言明 intelligible statement として上から加えられたひとつのエレメントのおかげで、法律が構成（起草）された法律 constituted law であるならば、そのとき、そこでは、意思の能力 faculty of will は、このような法律にとっての主体である人間の自然本性におけるひとつの本質的エレメントとして認識（リコグナイズ）されるに違いない。この命令的エレメントは、かれの理解力（悟性） understanding の対象（客体）object としても、かれの欲求 desire の対象（客体）object としても、その主体に作用しえない。というのは、それは〈ある〉to be ということではなく、〈あるべき〉ought to be ということである、ということが命令 imperative の本質であるが、これら［理解力と欲求］のいずれかの対象（客体）でありうるのは、そ
の言葉の何らかの意味において「〔が〕あるところのもの」what is ［事実存在］だけだからである。
もしわれわれが、意思は人間の自然本性の本質に属する、というひとつの本源的確信（コンヴィクション）を持っているならば、この確信は道徳的活動の概念から意思を消去することを含むであろう形而上学を拒絶するための根拠として役立つかもしれない。かの確信からこの結論までを議論するのは、われわれが「常識」Common Sense と呼ぶ心的態度の特徴である。そして何らかのこのような議論は、「ヘーゲル的倫理学」の形而上学的根拠づけに反対するとりわけ教養があるわけではない常識人 unsophisticated moral man の通常の［常識的な］反応の中に潜んでいる。(69) この常識に潜む示唆を、逆の形で、同じく次のように述べることもできよう。もし、命令的性格はそれら道徳的諸規則にとって本質的である、ということをわれわれに請合うであろうような道徳的諸規則の根拠への洞察力を、われわれが持ちうるならば、われわれはこの前提（プレミス）から、意思は人間の自然本性にとって本質的エレメントである、と結論づけることができるであろう。いつも決して後者［前提から結論へ］の方向ではなく、前者［確信から結論へ］の方向に前進するのが、「常識」の推論 reasoning の顕著な特徴である。その直接的な確実性（サートゥンティ）（確信）は心理学的なものであって、形而上学的なものではない。しかし、この確実性（確信）は種としての人間（人類）the species man に自然から与えられたもので

153

第四章　近代国家における自由の条件としての法律

あり、人間の自然本性が普遍的かつ永遠に所有するものであると、それが想定することは、「常識」哲学の誤謬である。

この「常識」哲学は、通常、この想定が含む逆説——すなわち、前提からして ex hypothesi 人々が太古から所有したひとつの能力［ファカルティ］［意思の徳］を人々が用い始めたのは歴史においてずっと後になってからのはずである、という逆説——に無知である。ギリシア人は、われわれが意思と呼びうる能力に気付かなかった。この無知は単純に自分自身の自然本性を反省することをギリシア人が怠っていたせいなのか、ロックの言い回しを用いるならば、せめて「自分自身の内を見る」look within himself くらいのことはしておかなければならなかったのであろうか？　そして、かれの失敗は凝視の方向が誤っていたことだけのせいなのであろうか？　ギリシア人は、それを知覚するためには、これを逆説と呼ぶのは寛大なことであるほどの主張である。なぜならば、それは無意味な主張だからである。

実のところ、近代的世界の知的遺産の部分を形づくっている諸々の常識的確信は、キリスト教信仰の長期的な規律［ディシプリン］の下で獲得され形成されたのであり、そして、ギリシア人たちは、かれらがキリスト教の教説においてずっと教育されていなかったがゆえに、これらの確信を持たなかったわけである。だから、わたしはそのテーゼとこの章の後で述べる多くのこととの両方を確証するためとは場違いであろう。だから、わたしが他のところで書いたことに言及しておかなければならない。実定的エレメントは法律にとって本質的である、という教説は、人間における意思の能力を示唆し、そして、ひるがえって、人間にとっての至高の法律は神の命令である、すなわち、神の意思から現出することは法律の本質に属する、という教説によって、示唆されている。われわれがいま、意思を神に帰するかの教説の源泉を尋ねるならば、それは旧約聖書

154

第四章　近代国家における自由の条件としての法律

において具体化された啓示 revelation である、という答に関して疑念はありえない。神は世界を創造した。神は人事を「摂理」Providence として支配している。神は人々に命令を発し、犯罪（トランスグレッションズ）を罰する。——これらすべての教説は、どんなギリシア神学 Greek theology にも目立って欠けている、ギリシア的意思の活動という概念を、含意している。これらはまた、わたしが指摘した筋道を通じて考えるならば、形而上学への諸々のアプローチには欠けていた、「常識」の諸確信におけるエレメントの究極の源泉である。かくして、一方は「常識」から、他方は啓示（レヴィレインョン）の権威から、著しく異なるとしても、両方のゴールは初期の時代のそれる、ということが判明する。ギリシア的存在論 Greek ontology（あるいは理性主義・合理主義）は、キリスト教正統派（オーソドクシー）の攻撃に晒した諸々の同じ特徴（性格）ゆえに、「常識」の諸批判にとって忌避されるべきものobnoxious なのである。

ヘーゲルの形而上学——これによってかれは意思に人間の自然本性としての一エレメントとしての真実の場所を帰することを妨げられているのであるが——の欠陥は、おそらく、かれが法律（律法）に関する旧約聖書の教説の真実を、すなわち、法律（律法）はその源泉を意思の中に持っていることを、自分の哲学の中に吸収できないせいである。それは、かの教説が含意していること、法律（律法）はその本質的な自然本性において実定的 positive であるる、ということをかれが否定するせいである。

ヘーゲル哲学の二つの相関する欠陥、すなわち、人間の主意的活動 voluntary activity および法律の実定的性格 positive character をかれが認識（リコグナイズ）できないこと、これらは、かくして、これらの究極の源泉として、かれが神についてのキリスト教的教説をかれが完璧な形で同化しえないことに帰されよう。しかし、かれが純粋かつ単純に合理主義（理性主義）者であったならば、ヘーゲルは偉大な哲学者ではなかったであろう。かれの哲学は純粋な（薄められない undiluted）プラトン主義のライヴァルであることから遠くかけ離れているから、われわれはそのもっとも顕著な特徴を示すために、プラトンと対照させることができたわけである。ヘーゲルは意思の特殊な自然本性（パティキュラー）を活動の主体的

155

第四章　近代国家における自由の条件としての法律

発条として認識できず、その結果、かれはWille（意思）という術語を用いているにもかかわらず、それをHerz（心情）、Gemüt（情緒、心意気）、Geist（精神）といった術語と相互に交換可能な形で語っているし、そして、ときおり誤って、意思を「思惟活動の一特殊様式」eine besondere Weise des Denkens として語ることさえしかねないのである。こうしたことがヘーゲルの心理学の欠陥であるとすれば、その現前 the presence にかかっている、人間の行為（アクション）の完成化（完遂）perfection はこの主体的エレメントの消去ではなく、その現前 the presence にかかっている。このことは、普遍的な人間的徳として、自由 Freedom を正義 Justice に代えることにおいて含意（示唆）されていることである。繰り返すなら、ヘーゲルは、実定的であることは法律の本質に属している、ということを認識できない。このことはヘーゲルの法律理論の欠陥である。だがそうだとしても、ヘーゲルはやはり、ノモス Nomos からきわめて鋭く区別（差異化）している。法律は、思弁的理性の対象である「理念」に由来しないというそれと同じく、その自然本性ゆえに、理念そのものの中に内在している。かくして、法律に関するヘーゲルの教説は、自由に関するそれと同じく、弁証法についてのかれの形而上学的教説にかかっている。

われわれは、ヘーゲルにおけるこれらの非プラトン的エレメントは、それら自身、キリスト教的啓示の中の源泉に由来している、ということを指摘することによって、この章を閉じることにしたい。ヘーゲルの欠陥が、この啓示の真実を完全には吸収しえないせいであるとすれば、かれがプラトンを超えることを可能にしている積極的な達成は、かれはやはりそれを吸収されないままにはしておかなかった、という事実のせいである。実際、ヘーゲルがキリスト教のどのエレメントを同化し、どのエレメントに無知あったか、これをより正確に種わけ specify することは可能である。かれは、概して、旧約聖書の啓示に無知であったが、しかし、新約聖書の啓示は同化した。かれの哲学は、偶然性 contingency は自然にとって本質的であり、実定性 positivity は法律にとって本質的であり、意思 will は人間

第四章　近代国家における自由の条件としての法律

の完成化 perfection にとって本質的である、という認識を含む、「創造」や「法律（律法）」に関するユダヤ教の教説の中に含意された、意思の形而上学 metaphysics of will のいかなる痕跡も示していない。しかし、かれは「三位一体」Trinity、「受肉」Incarnation、「贖罪（弁済）」Redemption といったキリスト教の教えにはすっかり染まっており、そして、かれの思想（思惟カテゴリー）の全体は、諸々のそれらの含意で充満している。これらの教説は、ヘーゲル哲学をプラトン哲学からきわめて明確に区別する、かれの哲学におけるこれらのエレメントの源泉である。

われわれは法律に関するヘーゲル哲学と自由に関するヘーゲル哲学とがいずれも、「理念」は弁証法的なものである、という形而上学的教説にかかっていることを考察してきた。ヘーゲル自身、諸々のかれの著作を通じて、「弁証法」the Dialectic においてその哲学的表現を受け取る真実は、「三位一体」についてのキリスト教の教説における宗教的表象の形式で表現されている同じ真実である、と主張している。この教説は、それが作用因の efficient causation を神に帰することによって、あらゆるギリシア的神学の中に見出されうるあらゆるものを超えている。プラトンの「善のイデア」はあらゆる活動の客体に他ならず、その主体ではない。アリストテレスの神は、実際、活動の主体であるが、しかし純粋に理論的で、かつ自己完結している terminating upon himself 活動の主体である。ヘーゲルが、かれは「絶対的なもの」を「実体」Substance としてではなく、「主体」Subject として概念把握していると、（スピノザを横目で睨みながら）述べることによって、かれの形而上学を総括するとき、かれはもっぱらそれに、「三位一体」の教説が神に帰している、他在の産出の中に自己を分与するかの権能を、帰している。しかし、「三位一体」の教説はキリスト教的な神の啓示を究明し尽くしていない。神の因果律は「子」の産出イメージ以上に拡大しない、という意味で、「創造」についての教説を無視することである。この教説においては、それは意思の純粋な活動である、産出 generation の活動とはラディカルに異なる活動が、神に帰されているからである。

ヘーゲル哲学は、キリスト教的啓示の真実を吸収することによって、プラトン哲学を超えることができるが、同時

第四章　近代国家における自由の条件としての法律

にこの吸収は不十分かつ不完全である。この二重のテーゼを細部にわたって入念に検討することは、この著作の範囲をはるかに超えた仕事である。しかし、わたしはこの章を閉じるにあたり、二つの注を付すことによって、誤解を避けておきたい。

　ヘーゲルのキリスト教的教説の横領こそが、常識を仰天させる、かれの哲学における奇想天外な、あるいは「形而上学的な」エレメントに対して責任がある、と思われるかもしれない。しかし、これは真実ではない。もちろん、わたしはそうしたエレメントが現前することを否定しない。しかし、それはキリスト教的教説をかれが同化したせいではなく、その同化が不充分であるせいである。ヘーゲルにおけるこうした傾向に対してきわめて確固とした反対を呈示する哲学、たとえば、一方では常識の経験論、他方ではカントの道徳哲学、これらがそうすることができるのは、(他の観点でのそれらの近さが何であれ) それらが、より (すくなからず) 確固として、ヘーゲルの哲学においては充分には同化されていない、すくなくともひとつのキリスト教的教説に、基づいているからである。すなわち、たとえば、ロックは「創造」についての教説に、カントは「律法」についてのそれに基づいているからである。ヘーゲルに対するそれらの対立は、キリスト教的良識 Christiana sanitas の名において行われる。

　さらにいえば、プラトンを超えるヘーゲルの前進をキリスト教的諸理念の影響に帰することは、ヘーゲルはプラトン哲学そのものの中に含意された諸々の結論を展開することによってプラトンを超えている、というこの著作のはじめの部分で主張されたテーゼと折り合わない、と考えられるかもしれない。しかし、これら二つのテーゼは、実際には矛盾しない。プラトンにはキリスト教的教説を先取りするものが含まれていて、まさしくこれらが含意されたものが、ヘーゲルの哲学においてさらに展開されているのである。これはひとつの古い物語である。キリスト教的啓示は、真実に疎遠な一塊の教説ではない。それは、思想 (思惟カテゴリー) の仕事によってそこから引き出されるとき、いくつかのケースにおいてギリシア的思弁において開始された発展の固有の結論である、と知覚されうる諸々の真実を含んでいる。しかし、わたしがこれに加えなければならないのは、このような諸々の結論は、事後的には *ex post*

158

第四章　近代国家における自由の条件としての法律

注

1 用語にとってもっとも望ましいことは、それが簡便であり、曖昧でないことである。とはいえ、ヘーゲルがそれらの両方を含めるために用いている用語の訳語（"ethical" ＝ "sittlich"）でいつも標示したことは、一見したところ、不幸な選択のように思われるかもしれない。しかし、実際には、ヘーゲルが "sittlich" という言葉で謂わんとすることは、ほとんどいつも、わたしが "ethical" として定義したことである。かれの混乱はしばしば、用語の内包 connotation の混乱というよりも、むしろその用語の定義に収まらない一つのクラスの諸行為（the "economic"）を含めるためのその外延 denotation の許されざる拡張である。

  「倫理的」意思は、わたしが以後それを用いる意味においては、もちろん、古代のポリス市民たちを特徴づける素朴な倫理的意思とは区別されなければならない。この点で、コンテクストが曖昧さを充分排除してくれるであろう。

  「道徳的意思と欲望との間で、そして「道徳的自由」と「欲求の自由」との間で、前章（p. 99）においてなされたそれにいまや導入された区別の関係は、次のことである。すなわち、倫理的意思と経済的意思とは、これらが習俗規範性（人倫）Sittlichkeit の諸条件の枠内で充足されるかぎりで、それぞれ道徳的な意思と欲望であるということ、そして、諸々の倫理的かつ経済的な自由は、それなしには必然的に実体のないものであり、近代国家の枠内での諸々の道徳的かつ欲望的な「自由」であるということである。

2 νόμος τε καὶ λόγος, Rep. ix. 587c.

3 付け加える必要のないことであるが、わたしが謂わんとしていることは、Law は自然科学、倫理学、政治哲学という三つの領域において同じ意味を持っているということ、但し、それはこの三つのすべてにおいて等しく Form と対照されるべきであるということである。

4 「Law そのものは、当然他者たちに対する命令を持っているかれの言葉である。」Hobbes, Leviathan, I. xv.

5 わたしは「実定的」"positive" という用語をこの意味で定義する。

6 この不透明性 opacity ゆえに、主体が持ちうるのは ὀρθὴ δόξα にすぎない。

7 Hobbes, Leviathan, I. xv.

facto キリスト教以前の哲学の固有の総括であると理解されるとしても、それらはキリスト教以前の諸前提に基づく、[キリスト教の] 援助を欠く理性の仕事によっては達成されえなかった、という確信である。

第四章　近代国家における自由の条件としての法律

8　ἐθισμός.
9　ἕξις.
10　ギリシア人たちは奴隷と道具との区別を決して認識しなかった。"ὁ γὰρ δοῦλος ἔμψυχον ὄργανον, τὸ δ'ὄργανον ἄψυχος δοῦλος." [と いうのは、奴隷は生きた道具であり、道具は生きていない奴隷であるからである。] Aristotle, *Ethi.Nic.* viii, II. この章が専念してい る政治哲学の展開全体は、究極的に、自由は命令への服従と両立しうる、というギリシア人たちには欠けていた認識に基づいている。
11　ヘーゲルがこの示唆を否認したことはよく知られている。See Einleitung, p.14. "Darauf kommt es dann an, indem Scheine des Zeitlichen und Vorübergehenden die Substanz, die immanet, und das Ewige, das gengenwärtig ist, zu erkennen" and ff. [その場合、問題は、「時間的なもの」や「移り行くもの」の仮象の中に、内在する基体や臨在する「永遠なるもの」を認識することである。]
12　See especially §§ 142-8. and p. 144, n.I, *inf.*
13　その特殊化は、『法権利の哲学』*Philosopy of Right* においてそれがヘーゲルによって専念されている程度の細部にまで進みうる こと、このことをわれわれは想定しなければならない。Cf. §3A, p.21.
14　§3. それは「実証法学」"die positive Rechtwissenschaft" の対象である (ibid. p. 20)。それについての研究は「純粋に歴史的な仕事」 "rein geschichtliche Bemühung". (p. 20) である。
15　§ 212A, 258A, p. 196.
16　§ 3, cf. § 148A.
17　"In dieser Zuspitzung des Allgemeinen, nicht nur zum Besonderen sondern zur Vereinzelung, d.i. zur unmittelbaren Anwendung, ist es vornehmlich, wo das *rein Positive der Gesetze liegt.*" [特殊的なものにまでだけでなく、個別化にまで、つまり、直接的な適用にまでにこれをとことん推し進める点に、まさしく諸々の法律の純粋に実定的なものが存するのである。] § 214A "Damit tritt es in die Sphäre des durch den Begriff Unbestimmten." [それとともに、それは概念によって限定されないものの領域へと踏み入る。] § 214.
18　例えば、一人の犯罪者が罰せられなければならないとすれば、かれへの正確な量刑が決定されなければならないが、それはいか なる合理的原則によっても決定できない。40 の鞭打ちが科されるとすれば、いかなる合理的推論も、かれの犯罪には 41 では多す ぎ、39 では少なすぎたであろうことを、示しえない。ここでは、理由なしに、判事は決定し、犯罪者は服従しなければならない。
19　§ 214A.
20　§ 211.

第四章　近代国家における自由の条件としての法律

21　"Das Recht."

22　§211; cf. §215, 224.

23　§211A におけるかれの言葉を参照。"Etwas als Allgemeines setzen (…) ist bekanntlich Denken." [何かを一般的なものとして定立することは(…)周知のように、思惟活動である。] 総じて、ヘーゲルが法律に帰している性格は、ローマ人の法をギリシア人の法から区別している性格である。法律についてのヘーゲルの教説が達成したものとその欠陥との両方は、次のように述べることで要約できよう。すなわち、かれは法のローマ的概念を吸収したが、ユダヤ的概念を吸収しそこない、次いでその欠陥との両方は、拡大されなければならない。このことは後に明らかになるであろう (Cf. Ch. V., pp. 190 ff. *inf*)。

24　§§ 211, 215-17; cf. § 349 and § 132A, p. 111.この公開性 publication は、それによって法律が施行されるところの諸過程（手続き）がまた公開されているときにのみ、十全に確保されるであろう (§ 224, 228)。同じような公開性 publicity は、同じような諸根拠に基づいて、法的 judicial な領域からもっぱら政治的な領域へと、すなわち、法律の施行の過程（手続き）からその構成と修正の過程（手続き）へと、拡大されなければならない。このことは後に明らかになるであろう。

25　For what follows, see *Rep.* vi. 511.

26　ἀναιρῶν (see vii. 533c).

27　ὑποθέσεις.

28　τὸ παντελῶς ὂν παντελῶς γνωστόν.

29　νοητὸν ὄντως ὄν.

30　ὄντως ὄν.

31　"Aufheben" and "Setzen" = ἀναιρεῖν and τιθέναι.

32　理念 the idea (「絶対的理念」) "die absolute Idee") は、かくして、プラトンの永遠のイデアのように、静止している still（というのは過程は時間を欠くそれだからである）が、しかし、プラトンのそれのように、静的 static ではない。

33　"Dieser Entwicklung der Idee als eigner Tätigkeit ihrer Vernunft sieht das Denken als subjektives, ohne seinerseits eine Zutat hinzuzufügen, nur zu." [主体的なそれとしての思惟活動は、理念の理性の固有の活動としての理念の発展を、みずからは何も付け加えずに、ただ傍観する"。] §31A.

34　"Die Idee [ist] nicht so ohnmächtig, um nur zu sollen, und nicht wirklich zu sein." [理念は、もっぱら当為であったり、活動・現実的でないほど、無力であるわけではない。] Enzyklopädie, §5A.

第四章　近代国家における自由の条件としての法律

35　かれはこの点で首尾一貫することは難しいと考えているのだが。Cf. Ch. I, p. 30 sup.

36　Ch. I, p. 31; Ch. II, p. 53 sup.

37　この点については、とりわけ §§ 142-8 参照。ここでもしわれわれが、ヘーゲルは主体について、プラトンが統治者についてのみ言いえたにすぎないことを語っている、という留保をあくまでもするならば、この考えはまったくプラトン的である。知識活動 knowing と存在 being との相関は、§ 146 において言明されている。"Die Substanz ist in diesem ihrem wirklichen Selbstbewusstsein sich wissend und damit Objekt des Wissens. Für das Subjekt haben die sittliche Substanz, ihre Gesetze und Gewalten einerseits als Gegenstand das Verhältnis, dass sie sind, im höchsten Sinne der Selbstständigkeit," (italics, Foster) [実体とは、こうしたそれの活動現実的な自己意識においては、自己を自覚するものであって、知の、営みの客体である。主体にとっては、習俗規範的実体は、つまりその諸々の法則や権力は、一面では対象であるかぎりで、それらが自立性の意味で存在している、という関係性を持っている]。そしてヘーゲルは次のパラグラフで以下のように続けている。"Andererseits sind sie dem Subjekte nicht ein Fremdes, sondern es gibt das Zeugnis des Geistes von ihnen als von seinem eigenen Wesen, in welchem es sein Selbstgefühl hat, und darin als seinem von sich unununterschiedenen Elemente lebt, — ein Verhältnis, das unmittelbar, noch identischer als selbst Glauben und Zutrauen ist." [他面では、それらは主体にとって疎遠なものではない。むしろそれらに関する精神の証言によれば、それらにおいて主体は自己を実感し、自己と区別されない自己の固有の領域としてのここで生を営むのである。これは信仰や信頼などよりもっと同一的な直接的な関係である]。この場合、われわれは、哲学者は自分が知ることの客体である理性を希求する (see Rep. ii. 376a) というプラトン的教説の反響をきわめてはっきりと聴くことになる。というのは知識の客体である理性は、かれにそれを知らしめるかれの魂の中の理性と同類のもの (οἰκεῖος, "nicht ein Fremdes" [疎遠でないもの]) であるからである。

38　Cf. quatation, Ch.III, p. 109, n. sup.

39　"Der Intelligenz als denkend bleibt der Gegenstand und Inhalt Allgemeines, sie selbst verhält sich als allgemeine Tätigkeit [知を営むものとしての知性にとって、対象と内容はあくまで一般的なものである。知性そのものは一般的な活動として振舞う]." § 13A. Cf. "Dass das Denken Allgemeines denkt, das Gefühl fühlt usw. sind lauter leere Tautologien." [思惟活動が一般的なものを思惟し、感情が感じる、等々といったことはまったく空虚な同語反復である。] Vorlesungen über die Philosophie der Religion, ed. Lasson, vol. I, p. 88.

40　§ 13, § 21; cf. § 258.

162

第四章　近代国家における自由の条件としての法律

41　ヘーゲルの中には、このこと以上のことさえ示唆されているいくつかの件がある。すなわち、意思は倫理的（習俗規範的・人倫的）なものを放棄しなければならない、という件が。"Im Willen beginnt (…) die eigene Endlichkeit der Intelligenz, und nur dadurch, dass sich der Wille zum Denken wieder erhebt und macht sich zum objektiven, unendlichen Willen der Form und des Inhalts auf sich selbst zurück". そして、意思が思惟に高められ、自己の諸目的に内在的な一般性を与えること、このことを通じてのみ、意思は形式と内容の相違を揚棄し、自己を客体（観）的な無限の意思にする、§13A. "Der Wille ist eine besondere Weise des Denkens; das Denken als sich übersetzend ins Dasein, als Trieb sich Dasein zu geben [意思は思惟の営みの一つの特殊なあり方である。自己を定在の中に移し入れるものとしての、自己に定在を与える衝動としての思惟の営みである]". §4z. Cf. §258A, pp.196-7.

42　同じ観念 notion は、"Gemütlichkeit" の中に現前している。この用語は、倫理的な行為の諸法則によりも、むしろ社会的儀礼 politeness の因習 conventions にかかわってはいるが。おそらくそれは「社会的に善良な気性」"social good humour" として表現されるかもしれない。それは冷淡さ frigidity とは反対のものであり、親密な社交を形式的なそれと区別するものである。"gemütlich" である仲間内では、儀礼の因習は単に守られるだけではなく、受け入れられている。したがって、儀礼的諸行為はもはや一つの規則に機械的に服することで果たされるのではなく、善意の自発的表現として果たされる。

43　"Gemüt" はあきらかに "Mut" と関連づけられる。そして、"Mut" は θυμος を意味する。

44　Cf. Ch. III, p. 106 sup.

45　τῷ λογιστικῷ ἄρχειν προσήκει [理性的なものに、統治（支配）活動は関係している] 理性のヘゲモニーは、守護者の活動の τέχνη との類比全体の中に含まれている。

46　意思という概念、そしてまさにその名前がギリシア的倫理学に欠けていたことは、周知のことである。

47　Cf. pp. 142 ff. sup.

48　pp. 153. inf.

49　"Willkür" 以下のことに関しての詳細については、補説E, p.114 sup. 参照。

50　Vorrede, p. 14.

51　Taxation.

第四章　近代国家における自由の条件としての法律

52　λειτουργίαι としてのそれ。
53　§299.
54　§206.
55　かれの選択がかなりしばしば経済的必要から決定されることは疑いない。しかし、それは、それが法律によってまったく強制されていない、という意味で自由である。
56　§206.
57　"Die Anerkennung und das Recht, dass, was in der bürgerlichen Gesellschaft und im Staate *durch die Vernunft notwendig ist, zugleich durch die Willkür vermittelt geschehe, ist nähere Bestimmung dessen, was vornehmlich in der allgemeinen Vorstellung Freiheit heisst.*" (italics, Foster) [ブルジョア社会と国家において理性を通じて必然的であるものが、同時に恣意によって媒介されて生起するということ、このことの承認と法権利とは、とりわけ一般的なイメージにおいて自由と呼ばれているもののより詳しい規定である。] §206A.
58　"Neque enim lex impletur nisi libero arbitrio [けだし、わたしが任意に履行しないのであれば、法は実現されない]." 聖アウグスティヌスのこの言葉を上で引用したアリストテレスの言葉 (p.109, n.) [ノモスはエトス以外に従わせる力を何ら持たない。] と比較してみるならば、この観点での Nomos と Law との違いが例解される。Nomos は実現のために "Ethos" を必要とするが、しかし Law は自由な意思を必要とする。
59　Ch. III, pp. 93 ff, *sup.*; 補説 E、p. 114.
60　もちろん、わたしが謂わんとしているのは、ヘーゲルの "Wille" の下に含まれた二つの概念がそれぞれプラトンにおけるいかなる点でも前進を表現していないということではない。"will" という用語をまさに使用していることは、それ以上進まないにしても、一つの前進を表現している。しかし、わたしが謂わんとするのは、ヘーゲルの思惟はかれの用語法に遅れをとっているということである。
61　プラトンは χωρισμός（分離）に責任があったのか、それともなかったのか、すなわち、かれはこの区別を捉えそこなって、宇宙の二層の自然本性を諸宇宙の一つの複製として誤って構成したのかどうか、これはここでは問題にならない。しかし、われわれが指摘しようとしているのは、かれの哲学はそれによってアリストテレスの哲学とは区別された。しかし思うに、ギリシア哲学一般と共有している、そして思うに、ギリシア哲学一般と共有している、性格である。すくなくともわたしは、「ギリシア哲学」という言葉を、わたしがプラトンとアリストテレスに共通していると受け取っているものを標示する

164

第四章　近代国家における自由の条件としての法律

62　§4.
63　§1.
64　§3, §212A, §258A, pp.196-8
65　See especially Vorrede, pp. 14-15, and §3.
66　§1.
67　§146.
68　See Ch. II, p.75 sup.
69　［倫理学原理］Principia Ethica におけるムーア（G.E. Moore）によって採用された方法を参照。そこで示されているのは、論理学を存在論に基づいて基礎づけることは、道徳的活動に関する常識（共通感覚）Common Sense の諸々の確信と一致しない、ということ］である。
70　"The Christian Doctrine of Creation and the Rise of Modern Natural Science" in Mind, Oct. 1934. "The opposition between Hegel and the Philosophy of Empiricism" in Verhandlungen des dritten Hegel-Kongresses, Tübingen and Haarlem, 1934.
71　『ティマイオス』篇における神的デミウルゴスについてのプラトンの概念は、この言明に対する一つの例外である。それは、プラトンにおいてキリスト教的な教説の先取りが見出されるいくつかの箇所の一つである。しかし、デミウルゴスと創造者との間にはきわめて重要な違いがやはりある。これについては、わたしは六章の参照を求めなければならない。
72　See p. 146, sup.
73　"positive".
74　"gesetzt", see p. 140 sup.
75　Cf. p. 144 sup.
76　Cf. the article in Mind referred to above, p. 154ff.
77　「ヘーゲルにとっては、キリスト教的な救済イメージが思弁的な尺度基準をあたえるものである。」R. Kroner, Von Kant bis Hegel, vol. ii, p. 236.
78　わたしはここで誤解を避けるために次のことを付け加えておきたい。わたしは哲学と宗教との関係についてのヘーゲル自身の理論も受け入れないし、したがって、かれ自身の哲学のキリスト教的啓示との関係についてのかれの概念も受け入れない、ということ

ために、簡潔な用語として使うつもりである。

165

第四章　近代国家における自由の条件としての法律

とを。ヘーゲルにとっては、宗教的イメージ（"Vorstellung"）は、例えば、そこでは一つの三角形の可視的図解がそれについての数学的概念に関係づけられているような仕方で、哲学的概念に関係づけられている。それは、精神が概念に向かって前進する際に不可欠の一つの段階であるが、しかし、それは概念が達成されたとき乗り越えられる段階である。哲学者の諸々の結論は、論理的明証性 logical evidence 以外の何ものにも依存していない。したがって、啓示された真実に特徴的な、理性にとっての不透明性 opacity は、啓示された真実にとって本質的なものではなく、それが不完全に理解されるかぎりで、それに付着することになる。かくして、ヘーゲルの合理論は、啓示宗教についてのかれの理論において、法律や意思についてのかれの諸理論における諸エレメントは、最終的分析においては、理性の欠陥にかかっていることが見出されたように、この理論における諸エレメントもそうである。しかし、ここでもまた、ヘーゲルの理論は、むしろキリスト教的なものではない。それが含んでいるのは、神の言葉は、神がそれを述べたがゆえに、真実である、という信仰ではなく、神はそれが真実であるゆえに、それを述べた、というまるで異なる信仰にすぎない。そしてここでもまた、かれの教説は、旧約の教えよりも新約の教えにより近い親近性を持っている。それが含んでいる「神の言葉」についての概念は、ヘブライの預言者たちの言葉よりも、第四福音書のそれに近い。

79　『ティマイオス』篇の神学はまた、一つの例外である。Cf. p. 154, n. 2, sup.

80　ヘーゲルは習慣的に子の産出と世界の創造とを混交している。諸例については、上のp. 154, n. 1で引用されたヘーゲルと経験論に関するわたしの論考を参照。

166

第五章 ヘーゲルにおける「市民社会」と「国家」

ヘーゲルは「市民社会」と「国家」を[概念として]区別している。ヘーゲルによるこの[概念的]区[ディスティンクション]別は、プラトンの「第一国家[シティ]」[第一ポリス・モデル]と理想的ポリスとしての「第一国家[シティ]」を、政治的社会としての理想的ポリス[第三ポリス・モデル]の区別によって、曖昧ながらも先取りされている、と言えよう。われわれは経済的社会としての「第一国家[シティ]」を、政治的社会としての理想的ポリス[第三ポリス・モデル]から区別した。しかし、かの[ヘーゲルの]用語法[ターミノロジー]は、それらの間にプラトンが識別[リコグナイズ]したどのような差異よりもはるかに根本的な差異の発見に基づいている。それ[その用語法]は、政治的社会が経済的社会と異なるのはそれに固有な法則（法律）lawの種類においてである、ということを示唆している。プラトンは「第一国家[シティ]」において実現されている形相formと理想的ポリスにおいて実現されているそれとの間にいかなる差異も認めず、それぞれにおけるその実現の様式mannerの間にのみ差異を認めたにすぎない。統治者によって定立imposeされる法律は、すでにそれ自身の法則を持っている社会の上に上から定立super-imposeされたわけではない。まさしく同じ法律が、ただし再定立されたre-imposedそれが、そもそも本源的社会をひとつの社会に構成したのである。プラトンの理論においては、法（法則、法律）lawは社会の形相formであり、経済的活動はその質料matterである。質料は形相なしには実在として現存しないから、経済的活動がその固有の諸法則を持つことを否定することは、経済的社会に実在としての現存を否定することである。ポリスの「生成」coming to beについてのプラトンの説明では、

第五章　ヘーゲルにおける「市民社会」と「国家」

「第一国家」「第一ポリス・モデル」は「第二国家」「第二ポリス・モデル」に時間的に先在するものとして表現されている。とはいえ、この説明は、政治的社会から切り離された経済的社会に実在としての現存を帰することを含意していない。それは歴史 history ではなく、物語（神話）μῦθος である。そして、それを移転（コンヴェイ）することが意図されている経済的社会と政治的社会の関係、この関係についての教説が後に『国家』篇においてロゴスに相応しい諸用語で呈示されるのは、「第一国家」「第一ポリス・モデル」という社会が「第三階層」として定立された法（法律）とそれ（「第三階層」）との関係が形相と質料の関係であることが明らかになるときである。かくして、プラトンが教えているのは、経済的活動と政治的秩序とは思想（思惟カテゴリー）においては区別しうるが、現実 actuality においては分離しえない、ということである。それぞれは他方との統一 union においてのみ実現される潜在力 potency であり、そしてポリスの統一性 unity はこの二つのエレメントの相互依存にかかっている。質料の法則は存在しない、ということが物理的・生理的自然 physical nature についてのアリストテレス的概念にとって本質的であったように、いかなる経済的法則も存在しない、ということがポリスの統一性についてのプラトンの概念にとって本質的であった。

近代的自然科学を基礎づけ、そしてアリストテレスの哲学の信用を貶めた、中世末の思想（思惟カテゴリー）の革命は、次のような二つの原理に基づいていた。すなわち、質料の諸法則 laws of matter が存在し、そして質料はひとつの実体 substance である。つまり、質料は形相から単に思想（思惟カテゴリー）においてのみ区別されうるのではなく、質料は形相から分離された実在 real being を持っている。これらの二つの命題は、互いに他を必要としている。どちらが帰結された根拠として他に対して優位にあるのか、われわれはこれを探究し続ける必要はない。

政治哲学の領域では、似通った革命が自然状態 State of Nature についての教説において表現された。自然状態は人間の本源的条件 original condition であったが、その上には政治的社会の形相が定立されていた。このかぎりで、それは形相の定立を待機している質料としての経済的社会に関するプラトンの概念と対応していた。自然状態

第五章　ヘーゲルにおける「市民社会」と「国家」

の教説において新しくかつまったく非プラトン的であったものは、この状態は後に政府 government によって定立される諸法律 laws とは種類において異なるそれ自身の諸法則 laws に従っている、という概念把握 conception であった。その際、自然状態は、それが従属する政治的秩序から思想（思惟カテゴリー）においてのみ区別されるのではなく、それから独立しているひとつの実体的存在 substantial being を持っている、ということが示唆されている。同時代の自然哲学者たちが質料の独立性を、それを精神から空間的に分離されたものとして呈示することによって表現したように（それは精神に因果律的に作用する act upon mind causally と想定された）、この［質料の］独立性は、時間的に政治的状態（国家）の創設 foundation of the political state に先立つ自然状態にひとつの実在としての現存 real existence を帰することによって表現された。時間的先在性 temporal priority と空間的外在性 spatial externality というこれらの意匠 figures は、疑いもなく、それらの著者たちが模索している真実に相応しくない表現である。しかし、これらを一緒くたに無視して、たとえば、ホッブズについて、次のように述べるならば、すなわち、かれの歴史的次序 historical sequence は論理的な先在性 logical priority のひとつの子どもじみた暗喩にすぎないし、かれが自然的状態と政治的状態の間に時間的な区別をするとき、このことは、その状態の形相と質料を分離することが自然的状態と政治的状態の間に時間的な区別を separating ではなく区別すること distinguishing によってプラトンが適切に表現したことを、不器用に表現しているにすぎない、と述べるならば、──こうしたことはいずれも、ホッブズの独創性はひとえにかれがアリストテレスを理解しなかったことにかかっている、と主張することに等しい。あたかも、ホッブズの諸状態についての歴史的次序は疑いもなく不器用な表現であるが、ギリシアの政治哲学においては表現されていなかった何かの表現である。精神から空間的に分離されたものとしての質料的実体という概念が、ギリシアの自然哲学には含まれていなかったひとつの真実の少なからず粗雑な表現であったように。ホッブズの説明がなお神話学的 mythological なものに見えるとしても、それは、「第一国家」「第一ポリス・モデル」についてのプラトンの物語 story

distinctio rationis（理性による区別）が、何世紀にもわたって学者世界の共通了解ではなかったかのように！　ホッ

λογῳ πρότερον（論理的に先立つもの）や

169

第五章　ヘーゲルにおける「市民社会」と「国家」

わたしはこれまで、あたかも経済的諸法則が「自然状態」State of Nature において普及している唯一の法則であるかのように語ってきた。しかし、これでは単純化しすぎである。「自然法」Natural Law は両義的な用語であり、一つの意味だけでなく二つの意味を含んでいるが、これらは通常これをもっとも使用した人たちによって区別されなかった。その両義性 ambiguity は、結局、人間における「自然的なもの」は何なのか、かれの情念 passions なのか、かれの理性 reason なのか、これを厳密に決定することができないでいること、このことにかかっている。これら二つの概念に折り合いをつけ reconcile させるのか、他方のためにそれらのいずれかを完全に捨てるのか、いずれも不可能であることが判明した。だから、「自然状態」は二つのことがらの一つではなく両方を意味している。すなわち、人間の行為 action がかれの情念によって決定される状態と、人間の行為がかれの理性によって決定される状態との両方を。したがって、自然の諸法則 laws of nature も、二重の意味を持っている。それらは情念の法則であり、かつ理性の法則である。この二重性 duplicity は、この用語の呼称 denotation のみならず、その意味 meaning そのものにも及ぶ。両方の法則が共有するもの、そして、両方を等しく実定的法則（実定法）positive law から区別するものは、それらが源泉をいかなる意思 will の中にも持たない、ということである。両方とも等しく理性 reason の諸法則と呼ばれるであろう。しかし、それらはそれぞれ異なる意味においてそう呼ばれるのである。一方は、諸々の情念の作用 working における理性によって識別 discern されるひとつの法則であるという意味で。他方は、諸々の情念に対して理性によって規定 prescribe されているという意味で。両方ともひとしく普遍的なもの universal

がそうであるようには、単なるミュートス（神話）ではない。それが主張する歴史的次序は、寓意的衣装 allegorical clothing という単なる偶然的なことがらではない。換言すると、それは真実を表現しようとする努力であるが、二つの状態の時間的差別 temporal discrimination が一つの論理的区別 ligical distinction の暗喩（メタファー）としてのみ解釈されるならば、この真実は究明し尽くされない。

170

第五章　ヘーゲルにおける「市民社会」と「国家」

と定義 term されるとしても、一方は普遍的に作用している being universally operative という意味においてであり、他方は普遍的に妥当している being universally valid という意味においてである。一方は、それが理解 understand されるとしても、理解されるか否かに係わりなく、行為 conduct を決定する行為の法則であり、他方は、まさしくその自然本性によって、それが理解されるかぎりでのみ行為を決定しうる法則である。その結果、[後者の場合] 行為は、法則 law によってではなく、法則の概念 conception of the law によって決定される、と厳密には言われなければならない。

かくして〈自然状態〉は、同時に二つの異なる種類の法則に——すなわち、(1) 情念の諸法則 laws of passions (これらは後に「経済的」諸法則へと発展することになるのであるが、わたしはそれらを先取りして、そのように定義した。)と、

(2) 理性として規定 prescribe される諸法則とに——従属するものとして概念把握されるつもりである。
しは今後、同じように任意に〈市民法〉Civil Law の名の下に区別するつもりである。

どんな哲学者も、「自然状態」を、一方の種類の法則が普及して他方のそれをまったく排除してしまった状態として概念把握するわけにはいかないであろう。しかし、近代哲学の二つの大きな伝統、経験論と合理論、これらを分割する線は、政治理論の領域においては、自然法則（自然法）natural law の一方の意味が他方に対して優位を占める度合いに応じて引かれうる。

わたしは最初に、自然法則（自然法）の理念の発展を、これらの伝統のそれぞれにおいて別々に、そして経験論におけるそれを、考察することにしよう。

(1) ホッブズは自然法則（自然法）が存在することを承認した。にもかかわらず、それらは「自然状態」において
は必然的に無作用 inoperative かつ無効 void である、と主張することによって、かれはこの承認を殆ど破棄してしまった。このために、国家の法律の効力範囲を何ら制限しなかった。かくして、ホッブズは、国家 State を社会 society から区別しないし、政治的な規制 regulation の効力範囲を、実定的である being positive ことなく社会的なものであるはずのひとつの法則（法律）の規制の効力範囲から区別しない。しかし、前社会的状態 presocial state こ

171

第五章　ヘーゲルにおける「市民社会」と「国家」

すくなくとも法則（法律）のいくつかの潜在力(ポテンシャリティーズ)を帰することにおいて、かれはそこから区別が兆している萌芽を呈示している。

この区別はロックにおいて展開される。ロックは、自然法則（自然法）をホッブズよりもはるかに真剣に受け取っている。かれは、それゆえに、かれは「契約後」もそれらが連続的に作用することを要求しうるし、それらを、社会それ自身の内部で実定的立法の範囲を制限するものと見なしうる。かくして、実定法 positive law と自然法 natural law との区別は、もはや単純に、社会状態と前社会状態との区別に伴って定義されうるものではなくなり、社会的状態それ自身の内部で、国家 State と「社会」society との区別として再度出現する。

自然法則（自然法）natural law のひとつの語義 signification だけを問題にするならば、国家 State と区別されるこの「社会」は経済的社会として、そして経済的社会を支配する諸法則は経済的法則として、定義されなければならない。ひとつの純粋な意味において、これらの諸法則は自然的である。そして、その純粋な意味において、それらは立法活動 legislative activity にとって、制限(リミット)と目的(エンド)を同時に定立する、と考えられるであろう。立法 Legislation は、その範囲において、経済的領域内部の経済的諸法則の作用への干渉(ドラフト)を抑制しなければならない、という条件によって制限されている。たとえば、それは特殊な個人を特殊な産業に徴用してはならないし、貨幣による課税に制限されなければならず、主体によって果たされるべき特殊な仕事は、かれの選択が自由であるかぎりでのみそもそも作用しうる経済的諸法則によって決定されることに委ねられなければならない。この一般的秩序の内部では、特殊な雇用の配分は、それが経済的必然性によってのみ決定される、という意味で自由な個人的選択によって決定されることになろう。それは財やサーヴィスの寄与(リフレイン)を徴用してはならないし、一般的な秩序を保持することで満足しなければならない。この一般的秩序の内部では、特殊な雇用の配分は、それが経済的必然性によってのみ決定される、という意味で自由な個人的選択によって決定されることになろう。それは財やサーヴィスの寄与(リフレイン)を徴用してはならないし、一般的な秩序を保持することで満足しなければならない。これらの諸制限を確保することは、あきらかに法則（法律）における一般性 generality という条件と同一のものであった。そして、それらの原理は、あきらかに法則（法律）をロックから取り出したイギリス自由主義の大目標の一つであった。ヘーゲルはこ

第五章 ヘーゲルにおける「市民社会」と「国家」

の条件を、主体における（経済的）意思（economic）willの自由にとって本質的なものと見なした。人格、所有、契約の不可侵性は、この自由の主要な諸条件である。というのは、これらは人間自身の諸欲求desires以外のいかなる決定因の侵入にも対抗する行為の領域を保持するための防御柵であるからである。まさしく諸欲求が干渉からのこのような自由において作用することが許されるときにのみ、経済的活動は法則性lawfulnessというその固有の形式を示しうる。

しかし、そのように捉えられた一つの経済的社会において、経済的諸法則economic lawsは作用する唯一の法則ではありえない。人格、所有、契約は、経済的活動の自由な展開のために、経済的諸法則によって規則づけられた一システムの中に保持される。しかし、それらは、そもそも経済的なeconomicものではなく、市民的なcivilものである諸法則（法律）の一システムによって、保持される。理解understandされるかぎりにおいてのみ作用しうることはいつも後者の自然本性に属するが、これに対して経済的諸法則はそれらが理解されるか否かに係わりなく作用しうる――こうした決定的試金石crucial testによって、この後者の法律lawは前者の法則lawからきっぱりと区別される。かくして、経験論哲学は市民法civil lawをその社会概念から排除しえないが、しかしそれを経済的自由を確保するための一手段の地位に降格させる。

（2）市民法のこのシステムは合理論的な社会概念の本質を形成するが、しかし合理論の特徴をなすのは、このシステムの実現を、単純に経済的充足のための手段として欲求されうるものと見なすことではなく、それをそれ自身におけるひとつの目的endと見なすことである。その［市民法］システムが理性的存在を受容することを要求するのは、それがそれ自身、理性的なもの、すなわち自明の諸原理からアプリオリに演繹しうるもの、であるからである。そして主体がそれを受容することにおいて自由であるのは、かれの理性が疎遠な力ではなく、理性にのみ従うからである。疑いもなく、この法律［市民法］は私的所有システムの維持に尽きているから、それは欲求によって決定されている、というまったく異なる意味において自由である活動の行使のために築かれた防御柵内部に余地（活動機会）が

第五章　ヘーゲルにおける「市民社会」と「国家」

存在する、ということが認められなければならない。そして、この活動そのものは、実際には理性によってアプリオリに演繹されえないが、アポステリオリに確立されうるその作用において諸法則を開示する——このことを認識（承認）することは、合理論的な社会観と両立しうる。合理論に特徴的なことは、それが経験論によって捉えられた先在性の次序 order of priority を逆転し、二つの自由と二つの法則の間で維持する、ということである。そして、これはいずれの学派も達成しなかった。いずれもが自由をそれについてのそれ自身の特殊な概念と同一視し、かくして、もう一方の概念をそもそも自由の一形式として認識することができなかった。

この〔市民的〕法則は、あきらかに、前者〔の経済的法則〕と同じく、単に自然状態の法則として概念把握されることから、実定法の権威にとっての目的かつ制限の両方を構成しうる社会法則 law of society として概念把握されることへと、発展することが可能である。

市民法 civil law のこのシステムは、ヘーゲルが「抽象的法権利」abstract right (das abstrakte Recht) と呼んでいるものである。そして、それは、ヘーゲルにとって、かれに先行する合理論者たちにとってと同じく、それは自由の思弁的概念から理性によって体系的に演繹しうるものであり、という意味で、理性的あるいは自然本性的なものである。この概念はそれ自身、理性によって、「論理学」Logic から始まる弁証法的過程を通じて、展開される。その結果、法権利の体系 the system of right [das System des Rechts] の諸限定諸規定 [Bestimmungen] は、「論理学」そのものの領域におけるいかなるテーゼのそれにも劣らない論理的な必然性を持っている。かくして、その概念は、ヘーゲルにとっては、（倫理［習俗規範］的）自由 (ethical) freedom の本質的条件である理性的主体の理解力に通じている、という特徴を持っている。

ヘーゲルが「市民（ブルジョア）社会」bürgerliche Gesellschaft として「国家」から区別している「習俗規範性（人倫）Sittlichkeit の王国の中のその領域は、それらによってわれわれが「社会」を「国家」から区別することが可能

174

第五章　ヘーゲルにおける「市民社会」と「国家」

であると考えた諸限定 determinations の両方を、それ自身において結合する（そして、われわれはこう加えておかなければならない。混同コンフューズさせる、と）。それは経済的社会 economic society と市民社会 civil society の両方である。それは、そこにおいて経済的諸法則（法律）economis laws が実現され、そして市民法 civil law が施行フルフィルされる領域である。

かくして、ホッブズとプラトンは、それぞれ正反対の理由で、「社会」を「国家」から区別できない。ホッブズは自然法 natural law が社会の内部で作用オペレイトしうることを否定したがゆえに、プラトンは自然的natural なそれら以外の何らかの諸法則 laws が国家 State の内部で妥当 be valid しうることを否定したがゆえに。これに対して、ヘーゲルは、ロックの中に含意されていた諸領域の境界画定 demarcation の原理を展開する。[自然的秩序] state の内部に、自然的法則（自然法）natural law の一領域があるに違いない。そこにこの一状態が「超越される」もうひとつの領域もないかぎり、その一状態 a state は [近代] 国家 the State ではないとしても。

ところで、「市民（ブルジョア）社会」bürgerliche Gesellschaft は、その内部の二種類の法則 law [自然法則と自然法 iuris] においてそれぞれ「自然的」なものであり、そしてさらに異なる語義 [desire と reason、economic と ethical] においてそれぞれ主体における自由の一条件として役立つものとして限定（資格づけられ）ている。そして、ヘーゲルは、それらの法則がその条件である二種類の自由を区別していないように、これら二種類の法則を決して明確に区別していないのである。思うに、この蹉跌は、「社会」と「国家」の関係、そして前者を後者において「超越させる」仕方マナー、これらについてのヘーゲルの教説を解明しようとするどんな企ても直面することになる極端な困難の主要な原因である[このパラグラフの傍点、訳者]。

「市民（ブルジョア）社会」bürgerliche Gesellschaft と「国家」Staat との関係についての単一の首尾一貫した教説を、あるいは、一方から他方への「移行（転換）」トランジションについての単一の首尾一貫した説明を、ヘーゲルの中に見出すこと、わたしはこれが可能であるとは思わない。かれの中には、実際に互いに首尾

第五章　ヘーゲルにおける「市民社会」と「国家」

一貫しない正反対に異なる二つの議論の路線が見出される。わたしは「合理論的」Rationalist 路線と「プラトン的」Platonic 路線という名の下に、これらをそれぞれ区別するつもりである。そして、わたしは自分の解説の中ではそれぞれを分離して、前者を先に跡付けることに努めるつもりである。

（1）実際にヘーゲルの教説を一般的な用語で言明してみせることは困難ではない。「国家」は「習俗規範性（人倫）Sittlichkeit という理念の実現における最高段階である。そして思想（思惟カテゴリー）の不完全な実現として表示されるかぎりで、より低いものからより高いものへ移行を強いられる。この不完全性 imperfection とは何か。この問いに対してヘーゲルは以下のように答えている。「市民（ブルジョア）社会」は、その諸活動が法則（法律）によって支配（統御）されている意識的に活動的な諸主体から成るひとつの社会である。かくして、それはひとつの〈普遍的なもの〉の実現ないし具体化である。というのは、法則（法律）はその自然本性によって普遍的だからである。そして、それは「習俗規範性（人倫）」の一つの純粋な形式である。なぜならば、「習俗規範性（人倫）」は、定義によって、自覚的意思の諸行為における〈普遍的なもの〉の実現ないし具体化である。なぜならば、この領域における個人の諸活動は〈普遍的なもの〉によって方向づけられているにもかかわらず、それらはその〈普遍的なもの〉に基づいて方向づけられてはいないからである［傍点、訳者］。これ［市民社会］は「特殊性の領域」であり、そこではあらゆる行為の目論まれた目的は個人的充足ないし私的利害であり、そしてそれゆえに、法則（法律）が成就されても、その成就はそれを成就するという自覚的意図によって条件づけられていない。「国家」においては反対に、〈普遍的なもの〉はひとつの目的として意思されるだけでなく、それが理解力の対象かつ意思の目的にされる、というさらなる意味において、実現される。すなわち、それ〈普遍的なもの〉は、それが具体化を受け取る、という意味において〈普遍的なもの〉

176

第五章 ヘーゲルにおける「市民社会」と「国家」

経済的意思と倫理的意思との差異は、正確には、前者はその行使において法則(法律)によって支配(統御)され、後者は法則(法律)についての自覚(コンシャスニス)によって支配(統御)される、という点にある。そして、ヘーゲル的なこうした言い回しは、当然ながら、「市民(ブルジョア)社会」bürgerliche Gesellschaft は経済的意思の行使のための領域であるのに対し、「国家」は倫理的意思の行使のための領域であるように思える。ここから帰結するのは、二つの自由は互いに、それらが実現される単純な意味と同じ関係にあり、そして、「市民(ブルジョア)社会」が「国家」において完全に実現される理念の不完全な実現であるように、経済的自由ないし選択の自由は、倫理的意思においてのみ適切に実現される同じ自由の最初の不適切な実現である、ということである。

こうしたことは、ヘーゲルの諸々の言葉が担いうるひとつの意味にすぎないというわけではない。まさにその意味こそ、かれの仕事の一部分を貫抜いて、かれの諸々の言葉が担うことを意図しているもののものなのである。「国家」は、「習俗規範性(人倫)」の実現化(リアライゼイション)として定義され、そして「習俗規範性(人倫)」は、わたしが倫理的意思と定義したものの現実化(アクチュアリゼイション)として定義される。これは、わたしが合理論者と呼んだヘーゲルにおける傾向を表現している。

この教説が用いている諸術語の意味をわれわれがより詳しく探究し始めるや否や、その教説の諸々の困難が始まる。「市民(ブルジョア)社会」においては意図なしに実現され、そして国家においては自覚的意思の目的として実現される経済的諸法則のシステムであろうか?「普遍的なもの」とは何か? もしそうであるならば、主体はこれらの諸法則をかれの意識の対象(客体)にすることによって自己を資格づける、という経済的諸法則のシステムであろうか? すなわち、主体はこれらの諸法則をかれの意識の対象(客体)にすることによって自己を資格づける、という経済的諸活動を成就し、そして「経済学」Political Economy の方針によって「国家」のメンバーとして自己を資格づける倫理的自由を成就し、そして「経済学」Political Economy の方針によって「国家」のメンバーとして自己を資格づける倫理的自由を受け取らなければならない。ということを意味すると。そして、これはあきらかに勘所を捉えていないし、ヘーゲルが意図していることでもない。では、それ(ヘーゲルが意図していること)は、主体の経済的諸活動を規制し制限する市民法 civil law のシステムの

第五章　ヘーゲルにおける「市民社会」と「国家」

ことであろうか？　しかし、この市民法について、それは「市民（ブルジョア）社会」の領域において無意識に作用する、と述べることは真実ではない。それ（市民法）は「国家」において、それを意識する意思 will conscious of it という媒体を通じて作用する。この法律は、主体がそれを意識し、そしてかれの意思が実現に向けられていないかぎり、そもそも作用しえないものである。しかし、そのように方向づけられた意思は倫理的意思であり、そしてそれゆえに市民法が「市民（ブルジョア）社会」において実現されるならば、倫理的意思は、そしてそれゆえに倫理的自由は、そこ（市民社会）においてもまた実現されなければならない。しかし、だとすれば、「市民」社会から「国家」への「移行(トランジション)」を果たす必然性はどこにあるのであろうか？

その答えは、必然性はない、ということであらざるをえない。市民法は、理性の本源的諸原理から論理的必然性によって展開された法律システムであって、(22)「市民（ブルジョア）社会」そのものは、「習俗規範性（人倫）Sittlichkeit の実現にとって本質的であるところのあらゆる条件を含んでいる。そして、ヘーゲルが最初に「習俗規範性（人倫）」の現実化(アクチュアライゼイション)(23)として「国家」を導入するとき、かれはその「国家」に対して、固有に理解された「社会」によってすでに所有されていないようないかなる特徴も付与していない。市民法は、理性の本源的諸原理から論理的必然性によって展開された法律システムである。(24)「市民（ブルジョア）社会」は、このシステムが「定立(ポジット)」され(25)かつ実施(エンフォース)（施行）される領域である。すなわち、それは諸々の理性的な諸限定のひとつのシステムを具体化し、それらを主体の理性にとっての対象(オブジェクティヴ)（客体）として呈示する。そして、こうすることにおいて、それは倫理的自由の完全な実現化にとって必要なあらゆる条件を充たしている。

ヘーゲルが経済的意思の領域としての「市民（ブルジョア）社会」bürgerliche Gesellschaft を倫理的自由の王国としての「国家」Staat と対照させているとすれば、かれはそもそも「社会」society を「国家」State に現実(レルム)（実在的）に really 対照させているわけではない。かれは社会の経験論的 Empiricist 概念を社会の合理論的 Rationalist 概念と(27)対照させているのである。かくしてかれが「市民（ブルジョア）社会」の特徴的な欠陥(デフェクト)と見なすのは、市民法はそこ

178

第五章　ヘーゲルにおける「市民社会」と「国家」

で実施（施行）されているにもかかわらず、それが実施（施行）されるのは、所有と人格の保存という目的のためだけであり、つまり、経済的充足を確保する一手段としてであって、それ自身における一つの目的としてではない、ということである。この理由のために、市民法はそれ自身、それに従うことを強いられる主体にとっては、それをかれが理性において基礎づけられたものとして認識し、そして、それに従うことにおいてかれが自由になるところの法律としてではなく、一つの外部からの必然性として、そしてかれの自由を侵害するものとして、呈示されるのである。

しかし、あきらかに、この欠陥は、「社会」societyの自然本性に内在するのではなく、その自然本性の誤解からのみ現出するにすぎない。それが要求する救済策は、社会構造は修正されるべきである、あるいは、それは何か別のものに「移転」すべきである、ということではなく、単純に、主体は、道徳教育に自己自身を服させるべきである、ということである。この道徳教育は、経済的意思——これに対してのみ法律はひとつの制限である——を放棄することを、そして、法律体系を理性体系——かれの「倫理的」自由はこの理性体系に服することにある——として認識しうるような立場にまで上昇することを、かれに可能にせしめるであろうからである。

（2）議論のかの路線がヘーゲルを「国家」にまで決して導きえないことは明らかである。「国家」についてのかれの教説は、合理論Rationalismとはまったく無縁なひとつの議論にかかっており、そして、ヘーゲル自身によって、それに反対する不断の論争において維持されている。ヘーゲルの難点は次の事実にかかっている。すなわち、かれ自身の思想（思惟カテゴリー）は合理論のエレメントから決して自由ではないのであるが、かれは一方では経験論的立場に反対して合理論的立場を主張しながら、他方ではいずれにも反対して第三の立場を主張するために、常に両義的な意味で同じ言葉を使っている、という事実にかかっている。かくして、かれが「国家」Staatと「市民（ブルジョア）社会」bürgerliche Gesellschaftとの関係を表現する言葉は、われわれがそれにまさしく帰した意味を担っているであろう。その意味に従えば、その言葉が意味しているのは、それについての経験論的概念に基づく「社会」は、合理論

第五章　ヘーゲルにおける「市民社会」と「国家」

によって捉えられたものとしての「社会」が適切に実現しているものの不適切な実現である、ということ以上のことではない。しかし、それはもう一つのまったく別の意味を担いうるであろう。そしてヘーゲルが「市民（ブルジョア）社会」から「国家」への現実的な移行を行うとき、かれが頼っているのはまさにこの別の意味である。

「市民（ブルジョア）社会」が「国家」になるのは、前者において無意識に実現される法則（法律）が自覚的意思の対象になるときである。そして、〈普遍的なもの〉に基づいて方向づけられるこの意思が自由であるのは、一つの特殊的対象に基づいて方向づけられ、〈普遍的なもの〉によって方向づけられているにすぎない意思は自由ではない、という意味においてである。これまでのわれわれの仮定によれば、この完全に自由な意思は、法則（法律）に自己自身を服せしめる主体の倫理的意思と同一化されうる。しかし、別の同一化も等しく可能である。それは、法則（法律）を管理する意思と同一化されるであろう。まさしく統治者階層の成立に伴って、法則（法律）の作用（作動）は自動的なものであることをやめ、自覚的意思 conscious will の、つまり統治者の意思の、対象になる。

「絶対的習俗規範性（人倫）」Absolute Sittlichkeit は、ヘーゲルにとって、〈単に法則（法律）によってではなく〉法則（法律）に基づいて方向づけられた意思の行為における法則（法律）の実現であるが、かれは、この行為は統治者のそれとして概念把握されるべきなのか、それとも主体（従属者）のそれとして概念把握されるべきなのかを自問していない。もし後者であるならば、「市民（ブルジョア）社会」は、その行使のための適切な諸条件を供給する。倫理的意思が暗黙のうちに統治者の意思と同一化されるときにのみ、「国家」がその実現のために必要となる。

ヘーゲルは、「国家」についてのかれの教説を貫いて、この暗黙の同一化に頼っている。そのことはすでに、かれの「福祉行政」Police [Polizei] と「職能共済団体」Trade Guide, or Corporation [Korporation] という二つの制度に関するかれの説明の中に含意されている。これらの制度の中に、かれは「市民（ブルジョア）社会」の領域それ自身の

から「国家」への移行と原理的に同じものになるであろう。プラトンにおける「第一国家」［第二ポリス・モデル］への移行と原理的に同じものになるであろう。そして、そのとき、「市民（ブルジョア）社会」［第三ポリス・モデル］から理想的ポリス

第五章　ヘーゲルにおける「市民社会」と「国家」

内部における「絶対的習俗規範性（人倫）」のひとつの予兆を見ているが、これらの制度は、それゆえに、「国家」への移行を準備することに役立っている。「福祉行政」の仕事は、秩序を保持すること、そして秩序の毀損を罰することである。すなわち、開かれた市場の通常の経路を通じた富の一般的供給に参与することから排除されている社会の成員たちのための特別な給付において、例証されているような、経済的諸関係への一般的な監督や制御を実施することである。これらの活動はすべて、法則（法律）が理解力の対象（客体）にされたこと、そして、その実現（実施）が意思されたこと、これを含意している。秩序（命令）が実現（実施）されているならば、すくなくともその干渉の範囲で、（たとえば、供給と需要の法則がそうであるように）自動的で、かつ意思されないでいることをやめ、そして、意思的目的の対象（客体）となった、ということである。しかしながら、〈普遍的なもの〉をこのように知りかつ意思することは、このような制御を実行する人間においてのみ要求されるにすぎず、それに従う人間においては、そもそも要求されていないのである。

同じことが「職能共済団体」trade-guild [Korporation] についても何らかの形で真実である。純粋に経済的な社会のひとりの個人的成員は、自分自身の特殊的利害だけを意識するが、しかし、かれの利害を他者たちの利害と結合した結果的にかれの活動を他者たちの活動との関係において決定する多種多様な繋がりを意識しないであろう。この点からみれば、かれはプラトンの「第一国家」［第一ポリス・モデル］の一成員である職人にそっくりである。かれの視力 vision は自分自身の質料（材料）に形相を定立すること information of his own subject-matter に限定されているから、かれはその視力を、かれ自身の職能がその質料 subject-matter であるところの形相に、そしてそれによってかれの職能と他の諸々の職能との関係が決定されるところの形相に、（反省的に）向けることができないからである。「職

181

第五章　ヘーゲルにおける「市民社会」と「国家」

能共済団体」においては、共通利害の諸々の繋がり（これらの繋がりは一職業の個人的成員たちの活動を、それらが共通のものであると認識されないときでさえ、限定するのであるが）は、経済的法則（法律）による特殊的諸活動の自動的規制して、ヘーゲルが言うように、「職能共済団体」においては、意識的注意と意図的振興の対象とされる。かくは、意識的制御の措置によって置き換えられている。しかし、もう一度言えば、〈普遍的なもの〉を意思するこの意思は、単に実現されているのみならず、意思の対象にされている。〈普遍的なもの〉あるいは秩序は、単に実現されているのみならず、意思の対象にされている。〈普遍的なもの〉あるいは前者（市民社会）において自動的に作用（作動）する法則（法律）は、後者（国家）においては意識的目的の対象にされる、という過程がそれである。これは個人の教育あるいは「自己陶冶」formation [Bildung] の過程である。ヘーゲルは、「社会」によって個人的に行使される規律によって、そして、それがかれに「自己陶冶」に服することを、深く印象づけられている。この自己陶冶は、このような社会の成員が自己自身に提起する目的ではない。かれが意識する唯一の目的は、生活をまっとうする making a living という目的である。しかし、かの目的を達成するための一手段として、かれは自己自身を社会が要求することに適応させ、そして一定の普遍的な基準に順応させなければならない。かれは何よりもまず、一般的な需要のある何らかの必需品（商品）の生産において技能を獲得しなければならない。このことが意味しているのは、かれは自分の諸能力を普遍的な鋳型に従わせ、そして自分の諸行為をもはや個人的動機からではなく、客観的基準によって方向づけなければならない、ということである。かれが自分の職能の行使に係わっているかぎり、かれの仕事は、かれの私的な気まぐれ whim によって方向づけられているのではなく、かれの市場が必要とするものによって、すなわち、かれにとっては自分の仲間の職人たちと共有する普遍的な一

第五章　ヘーゲルにおける「市民社会」と「国家」

基準(スタンダード)によって命じられている。そして、かれの職能を超えてさえ、かれは、自分の個人的な成功に不可欠な手段として、自分の私的な移り気 caprices や奇矯さ eccentricities を放棄し、かれの周りで普及している社会的有用性 social usages に自己自身を順応させなければならない。

個人がそれに順応 conform しなければならないこの「普遍的なもの」がひとつの対象（客体）として理解され、そしてひとつの目的(エンド)として意思されるとき、「国家」は始まる。この意識的制御は、「市民（ブルジョア）社会」の領域そのものの内部での「絶対的習俗規範性（人倫）」の実現(リアライゼイション)を先取りする意識的制御は、「市民（ブルジョア）社会」の領域そのものの内部での「絶対的習俗規範性（人倫）」の実現を先取りすることである。「福祉行政」(43)と「職能共済団体」(44)の両方は、その配慮の下にある人たちの社会的ないし技術的な訓練のために準備されなければならない。「国家」においては、この準備は単なる社会的ないし技術的なものを超えて拡大され、一市民の教育全体（主体）の形相定位 information of the subject に役立つはずである。ヘーゲルにとって、それらは従属者 the educated においては必要としていない、ということである。

われわれはもう一度、次のことだけには注意しておかなければならない。すなわち、それは、「国家」に特徴的な、教育のこの意識的制御は、それが目的を理解すること understanding of the end と〈普遍的なもの〉を意思すること willing of the universal を必要としているとしても、それを教育者 the educator においてのみ必要とし、教育される者 the educated においては必要としていない、ということである。

〈普遍的なもの〉に基づいて方向づけられたこの意思は、「国家」に特徴的なものであるが、そのように方向づけられていない他の諸々の意思を材料（質料）material にしてのみ行使されうる。わたしは何人かの人たちが教育されていない場合にのみ行がちな場合にのみ何人かの人たちが秩序を保ちうるし、そしてわたしは何人かの人たちが教育されていない場合にのみ教育しうる。

すでに「市民（ブルジョア）社会」(46)に関する説明において、ヘーゲルは、その意思が〈特殊的なもの〉the particular へ方向づけられている人たちと、その意思が〈普遍的なもの〉the universal へ方向づけられ、そしてそれゆえに、

183

第五章　ヘーゲルにおける「市民社会」と「国家」

かれら自身の経済的必要を供給する必要から免除されているに違いない人たち、つまり「普遍的階層」the universal class との間に、階層 class の区別を導入した。

この「普遍的階層」が、それによって従属者（サブジェクト）が法律（法則）を受け取るところの倫理的意思のみを行使するのであれば、その差別 discrimination はいまなりそうしていているように、この普遍的意思ゆえに、社会秩序を規制する機能をその普遍的階層に付与することに前進するとき、かれはそれ（その機能）に「国家」においてのみ行使されるひとつの活動を帰しているのである。

「〈普遍的なもの〉のための〈を志向する〉意思」will for the universal が従属者（サブジェクト）の倫理的意思を意味することをやめ、そして暗黙のうちに統治者（ルーラー）の意思と同一化されるや否や、経済的活動にささげられた階層と倫理的活動にささげられた階層との間の区別は、従属者（主体）と統治階層（ガヴァリング・クラス）との区別となる。そして、これが「社会」から「国家」への移行の本質である。

「〈普遍的なもの〉のための〈を志向する〉意思」は、それがなお「倫理的意思」という同じ名で呼ばれるとしても、いまや私的な立場（プライヴェイト・ステイション）の市民 citizen によってではなく、かれの公的な能力において活動する公僕 public servant によってのみ行使されうる意思である。この統治階層は「国家」であり、そして、その成員である人たちだけが固有のところ、それが社会に関する教説と異なるかぎりで、ほとんど排他的にこの〔統治〕階層の組織化と統治諸権力（ガヴァメンタル・パワーズ）の配分とに係わっている。

これらすべての結論は以下のようになる。倫理的意思が統治者の意思と同一視されるならば、そのとき、「国家」はその〈意思の〉行使（エクササイズ）の必要条件である、ということは真実であろう。しかし、その行使は人々の制限された団体（ボディ）〔統治階層〕（リアライズ）に限定されている、ということもまた真実であろう。かれらの意思においてのみ、「絶対的習俗規範性（人倫）（ポゼッション）」は実現されるであろう。そして、かれらだけが完全な倫理的自由を占有するであろう。そして、この自由の占有と

第五章　ヘーゲルにおける「市民社会」と「国家」

この習俗規範性（人倫）の実現(リアライゼイション)とは、いずれへの参加も排除された人たちの別の団体［従属階層］が現存することを前提にするであろう。

しかし、この［倫理的意思と統治者の意思との］同一視が果たされないならば、そのとき、われわれが見たように、ヘーゲルは「社会」から「国家」への移行を果たすためのいかなる根拠もそもそも持っていない。

それは、原理的には、「社会」から「国家」［第一ポリス・モデル］から理想的ポリス［第三ポリス・モデル］へのプラトンの移行と同一である。「普遍的階層」は、プラトンの守護者(ガーディアン)たちと対応している。この階層を社会の内部に含めることは、社会を同時に市民的かつ経済的社会から政治的社会へと形式転換(トランスフォーム)させる。統治(governing)という活動はこのように政治的社会の顕著な特徴であるから、統治の諸作用と統治権力の組織化とは、ヘーゲルにとって、プラトンにとってと同じく、社会哲学とは対立するものとしての政治哲学の主要な対象となる。統治府（政府）governmentは社会的組織化social organizationに付随して生起したと概念把握されるのであるが、この社会的組織化は、結局、ヘーゲルとプラトンの両方にとって、政治的社会そのものの内部で、従属階層に特徴的な秩序として残存する。この秩序は、統治する意思governing willの活動にとって、それに基づいてその活動が行使されるところの材料（質料）subject-matterとして必要であるからである。

統治者たちと従属者（主体）たちを階層へと差別(ディスクリミネイト)することは、ヘーゲルの「国家」哲学におけるプラトン主義の遺物である。「国家」は時間を欠く前進(リリック)（審判）過程timeless processの産物であり、この前進過程の諸段階は互いに論理的含意(ロジカル・コンシークェンス)の関係にある、というヘーゲルの教説は、かれの形而上学におけるプラトン主義の遺物である。ここでは、この形而上学とかの政治的教説との間にひとつの必然的関連があるように思える。ヘーゲルの教説において、「市民（ブルジョア）社会」と「国家」との関係は、現実(アクチュアル)にはいかなるものなのか？

第五章　ヘーゲルにおける「市民社会」と「国家」

われわれがこう問うとすれば、答えは二重のものとなるに違いない。

（1）それら[市民社会と国家]は弁証法という時間を欠く前進過程である。すなわち、それらはそもそも空間的にも時間的にも互いに何ら現実的に関係していないが、しかし、形而上学的な区分(ディヴィジョン)の産物としては、論理的により先にあるもの logically prior ないし帰結するもの consequent としてのみ、互いに区別されうる。「第一国家(シティ)」「第一ポリス・モデル」から理想的ポリス[第三ポリス・モデル]への推移(パッシジ)についてのプラトンの説明は、時間における一過程と形相を再現している。われわれがこのように言うことが正しければ、ヘーゲルのこの教説はそれ自身プラトン的である。

（2）しかし、質料が形相に関係づけられているように、人々は法律（法則）に関係づけられている、という概念把握(プシジョン)は、法律（法則）の定立 imposition of law に歴史的に先立つ historically prior 一段階があったであろう、という可能性を排除し（なぜならば、質料は形相なしに現実しえないからである）、そしてそれゆえに、社会の前政治的な諸状態 pre-political states of society は論理的に先存するもの logical antecedents としてのみ「国家」State それ自身に関係づけられるにすぎない、というこの結論を必然化する。人々は法律（法則）に、質料が形相に関係づけられているように、関係づけられているがゆえに、形相を定立する imposing（あるいは再定立する reimposing）という仕事は、職人が自分の材料（質料）subject-matter に対するように、従属者たちに関係づけられた統治者の仕事であるに違いないからである。ヘーゲルとプラトンは似通った形で、かれらの形而上学的区分についてのそれぞれの用語は現実的な「国家」の内部の分離した一階層として具体化される、と概念把握することを強いられている。これらの諸階層は、理念的には ideally、相互に関係づけられてはいないが、それらはまた単に形而上学的な区分の産物でもない。それらは、逆に、時間においては同時的 coeval in time で、空間においては並置され juxtaposed in space、そして統治と従属 ruling

186

第五章　ヘーゲルにおける「市民社会」と「国家」

and subjection の現実（実在）的な関係によって結合されている。

わたしがこの探究をさらに推進しようと試みるならば、わたしは自分の主題と力量とを同時に超えてしまうことになろう。しかし、この章の始めのところでホッブズについて述べたことにしばらく立ち返ってみることは、文脈上重要である。ホッブズについて特徴的なことは、かれは単に論理的な先在性 logical priority 以上の何かを人間の前社会的状態〔自然状態〕に帰していること、そして、「国家」の発展についてのかれの説明は神話を身に纏った形而上学的分析以上の何かであることを要求していることである。現実的な時間の先在性 real temporal priority を「自然状態」State of Nature に帰することは、人間は「国家」の外側では形相を待機している質料 matter awaiting form 以外のものではない、という仮定を否定すること、そしてそれゆえに、同じく、「国家」の内部での統治者とかれらとの関係は職人と質料との関係である、という含意を否定すること、これらと同義である。「国家」は、論理的発展の産物としてではなく、その諸段階が過去の歴史的な諸時代であるところの歴史的発展の産物として理解されるべきである、という主張は、その市民たちの不平等を「国家」にとって本質的なものとして概念把握する必要性を除去するように思われる。不平等は、「国家」の市民〔公民〕とその市民化されていない先行者 less civilized predecessor との間には存在するであろうが、「国家」の市民〔公民〕と統治権を与えられていない unenfranchised 隣人との間には存在しないことになろう。なお不平等は存在するであろうが、同時代人たちの不平等は存在しないように思われる。

「国家」State は諸状態〔自然状態〕states の一連の時間的な継起の産物として理解されるべきである、というホッブズの中に潜んでいる教説と、それ〔国家〕はひとつの論理的発展が現象するものとして理解されるべきである、というヘーゲル的形而上学的なものとは対照的である。しかし、プラトン的形而上学を超えるヘーゲル的形而上学の前進〔アドヴァンス〕は、この対照を緩和する方向への前進である。あくまでもプラトン的なものである、という点で、すなわち、それ自身の内部にそれ自身の発展の作用因〔起動因〕efficient cause [ἀρχή] を含んでいる点で、

187

第五章　ヘーゲルにおける「市民社会」と「国家」

プラトンのそれ [idéa] とは異なる。この発展は、それが時間を欠くがゆえに、歴史的発展 historical development ではない。しかし、それは、それにとってはあらゆる過程 process が非本質的 extrinsic である［そこに内在しない］プラトン的「イデア idéa」よりも、歴史的発展により近い。

わたしは、もちろん、そこに向かってヘーゲルが僅かに近づいているにすぎないひとつの理想として、ホッブズを持ち上げているわけでははない。ホッブズが掴んでいるのは、ヘーゲルの弁証法には欠けている時間的継起 temporal sequence というひとつの重要なエレメントであるが、しかし、かれ［ホッブズ］がそれを掴んでいるのはそれ以外のすべてを排除するためである。歴史的発展 historical development は時間的継起なしにはないとしても、時間的継起は歴史的発展ではない。ヘーゲルが発 展 を時間なしに概念把握しているように、ホッブズは時間における継続 succession を発展なしに概念把握している。

ひとつのことがらをその時間的歴史 temporal history によって説明する、というこのもっとも非ギリシア的な理念がそこからヨーロッパ哲学に導入されたところの源泉は、ヨーロッパ哲学のほとんどすべての非ギリシア的エレメントが、すなわち、ギリシア哲学との対照によってとりわけ近代的であるヨーロッパ哲学のほとんどすべてが、そこに由来したところの同じ源泉、すなわち、キリスト教的啓示 Christian revelation である。経験論哲学が奉仕したことは、他のところでもここでも同じこと、つまり、あまりに性急な合理化 rationalization ［理性至上主義］に反対して、キリスト教における教義の諸々の真実（あるいはその真実のいくつか）を頑なに主張することであった。他のところと同じく、ここでは、ヘーゲル哲学の顕著な特徴は、それがキリスト教的ドグマの諸々の教義の真実を同化することによってギリシア的立場を超えて前進 advance したが、しかしそれが充分にキリスト教化されていない、という点で蹉跌している。

われわれはこの脱線から議論が一八五頁で達した地点に戻らなければならない。

おそらくうまく問われているであろうが、プラトンに反対する不断の論争においてヘーゲル自身によって主張され

188

第五章　ヘーゲルにおける「市民社会」と「国家」

——それに従えば「国家」における習俗規範性（人倫）の実現は（ポリスにおけるその実現はそうではなかったが）主体（従属者）の自由に基づいていた——この教説からは何が結果したのであろうか？　この教説は、「国家」の水準が達成されるとき、痕跡を残さず消えていたのであろうか？　諸々（主体的自由）は、「国家」それ自身の内部社会」の理想的段階にあくまでも限定されているのであろうか？　それら（主体的自由）は、「国家」それ自身の内部の従属者（主体）によって行使されるいかなる現実的な諸権利においても現実化されず、そして政治的立憲体制（国制）political constitution 内部のいかなる諸制度においても反映されていないのであろうか？

疑いもなく真実であることだが、「市民（ブルジョア）社会」という組織は、「国家」それ自身の内部における一階層の組織として保持されるとき、この階層の成員たちはやはりなお、この秩序を条件とする倫理的自由及び経済的自由との両方を享受するに違いない。だが、これを指摘しても、上で提示した諸々の問いに対して完全には答えられない。

この［市民社会の］秩序が「国家」の内部における一階層〔「反省的身分」〕の中で維持されうるのは、それが統治府（政府）によってその［政府の］権威の制限を構成するものとして尊重されるかぎりにおいてのみである。それゆえに、この階層の成員たちは、政治的諸主体の能力（キャパシティ）におけるこの自由を享受しない。かれらは統治者〔「普遍的身分」〕の意思に従属することsubjectionにおいては自由ではないが、しかし、かれらがまさしくこのような従属を免れているかぎりにおいては自由である。われわれが問うているのは、主体（従属者）が「市民（ブルジョア）社会」の成員としてのみ占有する自由はまた、かれが統治者（ガヴァナー／コマンズ）の諸命令に服する政治的主体の能力（キャパシティ）において遂行する諸行為（アクションズ）にまでも拡大するのか、統治者の制御を免れている領域においてはそうではないのか、ということである。

答えは次のようになるに違いない。すなわち、「主体的自由」についての教説はヘーゲルの「国家」理論そのものをさらに修正するような影響なしにはすまない、と。かの理論の全体は、われわれがこれまでそれに与えてきた説明の中では究明され尽くされない。ヘーゲルの注意は、プラトンのそれとは異なり、排他的に統治階層（ルーリング・クラス）〔「普遍的身分」〕についてのかれの理論は、統治府（政府）〔行の組織化へと向けられているわけではないし、政治的立憲体制（国制）についてのかれの理論は、統治府（政府）〔行

189

第五章　ヘーゲルにおける「市民社会」と「国家」

政府」の諸制度にまったく限定されているわけでもない。かれは、明示的に、立憲体制（国制）における二つのエレメントを、すなわち、君主制的エレメントと「議会制的」エレメントを、統治権力から区別している。われわれがいま考察しなければならないのは後者（議会制的エレメント）である。ヘーゲルは、この名称の下に、統治（政府）機関ではなく政治機関organs of politicsである民主制的諸制度（そして、プラトンの政治哲学の中には、何であれこれらの制度に対応するものが存在しないのであるが）を、すなわち言論の自由、出版の自由、組織された公論、議会、政党、代表の諸制度を、総括している。これらの諸制度は、ヘーゲルにとって、政治的領域の内部における従属階層「実体的身分」、「反省的身分」の〔政治的〕自由の諸条件である。そして、それら全体の存在理由 raison d'être は、それらは「市民（ブルジョア）社会」の領域に特徴的である従属者（主体）の諸自由〔倫理的自由、経済的自由〕のために政治的領域の内部でひとつの実現を確保する、ということである。「〔市民〕社会」の主体（従属者）において実現される二つの自由の区別は、議会制的諸制度によって確保される政治的自由の内部における類比しうる区別の中に、それに対応するものを持っている。「国家」の従属者（主体）は、倫理的自由に類比しうる（しかしこれと同一のものではない）一方の自由と、「市民〔社会〕」の成員の経済的自由に類比しうる（しかしこれとは同一のものではない）もう一つの自由とを享受する。政治的従属者（主体）のこれらの自由を別々に考察し、そして最初は「社会的」自由と「政治的」自由の間で、あるいはそれぞれがそこに下位区分されるところの諸種類の間での、いずれの区別も認識していないこと、このことが想起されなければならない。

（1）議会制的諸制度が「国家」の従属者（主体）における倫理的自由と類比しうるひとつの自由の条件を確保するのは、それら諸制度が、次のような媒体、すなわち、政府によってとられる諸処置（政策）や政府によって果たされる諸決定についての情報をかれに与えるのみならず、それら〔の政策や決定〕を必然的なものにする諸根拠につい

190

第五章　ヘーゲルにおける「市民社会」と「国家」

理解力(悟性)は任意の命令 arbitrary commands という性格を失う。従属者(主体)はそれらを理性的なものとして受け取り、かくして、それらが自分自身に疎遠なものではない何かであることを見て取るのである。理解力に付随し、受容を自発的なものにする感情 sentiment を、ヘーゲルが「政治的信条」politische Gesinnung ないし祖国愛 patriotism と呼んでいるものである。だから、それは政府立法 governmental enactments の実現とそれらに従うことにおける従属者(主体)の自由との両方の条件である。

あきらかに、この教説は、「市民(ブルジョア)社会」がその諸条件を供給しえた、かの従属者(主体)における倫理的意思の対象は同時に理性的かつ普遍的である。そして、ヘーゲルは、それがこれと同一のもの理的自由、この倫理的自由を確立した教説に、きわめて近似している。そして、ヘーゲルは、それがこれと同一のものではない、という認識をどこにも示していない。われわれはこの同一化はどのくらい正当化されるのか、そしてそれが思弁的理性によって論理的諸原理から導きだされうるかぎりで、あるいはヘーゲルが言うように、「概念から」それが推論されるかぎりで、このような[倫理的]意思による受容を要求しうる。あれこれの歴史的な「国家」として特殊に具体化された「国家」の諸々の空間的かつ時間的な偶然性は、理性に固有の対象ではなく、単なる歴史的な知識の対象である。それゆえに、これらの偶然性ではなく、「国家」そのものの普遍的な諸限定が、それを意思することにおいて従属者(主体)が自由であるところの対象である。

ヘーゲルは、「国家」それ自身の内部における本質的なものと偶然的なものとを区別し、前者を弁証法の必然的発展として開示 exhibit することを要求する。このことによって、ヘーゲルは、立憲体制(国制)の諸々の本質的なものにまで、すなわち、それなしには「国家」でないであろうところの諸制度にまで、「自然法」Law of Nature ないし「市民」社会の市民法 civil law に制限していた、従属者(主体)の倫理者たちが「自然法」Law of Nature ないし「市民」社会の市民法 civil law に制限していた、従属者(主体)の倫理

第五章　ヘーゲルにおける「市民社会」と「国家」

的意思にとっての同じ権威と、そして合理的演繹のその同じ可能性に基づく権威とを、拡張しえたのである。この根拠に基づき、そしてこの範囲において、倫理的自由の可能性は「国家」の従属者（主体）のために保存されている、とかれは主張しうる。

しかし、この［倫理的］自由の条件である理解力（悟性）は、議会制的諸制度がそれを供給するにはあきらかにまったく適していないものである。立憲体制（国制）の諸々の本質的なものの理性的必然性を見極める洞察力は、あきらかに、もしヘーゲルが自分自身に固執しつづけるならば、新聞や論説の熟読によってではなく、『法権利の哲学』 Philosophie des Rechts の苦しみに満ちた研究によって獲得されるはずである。このような哲学的理解力によって条件づけられている倫理的感情 ethical sentiment を、祖国愛 patriotism という感情と同一視するわけにはいかない。一方は〈普遍的なもの〉によって、他方は〈個人的なもの〉によって喚起され、後者は、前者にとっては無関心なまさしく歴史的な特殊性を糧にしているからである。

祖国愛 patriotism は、ヘーゲルの教説の上で、「概念から」の派生の可能性がやむところ、そして法律（法則）が言葉の固有の意味で「実定的」になるところ、ここからのみ始まる。哲学的説明からではなく、ひとえに歴史的説明からのみ受け取りうる特殊な諸規制を積極的に受容することにおいて、祖国愛は発揮される。これらの特殊な諸規制は必然的であって、恣意的ではない。しかし、それらが必然的であるのは、それらが現在のこの特殊な「国家」の時間的に限定された利害によって要求されている、という意味においてではなく、それらが現在のこの特殊な「国家」そのものの概念に含まれている、という意味においてである。この必然的要請は、先見力、フォワード・ルックを持つ政治家には国民の便宜 national expediency として現われ、出来事の時間的経過についての回顧、バックワード・ルック力を持つ政治的歴史家の理解しうるもの intelligible となるが、従属者（主体）は、唯一この必然的要請に基づいてのみ、議会制的諸制度の公共性 publicity から啓蒙 enlightenment を導き出しうるのである。

ひとつの歴史的理性は普遍的な限定デターミネーションの可能性の下にある政策の諸々の特殊性において識別ディスサーンされること、この

192

第五章　ヘーゲルにおける「市民社会」と「国家」

理性は議会制的諸制度によって政治的従属者（主体）の理解力に接近しうるものになること、この理解力はかれにおいて祖国愛の感情を喚起すること、この祖国愛によってかれは自己自身を自分の祖国の利害と同一化し、状況が要求するものを自由に意思することになること――たとえこれらのことが認められるとしても、倫理的意思 ethical will はまったく異なる種類の理性が認知（知覚） perception するもの への反応であるから、祖国愛的意思 patriotic will は、やはりひとつの混同によってのみ、こうした倫理的意思と同一視されうるのである。

まさしくこのような混同によってのみ、ヘーゲルは、「国家」は必然的な推論の過程によって哲学的に導き出されうる、という立場と、そして、歴史的な「国家」の従属者（主体）は、それによってかれが上からそれについて判断する位置に立てるような、いかなる超時間的な基準へも接近しえない、という立場――この両方の立場を同時に主張するにすぎない。これら二つの立場の結合を、ヘーゲル国家哲学の全体の核心と呼んでも大過なかろう。それぞれ［の立場］は、それ自身だけで受け取られるならば、プラトン的である。しかし、ヘーゲルはすでに、それだけがそれらを互いに両立せしめうるようなプラトン的前提を放棄した。「国家」は、形而上学的根拠づけから受け取りうるものであり、そして、事物の永遠の自然本性の中に含意されている、と哲学的理性によって理解されるならば、そのとき、この形而上学的根拠は、同時に、現実的な アクチュアル 「国家」がその従属者（主体）たちに上から要求する権威を正当化するものであり、かつあらゆる特殊的な「国家」の諸々の不完全性を判断することを可能にする基準である。

しかし、判断のこの基準への接近を従属者（主体）それ自身には否定することを可能にする。すなわち、そこに唯一存在する根拠は、哲学的理性を行使しえず、そしてそれゆえに、その能力を持つ人たちに対して劣位にあることになるわけである。プラトンはこうした根拠を受容するが、しかし、ヘーゲルは、従属者（主体）の倫理的自由を主張するために、それを否定することを余儀なくされる。そのとき、あらゆる従属者（主体）は自分の属する「国家」を判断することを可能にする超時間的な基準へと接近しうる、というヘーゲルに先駆する合理論者たちの結論を、ヘーゲルは、従属者（主体）に帰される洞察力を、超時間的な根拠への引証 リファランス を示唆する哲学

第五章　ヘーゲルにおける「市民社会」と「国家」

的理解力から、そうではない歴史的理解力に貶める、という明らかな詐術（サブターフュージ）によってでしか、回避しえない。大部分の伝統的ヘーゲル批判はこれら二つの立場の前者を受け入れ、後者をその立脚点から退けた。従属者（主体）が哲学的思弁によって開示された永遠の理性の拘束力を持つ権威を自然本性の根拠として認知（リコグナイズ）（承認）することは、一個の人間としての不可侵性を何ら傷つけないものと思われてきた。しかし、かれが同様の権威をひとつの歴史過程において成立した現世的権力に帰することになるのは、かれの道徳的自律性の放棄（アブディケイション）に他ならないように見えた。

もちろん、この批判を受け入れることは、〈市民（ブルジョア）社会〉とは異なるものとしての「国家」はそもそも知性で把捉しえないものである、とする合理理論に立ち帰ることである。

しかしながら、現実には、これら二つの相容れない立場のうち、ひとつの新しい真実の萌芽を含んでいるのは後者であり、これに対して前者は古い真実の空虚な殻にすぎない。矛盾から抜け出す道は、後者を退けることによるのではなく、前者を捨てることによる。歴史的理解力によって「国家」を捉えることが低い評価しかえられないのは、そのことが哲学的理解力――これを占有することがプラトンの統治者の優位性を構成したのであるが――のような、何かより高次の理解力を排除するときだけである。しかし、ヘーゲルは――かれは一貫してそうすべきであろうが――それ[哲学的理解力]を、かれの統治者たちの階層[普遍的身分]（ステイツマン）に、かれらが優位にあることの根拠として帰していない。『法権利の哲学』 Philosophie des Rechts は、政治家のハンドブックというよりは、むしろ従属者（サブジェクト）（主体）に情報を提供するもの intelligencer of the subject である。というのは、統治者は自分の政策を、歴史的状況の時間的に制約された必然性によって導かなければならないからである。

「国家」に関するより高次の哲学的理解力――これと比較して歴史的知識は格下げされるのであるが――は専門的哲学者によってのみ占有されるにすぎない。このことは検証して見れば明らかである。統治者は自分の政策を導くためにそれを必要としないし、従属者（主体）は自分の自由を確保するためにそれを必要としない。それ[哲学的理解力]

194

第五章　ヘーゲルにおける「市民社会」と「国家」

がとことん無用であるということになれば、その優位性についてまず嫌疑がかけられることになろう。たしかに、「国家」のまさしく自然本性を理解することは、統治者が善く統治することの、そして主体が自由に服従することの、条件なのであろうか？　かの最初の嫌疑のすぐ後に続くのは、「国家」の弁証法的ないし形而上学的な演繹全体はその真実の自然本性を掴みそこなうに違いないし、そして、哲学者が現実に果たすべき仕事は、統治者を政治家にし、従属者〔主体〕を自由にせしめる歴史的理解力〔を発揮すること〕である、という確信が続くことになろう。[77]

（2）ところで、議会制的諸制度は、ヘーゲルにとって、祖国愛的意思を喚起する歴史的理解力によるかの啓蒙と並んで、もうひとつの機能を持っている。

「市民（ブルジョア）社会」において市民法のシステムは、それに基づいて倫理的意思が方向づけられるであろうところの普遍的対象と、その内部で特殊な諸欲求が妨げられることなく充足を見出すであろうところの私的所有のシステムとを、同時に提供するという二重の機能を持っていた。これとちょうど同じく、議会制的諸制度は、個人の意見を啓発するという機能のみならず、かれの啓発されない意見のためにひとつの表現をもひとつの普遍的な鋳型に一致させることによって、る機能を持っている。それら〔議会制的諸制度〕は、かれの意思をひとつの普遍的な意思に自由に発言させなければならないだけではない。それらはまた、かれの特殊な意思に自由に発言させなければならない。かくして、公論の自由 freedom of public opinion ——その諸機関が言論や出版の自由の諸制度である——は、「自分の意見を発言し、そして自分の言いたいことを言ってしまう、不断の渇望の充足」[78]にある。公論の自由を個人が享受するのは、かれが「一般的利害に係わることがらに関して、形式的、主体的な自由」の表現を提供する。この自由を個人が享受するのは、単純に個人的なものとしてであれ、自分自身の判断、自分自身の意見、自分自身の忠告を、形成し、発言」[79]うるときである。公開の場においてであれ、議会においてであれ、意見をこのように述べることは、公的な決断へのその効力としては無価値である。逆に、その唯一の正当化は、それが効果なしに留まることである。ヘーゲルは、それ〔公論の自由〕を、ローマの兵士たちによって勝利の行進中に享受された、かれらの将軍を嘲ることが許される

195

第五章　ヘーゲルにおける「市民社会」と「国家」

ことlicenceに、擬えている。かれらはかくして、「かれらの苛酷な奉仕や従属関係に対する害のない復讐をかれにぶちまけ、一時的にかれと等しくなったつもりになったわけである」。かくして、それによって近似的な許可licenceが「国家」の従属者（主体）に与えられるところの諸制度の価値は、まさしく安全弁 safety-valve のそれである。それらは、私的な諸々の野心に言論における通気孔ヴェントを与えているわけである。そうした私的な野心を法律は従属者（主体）において抑圧しているのであるが、それらの私的な野心は、このような通気孔が許されなければ、もっぱら不法な行為となって爆発しかねないからである。

ヘーゲルはこの許可 licence をかれの習慣的な用語によって「主体的自由」として示し、そしてかれはそれに、それは「近代世界の原理」によって要求される、という注を付している。いずれにしても、われわれがこれまで区別してきたいかなる種類の意思の自由とも異なる。この「政治的」意思が「祖国愛的」意思と異なるのは、そこにおいて経済的意思が倫理的意思と異なる仕方と類比しうる仕方においてである。すなわち、それは理解力のいかなる先行する行為によっても決定されず、特殊な欲求の直接的激発である、という点においてである。しかし、それは経済的意思ではない。それは経済的諸法則の規則性 regularity に対応するその作用においていかなる規則性も示さないし、とりわけ、経済的意思がそうであるようには、それを制御する法則（法律）の実現という形で現われない。

かくして、ヘーゲルが「主体的自由」のタイトルの下にかれの「国家」の中に含めているすくなくとも五つの異なる実践的活動がある。統治者の意思、そして従属者（主体）に固有な四つ異なる意思、倫理的意思、経済的意思、「祖国愛的」意思、「政治的」意思がそれである。これらの活動のすべてが「習俗規範（人倫）的」sittlich と呼ばれうるとすれば、そのときには、「習俗規範（人倫）的」「なるもの」は、単純に、「国家」の内部で認められうる――そして何であれそれを認めうるものにいかなる定義も与えない――どんな実践的活動をも意味する。「習俗規範（人倫）的」「なるもの」が、それが担いうるもっとも厳密な意味で定義され、そしてその実現のために普遍的な法則（法律）の概念によって限定される諸活動に適用されるならば、そのときには、それは区別された上位の人々 those

第五章　ヘーゲルにおける「市民社会」と「国家」

distinguished above の倫理的意思にのみ、そしておそらく、それが政治的必要性という根拠以外の根拠によって限定されると考えられるかぎり、統治者の意思にのみ、適用されうる。その定義が緩められて、歴史的理解力が普遍的法則（法律）の概念に取って代わることが許されるならば、その用語のニュアンスは拡大されることが許され、統治者の「祖国愛的」意思と残余の諸活動を含むことになる。限定されてはいても、法則（法律）の実現に結果する、すべての活動に適用するために、それがさらに緩められるならば、それは経済的意思の諸活動を含むことになろう。しかし、いかにして、それは「政治的」意思をカヴァーするまで拡大され、しかも、そもそも一定義に留まりうるのか、わたしには分からない。

プラトンのポリスは、政治的意思を予示するもの antitype を欠いている。ヘーゲルにおける統治者の意思は、プラトンの統治者の意思において予示 foreshadow されている。われわれがプラトンの言っていることよりも、むしろかれが言っていることが示唆していることに従うならば、経済的意思さえ、第三階層の経済的諸活動の発条として前提されていることが、見出されよう。そして、それが法則（法律）によって秩序づけられている、という条件に基づいて正当化されていることが、見出されよう。しかし、政治的意思はこのような秩序には従わない。それはその自然本性によって正義に反している。そして、それは「スタシス」（内乱、抗争）σταsις においてのみ顕在化しうる。「スタシス」は、定義によってポリスの本質と「徳」とを同時に構成する統一性の破壊である。

ヘーゲルは、この「政治的」意思をかれの「国家」の中に認めることに、はっきり躊躇を示している。かれがそれについて語るとき、かれの言葉の中にはとげとげしさ asperity が忍び込んでいる。かれは、予防線を張って、それは言語による表現から除かれていないにもかかわらず、それは実際的効果をまったく欠くはずである、と請合おうとしているが、この予防線の神経質な気づかいには、イギリス人の精神にとっては、ほとんど失笑を抑えがたいものがある。いずれにしても、かれはそれを認めている、という事実は、きわめて重要な意味を持っている。なぜならば、それを認めるということは、それにひとつの価値を帰することであり、かくして、理性へのその順応以外の意思

第五章　ヘーゲルにおける「市民社会」と「国家」

におけるひとつの価値の承認を含んでいるからである。

注

1 たとえば、それらの種類にかかわらず、あらゆる質料（物質）的対象に妥当する運動の伝達の法則は存在しない。

2 形相 form は知覚する精神の不完全性によって質料（物質）的実体に定立された非本質的（付帯的）intrinsic な呼称である、というさらなる帰結が引き出された。種 species は modi cogitandi（認識されるべきものの様態）であり、そして、それらは nominal essences（名目上の本質）である、という教説ははるかに遡って中世における、それ以前に淵源するスピノザによって。

3 わたしが両「革命」の日付をとてつもなく遅らせていること、両教説ははるかに遡って中世に、そしてそれ以前に淵源すること、このことをわたしは疑っていない。

4 差異はおそらく次のように述べることで表現されよう。すなわち、プラトンの「第一ポリス・モデル」は単に想像されているのに対し、ホッブズの自然状態は過去のものとして想像されている。同じような時間的関係性は、この時代のユートピア物語の中に忍び込んでいる。それらは「天上に置かれた」、そして、それゆえに時間（時代）を欠く理想という概念ではなく、地球上の未発見の場所に現在現存していると想像されている。この意匠が捨てられても、時間的関係性の問題は残るが、それは未来に移される。ユートピアは予言となり、理想は千年王国となる。

5 たとえば、コベット Cobbett は自然の法則を「自己保存及び自己享受の法則として、われわれの隣人の善への配慮によって課せられたいかなる抑制もなしに」、定義しているとすれば、かれはその用語を前者の意味で用いている。後者の意味での自然の法則の例は、各人はすべての理性的被造物において、かれが自分自身のために要求する同じ権利を尊重すべきである、という法則である。

6 この［市民法という］用語の使い方は人によっては違和感をもつであろうが、わたしは次善のものがないのでそれを採用しているにすぎない。その用語の利点は〈自然法〉Natural Law のこの概念が、そして、ヘーゲルの「抽象的法権利」"abstraktes Recht"が、歴史的に〈ローマ法〉Roman Law（万人法）"Jus Gentium"、「自然法」"Jus Naturae"）に由来していることを示唆していることであり、しかし、その用語の難点は、それがカント的道徳法則もまた直接的にそれに由来していたという事実を曖昧にすることである。

7 わたしは「経験論」"Empiricism"と「合理論」"Rationalism"という用語を、この章を通じて、近代ヨーロッパ哲学のこれら二つの伝統を示す特殊的かつ限定された意味で使っている。

198

第五章　ヘーゲルにおける「市民社会」と「国家」

8　第四章、pp. 148ff. sup.
9　『法権利の哲学』"Philosophie des Rechts" の主要な三つの区分の最初のものは、この演繹で占められている (§§ 34-103)。
10　わたしはこの用語をこの章を通じて上の第四章 (p 131 sup) の意味で使っている。
11　§§ 182-256.
12　かくして、ヘーゲルがその下で「市民（ブルジョア）社会」"bürgerliche Gesellschaft" を扱っている三つの主要な表題の最初のものは、「欲求の体系」"Das System der Bedürfnisse" (§§ 189-208) "司法" "Die Rechtpflege" (§ 209-29) である。
13　主体においてそれらが可能にする自由は、理性の自由 reason あるいは欲求 desire の自由（「倫理的」自由あるいは「経済的」自由）であり、意思 will の自由ではないのは、まさにそれらを条件づけている諸法則が一方ないし他方の意味で「自然的なもの」であるからである。
14　もし法則（法律）がかれらの諸活動を支配・統御することにおいて効力を持たないならば、それらの活動はそもそも一社会を形成しないであろうし、一方での〈国家〉と、他方での〈自然状態〉とから同時に区別されうる領域は存在しないであろう。
15　「市民（ブルジョア）社会」は「習俗規範的なものが現象する世界」"die Erscheinungswelt des Sittlichen" (§ 181: cf. §§ 154, 189, 263, 266) というヘーゲルの表現は、次のことを示唆している。すなわち、この領域においては、「本質」essence ("Wesen") が、それがそこにおいて具体化される感覚的現象 the sensible appearance ("Erscheinung") に、あるいは、形相が自然的対象における質料に、関係しているように、普遍的なもの the universal が、それがそこにおいて実現される特殊的なもの the particulars に関係している、ということを。諸々の特殊的なものが互いに関係づけられるのは、形相についての意識によってではなく、形相によってである。
16　§§ 181-5.
17　§ 266: cf. §§ 236, 249, 254.
18　とりわけ § 257-8 参照。
19　それは「主観的信念」であるが、しかし「即自的に存在する法権利」のそれである。§ 141, cf. §§ 142-50.
20　もちろん、このような意識は、一法則の概念によって決定されているという意味において、現実にかれの意思を「倫理的なもの」にするわけでも、かれの行為を自由にするわけでもないであろう。かれの諸行為は、かれがそれを意識するか否かにかかわりなく、法則によって決定されているから、かれの意識はこの決定に必要な条件ではなく、厳密にはそれに付随するものである。Cf. Ch. I, p. 20 sup.

第五章　ヘーゲルにおける「市民社会」と「国家」

21 われわれはその困難を以下のように総括しえよう。ヘーゲルがそれについて述べている〈普遍的なもの〉が経済的法則という〈普遍的なもの〉であるならば、それは主体における倫理的意思の行為によって以外には決して実現されえないが、しかし、それが市民法という〈普遍的なもの〉であるならば、それはこのような行為によって以外には実現されえない、と。
22 See §§ 142-50.
23 §§ 257-8.
24 これは「抽象的法権利」"abstraktes Recht"の発展である。
25 そこで「RechtはGesetzになる」。See §§ 212-28, and especially § 217, Ch.IV, p. 140 sup.
26 §§ 219-28.
27 たとえば、ロック主義者。
28 §§ 157, 188, 208, 230.
29 § 231.
30 これはカントによって代表されるようなものとしての「啓蒙思想」の政治哲学に対するかれの論争である。
31 "Polizei": § 231ff. ヘーゲルはこの用語に、公共サーヴィスの提供、公共的保健衛生を含む広い意味を与えている。
32 "Korporationen": §§ 250ff. それらは、それらが雇用者を排除しない点で、労働組合 Trade Union とは異なる。
33 § 231.
34 § 232.
35 § 236.
36 § § 237-8.
37 § 236.
38 § 249.
39 このことは、同じ個人が職人(技能者) craftsman とギルド・メンバー guildsman の両方の役割を担うという事実からしても、あくまでも真実である。かれが職人であるかぎりで、かれの視線は〈特殊的なもの〉に縛られているし、かれの諸活動は経済的諸法則によって決定されており、かれは「経済的」意思の自由だけを享受する。ギルド・メンバーとして、かれはその対象が法則である意思の「倫理的」自由を成就するが、しかしかれがこの自由を成就するのは、法則に従うことにおいてではなく、法則を管理し、矯正し、制御することにおいてである。

200

第五章 ヘーゲルにおける「市民社会」と「国家」

40 重要なことなので加えて述べるならば、一個人において統一される統治者と従属者（主体）との二つの能力を捉えている点において、ギルドについてのヘーゲルの教説は、プラトンにおけるそれを越える大いなる前進を示している。プラトンがかれの「第一ポリス・モデル」における職人たちに、かれらが自分たちの理解力 understandings を、自分たちの諸職能の諸対象への制限から、かれらの職能そのものがそれに対する質料である形相の理解 apprehension へと、解放しうるような「魂の向けかえ」περιαγωγή τῆς ψυχῆς の能力を持たせていたかのように。もしプラトンがこれを果たしていたならば、統治者階層の導入は余計なことであったであろう（see Ch.1, p. 31 *sup*.）。

41 ヘーゲルは、わたしが主張するように、統治者と従属者（主体）の能力が同じ個人において統一される、というギルドにおいて実現される原理を、政治的領域にまで拡大することに成功していない。

42 "Bildung."

43 『精神現象学』（1807）において、「市民（ブルジョア）社会」にきわめて近似的に対応する社会の段階が「教養（自己陶冶）の王国」"Das Reich der Bildung" と呼ばれていることは意味深長である。

44 以下のことについては、とりわけ § 187 を参照。

45 § 252.

46 § 239.

47 See further, pp. 189ff. *inf.*

48 「商工業者身分」"Der Stand des Gewerbes", § 204.

49 「普遍的身分」"Der allgemeine Stand", § 202, cf. § 250. ヘーゲルはこれら二つの階層にもうひとつ「農業階層」the agricultural class (§ 202) を加えているが、わたしはこれについて議論することはしない。わたしが付け加えるべきは次のことである。わたしは "class" という言葉をドイツ語の "Stand" のもっとも近い同義語として使ってきたにもかかわらず、それが厳密に同義であるかどうかは、わたしには疑問である。"Class" は、そのドイツ語よりも、世襲的地位 hereditary membership の含意を持っているように思われる。だから、わたしは読者にこの含意を割り引くことをお願いしなければならない。

50 §§ 205.

51 §§ 205, 303. もちろん、ヘーゲルは次のことを認めていない。すなわち、かれは「普遍的階層に」規制的機能を帰するに際して、社会における主体がそれを持っている、と言えるような意味で、その階層に単に「倫理的意思」を帰すること以上のことをしている、ということを。これは、この点においてヘーゲルの政治哲学に一貫して見られる混乱の一例である。特殊的意思と普遍的意思との

201

第五章　ヘーゲルにおける「市民社会」と「国家」

50　§157の重要かつ意味深長な言葉を参照。「(…)実体的に〈一般的なもの〉の現実性、そして、それに奉げられた公的生活の現実性」Cf. §303.「(傍点、M・B・F)…die Wirklichkeit des substantiellen Allgemeinen, und des demselben gewidmeten öffentlichen Lebens」Cf. §303.「一般的な、より厳密には、統治任務に奉げられた、身分」「der allgemeine, näher dem Dienst der Regierung sich widmende Stand」§310では、「国家の意味」「der Sinn des Staates」は「上級官職の意味」「der obrigkeitliche Sinn」と同義のものとして扱われている。Cf. §302.「国家及び統治(政府)の意味と信条」"der Sinn und die Gesinnung des Staates und der Regierung".

51　Not quite; see p.184 inf.

52　See §269.「〈国家という有機的組織体 Organismus の〉これらの区別される諸側面は、(…)さまざまな権力機能 Gewalten とその業務及び効力である(…)。この有機的組織体は政治的立憲体制である」(傍点、M・B・F) 'Diese unterschiedenen Seiten [sc. des Organismus des Staates] sind … die verschiedenen Gewalten und deren Geschäfte und Wirksamkeiten … ; dieser Organismus ist die politische Verfassung'. 示唆されているのは、「国家という有機的組織体」'organism of the state' とは統治(政府)の有機的組織化 the organization of government と同じことである、ということである。

53　正確に同じ仕方で、ポリスに関するプラトンの教説は、「第一ポリス・モデル」についてのかれの説明とは異なり、もっぱら統治者たちの有機的組織化にかかわっている。(かれは従属者階層を完璧に無視しているので、それは共産主義的に組織されるのか否か、に疑念を呈することさえ可能であった。)

54　ヘーゲルの初期の政治的著作の一つにおいては、統治者階層の原型は「自由人たちの身分」"Stand der Freien" と呼ばれている。Wissenschaftliche Behandlungsarten des Naturrechts, Werke, ed. Lasson, vol. Vii, 2nd ed., p.357. この階層の本質的特徴は、それが〈普遍的なもの〉をその活動の目的にする(§303)ということである。そして、〈普遍的なもの〉を知り、かつ意思することは、思想(思惟カテゴリー)の能力を実現しようとする衝動としての〔§4z; cf. the words in §308A「〈一般的なもの〉を(…)思惟すること(意思は(…)自己に定在を与えようとする〕「思惟活動」である〕、意識かつ意思としての)「思惟活動」である〕かぎり、それはプラトンの〈統治者〉と知恵 Sophia の徳を共有しているに違いないし、「軍人階層が一般性の身分である」(§327z)、それは、かれの補助者たちと勇気 Andreia の徳を共有しているに違いない。わたしがもっぱらこころを砕いてきたのは、ヘーゲル政治哲学は、それが統治者階層を従属者階層から分離してきたのは次のような本質的なポイントを強調することである。すなわち、

第五章 ヘーゲルにおける「市民社会」と「国家」

56 ヘーゲルは§314で「統治（政府）に何ら関与しない」、「市民（ブルジョア）社会」のメンバーとしてのかれらに言及している。
57 p. 167 sup.
58 ヘーゲルは「市民（ブルジョア）社会」という用語を、〈国家〉の発展における理念的一段階のみならず、その内部の諸人格の現実的階層 an actual class of persons にもまた言及するために、使っている。
59 p. 169 sup.
60 もちろん、わたしは次のように考えているわけではない。すなわち、ホッブズは、かれが〈国家〉の形成に先行していると主張している状態の記述において正確であった、と。
61 p. 179 sup.
62 §§ 275-86.
63 「身分的境位」"Das ständische Element", §§ 301-20.
64 あるいは、かれがそれを表現しているように、（§314）、「統治（政府）に何ら関与していない〈市民社会〉のメンバーたちの」。
65 Cf. §303.「立法権の身分的境位においては、〈普遍的身分〉と対照的な「私的身分」が政治的な意味や効力を持つようになる。」"In dem ständischen Elemente der gesetzgebenden Gewalt kommt der Privatstand zu einer plitischen Bedeutung und Wirksamkeit."
66 わたしはここからさらに、「祖国愛的」意思と「政治的」意思として、「市民（ブルジョア）社会」のメンバーにおけるそれぞれ倫理的意思と経済的意思とに類比される、政治的主体の主体的諸活動を区別する。
67 Cf. §314, §315 and §315 z, §317. この目的を確保するために、議会における論議は公開でなければならない。

203

第五章　ヘーゲルにおける「市民社会」と「国家」

68 わたしはおそらく次のように述べておくべきであろう。すなわち、わたしが考えた末に考慮からはずしている、「国家」における第三階層ないし農民階層にとっては、祖国愛的感情が意識的な洞察 insight に基づいている必要はない、とヘーゲルは考えている、と。かれらにあっては、それは信頼 trust に基づいている。しかし、洞察は、そのメンバーたちがこのような素朴な依存性から解放されるときにのみ現存するようになる階層（「商工身分」"der Stand der Gewerbe"）においてそれが回復するために必要な条件である。

69 §268.
70 §289.
71 §268.
72 §317では、言論の自由が、「市民（ブルジョア）社会」の主体に固有な倫理的自由について用いられるそれと正確に近似した言語によって正当化されている。それは次のように始まる。「近代世界の原理は、各人が承認すべきことは、かれに正当化されたものとして示される、ということを要求する」と。また、議会制的諸手続きの公共性は、市民法の履行のための諸法廷における諸手続きの公共性のために引証される以外のいかなる根拠に基づいても要求されない（cf. §14 with §224）。

73 Ch. IV., p. 138-139 sup.
74 Ch. IV. p. 151 sup.
75 この混乱は以下の段落から例解されよう（§315）。「見識のこうした機会が開かれることは、もっと」一般的な面がある。世論（公論）die öffentliche Meinung は、このことを通してはじめて真実の思惟カテゴリーに、そして、国家とその重要事との状態や、概念の洞察に至るし、したがって、こうしてはじめて、それらについてより合理的に判断できるようになる」（傍点、M・B・F）'Die Eröffnung dieser Gelegenheit von Kenntnissen hat die allgemeinere Seite, daß so die öffentliche Meinung erst zu wahrhaften Gedanken und zur Einsicht in den Zustand und Begriff des Staates und dessen Angelegenheiten, und damit erst zu einer Fähigkeit, darüber vernünftiger zu urteilen, kommt'. 議会制的諸手続きの公開性は、たしかに歴史的状況（「状態」"Zustand"）について主体を啓蒙しうるが、「国家」の論理的概念（"Begriff"）についてはそうしえない。

76 「啓蒙思想」の哲学者たち。
77 わたしはここで、誤解を避けることに役立つであろう二つの注記を加えておこう。
(1)「国家」の本質の論理的演繹が可能であるならば、歴史的理解力 historical understanding は制限される。見極め難いことだが、論理的演繹が不可能であることが分かるとき、歴史的理解力はこの制限から解放される。歴史的理解力は、われわれが持ちうる唯一の理解力であることが認められても、なお偶有的なものについてだけの理解力である、とい

204

第五章 ヘーゲルにおける「市民社会」と「国家」

う結論を、われわれはあまりにもあっさり受け入れてしまう。かくして、論理の幽霊は、論理がかつて支配した領域に、われわれが足を踏み入れるのを阻むわけである。歴史的理解力がこの制限から解放されるのは、それがみずからこの放棄された領域だけを占有することに赴くときだけである。だから、歴史的理解力はヘーゲルがかれの思弁的演繹を退け、それについての歴史的理解力を保持するならば、そのことによってわれわれは、この理解力を「国家」の「思弁的」演繹から排除した、「国家」におけるかの諸エレメントに制限される、という結論にコミットするわけではない。「抽象的法権利」、「道徳」、その他といった、「国家」についての理解力には関係ないものとして、あっさり捨て去られるべきではなく、それらが現実にあるところのものとして、すなわち、歴史的諸現実(言ってみれば、「抽象的法権利」はローマ法の体系であり、「道徳態」はルター的敬虔主義 Lutheran Pietism である)として理解されるべきである。そして、捨て去られるべきとされるものはすべて、論理的強制のまやかしである。しかし、このことが果たされているならば、歴史的理解力は「国家」の諸々の本質的なものに拡大されていたわけである。

(このことは生物学の領域から例解されるであろう。この科学における歴史的理解力は、生物学が進化論的なものになった瞬間に、似たような拡大を果たした。種の本質 the specific essence が時間を欠くものと捉えられていたかぎりで、それは非歴史的理解力 non-historical understanding の対象と考えられていたし、自然の歴史は非本質的なもの the inessential に制限されていた。種は変更不能なものではなかった、という発見によって、生物学という科学は、非本質的なものの歴史的発展への恒久的自己制限から解き放たれた。そのかわりに、種はそれ自身、時間的発展の産物である、という認識は、歴史的理解力を、以前にはまさに非歴史的理解力に保存されていた領域へと拡大した。)

「国家」の主体という観点からも、われわれは同じようにことがらを考察してもよかろう。「国家」の法権利の源泉は〈道徳法則〉Moral Law のような時間を欠く基準から演繹可能であるならば、かれの歴史的理解力は「国家」の法権利の源泉にのみ制限され、そして、このような理解力に基づいてかれの服従を要求することは、一個の道徳的存在としてのかれの尊厳に対する侮辱 affront である。しかし、道徳法則の概念そのものが歴史的発展の果実であったこと)が発見されるならば、歴史的理解力は、「国家」権力の源泉へという体系のキリスト教的倫理の伝統への同化の果実であったこと)が発見されるならば、歴史的理解力は、「国家」権力の源泉へよりもむしろ、「国家」の法権利の源泉へ拡大するであろう。

諸「国家」が共有するこれらの諸エレメント(たとえば、「抽象的法権利」、「道徳態」)は、ヘーゲルによってそう考えられているように、時間を欠くものに由来するものであり、したがって、歴史的理解力が、個々の国家を相互に区別せしめるものに、制限されるかぎり、後者に基づく祖国愛 patriotism は、狭くかつもっぱら民族的 national なものであらざるをえ

第五章　ヘーゲルにおける「市民社会」と「国家」

ないし、普遍的権利 the universal right（万人法 jus gentium）の非歴史的理解に基づく倫理的感情 the ethical element と抗争せざるをえない、あるいはしかねない。この抗争が生じるならば、祖国愛的感情は非道徳的 immoral なものになり、そしてこのような抗争に際しては祖国愛が倫理的感情を凌駕せざるをえないし、すべきである、と主張するヘーゲルに反対する偏見が生じることになる。わたしが考えている反対者たちは、ヘーゲルに反対して、倫理的感情は祖国愛的感情を凌駕すべきである、という反対のテーゼを主張する。これらの対立するテーゼについて述べられなければならないのは、次のことである。すなわち、ヘーゲルのテーゼは、かれに対立する見解の地平の上には現出しなかった一つの真実、すなわち、唯一真実の忠誠 allegiance はそれに基づく忠誠である、という真実の兆しを表現している、ということにある。かれがその領域を制限したことにではなく、唯一真実の忠誠が無であることを示唆しながら、しかもその領域の尊厳に敬意を払っている。かれは非歴史的理解力の優位 superiority を認識したことにではなく、かれが歴史的理解力の失敗は、それに基づく忠誠は、民族的な祖国愛 national patriotism を越えて広げられ、すくなくともキリスト教全体とそこに淵源するという狭隘さの矯正策はそれを拡大することである。もし「法権利」及び「道徳態」がそれら自身歴史的発展の産物であらざるをえない。しかし、その狭隘さの矯正策はそれを拡大することである。もし「法権利」及び「道徳態」がそれら自身歴史的発展の産物であらざるをえない。かれは非歴史的理解力が無であることを示唆しながら、しかもその領域の尊厳に敬意を払っている。「法権利」"Recht"や「道徳態」"Moralität" という普遍的諸原理から排除された歴史的理解力は狭隘なものであり、それに基づく祖国愛は誤ったものであらざるをえない。ヘーゲルの真実の忠誠 allegiance はそれに基づく忠誠である、という真実、この真実の兆しを表現している、ということにある。かれがその領域を制限したことにではなく、唯一真実の忠誠が無であることを示唆しながら、しかもその領域の尊厳に敬意を払っている。かれは非歴史的理解力の優位 superiority を認識したことにではなく、かれが歴史的理解力の失敗は、それが個別の「国家」にとって特殊なものであるものに制限されていることから解放され、そしてそれに基づく忠誠は、民族的な祖国愛 national patriotism を越えて広げられ、すくなくともキリスト教全体とそこに淵源する文明とを包括することになったわけである。

(2) 歴史的理解力は、批判（批評）criticism を排除しない。それが排除するのは、目的あるいは本質として捉えられうる、つまりそうしたものとして、それがそこで具体化される対象から離れて定義されうる、一基準に引証することによる批判だけである。言い換えれば、それが排除するのは、われわれがそれらをそれらの終極ないし目的という顕著な概念への引証によって判断するとき、われわれが有用な技術の産物に適用するような批判である。しかしそれは、われわれが美術作品に適用するような批判（批評）をも排除しない。この領域ではつねに、目的が遂行から離れて捉えられうるようにして、批判（批評）される作品から離れて捉えられうる基準を適用しようと努めることは、批判（批評）の悪徳として認められてきた。しかし、批判（批評）はこのような適用なしにあくまでも可能であった。哲学において必要とされる改革は、すでに生物学や芸術批評において生起したそれだけである。

78 §319.
79 §316.
80 §314.
81 §319 A. freely translated.

第五章　ヘーゲルにおける「市民社会」と「国家」

82 See §317z.
83 §316.
84 §317.
85 Ch. IV, p. 149 *sup.*

第六章　統治者 ruler （ἄρχων）と主権者 sovereign

ギリシア人たちが捉えることのできた活動 activity の最高の形式は、理論（観照）的 theoretical なそれであった。かれらが概念把握しえた実践的活動 practical activity の最高の形式は、テクネー（技）によって例解されデミウルゴス（製作者、職人）によって実行されたそれであった。デミウルゴスの活動の本質的特徴は、（1）それが目的を持っていること purposive、（2）それが形相定立に係わること formative である。

（1）デミウルゴスの仕事（作業）は、活動の目的でありかれの生産物の本質であるひとつの形相 form によって限定される。この形相は理論的理性のひとつの行為（アクト）によって仕事（作業）に先立って概念把握されなければならないし、職人の生産的活動は目的として概念把握された形相によって完全に限定されなければならない。何故このような行為がギリシア人たちにとって実践的活動の最高の形式を表現したのか、これを見てとるのは容易である。その行為においては、意思 will が理論的理性 theoretical reason にまったく従属し、それによって限定されていたからである。

（2）デミウルゴスの仕事（作業）は、所与の質料への形相定立 information に制限されている。この制限は後者［形相定立］から直接的に帰結する。というのは、その仕事（作業）が理性によって統治（支配）govern されうるならば、それは叡智的なもの（知性によって捉えられうるもの）the intelligible の実現 realization に制限されざるをえないからであり、叡智的なものは質料ではなく形相であるからである。

第六章　統治者 ruler（ἄρχων）と主権者 sovereign

活動 activity の最高の形式は、神に帰されなければならないそれである。そしてそれゆえに、ギリシア哲学の神の本質的活動は、理性 reason の理論（観照）的活動である。実践的活動が神的である、ということを否定することは、神の起動的な因果作用 efficient causation によって世界にはたらきかける（能動的に行為する）こと、これを否定することである。かれ（神）の活動はかれ自身にのみ基づいて方向づけられ、かれは不動の動者 unmoved mover としてのみ、あるいは目的因 final cause としてのみ、世界を動かしうる。

しかしながら、ギリシア哲学者の誰もがこの結論に満足していたわけではない。神はまた実践的活動も与えられていたし、世界の起動因 efficient cause としても捉えられていた。われわれが観察しておくべきことは次のことである。すなわち、その際、神に帰された活動は、まさしく、われわれが上で見たように、ギリシア人たちが最高の実践的活動として捉えることを余儀なくされた活動、つまり、デミウルゴスの活動である、ということである。かれの活動は、諸形相を質料において具体化すること embodying によって、それらを実現（実在化）する realization という活動である。

しかし、それは、神に帰されている実践的活動の自然本性において異なっている。しかし、それは、キリスト教の教義は、ギリシア人たちが成就したいかなる概念ともまったく異なる神の活動についてのひとつの概念を示唆している。その教義は、実践的活動及び作用因と世界の関係を神に帰する、という点においてのみ異なるだけではない。デミウルゴスとしての神という概念は、きわめて多くのことを果たしてはいた。しかし、それは、

創造者 Creator としての神についてのキリスト教の教義は、ギリシア人たちが成就したい①

創造的活動は、デミウルゴスの活動が服している制限のうちのひとつからのみ自由であるのではなく、その両方から自由である。それは所与の質料によっても、所与の形相によっても制限されていない。これらの制限の前者からのその自由は、きわめて広範に認められてきた。創造されるのは、その質料そのものが無から ex nihilo 産み出されるものだけである。ここでわれわれにより特殊に係わるのは、後者からのその自由である。形相がその実現 its

210

第六章　統治者 ruler（ἄρχων）と主権者 sovereign

realization とは異なるいかなる存在（者）being も持たないならば、創造的行為がひとつの目的としてのそれについての先行する概念によって限定されることはありえない。それゆえにまた、この実践的活動が先立つ理論的活動によって限定されることもありえない。換言すれば、創造についての教義は、実践的活動の神的な——そしてそれゆえに最高の——形相は理性 reason によって限定されていない、という示唆を含んでいる。

同じ示唆は、命令者 Commander としての神という密接に関連づけられた概念の中に含まれている。神の掟（神法）divine law は、ひとつの定言命法 categorical imperative であり、いかなる目的の成就にも方向づけられていないし、そしてそれゆえに、その神の掟（神法）がそこから発するところの実践的活動は、いかなる先行する理論的概念によっても限定されない。

神の活動 divine activity についてのこのキリスト教の教義は、近代的政治理論の顕著な諸性格がそこに由来する源泉である。それは、とりわけ、政治的社会における究極の権威としての統治者 ruler というギリシア的概念に次第に置き換わった主権者 sovereign の概念の源泉である。

統治者の活動は、プラトンにとって、そこにおいて人が自分のすべての徳 virtue を実現する唯一の活動であり、そしてそれは、人間の最高の活動である以上、神の活動の自然本性を最高に完成させる。神と同じく、統治者はひとつの純粋に理論的な活動において自分の自然本性を最高に分有 partake of している。かれはこの最高の水準を放棄し、統治 ruling という仕事に下降するとき、かれがそのとき関与する実践的活動は、神のそれのように、ひとりのデミウルゴスの活動である。

統治 ruling という活動は、言わば、目的志向的 purposive 活動であるとともに、形相定立的な informative 活動である。これら二つの性格のそれぞれから、プラトンの政治理論の主要な特徴のひとつが必然的に帰結する。

（1）それは目的志向的 purposive である。すなわち、それは、目的（エンド）として捉えられた一形相によって方向づけ

第六章　統治者 ruler（ἄρχων）と主権者 sovereign

られるが、それ自身、それが形相を定立する活動の産物ではなく、そしてそれゆえに、本質として、この活動によって産み出される国家〈状態〉state の内側の歴史的偶然〈出来事〉historical accident とは区別されうる。現実的なことがら the actual の内側において質料的 material なことから形相的 formal なことをこのように差別化すること discrimination は、哲学のギリシア的概念に従えば、ポリス哲学の可能性の前提である。その学問の器官 organ は感覚への依存から自由な理性であり、その学問の対象は〈偶然的なこと〉the accidental から区別された〈普遍的なこと〉the universal、〈感覚的なこと〉the sensible から区別された〈本質的なこと〉the essential、〈特殊なこと〉the particular から区別された〈叡智的なこと〉the intelligible である。なぜならば、この理論において、質料的なエレメントから形相的なそれらを差別化することが可能であろうからである。

(2) それはもっぱら形相定立的 informative なものである。この形相定立 information という概念は、上から下までプラトンの政治理論を貫いている。職人（技能者）artist としての qua 人間の本質的活動は、かれの質料に形相を定立することであり、政治的従属者（主体）political subject としての qua 人間のそれは、形相定立の同様の過程に質料としてかれ自身を submit させることであり、統治者としての人間のそれは、従属者 subject に形相を定立することである。統治者の活動も職人 artificer のそれも、いかなるものをも存在せしめない bring anything into being。いずれも、永遠の形相を所与の質料に娶わせる wed のである。

近代的政治理論の諸々の特徴的発展は、形相定立 information という概念が最高の実践的活動としての創造 creation の概念によって置き換えられることに依存してきた、ということをわたしは示そうと願っている。しかし、わたしは、この同じ置き換えがいかにして職人（技能者）・技術者（芸術家）的活動 artistic activity の近代的概念に影響を与えてきたか、これを示すことを意図して、いささか脱線してこの企ての前置きをしておきたい。

212

第六章　統治者 ruler（ἄρχων）と主権者 sovereign

技 Art は、厳密にそれが創造的 creative なものでないかぎりで、価値を持つようにプラトンには思われた。技術者 artist の活動が理性 reason によって支配 govern されたのは、それが知性 intellect によって前以て概念把握されたひとつのイデアを成就すること execution of an idea に制限されたかぎりにおいてにすぎない。それは質料を産み出さなかったし、況やイデアを産み出さなかった。それが前以て現存する質料の形相定立 information of pre-existent matter に制限されたように、前以て概念把握された形相の具体化 embodiment に制限された。職人・技術者（詩人）artist が、自分の作品 work が具体化したイデアを説明できないということは、プラトンにとっては、かれの活動が一テクネー以上のことであることの標識ではなく、それがそれ以下であることの標識である。それが意味したのは、かれが所与の質料の形相定立において一テクネーをもちいて実現（キャリー・アウト）することと以外の何かをしているということにすぎない。かれは円の本性についてのいかなる知識もなしに、一対のコンパスを産出する金属製作者の立場にある。かれがこのような一対の対象の産出に成功しても、かれは、円を描くという緊急の目的のためにコンパスをデザインするかれよりもより善き職人 craftsman として承認される資格を、与えられるわけではなかろう。実際、それはかれの技量 skill ではなく、機会 chance ないし神の介入 divine intervention に帰せられる。前以て beforehand 概念把握することに失敗すること、そして後から afterward 説明することができないこと、これは、われわれが最高の技（詩作）art と見なしているもの——例えば poetry——の大部分の諸形式の特徴である。技（詩作）のこのような諸形式は、それゆえに、プラトンにとってはまったくの神秘である。かれは、これらの職人・技術者 artists たちは機会 chance ないし奇跡によって価値ある成果を成就する、と主張しなければならないか、あるいは、かれらの成果が価値を持つことを否定しなければならない。

しかし、近代的な芸術概念 conception of art においては、芸術作品の「根拠（理由）を説明すること」render reason(4) ができないことは、その優越性 superiority のひとつの標識である。諸技術（芸術）を〈見事なもの〉the fine と〈有用なもの〉the useful、〈創造的なもの〉と〈機械的なもの〉に分類することによって、われわれはテクネーの概念を

213

第六章　統治者 ruler（ἄρχων）と主権者 sovereign

後者にのみ適切なものとして認める。これらには、それ［テクネー］は純粋に適合する。職人 craftsman は、それが奉仕すべき目的 purpose を前以て理解 アンダスタンド する力に基づいてのみ有用な対象を産出することができるし、そしてこの目的を理解することはかれの活動全体を支配している。その目的は、製作される made に際しての対象の本質であり、理解力によってその偶然的な諸性質から区別されうる。それは同時に〈理想的なもの〉the ideal であり、この明晰な概念だけが、批評家（弁別者）the critic に、あれこれの個々の特殊例 individual specimen が善きものであるか悪しきものであるかを判断する資格を与える。但し、この叡知的形相 intelligible form は、それがそこから見られる観点に従って、目的、本質、あるいは理想であるから、特殊的 specific なものであって、個人（個体）的 individual なものではない。

純粋芸術 fine art の作品については、これらのことはいずれも真実ではない。芸術家 artist は前以て概念把握された標準によって判断するとき、それは批評の悪徳 vice of criticism と見なされる。それゆえに、創造の産物の内側では、本質 essence は偶然的なものから離れて概念把握された基準によって批評されるわけにはいかない。

純粋芸術の作品のこれらの諸性格がいまやその優越性の標識と認められるのは、それらが必然的に創造 creation というひとつの活動 アクティヴィティ に属している諸性格であるからである――これは意味深長なことである。創造という行為は、アクト 前以て捉えられたいかなる目的にも支配されていない。そして、創造された対象は、それが批評 criticize されうるとしても、偶然的なものから accident と区別しえない。

芸術（技）art についての近代的概念において、形相定立 information は創造 creation によって置き換えられてきた、と述べることは厳密ではない。前者は後者に従属するようになった、と述べる方がより真実であろう。人間のいかなる活動も純粋な創造のそれではない。あらゆる芸術家（技術者）artist は、何らかの質料（材料）materials を必要と

214

第六章　統治者 ruler（ἄρχων）と主権者 sovereign

するが、これをかれは調達 procure してかれの技術 technique である。しかし、技能 technical skill はかれを偉大な芸術家にはしないし、技術の完璧さはかれの作品に純粋に審美的 aesthetic な価値を付与しない。かれが偉大な芸術家であるのは、想像力 imagination という活動によってであり、技術的過程はその伝達手段 vehicle にすぎない。そしてかれの作品が価値を持つのは、想像力の活動が創造するものによってである。

技術 Technique がギリシア語のテクネー τέχνη に由来することは意味深長である。この中には、ギリシア的理論（観照）において技術 art のすべてを構成した活動の概念が保存されている。技術（芸術）の近代的概念の本質は、そこにおいては、形相定立という概念が、（抹消されるのではなく）、形相定立的 informative ではなく創造的 creative である活動に、従属（サブオーディネイト）させられているということである。

われわれが技術者（芸術家）の活動 artistic activity の概念において略述してきた形式転換（トランスフォーメイション）といくつかの観点で類比的なそれが、政治的な活動の概念において生起した。前者においてテクネーという理念がそうであるように、後者においては統治（政府）government [ἀρχή, ἄρχειν, ἄρχων] という理念が保存された。但し、政治的行為 political action の全体としてではなく、従属的な一部分として。統治 government という概念は、統治（支配）ruling という プラトンの概念の中に含まれていたものの殆どすべてを包括している。それはひとつの目的に向けて限定され、知識によって方向づけられた活動である。それは形相定立的であり、そしてその質料として、統治（政府）government されるが統治しない人たちのひとつの団体を前提にしている。しかし、似ているのはここまでである。

統治者（支配者）the ruler がプラトンのポリスにおいてそうであるようには、近代国家 modern State においては至高の権威ではなく、プラトンがその概念を持たなかった何か、主権的意思 sovereign will に従属している。一国家において主権的意思が現前すること presence of sovereign will in a state だけが、臣民（主体）が統治者（支配者）に

215

第六章　統治者 ruler（ἄρχων）と主権者 sovereign

従属すること subordination of subject to ruler を相対化する。すべての統治（政府）はこの従属を含んでいるが、この従属はプラトンにとっては絶対的であった。主権が、ホッブズがそれを捉えたように、一君主 monarch あるいは一会議体 assembly において具体化されるとしても、このことは真実である。というのは、主権は、統治者 governor と被治者 governed とを等しく従属させるからである。統治者 governor 自身は、主権者 sovereign の一執事 minister ないし奉仕者 servant にすぎない。そして、主権が人民 people にあると考えられるならば、そのときには統治（政府）の従属者・臣民（主体）は、かれ自身、かれがまさにそれに従属 submit する権威 authority の源泉として概念把握される。

民主制的「国家」democratic State における主権的意思の諸機関は、われわれが前章で典型的にイギリス的なものであると述べたところのもの、〈自由言論〉、〈出版〉、〈政党〉、〈普通選挙権 Universal Suffrage〉、〈代表制 Representation〉である。これらのものの本質は、それらについてのイギリス的概念においては、統治（政府）の諸機関であるということではない。それらは、統治者（支配者）が従属者（臣民）に権力を行使する手段ではなく、主権者が統治者（支配者）に権力を行使する手段である。

主権的意思は法律を命じ command the law、「国家」を構成 constitute する。それは、創造的意思 creative will の二つの性格を示す。すなわち、それはいかなる目的 end にも基づかないで方向づけられ、したがって、理性 reason に従属しない。それは、「国家」を構成するに際して、いかなる自然的現存態 natural existence をも持たない何かを、創造するかあるいは存在させる。

主権的意思の産物である「国家」は、その本質は判別しえない not distinguishable、というすべての被造物が有する性格を持っている。いかなる目的もその製作過程を限定しないから、哲学者はその本質を差別化することしえない。批判家 the critic はそのイデアを引照することによってそれを判断しえないし、discrimination によってそれを理解しえないし、「国家」についての形而上学的理論は存在しえないし、ひとつの無時間的基準への引照による

216

第六章　統治者 ruler（ἄρχων）と主権者 sovereign

こうした発展に関するヘーゲルの立場を考察することに戻るならば、われわれが最初に看取しておかなければならないのは、ヘーゲルは、「国家」State は一主権的意思の被造物 creation of a sovereign will である、という基本的な観念を持っていない、ということである。「国家」が主権的 sovereign であるのは、かれにとっては、それがその諸法律の上位に立ち、その立憲体制（国制）constitution を創造する意思をその内側で表現するからではなく、それが一有機的統一体 organic unity であるからである。

主権 sovereignty はヘーゲルにとって、「国家」を、その対外関係において一単位 unit にし、その対内関係において一統一体 unity にするものである。前者においては、それは「国家」がその外のいかなる権力からも独立していることを、後者においては、「国家」がその内のいかなる権力をも凌駕していることを含意している。われわれが主に考察しなければならない後者の関係においてヘーゲルが好んで用いる表現（エクスプレッション）は、「国家」の主権はそれを構成する諸部分の「理念性」ideality を表示（再現前）（リプレゼント）している、ということであるが、この用語の意味を可能なかぎり明確に説明することが必要である。

「国家」を構成する諸部分の「理念性」は、有機的（オーガニック）団体を非有機的（インオーガニック）団体から区別するものであり、それらを、諸部分 parts としてではなく、諸成員 members ないし諸器官 organs として構成する。一器官が一部分と異なるのは、その本質がそれを包摂する全体 the whole と相関している点、そしてそれがそれ自身の完全性 perfection を実現しうるのはその機能を全体において遂行することにおいてのみであるという点にある。全体がその成員たちの行為を支配

217

第六章　統治者 ruler（ἄρχων）と主権者 sovereign

すること domination、これは有機体の生命である。その完全性 perfection は健康であり、その減少 diminution は病気である。病気は、ヘーゲルに従えば、身体の一器官のこの制御からの解放であり、こうして一器官はそれ自身のひとつの生活と発展とを始める。こうすることにおいて、その器官は全体の完全性を破壊するのみならず、正確に同じ程度にそれ自身の完全性を失い、その範囲において、それがあるべきその本質であることをやめる。一有機体においては、部分の利害と全体の利害との間の葛藤（確執）conflict はありえない。なぜならば、部分が適切（固有）に存在することは全体の一器官であることであり、そしてその適切（固有）な活動はその中で一機能を遂行することであるからである。

ヘーゲルに従えば、「国家」における主権は一有機体における生命と同じものである。「国家」の諸器官（機関）オーガンズ は統治ガヴァメント（政府）の諸権力パワーズであり、社会の諸制度インスティテューションズである。そして、これらすべてが単一の権力の絶対的権威に奉仕することがなければ、いかなる主権も（実際、いかなる「国家」も）存在しない。ヘーゲルは、封建的君主制 Feudal Monarchy を、「対内」主権 sovereignty "nach innen" を持たない社会の例と見なしている。なぜならば、その中には至高の権威が存在せず、その中の役所や団体がそれ自身の絶対的権利や独立した権力を持っていたからである。かくして、それは正確にいえば、その成員たちがそれぞれ自分自身の発展を追求し、全体における一機能の遂行に制限されていない、不健康な有機体という条件の中にあったわけである。というわけで、健康な「国家」は、健康な身体と同じく、そこではいかなる器官も全体の生命による形相定立 information に対して抵抗しないところのそれでなければならない。

この教義を誤解しないことは重要である。それは、その内部の単一の力 power ないしエレメントが自余のものに対する絶対的支配 domination に上昇することによって、「国家」が主権者になる、ということを意味していない。このことは、事実、主権の否定である。というのは、諸器官の諸活動が他の器官の諸利害に従属することになるということは、有機体という理念 idea の否定であるからである。「国家」におけるいかなる単一の力も主権の源泉ではない

218

第六章　統治者 ruler（ἄρχων）と主権者 sovereign

のは、身体の健康がその中の単一器官の機能でないのと同じである。

それにもかかわらず、ヘーゲルの「国家」の中には、必ずしも主権の源泉であることにではないが、主権を現実化する究極的な媒体であることに、とりわけ適合的なものであるところのひとつの権力が、すなわち、立憲君主制の権力が、存在する。「国家」の統一性は、戦争遂行 waging of war であれ、奴隷制廃止のような行為であれ、行為（公式決定、法令）act においてのみ実現される。戦う意志は戦争の宣言 declaration を通じて、奴隷制を廃止す意思はその廃止の公布 proclamation によって、ひとつの行為（公式決定、法令）となる。意思から行為までの行程のこの最終ステップは、一個人によってのみ踏み出されうるが、そうすることが君主の機能である。かれは自分の個人的性格を押し隠し、自分が何ら主導しない意思のひとつの運動を最終的に表現することに、自分を制限しなければならない。

ヘーゲルがホッブズと異なる点は、主権の所在についてひとつの異なる教説を保持している、ということに単純にあるのではなく、主権とは何かについてのかれの概念にある。ヘーゲルの君主の無力 impotence とホッブズの主権者の全能 omnipotence との対照は、ヘーゲルの「国家」の内部で主権的権力がどこか他のところに移動していることに単に起因してはならない。王から人民への主権的権力の移動というようなことであれば、容易にホッブズの主権概念と合致することになろうし、そしてもちろん、君主を比較的無力な地位へと引き戻すことを含むことになろう。しかし、ヘーゲルの君主の無力は、このような原因に帰せられるわけではない。ホッブズが主権と呼んだ、それを意思することにより法律を創造する権力 power to create law by willing it は、ヘーゲルの「国家」において、君主以外の保持者に譲渡されはしなかった。ヘーゲルの「国家」においては、そもそもそれはまったく現存しないのである。

「創造」についての教義は主権概念がそこに由来する源泉である、とわれわれは述べた。この教義はキリスト教的

219

第六章　統治者 ruler（ἄρχων）と主権者 sovereign

　啓示 Christian revelation の原理的教義である。もちろん、キリスト教的啓示は決してその「創造」についての教義の源泉である。例えば、それによってヘーゲル自身の哲学はプラトンの哲学から区別されるのである。しかし、いかなる近代哲学もキリスト教の教義をそっくりそのまま吸収したわけではなかった。それが思弁のすべての部門で「創造」に関する教義の真実の上に確固として基礎づけられたこと、これが近代の経験論の強みであった。この基本的な真実は、だからといって真実の全体ではない、ということを理解できなかったこと、これがその［経験論の］弱みであった。ヘーゲルについて、われわれは逆に次のように言うことが許されよう。かの啓示は総じて、とりわけ近代的な哲学の殆どすべてを性格づける特徴の中で究明し尽くされるわけではないが、「創造」についてのこの基本的な真実を同化（21）したが、「創造」についての真実をそのまま掴み取ったが、それらが基礎にしている前提を掴み取らなかったし、そしてそれゆえに、諸帰結をそれらの十全な意味において掴み取らなかった、と。
　ホッブズの思想は、実在するところのもの what is real、自然的なもの the natural は、神に意思によって、人為的なもの the artificial は、人間の意思によって創造される、という前提によって一貫して限定されている。人為的 art と自然 nature との対照における両方の用語は、この前提の上に新しい意味を受け取る。自然 nature はいまや創造された自然 created nature を、人為的人為（技術・芸術）creative art を意味する。かくして、ホッブズが、「国家」は「人為的なもの」artificial である、と主張するとき、かれが謂わんとすることは、それはテクネーの産物である、ということではなく、それは契約 contract に際して意思という一行為 an act of will によって創造されたのであり、同じく創造的なひとつの意思そのものの、つまり主権的意思の、実行 exercise によって支持されるアシミレイト（22）。契約の産物として考察されるならば、「国家」は創造的人為（技術）の所産に類比される。主権的意思の所産として考察されるならば、それはまさにそれであり、かつそれ以上のものである。主権的意思はそれ自身、それが（23）

第六章　統治者 ruler（ἄρχων）と主権者 sovereign

創造する「国家」の中に含まれる。「国家」は単に創造されるだけでなく、意思によって自己創造される selfcreated by will。かくして、「国家」は、自己原因 causa sui としては、人為（作為）art の作品（製作物）と自然 nature の作品、この両方から区別される。

しかし、ヘーゲルの「国家」の主権は意思の所産ではない。かれの用語法が示していることであるが、かれが主権と呼んでいるものは、生命を構成する自然的統一体と本質的に異なるものではなく、そしてその力は、健康、有機体のそれである。このことは検証によって確証される。

こうしたことは、議会制的民主制 parliamentary democracy の諸制度が、ヘーゲルの「国家」の中にいかなる場所も見出しえない理由であり、あるいはむしろ、それらが意思の道具から啓蒙の道具に還元されるかぎりでしかその中にひとつの場所を見出しえない理由である。けだし、それら〔議会制的民主制の〕諸制度の固有の機能は、法律の（執行、施行 enforcement ではなく）創造 creation の諸機関であることからである。ヘーゲルは、それ自身の中にそれ自身を創造する権力を含めること to contain within itself the power of creating itself を、「国家」の自然本性に属することと見なしていない。実際、かれには創造的なものとしての意思の概念 conception of will as creative が欠落している。だから、プラトンと同様に、法律への意思のいかなる行使も法律の本性を歪めることと見なすことを余儀なくされている。だから、かれは次のように切実に主張するわけである。これらの〔議会制民主制の〕諸制度は実効的な エフェクティヴ 権力から剥ぎ取られなければならないし、立法行為そのものは、法律を起草（構成）することかつそれ自身立法行為を限定するその constitution of law において現出してはならず、あらかじめ起草（構成）された一法律のより詳細な特殊化 specification においてのみ現出しなければならない、と。

しかし、かれが承認しない前提のいくつかの含意（示唆）はあまりに説得力を持っているので、ヘーゲル自身はそれらを拒むことができない。「習俗規範性（人倫）」についてのかれの理論全体とは矛盾するが、理性に順応させコンフォーム られない意思を表現することに役立つことは、議会制的諸制度におけるひとつの価値である。このことを、かれは認

221

第六章　統治者 ruler（ἄρχων）と主権者 sovereign

めている。そうした意思は、ひとつの創造的意思のあらゆる特徴を持っている。もっとも、その意思は何かを創造することからは注意深くあらかじめ除外されているのであるが。

これもまたすべてではない。自分の「国家」をそこから離れて概念把握された何らかの基準に照らして判断する市民の権利を否定することにおいて、ヘーゲルは「国家」に創造された客体 created objects という普遍的特徴を帰している。かくして、ヘーゲル自身が下した諸々の結論のうちでもっとも有名なものの一つは、かれが認めていなかったひとつの前提からの帰結である。そして、この前提は、かれがそれを認めていたならば、その中で本質を属性から差別化することに依拠するような「国家」哲学は不可能である、というさらなる結論を同じ必然性を伴って強いていたであろう。

主権についてのかれの教説において、その際、ヘーゲルは、用語法におけるプラトン自身を何らかの形で越えていくことはできない。プラトンと同じく、かれは「国家」の本質をその成員たちの統一性の中に見ている。しかもかれは、「国家」なるものはそれ自身の内部に意思の過程 process of will（国家自身の統一性はこの過程の所産である）を持たなければならない、というホッブズの教義の真実を正当に認めていない。ヘーゲルがプラトンとはもっとも著しく異なるところでは、まさしく「国家」の統一性は有機的なものである、差異化 differentiation の排除によってではなく、差異化を通じて、達成されるべき統一性である、と主張されている。しかし、この点でヘーゲルがプラトンと異なっているのは、「国家」を自然的統一体 natural unity 以上のものとして概念把握しているからではなく、自然的統一体を構成するために何が必要か、これを異なって概念把握しているからである。

一般的には次のように言えよう。ヘーゲルは、「国家」は「人為的なもの」artificial である、というホッブズの教義に反対して、「国家」は「自然的なもの」natural である、というギリシア的教説に立ち戻っているが、〈自然的なもの〉についてのかれの概念は、その中への二つの重要なエレメントの導入によって修正された、と。第一に有機体

222

第六章　統治者 ruler（ἄρχων）と主権者 sovereign

　ヘーゲルが、「国家」は「作られる（製作される）」is made、ということを否定するとき、かれが主張する反対のことは、「国家」は「存在」している "is"、ということではなく、「国家」は「生成」してきた has "come to be"、ということである。すなわち、「国家」が「自然的」であるのは、プラトンのポリスが自然的である、という意味、すなわち、そのイデアは諸事物の自然本性において時間を欠く存在 timeless being を有する、という意味においてだけでなく、それは自然的発展 natural development の所産である、というさらなる意味においてである。

　創造 creation という理念を持たない哲学にとっては、発展 development は、ひとつの目的（終局）end を実現する時間的過程 temporal process であり、そして手段 means が人間の意思 human will によってその成就のための手段として選択されるか否か、これに応じて、人為 art の過程、あるいは自然 nature の過程として捉えられるか否か、そしてその終局 end が人間の精神 human mind によって目的（終局）purpose として来上がっていくことは前者の発展の例であり、種子から樹木が成長することは、後者の発展の例である。プラトンは、かれのポリスは前者の仕方でのみ生成しうる、と考えた。そしてかれは、その実、実現されるべきプランを知っているひとりの政治家の誕生を、待たなければならない、というかれのもっとも基本的な確信によって、この結論を受け入れることを妨げられた。それゆえに、現前する「国家」は実現されている、というかれのひとつの条件を、すなわち、実現 realization というひとつの目的（終局）は、いかなる人間的行為者 human agents ——かれらの行為はその成就の手段である——によっても捉えられない、という第二の対案を採用することを、ヘーゲルは余儀なくされたのである。

　この過程は、現在に至るまで自己展開してきたような、「世界史」過程である。それはそこでそれがひとつの目的（終

223

第六章　統治者 ruler（ἄρχων）と主権者 sovereign

局）に方向づけられている発展であり、そしてそれは、そこでその目的（終局）が「世界精神」"Weltgeist" or World Spirit の目的であるところのこの自然的発展である。その「世界精神」は、歴史の人間的行為者たちをその成就のための無意識の道具として使用し、かくして、神的デミウルゴスが自然における成長過程に対してとる関係と同じような何らかの関係に立っている。このように「世界精神」によってその目的のための手段として使用されることは、一民族ないし一個人の偉大さの歴史的重要性を構成するところの当のことである。

〈偉大さ〉greatness と〈歴史的重要性〉historical importance というこれら二つの概念は、哲学によってギリシア的諸理念以外のものをまったく知られていなかった。そしてヘーゲルがこれらを導入していることは、哲学によってギリシア的諸理念以外のものを同一化するアンシミレイト過程における重要なステップを示している。しかし、それら「二つの概念」は、ヘーゲルによって、厳密な意味での「国家」哲学の中に導入されているのではなく、「国家」哲学が前提にしている歴史哲学の中に導入されているにすぎない、ということは意味深長である。

かくして、〈偉人の意思〉the will of the great man は、主権的意思の本質的機能を遂行する。それは、「国家」の内部のあらゆる権力の――行政府の権力のみならず、立法者と君主自身の権力の――活動を限定する法律を成立させ bring into being。しかし、それは、厳密には、それが構成する「国家」の外部にあるがゆえに、主権的意思であるわけではない。偉人たちの仕事は、かれらが無意識にそれを達成するために労苦した「国家」が完全に実現されるとき終了する。ヘーゲルの「国家」自身は、この意思を表現する機関 organ を欠いているから、完全かつ固有の意味において主権者でありえない。歴史の偉大たちの実効的権力 effective power が、ヘーゲルが無益なもの futility として非難している「政治的」意思に委譲され、そしてかれの「国家」においては衰弱 atrophy させられている議会制民主制の諸機関を通じて表現されるときにのみ、ヘーゲルの「国家」は、ホッブズがかれの国家 commonwealth においてそれを「人為的なもの」artificial と呼ぶことによって区別した意〈偉人の意思〉はまた、その自然本性において、われわれがこれまでヘーゲルの「国家」において区別してきた意

224

第六章　統治者 ruler（ἄρχων）と主権者 sovereign

思の五つの派生態［①統治者の意思、②倫理的意思、③経済的意思、④祖国愛的意思、⑤政治的意思］のいずれとも異なっている。それは、われわれが「政治的」意思と呼んできたものと、それはその用語の定義におけるいかなる可能な調整によっても「習俗規範性（人倫）的」sittlich と呼ばれるべき行為に要求されうる最低限のことは、「習俗規範（人倫）的」Sittlichkeit という概念の下には包摂されえない、という点で似ている。「習俗規範（人倫）的」Sittlichkeit という概念の下には包摂されえない、それは法律［法権利］に順応〔コンフォーム〕させれることになる、ということであり、そして、このような行為の可能性は、ヘーゲルの理論に基づくならば、その行為が順応させられることになる法律［法権利］が「歴史的」「国家」の中であらかじめ具体化〔エムバディ〕されていること、このことを前提にしている。しかし、正確には、まさしく将来の倫理的行為の条件であるこの［行為が順応させられる法律の］具体化は、偉人たちの諸行為がはじめて結果的に産み出すのであって、そして、正確には、まさしくそれ［その具体化］があらかじめ不在であることが、それら［偉人たちの諸行為］から厳格な道徳性 morality の拘束を免れさせるのである。

しかしながら、「政治的」意思は、その実践的有効性 practical efficacy を刈り取られることを代償にして、「国家」の中に保持されるのに対して、偉人たちによって行使される意思は、「国家」から排除されるということを代償にして、その有効性を保持する。

「政治的」意思と同じく、〈偉人の意思〉は、創造的意思に固有の性格のいくつかを開示している。これらの性格のうちで第一のものは、理性の導きからのその独立性である。ヘーゲルが、〈偉人の意思〉はかれが成し遂げつつある目的のいかなる概念によっても啓発〔エンド〕〈啓蒙〉されない、ということを主張するとき、かれによってこの独立性は強調された。しかしおそらく、より意味深長なのは、「偉大な」という形容語句 epithet をこの意思に帰することである。というのは、偉大さは、芸術家であれ政治家であれ、まさしくかれの創造力以外の何ものでもないものゆえに、一個の人間に帰せられるべきである、と述べることは真実であるように思われるからである。

実際には、ヘーゲルが記述しているような、「偉人たち」の活動は、「偉大な」という形容語句が適切には適用されない活動であるように思われるかもしれない。かれらの活動はひとつの道具という受動的役割であり、そしてかれら

第六章　統治者 ruler（ἄρχων）と主権者 sovereign

このことは、ヘーゲルが創造的意思 creative will という真実の観念を持つことなく、その諸性格を、〈偉人たちの意思〉と「政治的」意思との間で分割し、前者には自発性 spontaneity を欠く有効性 efficacy を帰し、そして後者には〈自発性〉が有効性を帰していたが有効性を帰さなかった理由である。創造的意思が実現されるのは、これら両方の性格［自発性と有効性］が結び付けられるときのみである。主権が議会制的諸制度を通じて表現された創造という同じ活動への（僅かで間歇的ではあっても）幾分かの関与を拡大することは、「国家」のすべての成員たちに、偉人をして偉人と呼ばしめる創造がそれらが積極的に達成したことであったように思われる。

ウィリアム・コベット（カビット）William Cobbett [1763-1835、英国のジャーナリスト] は次のように述べている。

「社会におけるわれわれの権利は夥しい数になる。生命と財産を享受する権利、心身の諸力を率直な仕方で発揮する権利がそれである。しかし、万人の偉大な権利、そして、それなしには事実上いかなる権利も存在しないところの権利、これは、われわれがそれによって統治されるところの諸法律を作成することに参加する権利 the right of taking a part in the making of the laws by which we are governed である」と。このように述べるとき、コベットは議会制的民主制 parliamentary democracy の根本原理を表現している。最初に述べられた諸権利は、政治的というよりも社会的な権利である。それらは、それらの維持のために、市民法 civil law の正当な体系の確立以上のことを要求しない。

しかし、後者の「万人の偉大な権利」は、まさしくその自然・本性によって、「社会」society が「国家」state になったかぎりでのみ行使されうるひとつの自由への権利である。議会制的諸制度は、代表制 Representation のみならず、それらだけが代表制を実効的なものにしうる他のすべての諸制度をも含めて、それらの本性において、それらによって主体が統治されるところの法律の作成 making of laws、つまり法律の創造、これへの主体のこの参加 participation of the subject を実現する手段である。代表制は近代国家の地理的広がりによって必要とされた工夫以上のものではな

226

第六章　統治者 ruler（ἄρχων）と主権者 sovereign

　ギリシア的な民主制的都市国家の民衆総会 primary assemblies [ἐκκλησία] の拙劣な代替物にすぎない、と想定した哲学者たちは、議会制市民主制の自然本性を殆ど理解しなかった。代表制システムの理念は、都市国家において完璧に遂行されたことを拙劣に遂行することではなく、それを概念把握することを一ギリシア人がイメージしえたいかなる自由とも種類において異なるひとつの自由を実現することである。ギリシア的民主制の市民の自由は、かれの同胞の全市民たちと平等において異なるひとつの自由をかれが占有することにあったのであり、かれあるいは他の人たちのいずれかが統治者 ruler として執行権 right to rule を占有することにあったのではない。統治（支配）ruling についてのギリシア的の概念においては、法律が統治者によって作成されえなかったのは、医学が医者によって作成されえなかったのと同じである。しかし、議会制民主制の市民の参政権（選挙権）franchise は、統治権 right to rule も、統治 ruling という活動への参加権も与えない。それが与えるのは、統治者 ruler が執行（実施）enforce しなければならない諸法律を命令 command するというまったく異なる活動への参加権である。これは、統治者 ruler にではなく、主権者 sovereign に固有の権利である。

　この自由はヘーゲルの「国家」の市民には全面的に欠けている。

　ヘーゲルが巻き込まれている諸々の帰結は、「国家」は人為的発展か、自然的発展か、このいずれかの所産である、というディレンマの第二の角 horn をかれが掴んでいることから生じているが、しかし、創造という理念は、かれがその両方の角の間から逃避することを可能にしていたであろう。もっぱら叡智的過程 only intelligible process が神学的なそれであるとするならば、それを構成 compose する人間の諸行為がひとつの目的（終局）end がその所産であるところの歴史の行程が叡智的でありうるのは、それを構成 compose する人間の諸行為 actions がひとつの目的（終局）end に向けられているかぎりにおいてである。その場合には、二つの選択肢があるにすぎない。その目的（終局）end が個人的な人間行為者 agents たちによって目的 purpose として捉えられるか、あるいは、かれらが、自分たちが理解しないひとつの目的（終局）のための手段として使用されるか、そのいずれかである。かれらは、かれら自身「国家」のデミウルゴスであるか、

227

第六章　統治者 ruler（ἄρχων）と主権者 sovereign

あるいは、神的デミウルゴスの掌の中にある手段であるか、そのいずれかである。そして、かれらを、自分たちがすることを目的にしているとして概念把握するか、あるいは、その達成の無意識な道具として概念把握するか、そのいずれか以外のいかなる方策も存在しない。前者の選択肢を受け入れるならば、過去の歴史の行程は、事実上、一連の哲人王 philosopher-kings たちの努力によって方向づけられてきた、と主張することに等しいことになろう。そして、ヘーゲルは第二の選択肢へと駆り立てられているのである。

しかし、われわれが一度デミウルゴス（製作者、職人）という用語法全体の諸制限を突破するならば、人間行為者 human agent を技術者 artificer あるいは道具 tool のいずれかと見なす必要はないように思われる。かれが産み出す目的（終局）にあらかじめ無意識（無自覚）であることは、それによって創造的芸術家 creative artist がデミウルゴスから区別される標識であり、歴史における人間行為者がこのように無意識であることは、必ずしも道具 tool の水準へのかれの下降ではなく、むしろ創造者 creator の水準へのかれの上昇を示している。

創造の仕事は、目的のある形相定立 purposive information の仕事におけるのと同じ仕方で、目的あるいはひとつの機械と、それが奉仕する目的 purpose が理解 understand されるとき、知的に理解可能 intelligible となる。そしてこの目的は、何らかの特殊な例の感覚的経験とは異なるひとつの概念 conception の対象である。創造的芸術 creative art のひとつの所産は、同様に理解されるであろう。ひとつの絵画の価値評価をすることと appreciation は、その絵画がそれによって構成されているところの彩色された表面を感覚的に直観すること以上の何かである。しかしそれは道具と同じような仕方で知的に理解可能 intelligible なものではない。絵画においてそれを彩色された破片の寄せ集め以上のものにするところのもの（われわれはそれをおそらく

228

第六章　統治者 ruler（ἄρχων）と主権者 sovereign

その「意味」meaning と呼ぶことが許されよう）は、これらについての感覚的直観 sensuous apprehension とは異なるひとつの概念の対象にはされえない。

いくらか似たような形で、一連の創造の仕事は、発展 development として、すなわち、それらの仕事がそれに向かって前進していく目的（終局）についての明確な概念を欠いてはいるが、ひとつの理解可能な連なり intelligible series として、理解されよう。換言すれば、神学的なものではない被造物の中にも発展はありえよう。これは、何らかの創造的芸術の歴史によって例解されよう。すなわち、一時代の画法は、一方からは区別して概念把握された完成ないし目的（終局）perfection or end により近似したものと理解されるのではなく、それに先行する時代の画法から発展してきたと理解されよう。政治的な歴史も、同じく、それが人間における創造的活動の所産として理解されるかぎり、ひとつの神学的過程として解釈されることなく、ひとつの発展として理解されよう。

しかし、ヘーゲルには、他のところと同じくここでも、創造 creation の意義への洞察が欠けている。かれは実践的活動におけるいかなる徳 virtue も、それがひとつの概念 concept によって支配 govern されていないかぎり、把捉しえない。ちょうどそれと同じく、人間の歴史がひとつの神学的なものではないが、理解しうるようような、いかなる過程も、把捉しえない。人間の歴史がひとつの神学的過程であるならば、そのときにはそれは、その達成の手段である諸々の出来事の経験的記述とは異なるその目的（終局）というひとつの概念によって理解されるものにされうる。かくして、ヘーゲルは不可避的に「歴史の哲学」を歴史の経験的学問から誤って区別することに導かれる。前者はその対象として目的（終局）を、後者は歴史過程の諸手段を持つからである。

ヘーゲルが創造をひとつの人間的活動として認識 リコグナイズ しそこなっているとすれば、かれは同じくそれをひとつの神の活動として認識しそこなっている。歴史に関するかれの教説の全体は、実際、次の二つの事実に、すなわち、かれは自分の哲学の中に人事を支配する神の「摂理」divine Providence についてのキリスト教的教義の真実を吸収したこ

第六章　統治者 ruler（ἄρχων）と主権者 sovereign

と、そして、神の「創造」divine Creation についてのキリスト教的教義の真実を吸収しそこなったこと——この二つの事実に依存していると言えよう。プラトンがそうであったように concept 概念把握されていたはずである、という充たされない条件を仮定することを余儀なくされることなく、理想的「国家」は現実（実在）的なものである、とかれが主張することができるのは、前者の事実のせいである。後者の失敗は、

「世界精神」Weltgeist や「歴史の哲学」についての教説と関連づけられた諸困難の根源である。「世界精神」は、一言でいえば、ひとつの摂理 Providence を再現（再現前）しているが、但し、再現されているのは、神的デミウルゴス divine Demiurge の摂理であって、神的創造者 divine Creator のそれではない。かくして、それを通じてその摂理がはたらいているところの人間行為者は、技術者 artificer にとっての道具 tool として、摂理に関係づけられているところの神学的過程であり、そしてその終局への目的 purpose によってはたらいているから、それが方向づけているのである。とりわけ、摂理はひとつの終局 end への目的 purpose にとっての道具 tool として、摂理に関係づけられているところの神学的過程であり、そしてその終局は、ひとりのデミウルゴスのあらゆる所産におけるように、差別化 discriminate されうる。

思想（思惟カテゴリー）thought において、それを成就させる諸手段から、あるいはそれを実現させる質料から、差別化 discriminate されうる。

「世界精神」についてのかれの教説は、「摂理」Providence［Vorsehung］についての宗教的教義においては想像力 imagination［Vorstellung］によって——そしてそれゆえに不適切に——呈示（再現前）されている同じ真実を、哲学的に——そしてそれゆえに適切に——直観的に把捉したもの apprehension である、とヘーゲル自身は主張している。「摂理」のひとつの計画が存在する、と断言しながら、その計画が可知的 knowable であることをヘーゲルは宗教的想像力が不適切であることの標識と見なしている。そしてかれは、宗教がこのように、謎のようなもの inscrutable であると主張している諸々の神秘に浸透することを否定していること——このことを哲学固有の仕事として要求している。［神秘の本質を概念的思惟によって洞察すること］、このことの例において、ヘーゲルは、かれがそれを「概念へ翻訳すること」translating into the concept と称しているところの真

230

第六章　統治者 ruler（ἄρχων）と主権者 sovereign

実を、曲解している。「摂理」の計画は謎のようなもの inscrutable である。しかし、それが不適切に表現している真実は、神の計画は可知的 knowable である、ということではなく、神は、そもそも、デミウルゴスではなく創造者である以上、神はひとつの計画に従って行為しない、ということである。ヘーゲルは現実には宗教的想像力 religious imagery [Vorstellen] を、それが含んでいる真実の概念的把握 conceptual apprehension [Begreifen] によって置き換えていない。かれは「創造」というキリスト教的理念を、テクネーというギリシア的理念によって置き換えているのである。

注

1 『ティマイオス』においてプラトンがそうしているように。

2 そして、まさに近代の政治的実践のそれもそうである。

3 このことは、ギリシア人たちは哲学をひとつの論証科学 a demonstrative science ――すなわちその結論は経験的な明証性 evidence に依存しなかったところのそれ――と考えていた、ということを単純に意味している。（例えば、ユークリッド幾何学のような）論証科学でさえ、推論に従事する諸手段として、あるいは推論そのものの過程に持続的に随伴する図解として、どれほど感覚的諸対象の経験に依存するとしても、このことは前者が影響されることのないひとつの異なる問題である。プラトンとアリストテレスの間で争われている問題は、後者の意味での理性の経験への依存の問題にすぎない。理性の諸結論は経験の明証性への依存から自由でなければならない、という仮定も疑問に付されてはいない。

4 λόγον δοῦναι.

5 思うに、この主張はひとつの例解として充分役立つほど真実であるというわけではない。有用な技術 useful art という概念はそれ自身、純粋な芸術 fine art ということ以上に変換を蒙ってきた。そして、職人 the artisan の活動は芸術家 the artist のそれ以上には、かれがデミウルゴスであることにはもはや尽くされない。後者の技術 technique が想像力的活動に従属しているように、前者の技術は経済的活動に従属している。これはプラトン自身によって χρηματιστική として認識され、しかしかれによって誤って τέχνη と呼ばれた。だが、それは τέχνη の二つの性格、形相付与的であるという性格と概念把握された理念によって支配されているという性格の両方を欠いているのである。それは、反対に、その作業 working において両方とも盲目的

第六章　統治者 ruler（ἄρχων）と主権者 sovereign

であり、その帰結、富の生産において創造的である。プラトンの職人 craftsman はデミウルゴスとしての性格ゆえに、ポリスにおいてかれに割り当てられた場所を持っていた。質料に形相を付与することが一個の人間としてのかれの機能であった。職人は自然本性からして従属者であり、自分自身を質料として同様の形相付与に従属させることが市民としてのかれの機能であった、というプラトン的結論を逆転させてきた、マルクス主義のそれのようなあらゆる近代的理論は、それに従属する経済的なものであるかのように捉えられた、修正された概念を基礎にしてきた。労働者 worker は技術的なものではなく、それが従属する経済的なものであると捉えられた、修正された概念を基礎にしてきた。富の創造者であるかれのために至高性 supremacy が要求されるのは、かれが熟練した職人であるからではなく、富の創造者であるからである。

6　この区別はアレゴリー（風喩）において可能である、ということは、規則を証明する例外である。というのは、アレゴリーは明らかに芸術の偽の形式だからである。純粋な芸術作品を、あたかもそれがアレゴリーであるかのように解釈しようと努めることは、判断の粗野な堕落と認められる。

7　これら二つの芸術（技術）概念の対立は、古典主義者とロマン主義者との論争の主要な争点であったように思われる。さらに言えば、おそらく、理念のこうした変化が影響を与えたのは、芸術の理論のみならず、その実践である。形相付与 information と創造 creation との諸契機は、異なる芸術において異なる割合で混合される。形相付与の契機は、近代の芸術的生産の、それぞれの特徴をとりわけ示している。技術 technique と想像力 imagination との関係に関してわたしが提示した指摘は、絵画芸術においてきわめてはっきりと例証される。絵画芸術は、この点から見て、彫刻と音楽という両極の間にあり、そして実際、"art" という用語は大概、言語的使用によっては絵画芸術に適用されてきたからである。文学芸術はいくつかの特殊な問題を提起する。なぜなら、言語は、著者の素材である以上、自然的な素材ではないからである。

8　技術 technique は τέχνη と、とりわけ、教示可能である、という性格を共有する。

9　Ch. V. pp. 190ff. sup.

10　主権の意思を創造的なものとして理解 comprehend したことは、イギリス経験論の特殊な功績である。これらの特徴の両方はホッブズによって表現されている。前者は、かれが、主権者は自然の諸法則に従属する、ということを否定するとき、後者は、かれが、「人為的なもの」である、と断言するとき。

11　［対外主権］ "Die Souveränität gegen aussen", §§ 321-3.

12　［対内主権］ "Die Souveränität nach innen," §§ 276-9.

13　「その諸契機の理念性ではなく、実体的統一性」 "Die substantielle Einheit als Idealität seiner Momente." §276.「主権を構成する…

232

第六章　統治者 ruler（ἄρχων）と主権者 sovereign

14　§278 A．
15　アリストテレスの例において、腕が身体から切り離されるとき、腕は腕であることをやめるように。
16　§278 A．
17　§278 A．
18　Ibid．
19　§§ 279-81, cf.「……主体性は……君主権の概念を成し、全体の理念性としてはこれまで述べたところではまだその法権利と定在を得ていない」"…der Subjektivität, … den Begriff der fürsten Gewalt ausmacht, und welche als *Idealität des Ganzen* in dem Bisherigen noch nicht zu ihrem Rechte und Dasein gekommen ist" (§320, italics, M.B.F.)「君主の主体性は、全体の上に注がれる理念性……である…べきである」"Die Subjektivität des Monarchen …soll…die Idealität sein, die sich über das Ganze ausgiesst" (ibid. z).
20　§ 280z における印象的な章句を参照。「国家という完成された有機組織体にあっては、大事なのは形式的決断の頂点と情念に対する自然のままの安定性だけです。ですから、君主に客観的な固有性（属性）を要求するのは不当なのです。かれは「然り」と言って、画龍に最後の点睛を置くだけでよいのです。というのは、頂点は……性格の特殊性は意味を成さないはずだからです……。よく秩序づけられた君主制においては、法律だけに客観的側面があるのであって、君主がしなければならないのは、この側面に主観的な「我意思す」を付け加えることだけなのです。」Es ist bei einer vollendeten Organisation des Staats nur um die Spitze formellen Entscheidens zu tun und um eine natürliche Festigkeit gegen die Leidenschaft. Man fordert daher mit Unrecht objektive Eigenschaften an dem Monarchen; er hat nur Ja zu sagen, und den Punkt auf das I zu setzen. Denn die Spitze soll so sein, dass die Besonderheit des Charakters nicht das Bedeutende ist…In einer wohlgeordneten Monarchie kommt dem Gesetz allein die objektive Seite zu, welchem der Monarch nur das subjective "Ich will" hinzuzusetzen hat.」
21　ましてやどんな中世哲学もそうではない。
22　Cf. Ch. IV, p. 155 *sup*.
23　創造されたすべてのものが、それらの持続的保存のために、それによってそれらがはじめに創造されたところの同じ力の永続的

233

第六章　統治者 ruler（ἄρχων）と主権者 sovereign

行使を要求するように、主権的意思と、国家に関して契約を結ぶ諸党派の意思との関係は、神の摂理と、自然に関する神の創造との関係と類比的である。

24 政治的体制 the political constitution についての「有機体」"organism"、「有機的」"organic" という用語の恒常的使用。Cf. e.g. §§256 A, 259, 267, 269, 271, 278 A, 286 A.

25 Cf. Ch. V, pp. 196ff sup.

26 「立法権が係わるのは、次ぎ次ぎとさらに進んで規定される必要があるかぎりでの法律そのものと、内容からしてまったく一般的な対内的な諸要件である。この権力はそれ自身、国家体制（憲法）の一部分であり、これを前提としている。そのかぎり、国家体制（憲法）はもともと立法権の規定の圏外にあるが、しかし法律が次ぎ次ぎと形成される中で、また一般的な統治諸要件の性格が前進して行く中で、そのさらなる発展を保持する」。"Die gesetzgebende Gewalt betrifft die Gesetze als solche, insofern sie weiterer Fortbestimmung bedürfen, und die ihrem Inhalt nach ganz allgemeinen inneren Angelegenheiten. Diese Gewalt ist selbst ein Teil der Verfassung, welche ihr vorausgesetzt ist und insofern an und für sich ausser deren direkten Bestimmung liegt, aber in der Fortbildung der Gesetze und in dem fortschreitenden Charakter der allgemeinen Regierungsangelegenheiten ihre weitere Entwicklung erhält." (§298, italics, M.B.F.)

27 Ch. V, p. 197 sup.

28 Ch. V., pp. 193 ff. sup.

29 Pp. 212, 214 sup.

30 Cf. § 298 z.

31 目的（終局）the end が概念把握され、諸手段が神的デミウルゴス a divine Demiurge によって選択されるならば、発展は自然的なものに留まる。

32 これは「理性の狡知」"Die List der Vernunft" という有名な教説である。歴史に登場する人物たちの利己的かつ野心的な行為がいかにしてかれらが予想だにしない目的へと向けられるか、これを例解している§289 z を参照。§344 では、「世界精神の仕事を果たす諸国家、諸人民、諸個人は「無意識の道具」"bewusstelose Werkzeuge" と呼ばれている」。そして§348 では、「かれらからは隠されており、かれらの対象でも目的でもない」とされている。

33 §298; quoted p. 219, n. 3, sup.

34 §280 z, quoted p. 217, n. 1 sup.

234

第六章　統治者 ruler（ἄρχων）と主権者 sovereign

35　ギリシア人たちは、創造という理念を欠いているということと、この示唆は一致している。創造という観念とその同属の概念がまた欠いたかぎり、偉大さの問題に真剣な考慮を払ってきた哲学者は、ヘーゲル自身を除き、殆どいない、ということは、その困難さを示している。『判断力批判』におけるカントの理論は、それが創造の芸術家に係わるかぎり、この問題に触れている。同時代の哲学者たちの中で、クローチェはこの主題に言及しているが、偉大さとはかれが「経済的」活動と定義していることの性格である、というかれの想定はあきらかに誤っているように思われる。つい最近、偉大さ greatness と善 goodness との関係から生起している諸問題は、W. G. de Burgh （"On Historical Greatness", published in *Proceedings of th Aristotelian Society*, 1932, Supplementary Volume XI）によって提起された。わたしはかれのクローチェ批判に同意しているが、かれのお陰で、この主題を論じる際に有利な立場にあった。

36　Ch. V., p. 196 *sup*.

37　*Advice to Young Men*, vi, §332

38　「われわれがそれをどんなに隠蔽しようとしても、かれが従うことを強いられる法律を作成することを共に担わない人間は、奴隷、実質的奴隷である。」Ibid. vi. §332.

39　「単一の諸都市を越える共同体において、万人が個人的にも公的な仕事の何らかの極めて小部分にさえ参加しえないから、理想的なタイプの完全な政府は代議制でなければならない、ということになる。」J. S. Mill, *Representative Government*, ch. iii. （ミルの結論は、実際には、かれの前提からは出てこない。論理的には、理想的タイプの完全な政府は単一の小都市のそれであるべきである、という結論になろう。）

40　Cf. p. 220 *sup*.

41　それはおそらく生物学の領域からさらによく例解されるであろう。ダーウィン以前の理論、例えばマールブランシュの理論に従えば、世界における生物種の現存する秩序は、創造に際して神によってかれ自身にあらかじめ設定された目的 the end として理解されうるし、そして有機的自然において観察される運動はその達成のための手段として理解されうる。有機的世界における運動と変化は、かくして、目的論的なものと見なされ、そして、その目的を理解 comprehend していた人だけに理解しうるもの intelligible と見なされた。（この目的の発見は、生物種の「自然的」分類におけるダーウィン以前の自然学者たちの調査においてかれら自身に設定された仕事であった。Cf. *Encyclopaedia Britannica*, IIth. Ed. s.v. "Zoology"）。しマールブランシュは、自然における過程は目的論的なものである、というこの教説を種の固定性への信仰と結び付けている。

第六章　統治者 ruler（ἄρχων）と主権者 sovereign

かし、それは、種の進化への信仰と本質的に合致しないわけではない。種の配分のための神の計画は、現在にだけ実現されている、あるいはいまだ実現されてさえいない、そしてそれによって諸種が変容かつ変異してきたあるいはなおしているところの長期にわたる過程は、それ自身、神が発端から目的としたひとつの原型的図式を究極的かつ変異的に達成するための一手段である。こうしたことは大いに考えることであろう。このような進化は目的論的なものであろうし、すべての目的論的発展のように、それが向かっている目標を理解する人にとってのみ——かれが目標はいま実現されていると考えようが、その達成は将来のために保存されていると考えようが——理解しうるもの intelligible であろう。

ヘーゲルは人間の歴史の行程をこのような目的論的進化と見なしている。かれの「世界精神」"Weltgeist"は、神の摂理がわれわれがスケッチしたような生物学的理論に基づく動物的発展と関係づけられているのと同じ方法で、人間の進歩と関係づけられている。（かれは過程をいま完全的なもの、そして現在において達成された目標と考えている。）

現代生物学理論の革命的な特徴は（わたしはそれを「ダーウィン主義的なもの」と呼び続けるつもりである。もっとも、ダーウィンのそれへの個人的寄与のいかなる評価にも係わりたくはないが、）それが種の非目的論的進化に基づいていることである。それは種の時間的継起はひとつの発展であると想定しているが、しかし、この発展は継起する種の各々は発展を方向づける目的をより完全に実現するものであるという意味においてではない。それはより高次のものをより低次のものから差別するが、しかし、両者から理想的に区別しうるものに照らしてそうするわけではない。

要するに、はじめてダーウィン的生物学は、自然の諸成果にふさわしい種類の発展を帰しているにすぎないのである。生物学は、はじめてダーウィン的下で、動物は被造物であるという真理を、キリスト教から採用した。かれらの正統派的前任者たちはこれを信じていたが、しかし、この信仰はかれらの学問科学には浸透していなかった。かれらは、かれらの信条において、自然の王国は一「創造者」の作品である、と宣言していたが、あたかもそれが一デミウルゴスの作品であるかのように扱い続けていたのである。

ヘーゲルの歴史哲学は、生物学的進化についての前ダーウィン的理論のそれに似た欠陥に悩まされている。しかも、それが「創造」についてのキリスト教的教説の真理を同化することに失敗した、という同じ理由で。この区別の欠点はいまや一般的に認められているから、更なる暴露はしなくてよいだろう。わたしがとりわけ恩恵を受けているのは、この教説についてのクローチェの強力な批判である。ヘーゲル自身の実践はきわめてしばしばかれの歴史を裏切っていること、そして、かれが自分の歴史哲学とかれが呼んでいるものにおいては大層偉大な大文字の歴史があること、こうしたことをわたしが付け加える必要はない。

42

第六章　統治者 ruler（ἄρχων）と主権者 sovereign

〈初出〉
『大東法学』第一六巻第一号（二〇〇六年一〇月三〇日発行）―同第一八巻第二号（二〇〇九年三月三〇日発行）

43 Cf. § 343 A.

〔解題〕

M・B・フォスター『プラトンとヘーゲルの政治哲学』

永井　健晴

Quid ergo Athenis et Hierosolimis? Tertullianus

主題——正義と自由、自然と人為、理性と意思

「正義」とは何か。これは西欧政治哲学の発端から現在に至るまで問われ続けている主題である。他方、古典古代の政治哲学において強調してやまないのは「自由」という主題である。これらの主題をめぐり展開された西欧哲学史の濫觴と目されるのは、古代ギリシア哲学（広義のHellenism）と古代ユダヤ教及び中世キリスト教神学（同じく広義のHebraism）である。

フォスターのこのテクストで基本的に問題となるのは、語弊を懼れず敢えて言い切ってしまえば、「正義」と「自由」の関係という問題のさらに背景にある、人間存在における「自然」physisと「人為」technē、「理性」intellectusと「意思」voluntas（主知主義intellectualismと主意主義voluntarism）、そして人間存在にとって可知的あるいは不可知的な、これらのいわばメタ根拠としての、「自然」あるいは「超越神」——これらの概念と、そしてこれらの概念を基礎とする広義の「国家」概念との、相互含意と語義変容である。

解題　M・B・フォスター『プラトンとヘーゲルの政治哲学』

媒介項としての法則・法律 nomos と lex

西欧政治哲学固有の主題として取り組まれる、この「正義」と「自由」、「自然」と「人為」、「理性」と「意思」、これらの錯綜した関係の問題は、広義の「国家」の成立及び存立の問題に係わる。そしてこれらの問題の入り組んだ関係の磁場において媒介の役割を演じるのは、「正義」という概念を（これを基礎にするにせよ、これから離脱するにせよ）前提にする「法正義（法権利）―法（法則、法律）」Nomos—Law, Recht—Gesetz、あるいは、「法正義（法権利）の実定化」という概念である。

プラトンとヘーゲル――『国家』と『法権利の哲学』

ところで、プラトンとヘーゲルは、西欧哲学史の発端と末端において屹立している。プラトンは古典古代ギリシア哲学の、ヘーゲルは西欧近代哲学の、それぞれそれら以前に展開された諸思想の決算期に現れている。西欧政治哲学史においても事情は同じである。もちろん、両者（前五世紀前半と十九世紀前半）の間には、古代ギリシア哲学と古代ユダヤ教・キリスト教神学との対質・融合から展開されたきわめて豊穣な西欧における中世神学及び近代哲学の遺産が介在する。しかしながら、フォスターは、爾来二千数百年の間に蓄積されたこの途方もなく膨大な西欧哲学の中から、プラトンとヘーゲルとを、しかも就中（なかんずく）『国家』と『法権利の哲学』とを、敢えて取り上げている。それは政治哲学の根本課題である人間存在にとっての広義の「国家」の意味を問うためである。

ポリス Polis とステイト State のメタ範型

西欧政治史においては、二つの市民国家モデルが提示されている。すなわち、ポリス Polis とステイト State がそれである。古典古代と西欧近代のそれぞれの歴史的現実において生起した市民国家を踏まえて、プラトンは前四世紀

240

解題　M・B・フォスター『プラトンとヘーゲルの政治哲学』

前半に前者の、ヘーゲルは十九世紀前半に後者の、それぞれの市民国家の範型を呈示した。けれども、しばしば思い込まれているのとは異なり、これらはいずれも、イデオロギーに発する非現実的・理想的なユートピア的国家モデルないし国家論などというものではなく、むしろ歴史的現実において成立した市民国家のいわば同時に理念的かつ現実的な国家範型（いわば、「統制原理」das regulative Prinzip）として、すなわち、そうした市民国家の認識のための「理念型」Idealtypenというよりも、むしろいわばこの範型の範型、つまり「メタ範型」meta-paradeigmataとして呈示されているのである。

フォスターはプラトンの国家範型の結合原理を「正義」、ヘーゲルのそれを「自由」（主体性）としている。さしあたり、敢えて社会学的なモデルとしていえば、いずれも歴史的に生成した共同体community あるいは共同体国家を前提としているが、プラトンの国家モデルは political organization と、ヘーゲルのそれは political association といえるであろう。しかし、それらはいずれも「国家」である以上、単なる organization でも単なる association でもなく、あるいは単なる有機体論的国家でも単なる社会契約論的国家でもなく、M・ウェーバーの謂うところの Anstalt 国家であるはずである。

「法」を媒介項とした「正義」と「自由」の概念の差異と関係は、上で触れたように、必要な変更を付すならば mutatis mutandis、「自然」と「人為」との、あるいは「理性」と「意思」との概念の差異と関係に密接に係わっている。それらはまた、自然的であると同時に政治的ないし社会的である存在としての人間存在における「個体性」individuality と「共同性」collectivity との概念の差異と関係に係わっている。

テクストの論旨

フォスターがこのテクストにおいて展開したこうした主題に関する議論の結論を先取りしていえば、それは凡そ次のように言いうるであろう。すなわち、プラトン的国家範型における結合原理としての「正義」（理性、法）概念は、

解題　M・B・フォスター『プラトンとヘーゲルの政治哲学』

そもそもすでに両義性（自然性と人為性）を帯びており、プラトンは事柄そのものとしてその区別を呈示していないながら、しかもそこにすでに「自由」（意思）概念の両義化（恣意と意思）と「自然」概念の両義化（欲望と理性）を呈示し、これらをその国家範型の中に積極的に取り込みながら、結局のところ、この点では、プラトンと同じく、「歴史における理性」の形而上学において、いわば第三の「自由」を、すなわち、法を自己定立する「主権的意思」を、「国家」の外部に設定している。

ヘーゲルは、「自由」（主体性）概念の萌芽を示していながら、思惟範疇としてのこの区別に自覚的でない。これに対して、

アリストテレスの用語法

こうした問題構制〔プロブレマティック〕を、フォスターは、それが厳密にいって妥当であるか否かはともかく一貫してキリスト教神学において受容されたアリストテレスの用語法によって捉え返している。（ここでは、プラトンとアリストテレスの両哲学の差異、そしてプラトン哲学そのものにおけるパルメニデスとソクラテスの両思想エレメントの差異というきわめて深刻な問題は、さしあたり括弧に入れられている。）

すなわち、フォスターが援用しているアリストテレス的な概念枠組みあるいは思惟範疇は、およそ以下の四つを挙げることができよう。第一に、「形相と質料」forma et materia（さらにいえば、起動因 archē、目的因 telos、形相因 eidos、質料因 hylē の四エレメント）、第二に、「主語と述語」substantia et accidentia、essentia et existentia（実体と属性、本質と現存）、第三に、人間の活動（学問対象）の類型としての「観照（理論）theōrein、実践（行為）prattein、製作（作為）poiein」（すなわち、形而上学・存在論・倫理学・政治学、技術・芸術）、そして第四に、「可能態」と「現実態」dynamis et energeia ──これらがそれである。

かくして、フォスターにおいては、プラトン的「正義」は特殊性 specialty と一般性 generality との、ヘーゲル的「自由」は個体性 individuality と普遍性 universality との概念的な関係枠組みにおいて捉えられる。ここで、フォスター

範疇転換　形相質料関係と主体客体関係　nomos と lex

の議論の眼目は、実現化あるいは現実化 realization or actualization の問題、「可能態」と「現実態」の関係の問題、すなわち、国家範型における形相ないし本質（結合・統一・秩序）は、如何にして何によって実現化・現実化するか、という問題である。

古典古代と西欧近代との間に、範疇思惟の範型において、いかなる構造転換が生起したのか。古代ギリシア哲学の生成以来、あるいはおそくともパルメニデス、ソクラテス以来、思惑と真実、外面と内面、可変性と不変性、差異性と同一性、これらの差異と関係の意識はすでに成立していたはずである。とはいえ、思惑と真実の差異の自覚に発する、独断論と懐疑論、実在論と唯名論、合理論と経験論、システム論と現象学、これらさまざまに変奏された分裂と矛盾の意識においても、人間の自己意識の自己言及性が作動しているかぎり、すなわち、人間の思惟と意思とが作動しているかぎり、差異性と同一性との同一、同一性と差異性との差異性については決定的に揺らいでしまったわけではない。なぜならば、何らかのこの同一性への信憑なしには、同一性と差異性との差異性について言及することさえ不可能であるからである。

いずれにしても、古典古代と西欧近代との哲学史的関連において生起した範疇思惟の範型転換に関して一般的に語られているのは、形相質料関係の範型から主体客体関係のそれへの転換である。さしあたりフォスターの見解もまた、これに副っているように思われる。この範型転換に関してフォスターが注目しているのは、国家の存立根拠を示す「形相」（理性）概念の「法則」（法律）（意思）概念への（すなわち、「正義」の「自由」への、そして Nomos の Law への）転換ないし移行（意思による法正義の定立、Recht setzen → Gesetz）である。ここに介在しているのが、フォスターによれば（キリスト教神学にというよりも）古代ユダヤ教に淵源するとされる「意思」（創造意思・主権的意思）の概念である。この転換と連動して、一連の基本概念（正義、法、自然、理性、自由、意思等々の）の両義化が帰結する。

243

解題　M・B・フォスター『プラトンとヘーゲルの政治哲学』

subject 概念の語義反転　従属者＝主体

フォスターによれば、古典古代国家における nomos の西欧近代国家における lex (Law・Gesetz) への転換は、基体・実体（基礎に置かれたもの）hypokeimenon, subjectum, subjectum という用語の語義反転（従属者＝主体）が示唆するように、国家成員としての「製作者」dēmiourgos＝従属者 subject の「創造者」creator＝自己立法の主体 subject of self-legislation への転換に対応している。この subject の語義転換（従属者＝主体）は、従属者、製作者が法あるいは国制の自己創設者としての主体に転換する可能性の条件となる。

同じことを繰り返し強調するならば、この範疇思惟の範型転換に決定的に影響を与えたのは、フォスターによれば古代ユダヤ教思想あるいはこれに発するキリスト教神学である。ここでは、超越的創造神は、被造物としての宇宙・万有の中で、己の似姿としての人間存在――「理性」のみならず「自由」「意思」を実現する可能性を備えたいわば単独者としての人間個人――に特権的地位を付与している。この神学思想に従えば、古代ギリシア的「理性」（所与の自己産出的な自然秩序）に対して、この外部にあってこれを対象化（客体化）しうる「意思」（創造、すなわち、所与の可能態と現実態を拒否しうる任意性・恣意性）が決定的に優位に置かれているのである。

プラトンの国家範型（第三ポリス、aristokratiā）における三階層秩序

社会的分業と三階層秩序（統治秩序）――経済秩序と政治秩序

ところで、プラトンが『国家』篇で呈示している国家範型（第三ポリス、最優秀者統治の意味での aristokratiā）の中には、いわばポリスの生成神話としての「第一ポリス」（健康なポリス、豚のポリス）が、第三階層（生産者・製作者層）として組み込まれている。この第三階層においては、職能人（製作者）たち dēmiourgoi のいわば社会的分業（生産

244

解題　M・B・フォスター『プラトンとヘーゲルの政治哲学』

交換のシステム）、有機体的秩序（生存の必要から成立する成員たちの諸職能の差異ゆえの結合）、プラトンの謂う「正義」dikaion ないし「形相」eidos が、いわば自然発生的に実現している。他方、この「第三ポリス」（最優秀者統治）においては、この諸職能間の差異ゆえの縦の、横の、ないし能力の）差異ゆえの縦の三階層の人為的な統合秩序が成立している。前者を経済的秩序と呼べば、後者は政治的秩序であり、これに関して、プラトンは、この「第三ポリス」を、縦・横のこれら両秩序（自然的・有機的・経済的秩序と人為的・政治的秩序）に関して、「正義」という同じ概念によって構成している。

フォスターによれば、これら縦・横の両秩序、つまり「第一ポリス」と「第三ポリス」の結合原理を同じないし「形相」という概念で捉えることは、思惟範疇の（必要な変更を付さずに）混同なのである。何故に、「第三ポリス」の三階層秩序は「正義」と「自然」と「製作」と「行為」・「観照」というカテゴリーの）混同なのである。何故にプラトンにおいてこのような混同が生じたのか。フォスターに従うならば、「第三ポリス」の三階層秩序は「正義」（卓越性、器量）areté という概念で捉えるわけにはいかないのか。フォスターに従うならば、統治者の「観照」theōrein、「勇気」andreia をその徳とする補助者、「知恵」sophia をその徳とする統治者の「観照」theōrein、「勇気」andreia をその徳とする補助者の「製作」poiein（あるいは技術 technē）に還元しえない以上、三階層秩序、統治者、補助者、生産者の関係秩序は、自然発生的・有機的な分業 division of labor のそれとは異なる事柄であるからである。何故にプラトンにおいてこのような混同が生じたのか。ここでも、同じことを繰り返すならば、それは、古代ギリシア思想圏においては、理性とも欲望とも異なる明確な「主権的意思」sovereign will（理性）から切断された「意思」そのものを示す概念が不在であったからである。但し、この「意思」概念の萌芽は、すでにプラトンにおいても、「気概」thumoeides の機能あるいはこれに対応する「勇気」andreia において示されている。

ヘーゲルの国家範型　法権利と人倫性（習俗規範性）　市民社会と国家

上述したように、フォスターによれば、プラトンは「正義」ないし「形相」（「製作」poiein あるいは「技術」technē

245

解題　M・B・フォスター『プラトンとヘーゲルの政治哲学』

という諸活動間の種差そのものの概念を結合原理とする国家範型を呈示したのに対して、ヘーゲルは「自由」ないし「主体性」の概念（これに対応する活動概念は「製作」poiein と「行為」prattein である）を結合原理とする国家範型を呈示した。

ここでは、プラトンの「正義」概念は「法権利」Recht（自然法則 natural law 及び自然法・自然権・法律 Gesetz（経済法則）と市民法、「抽象的法権利」、人格、所有、契約の権利主体）及びこの「法権利」naturalis）あるいは「人倫性（習俗規範性）」Sittlichkeit という概念には、この「法権利」Recht が実定化された形姿としての法則・自然権・法律 Gesetz（経済法則と市民法、「抽象的法権利」、人格、所有、契約の権利主体）及びこの「法権利」がいわば対自化された「道徳性」Moralität（カント的道徳主体）が対応している。

これに伴って、ヘーゲルにおいては、プラトンにおいてフェイド・アウトされていた「家族」と、いわば混同されていた経済秩序（社会的分業）と政治秩序（統治秩序）の概念的区別とが、「市民（ブルジョア）社会」と「国家」との概念的区別の形で明示的に定位されている。

ところが、ヘーゲルにおいても、こうした権利と道徳の諸主体によるいわば水平的な社会契約論的国家構成とともに、同時にプラトン的ないわば水平的かつ垂直的な有機体論的国家秩序が示されている。ヘーゲルは、『法権利の哲学』の第三部で、「人倫性（習俗規範性）」Sittlichkeit という概念の下に、国制を構成するエレメントとして、家族・市民社会・国家のトリアーデを、そして西欧近代の主権的法治国家の機能的中核を占める立法権の主要機関としての身分制議会の構成エレメントとして、「実体的」（農民）、「反省的」（商工民）、「普遍的」（軍人、官吏）身分という三つの社会的機能の類型を呈示している。

これはプラトンにおける守護者と生産者の垂直的な関係秩序と類比されうる。但し、これらのうち前二者「実体的」「反省的」両身分はプラトンの三階層秩序の「生産者」層に、「普遍的」身分が「補助者」層に該当しうるとすれば、ヘーゲルの三階層秩序には、「統治者」層が欠けていることになる。

ヘーゲルにおける身分秩序もまた、プラトンの三階層秩序がそうでないのと同じく、イデオロギー的にはともかく、

246

解題　M・B・フォスター『プラトンとヘーゲルの政治哲学』

すくなくとも理論的には、社会的諸機能の機能分割における統治秩序のことであり、歴史経過において所与の力関係が既成化される世襲身分秩序あるいはカーストでも、マルクスにおける「階級」でもないと、考えるべきであろう。要するに、プラトンにおいてもヘーゲルにおいても、問題になる経済秩序と政治秩序の機能的な区別と関係が示されているが、この相互限定的両秩序間の関係は、固定化されたものではなく、すくなくとも原理的には互換性を持ちうるからである。

「人倫性（習俗規範性）」

ヘーゲルが基本概念として用いている「人倫性（習俗規範性）」は、たしかに理解しにくい概念ではある。一般的にはそれは、歴史的現実においていつもすでに妥当している、しかも何らかの形で理性根拠を有するはずである習俗規範に、諸個人の生活活動・職業活動が理性的かつ現実的に最適度に適っている、という事態である。換言するならば、それは諸個人の生活活動の自由と歴史的に再生産されている社会全体の秩序との間に最大限かつ最適度の均衡が実現している、という事態である。つまり、カント的定言命法が単に当為として語られるのみならず、現実の歴史社会的諸条件の中で最高度に現実化している、ということである。

ヘーゲルの「人倫性（習俗規範性）」という概念には、自然性と人為性、「理性」と「意思」の両契機がいつもすでに黙示的あるいは明示的に含意されているが、ヘーゲルにおいて問題になるのは、これが直接的に（即自的に）実現しているのか、それとも自覚的に（対自的に）、つまり、諸個人においてまさに問題にそれにすものとれたら自身に生活活動実現されるか否か、ということである。自己の生活活動をまさにそれたらしめている自然的・歴史的・社会的な諸条件（被制約性・被媒介性）の自覚化（対自化）、つまり、その意味での必然性の認識こそ、ヘーゲルにおけるいわば第三の「自由」の意味である。

解題　M・B・フォスター『プラトンとヘーゲルの政治哲学』

自由概念の両義性

ヘーゲルのプラトンの国家範型に対する批判の眼目は、そこにはたしかに即自的人倫性が実現しているが、「主体性の原理」、つまり「自由」が見られず、むしろ「自由」は抑圧されてしまっている、という点にある。この点では、ヘーゲルのプラトン批判は、凡百のプラトン批判と軌を一にしているとさえいえよう。ところが、フォスターによれば、ヘーゲルによって「自由の不在」を批判されるプラトン自身の立論の中には、たしかに放縦 akolasia という意味での「自由」eleutheria に対する論難は頻出するにもかかわらず、実のところ、プラトンを批判するヘーゲルがみずからの国家範型を呈示する際に出発点にしているまさにその「自由」概念の二種類の萌芽が見られるのである。

プラトンが『国家』の中ですでに否定的ないし消極的な意味で用いている古代ギリシア語の「自由」eleutheria という言葉は、語源的には「人々の中にある」という事態を意味していたはずである。「自由人」eleutheros とは、戦士共同体 koinōnía symmachōn（M・ウェーバーの謂う Kriegerzunft）の構成メンバーであり、そのかぎりで土地と奴隷を所有する国家公民を意味していたはずである。その「自由」がすでに前五世紀後半には放縦・恣意・無秩序を含意するようになっていたとすれば、古典古代ポリスは、その後マケドニアやローマによって征服される以前に、内部から変質しはじめていたことになろう。

だが「自由」は、語源はともかく、それ自体もともと両義的な概念である。ひとがこの概念を用いるとき、積極的あるいは消極的な含意のいずれかだけを考えて済ませるわけにはいかない。それを、両含意に通底する自発性・内発性、さらにこれをとことん突き詰めて自己決定性、自己原因、あるいは絶対的恣意性としたとしても、他方で、ヘーゲルが考えたように、それがまた「他在にあって自己のもとにある」bei sich selbst sein ということであるとすれば、さらにとことん厳密に考えようとするならば、自己決定能力を有する人間個人も、それどころか自己原因としての超

248

解題　M・B・フォスター『プラトンとヘーゲルの政治哲学』

越神でさえ、それだけでは超越的でも自由でもないことになろう。

ところで、フォスターによれば、ヘーゲルの国家範型、とりわけその中核的エレメントである「欲求の体系」としての「市民（ブルジョア）社会」の概念において、その構成員たる「市民（ブルジョア）politai; cives」に対応して、「自由」の両義性（西欧近代的ブルジョア bourgeois と古典古代的市民 politai; cives）において、その構成員たる「市民（ブルジョア）」概念の両義性、すなわち、経済的自由（自然）と倫理的自由（人為）がそれである。前者は自然必然性を通じて、すなわち生活資料を「製作」活動によっていわば自然発生的に一定の均衡・秩序ないし法則性、人格・所有・契約を内容とする市民法、さらにはカントの道徳法則が成立する。後者はこうして成立する秩序・均衡ないし法則性への、意識的であれ無意識的であれ、自発的な自己適応という意味での自由である。

自己陶冶のトポスとしての市民（ブルジョア）社会

ヘーゲルはこの西欧近代社会における近代「市民（ブルジョア）社会」のアスペクトと近代「国家」のアスペクトとの差異化を、現代の社会システム論の術語を用いるならば、経済システムと政治システムのシステム分化 differentiation として、あるいは「システム統合」と「社会統合」の分化として、見極めているだけでなく、しかも両アスペクトを社会システム論における一元論的にシステムに還元するのではなく、その点でホッブズ以来の、個人と国家、自由と強制の原理的に解き難いディレンマに帰着してしまう諸々の近代国家論と異なり、「人倫性（習俗規範性」の両アスペクトの本質的な差異と関係として捉え返している。

ヘーゲルにおいては、「市民（ブルジョア）社会」は、単なる経済システムではなく、一方で「直接的人倫性」が止めどなく解体し、諸個人の間に分裂と対立が支配し、またここでの諸個人の諸活動そのものを通じての相互「疎外」（マルクスに従えば、このことは人間と自然の構造的「搾取」として帰結する）ゆえに、システム的結合が自然発生すると同時に、

249

解題　M・B・フォスター『プラトンとヘーゲルの政治哲学』

他方でこの事態への反省（対自化）が成立するアスペクトである。ヘーゲルは、諸個人の自発的な自己利益の追求、「経済的自由」（「製作」poiein）を積極的に認めるとともに、まさにこの「市民（ブルジョア）社会」を、この「経済的自由」（「行為」prattein）に転化していくエレメントとして見ているのである。

この転化過程を、すなわち、自己欲求と「製作」活動の特殊的諸主体が、まさにこれら諸活動に帰結する社会的分業において析出される一般的な法則（法律）を、すなわち、自然法則としての経済法則（生産と交換）から、自然法を基礎とする実定法（市民法）を認識して、自覚的にこの法則（法律）を遵守する一般的諸主体（権利と道徳の主体）へと自己形成を遂げていく過程を、ヘーゲルは自己陶冶（教養）Bildungと呼んでいる。ヘーゲルによれば、「司法」Rechtspflege、「福祉行政」Polizei、「職業共済団体」Korporationは、まさにこの自己陶冶過程のトポスなのである。

「市民（ブルジョア）社会」のこれら三つのエレメントは、市民（ブルジョア）と市民政府civil government（この場合civilは、形式的にはともかく、本質的には、国家市民Staatsbürgerではなく、あくまでもブルジョアBürgerにすぎない）との関係を示している。「司法」は市民政府の司法権に、「福祉行政」はその「行政権」に対応し、「職業共済団体」は身分制議会としての「立法権」に関連する。しかし、すでに触れたように、ヘーゲルの国家範型の特徴あるいは意義は、「市民（ブルジョア）社会」（とこれに対応する市民政府）と国制そのものとしての主権的法治「国家」との両アスペクトを概念的に区別し、かつ関連づける点にある。

「市民（ブルジョア）社会」がそのまま「国家」ではなく、市民（ブルジョア）bourgeoisがそのまま国家市民（公民）citoyensではないとすれば、如何にして前者は後者に転化しうるのであろうか。言い換えれば、如何にして「市民（ブルジョア）社会」における「悟性」認識Verstandと「製作」HerstellenのHerstellenの主体は、「国家」における「理性」認識Vernunftと「行為」Handelnの主体へと自己陶冶selbstherausbildenしうるのであろうか。

250

解題　M・B・フォスター『プラトンとヘーゲルの政治哲学』

国家(国制)に内在する法(国制)を自己定立する主体の欠如

プラトンの「第三ポリス」の第三階層(生産者階層)においては、職能人たちの社会的分業システムを作動させる「経済的自由」を「倫理的自由」へと転化させる過程としてのヘーゲル的自己陶冶の契機は見出せない。プラトンの国家範型においては、三階層秩序において「倫理的自由」が帰されているのは、もっぱら守護者層(統治者、補助者)であるから、この転化過程は、統治者による補助者「教育」にかかっている。

けれども、プラトンにおいてもヘーゲルにおいても、「経済的自由」と「倫理的自由」は所与の法則・法律(習俗規範あるいは経済法則、市民法・形式法・抽象法、道徳法則)に従うことであり、両者の相違は、その法則・法律の遵守を自覚しているか否かでしかない。いずれにおいても、みずからが遵守する法則(法律)そのものの自覚的自己定立及び国制そのものの創設という契機が欠けている。

たしかにヘーゲルは「市民(ブルジョア)社会」と「国家」という「人倫性」の二つのアスペクトを概念的に区別した。この点こそヘーゲルの国家論を数多の社会契約論的な国家論から際立って異なるものにしているポイントである。ヘーゲルは、みずからの自然的・歴史的・社会的な被媒介性・被制約性を自覚しない抽象的な原子論的諸個人から構成される社会契約論的かつ自然法公理主義的な国家論を退けるのであるが、かれ自身から国家を論じようとするかぎり、主権的意思と社会契約との概念的連関を投げ捨てて、単なる有機体論的国家論に舞い戻るわけにはいかない。

たしかに、フォスターによれば、ヘーゲルは、いわばカント的な「受動市民」に、「経済的意思」、「倫理的意思」のみならず、歴史的伝統を基礎として発揮される「祖国愛の意思」Patriotismus、そしてさらに職能的身分を基礎とする代表制的議会及び公論(輿論) öffentliche Meinung を通じて発揮される「政治的意思」について論じている。しかしながら、ヘーゲルは、現代の大衆デモクラシーにおいて見られるような、既定の政治的決断に対して「喝采」

251

解題　M・B・フォスター『プラトンとヘーゲルの政治哲学』

Akklamation を示すにすぎない「受動市民」のこの「政治的意思」には、統治秩序を安定化させるための「儀式」あるいは「安全弁」の意味しか与えていない。そのかぎりでは、結局のところ、そこにはフォスターが求めているような政治的に本質的かつ積極的な意味は、すなわち、自己立法の主体の実現という問題は、見出せないのである。

ロゴスとミュートス　政治哲学と歴史哲学

国家主権の所在が形式的に世襲君主にあるのか国家市民にあるかはともかく、ヘーゲルにあっても、己が遵守する法の自己立法の主体（主権の担い手）は、結局のところ、主権的法治国家内部における君主、政治家、官僚、国民大衆、これらのいずれにおいても想定されていないのである。なるほど、ヘーゲルの歴史哲学における、「屠殺台」としての歴史的現実（つまり「自己疎外」そのもの）を手段として自己実現に向かって自己展開を遂げていく「世界精神」、つまり大文字の「理性」（正義・法）の自己審判過程 Prozess としての世界史という構想は、ある種の暗喩としてはきわめて興味深い。しかしながら、畢竟、それはキリスト教神学の「摂理」providentia, Vorsehung やライプニッツの「神義論」Theodizee の変奏にすぎない。

フォスターによれば、たしかに、ヘーゲルの立場は、近代政治哲学における社会契約論と有機体論、啓蒙主義とロマン主義、進歩主義と保守主義、合理論と経験論、これらの両契機を揚棄（折衷）しようとしている。しかし、その際、ヘーゲルは、まさに歴史哲学としてさまざまなキリスト教的神学概念を用いて、諸国家の不条理に満ち溢れ治乱興亡常なき人類史の不可逆な展開（理性の自己現実化としての進歩）を論じることによって、自己立法の主体形成という政治哲学の根本問題を回避している。そのかぎりで、畢竟、ヘーゲルの立論は合理論的な近代形而上学における「意思」に対する「理性」の優位の立場に帰着している。

西欧政治哲学史の発端と末端に屹立するプラトンとヘーゲルは、結局のところ、それぞれの仕方で、すなわち、プラトンはロゴスとミュートスを、ヘーゲルは政治哲学と歴史哲学を、並列させて叙述を完結させることによって、国

252

解題　M・B・フォスター『プラトンとヘーゲルの政治哲学』

制（Polis と State）の内部において自己立法（あるいは国制そのものの創設）の主体を実現化・現実化 realize-actualize するという問題を棚上げしている。この点に関しては、プラトンとヘーゲルは、あらゆる相違にもかかわらず、一致しているのである。いずれにしても、国家範型の叙述に際して、プラトンとヘーゲルがこの実現化・現実化の主体 agent を当該の国家の外に設定していることは、上の意味での政治的自律性の主体の形成という問題の理論的かつ現実的な深刻さ・困難さを暗示しているともいえよう。

国家範型の叙述に関して、ヘーゲルは、一方で「自由」（意思 volo; 拒否権 veto; 現存 existentia; 主体性 subjectivity; 人為 artificiality; 超越性 transcendency）という原理から出発しながら、他方で、アリストテレスに倣って、「可能態」dynamis と「現実態」energeia、「理性的なもの」was vernünftig ist と「現実的なもの」was wirklich ist、超越性 Transzendenz と内在性 Immanenz、自由 Freiheit と必然 Notwendigkeit、これら二契機を徹底して一元化・内在化させて、スピノザのように自己産出的「自然」natura naturans としてではなく、自己創造的な「精神」Geist としての大文字の「理性」に帰着させることによって、かの「自由」を、この「理性」の自己実現の必然性を認識することの中に見ている。まさしくこれとは逆に、プラトンは、国家範型の叙述に関して「正義」（両契機を差異性と同一性の同一性という意味で二元化・内在化させている理性的自然秩序）から出発しながら、（いわゆる「イデア論」を差異性と同一性二世界論とあっさり言ってよいかどうかはともかく）、その叙述と構成においてある種の自己超越（自由意志）を示唆している。

　　　　　＊

二十世紀の後半以降、資本制経済の高度化によって資本と労働はますます国境を越える傾向を強め、これに伴って地球上の資源逼迫と環境破壊の問題を「地球市民」の立場から対処することが人類の喫緊の課題であるといわれるようになった。とりわけ冷戦体制終結以後、ヒト・モノ・情報のグローバリゼーションの進展の果てに、国民国家システムは終焉し、やがて世界政府（世界市民主義）の成立が展望される、といった議論がなされた。また、現存社会主

253

解題　M・B・フォスター『プラトンとヘーゲルの政治哲学』

義国家・国家社会主義体制を代表したソ連邦の崩壊と、そして自由、人権、民主制を標榜したリベラル・デモクラシー及び国家資本主義体制の勝利とをもって、人類の進歩は構造的な疎外も搾取もない世界を展望しうる「歴史の終焉」の段階に至った、といった浅薄なヘーゲル理解に基づく見解が披瀝されたこともあった。

国家資本主義を克服しようとした国家社会主義の歴史的実験が蹉跌し、民族紛争の激化、ナショナリズムの再生といった趨勢が顕著になっている状況においても、世界資本主義の展開が孕む原理的矛盾（国家の内外における構造的格差、人間と自然との技術主義的な疎外と搾取の構造）、こうした国家資本主義と国家社会主義とに通底する基本的諸問題についての原理的かつ真剣な取り組みは回避されたまま、古代ローマ期のコスモポリタニズムや近代啓蒙期の世界市民主義に類するグローバリゼーション幻想が流布している。

なるほど、いわゆるリベラル・デモクラシー体制なるものの枠の中で、参加デモクラシーや「正義」といった古典的な主題が新たに議論されてはいる。しかしながら、にもかかわらず、それらの議論には「国家の終焉」論や大衆デモクラシー（技術的自然支配に基づく大衆民主制）論に内在する「正義」、「自由」、「人権」、「民主制」、「国民主権」、「国家」といった一連の原理的諸問題には、何ら深い省察が示されていないように思われる。

ここで最後にいま一度、フォスターのテクストの主題に係わるかぎりで、現代の政治哲学の課題が帰着する、「技術的自然支配に基づく大衆民主制」が孕む原理的諸問題の勘所が奈辺にあるか、そしてプラトンとヘーゲルについてのフォスターの理解がこれらの問題とどう切り結ぶか、これらのことについて、補足的にごく手短に触れておくことにしたい。

正義と自由

「正義」は古代ユダヤ教、古代ギリシア哲学によってのみならず、古今東西の人間世界において問われた古くて新しい問題である。宇宙・国家・人間を貫く何らかの均衡秩序があり、あるいはあるべきであるとすれば、悪が栄え

254

解題　M・B・フォスター『プラトンとヘーゲルの政治哲学』

善が滅ぶ、というようなことがありうることの根拠は何か、こうした問いかけは人間が人間として生きるところではいつでもありえたし、ありうることなのである。つとに『ヨブ記』において記されている「神義論」（神の正義）Theodicee の問題は、プラトンの『国家』における正義論の出発点にもなっている。そこでは、古典期末期の民主制アテーナイの情況を見据えて、臆断（見てくれ、評判、思惑）ti einai dokein と真実存在 ti einai との、差異の問題に関連して、見てくれにおいて最悪であるが真実において最善である人間と、逆に見てくれにおいて最善であるが真実において最悪である人間とがいるとして、生涯の禍福においてどちらがまさるか、という思考実験がきわめて的確に呈示されている。

「正義」に当るギリシア語は dikaion (dikaiosynē)、ラテン語は iustitia である。ここでは、定説のない語源についての過度の詮索は慎みたいが、ギリシア語 dikaion との類縁が感じ取れる動詞 dikein が「賽を振って当否を決める」や「天秤で両極端の均衡をはかる」を、そしてラテン語 iustitia が派生したと見られる動詞の iubere が「命令する」、それも「何らかの裁決、つまり何らかの禁止ないし勧奨を命令する」を、含意しているとすれば、それらの関連する動詞は、「正義」という概念が含意する二つのアスペクト、一方の均衡・調和・秩序と、他方の、それをそれとして見極め、その欠如・喪失の矯正を決定し、それを命令する、という機能を、要するに「自然」と「人為」、あるいは「理性」と「意志」の機能――この機能を究極的に担うのは自然、神、人間のいずれなのかはともかく――を示唆している。

「正義」の語義を、プラトンにおけるように、自然一般（宇宙・国家・人間）に内在する（幾何学的であれ、有機体論的であれ）配分・調和・矯正・交換に関する「理性」秩序として捉えるにせよ、あるいはアリストテレスにおけるように、むしろ人間社会に内在する均衡・調和の「理性」秩序、あるいは適法性に関する問題として捉えるにせよ、そして、その根拠・基準を自然と神、理性と意志、このいずれに想定するにせよ、すでにプロタゴラスが考えていたように、これを想定するのは、「自由」の条件である「理性」と「意志」を備えているはずの「人間」以外ではない。

255

解題　M・B・フォスター『プラトンとヘーゲルの政治哲学』

ソクラテス・モティーフ　善と正義

だがしかし、まさにその「人間」の「理性」と「意志」の根拠はどこにあるのか。いわば「メタ根拠」としての自己産出的自然や「自己原因」としての超越神といった形而上学的な絶対的根拠への信憑が揺らぎ、よかれあしかれ「事実問題」と「権利問題」の断絶・乖離の意識が成立してしまっている以上、人間の自己省察の行き着く先はどこか。この自己省察の主体たる人間の自己神化 Selbstapotheose を拒否するとすれば、積極的であれ消極的であれ、相対主義とニヒリズム、すなわち、方法的であれ絶対的であれ、懐疑主義、ストア派的「沈黙」、「信仰」への新たな飛躍、それともこれらの間を揺れ動く「不幸な意識」——これらの道筋以外に考えられるであろうか。とはいえ、人間は自己欺瞞に陥ることなくこのような道筋を歩み通すことができるであろうか。

すでに二千数百年前に、現代ではただ変奏されたり増幅されたりしているだけで本質的には寸分違わない問題状況の只中において、プラトンの呈示するソクラテス像は、人間が人間である以上歩むべきであろうひとつの道筋を示している。すなわち、能うかぎり厳しく自己欺瞞（偽善）を退け、類的人間の所与の自然的条件と特殊的・実存的・一回的な人間個人の所与の自然的・社会的・歴史的な諸条件をそっくり引き受け、自己「懐疑」ないし自己「批判」を仮借なく遂行し、しかもいつもすでにこの遂行を可能ならしめる何かを自覚しながら「死すべきもの」として「善く生きる」（「徳」）を実現することを生涯にわたって志向（試行）するという道筋がそれである。

プラトンは、このようなソクラテス・モティーフを前提にして、本質と実存、個体性と共同性、社会性と歴史性の両アスペクトを兼ね備えた自然的・社会的・歴史的な存在としてのみならず、こうした人間存在にとっての「正義」の問題を、宇宙・国家・人間を貫く均衡秩序としてのみならず、さらには、このいわば「政治的正義」と「人格的正義」との類比の意味を探究している。「各人に相応しいものを各人に（配分すること）」 suum quique (distribuere); Jedem das Seine (verteilen) は、プ

解題　M・B・フォスター『プラトンとヘーゲルの政治哲学』

ラトン以前から現代に至るまで継承されてきた法諺であるが、プラトンの「自分のことを果たすこと」to ta hautou prattein が含意するところのものからは、「善」agathon あるいは「徳」areté の実現というソクラテス・モティーフが、その後次第に抜け落ちて、公正な配分・矯正・交換の「善」とはそれぞれの存在者に与えられた「徳」（器量と卓越性）の実現という意味だけが残ることになった。また人間に固有の「善」においては、「知恵」、「勇気」、「節制」、そしてこれらの均衡としての「正義」が実現することに他ならない。プラトンにおいて、『国家』においては、「知恵」、「勇気」、「節制」、そして「正義」が実現することである。しかし、「国家」において「正義」が実現することは、それを構成する諸個人において、「善」（徳）が実現することである。しかし、この実現は相互に規定し合っており、両者が相互含意の関係にあるかぎりでは、「善」と「正義」との間の優位を問うことは、プラトンにとってはナンセンスである。

いずれにしても、「自分のことを果たすこと」という意味でのプラトン的「正義」には二重の意味がある。ひとつは「人間固有の分を、そして各人固有の分を、わきまえること」であり、もうひとつは「人間固有の徳（潜在能力）及び各人固有の徳（潜在能力）を実現すること」であるが、もちろんこの両アスペクトもまた相互含意の関係にある。ソクラテスが生涯モットーとしたとされるデルフォイの信託「汝自身を知れ！」gnôti sauton はこの相互含意を的確に集約して表現している。

しかし、人間個人の「徳」の実現においては、いつも他者の評価・承認（あるいは尊敬や名誉）が問題になるが、その場合、その他者は同時代の同胞とはかぎらない。「知恵」、「勇気」、「節制」の「徳」は、同時代人たちの他者 doxa によって「不徳」（欺瞞・傲慢・偽善・独善）に転化してしまいかねないからである。ソクラテスにとっての他者とは、同時代人のみならず、むしろ過去と未来の人間同胞たち、そして、些か奇妙な言い方になるが、敢えていえば、人間以外の一切の言葉を発しない自然存在がそれでありうるのである。

要するに、「知恵」も「勇気」も「節制」も、「よりすぐれた知恵」なしには、いつもすでに虚偽・欺瞞・偽善になりかねない。「善く生きる」とは、ソクラテスにとって、富や名誉――生きている他者の評判――を求めて生きること

257

解題　M・B・フォスター『プラトンとヘーゲルの政治哲学』

とではなく、「魂の世話」をすること、この自己欺瞞を廃して自他それぞれが実現することであり、自覚的であれ無自覚的であれ、自己欺瞞のあるところに「徳」の実現はありえない。

プラトン（ソクラテス）においては、「美」（見てくれの善さ）kalonに対して「善」（事柄そのものの善さ）agathonが、徹頭徹尾、優位している。しかしながら、上で触れたように、「正義」と「善」との間には相互含意の関係がある以上、これらの間にプライオリティの問題など、そもそもありえない。相互に含意し合う「正義」と「善」の実現、つまり「魂の世話」を疎かにして、名誉を求める「名誉制型人間」、富を求める「寡頭制（金権制）型人間」、恣意と悪平等を求める「民主制型人間」、自己目的化した無際限の欲望と暴力を求める「僭主制型人間」、これらいずれにおいても、「正義」・「善」・「徳」の実現は果たされない。

かくして、プラトン（ソクラテス）においては、この「よりすぐれた知恵」を希求する「果てしない探究」、という意味での「教育」（自己陶冶）が問題になる。この「教育」は、単に感性・悟性・理性の段階的な自己陶冶としての生涯教育のみならず、個人の生涯や世代をも超えたいわば類的な人間陶冶の問題ということになる。プラトンの国家範型、三階層秩序の問題は、フォスターが的確に指摘しているように、「経済秩序」と「政治秩序」、つまり「自然」と「人為」の関係の問題であるとともに、「教育」（陶冶・徳の実現）と「政治」（統治・支配）との関係、すなわち、自己教育とそこにおける自他関係の問題でもある。

国家の本質と機能

「国家」は、近代の自由主義的契約国家論においても、マルクス主義的階級国家論においても、人間が生存するための「道具」に他ならない。前者においては、それは自己利益を追求する原子論的諸個人たちの間の自覚的「妥協」のための「必要悪」にすぎない。後者においては、それは「階級支配者」が意識的・無意識的に遂行する「階級支配」（構造的搾取）のための手段である。両者は、その最小化あるいは消滅を志向するかぎり、究極的には正反対の意味で

258

解題　M・B・フォスター『プラトンとヘーゲルの政治哲学』

アナーキズムに帰着する。

M・ウェーバーは「国家」を「正統的至高暴力の独占を要求する団体」と定義しているが、この意味での広義の「国家」の「権力」機能の最小化ないし消滅は、ウェーバー自身がそのように考えているように、不可逆な人類史における時計の目盛りを「国家と文明」以前の状態にもどさないかぎり、不可能と考えざるをえない。古代国家であれ近代国家であれ、そもそも広義の「国家」が存立しているかぎり、それは①「システム統合」（経済・行政）機能、②「社会統合」（規範・意味・自己同一性の形成・維持）機能、③構造的「階級支配」機能を果たしているはずであり、仮にいつか③の機能が最小化ないし消滅するようなことがあっても、①、②は最小化も消滅もしえないであろうからである。

たしかに、生産・交換・消費の循環や社会的分業には、自然発生的な均衡・秩序化のアスペクトがある。普遍的交換の媒体として機能する「貨幣」及び「言語」は、「国家」の「権力」という媒体の下支えがなくとも自然発生的に機能するであろうが、しかし、それなしにはその機能をすくなくとも完遂しえない。たしかに、「国家」の「権力」媒体そのものは国民たちの事実上の黙示的な承認（正統化）なしには存立しえないが、しかし、翻ってまた、その当のかれらにおけるかれら自身の自己同一性の形成は、「国家」の「権力」媒体によって「国家」において保証されるからである。

プラトンにおけるテクネーの含意　製作と行為、統治と支配

上述したように、フォスターはプラトンの国家範型における社会的労働分割としての自然発生的な経済的秩序と三階層の社会的機能分割としての人為的な政治秩序とのカテゴリーの混同を指摘している。フォスターによれば、そこではいずれの秩序形成に関しても、同じテクネーないし形相定立のカテゴリーが用いられているからである。

技術的国家製作者としてのプラトンというフォスターの理解は、ある意味では、「ユートピア的社会工学」者としてプラトンを二十世紀のファシズムや全体主義の思想的源流に仕立て上げるポパーはいうにおよばず、およそ発想を

解題　M・B・フォスター『プラトンとヘーゲルの政治哲学』

異にしているかに見えるが、やはり同じくアリストテレス的思惟範疇を前提にしてプラトンを捉えている、ニーチェ、ハイデガー、アーレント、ハーバーマスなどとも共通したものである。だが、こうしたプラトン理解は、イデオロギー的解釈としてならいざしらず、説得力をもちうるであろうか。

『国家』の中には、「統治術」techné politikē をめぐるソクラテスとトラシュマコスとの間で交わされるポレミークが記されている。ソクラテスは問う。そもそもテクネーがもたらす「利益」をもたらすのは、それを施すものなのか、施されるものなのか。たとえば、「医術」がもたらす「利益」は、医者のためなのか、患者のためなのか。医者がそれで金銭の報酬を得たとしても、そのテクネーそのものがもたらす「利益」は患者のためである。金銭が獲得されるのは、「金銭獲得術」chrēmatistikē というようなものによってであり、「医術」によってではない。とすれば、同様に「統治術」は統治者ではなく被治者に「利益」をもたらすのである。ソクラテスのこの意見に、トゥラシュマコスは猛然と反発する。たとえば、「牧羊術」は、牧者が自分のために羊の毛を刈り、果てはそれを喰らうための技術であって、それが羊自身に「利益」もたらすなどということはありえない、と。

ここで、プラトンの描くソクラテスと、「知識の卸売商」といわれたソフィステースのひとりと目されるトゥラシュマコスとが、「技術」techné テクネーとそれがもたらす「利益」chsympheron という言葉で考えていることが異なることが判明する。ソクラテスは、その対象の「善」ないし「徳」を実現する能力としてのテクネー（技術）と、実現された「善」ないし「徳」を「利益」chsympheron と謂わんとしているわけである。

翻って、現代の資本制社会をも駆動しているような「金銭獲得術」がテクネーであるとすれば、このテクネー固有の対象は何か。それはその遂行者自身のためにかれの「善」・「徳」の実現をもたらすのか。そうだとすると、このテクネーはやはりこの遂行者自身にかれの「善」・「徳」の実現をもたらすことになるのか。そうでないとすれば、それは、すくなくともソクラテスにとっては、そもそも上述の意味でのテクネーではない、ということになろう。いずれにしても、プラトンの描くソクラテスの謂う「統治術」は、上述の意味でのテクネーであるかぎり、被治者の「善」・「徳」を実現するものであって、支配者の「階級支配」のた

260

解題　M・B・フォスター『プラトンとヘーゲルの政治哲学』

めの手段ではないことになろう。

ところで、フォスターはアリストテレスの用語を使って、テクネーを「質料における形相の定立」として捉えている。フォスターのこのテクネー理解は多義的でありうる。それは、第一に、ソクラテス・プラトン的意味でのものの善・徳の実現、第二に、「手段としての製作者の目的（いわば「使用価値」）の実現」、そして第三に「他者たちの評価（「交換価値」、他者における「使用価値」の実現」を含意している。現代の安易なプラトン理解に見られるように、第一の含意を度外視して、第二、第三の含意だけを採用すれば、プラトン理解は歪められざるをえない。

だが、いずれにしても、フォスターにとってテクネーは、いわば「対象知」であって、「自己知」（自己言及知）ではない。

この点は、さしあたり、上で言及したプラトンの描くソクラテスのテクネーに関する言説とも符合している。たしかに、プラトンのテクストにおいては、西欧近代哲学におけるような「自己意識」、「反省知」、「自己言及知」といった概念は「主権的意思」という概念がそうであるのと同じく、明示されることはない。けれども、人間の知（意識）の再帰性・回折性は、すでに事実上、古典言語の文法構造に示されている。人間の「対話」は何らかの双方の「反省知」の交換の形でしかありえないが、それが幼児の単なる「対象意識」の段階を脱しているかぎり、いつもすでに何らかの「自己内対話」はありうるのである。人間の意識は、それが幼児の単なる「対象意識」の段階を脱しているかぎり、いつもすでに何らかの「自己意識」でありうる。プラトン的なテクネーについて考えてみよう。プラトンによれば、「教育」とは、いかに教師が生徒に既成の知識・能力を効率よく植え付けるか、などということではない。それは生徒自身が潜在的にすでにもっている知識・能力を生徒自身に「想起」させる手助けをすることであり、教師はその産婆役を演じるにすぎない。「教育」の例はプラトン的テクネー概念の意味をよく例解しているように思われる。プラトンの国家範型の三階層統治秩序における統治者と被治者の関係は、この教師と生徒の関係と同義なのである。

プラトン的テクネー概念はたしかに「対象知」（質料における形相定立）ではあるが、しかしそれを「対象知」に還元してしまうと、何かがそこから抜け落ちてしまう。人間の知が単なる「対象知」ではなく同時に「自己知」でもあ

261

解題　M・B・フォスター『プラトンとヘーゲルの政治哲学』

るかぎり、大工は質料としての石材や木材に、教師は質料としての生徒に、形相を定立するだけではない。人間の意識は単なる「対象意識」（対象知）ではなく、いつもすでに同時に「自己意識」（自己言及知）でもありうるとすれば、まさにそのテクネーという活動によって同時に何らかの形でその遂行者自身にも（つまり質料としての大工や教師にも）また形相が定立されるはずではなかろうか。

人間諸個人の間には、経験、知識、能力に関して、いつもすでに差異がある。差異がなければ、「教育」にも「統治」にも何ら必然性がない。いかなる天才も万能人ではありえないし、何の教育もなしに天才であることもありえない。天才でなければならない必要などどこにもないが、各人が各人固有の「善」・「徳」を実現する必要はあるだろう、というのがプラトンの考えである。「善」・「徳」の実現には、ヘーゲル的自由の条件としての、「己を己たらしめている」もの、己の自然的・歴史的・社会的な被制約性・被媒介性の自覚化」が必要である。そのためにはまた「教育」と「統治」が不可欠である。人間が「善く生きる」ためには、人間は老若を問わずいつも「よりすぐれた善き生のモデル」が必要だからである。

だが、「教育者もまた教育されなければならないし、統治者もまた統治されなければならない」。己の「善」・「徳」の実現のためには、神ならざる「死すべき」人間はだれもが、師弟・朋友関係において生涯にわたっていつも「より善きひとより善きことがらに聴き従わなければならない」。まさにそれゆえに、プラトンにとって、「政治」とは「社会工学」どころか、自他の縦横の統治関係における自己「教育」に他ならないのである。

プラトン的テクネー概念が、近代的な科学・技術の主体としての近代的個人なるものの対象の実現の手段とは、似て非なるものであるとすれば、プラトンを「ユートピア的な社会工学」者と見なすことなど、およそ外れであるということになろう。その国家範型におけるプラトン的なデミウルゴスは、科学・技術的な対象（自然）支配の主体ではないし、したがってまた、一切の他在・一切の他者を一方的に否定・拒否・抽象しうるような「主権的意思」の主体、原子論的な個体ではありえないであろうからである。

262

解題　M・B・フォスター『プラトンとヘーゲルの政治哲学』

プラトン的テクネーとは、自然の一部である人間個体が、他在・他者としての自然と人間との時間的・空間的な縦横の関係の磁場で、みずからの「善」・「徳」（あるいは価値・規範・意味）を析出せしめる能力である。そうであるとすれば、プラトン的テクネーは、非対称的な対象（自然・他者）支配の技術ではなく、同時に自他の「善」・「徳」を実現せしめる活動であるということになろう。それゆえに、いずれかのプラトン的デミウルゴスの活動は、アリストテレス的な活動類型、観照、行為、製作のいずれかひとつのアスペクトに還元されることはないのである。

なるほど、プラトン的国家範型においては、社会的労働分割においても、三階層秩序においても、固定的なものではなく、いつもすでに「専門化原理」が貫かれているように見える。しかしながら、いずれの国家範型の中に、多くのプラトン批判者たちがそうしているように、単なるイデオロギーだけを見ようとすることにならざるをえないからである。統治者、補助者、生産者、いずれの層に属するプラトン的デミウルゴスついても、それぞれの「魂」（人格）の内部には「理知・気概・欲望」の動的均衡関係があり、それぞれのデミウルゴスが担う社会的機能の差異は、「魂」内部の動的均衡関係におけるエレメントのウェイトの差異に由来するにすぎない。

プラトン的テクネー概念は、「観照、行為、製作」のいずれかのアスペクトに還元されるような活動ではなく、それ自身の中にすべてのアスペクトを含み、時間的・空間的な縦横の他者関係の磁場で、価値・規範・意味を析出せしめうる活動を意味しているのである。それゆえに、「国家」の三階層、「魂」の三機能、いずれもが動的均衡関係にあり、両者の動的均衡関係が相互に規定し合うという点にこそ、プラトンの国家範型の意義が見出されうるはずである。プラトン的「専門化原理」を固定的なものと見なし、そのテクネー概念と現代の技術概念との差異を見極めようとしないプラトン批判者の多くは、そのことによって己のイデオロギーをプラトンに反映させているにすぎないことになるであろう。

解題　M・B・フォスター『プラトンとヘーゲルの政治哲学』

主権的意思 sovereign will

すでに言及したように、西欧的「自由」概念には、フォスターが指摘しているように、プラトンに萌芽が見られる「経済的自由」と「倫理的自由」、ヘーゲルが自覚的に立論の基礎とした権利と道徳の主体の「自由（主体性）」、そしてユダヤ教・キリスト教を背景にもつ「自由意志」などが含意されている。

古今東西の人間個人は、「対象意識」（対象知）と同時に「自己意識」（自己知）をもつかぎり、「自由の認識」にヘーゲルが想定しているように不可逆な進歩があるかどうかはともかく、何らかの「自由の意識」はもちうるはずである。この意味では、「人間は生まれながらにして自由である」、「人間は個人においても国家共同体においても、己自身が従う法則（法律）を自己定立するという、自律性という意味での自由をもちうる」といった章句に対して特段異論を挟む余地はないであろう。

けれども、人間の「自己意識」における「理性」と「意志」を切り離して、切り離した「意志」を、「自己原因」としての超越神にのみ想定されうるような「主権的意思」にまで極限化して人間に帰着するとき、その人間が自己欺瞞あるいは虚無に陥らずに済むことがありえようか。「信条倫理」であれ、「責任倫理」であれ、「理性」を欠いて「意思」だけで貫徹されるならば、いずれも「倫理」でさえないであろう。意志的遂行に理性的認識がつねに伴ってはじめて、行為結果に責任が問えるからである。個人のそれであれ、国家のそれであれ、「主権的意思」が無条件的・無媒介的に主張されるならば、その主張は自己欺瞞あるいは虚無に帰着する他ないであろう。

人間はたしかに、一方では「言語」と「自己意識」を備えうる存在として「理性的存在」homo sapiens であるが、他方では、内外の第一次的自然への適応能力及びいわゆる第二の自然としての社会への適応能力という点では、むしろ「欠如存在」（欠陥動物）homo demens である。換言すれば、後者であるがゆえに前者でもありうる「社会的存在」

264

解題　M・B・フォスター『プラトンとヘーゲルの政治哲学』

である。人間は、事実としてのこのような条件ゆえに、「自由」でもありうる存在でなのである。フォスターが論じているように、恣意性と適法性という意味での二つの自由概念を越える、自己立法・主権的意思（絶対的恣意性・絶対的拒否能力）という意味での自由概念は、西欧思想史の文脈では、たしかに、キリスト教神学思想における超越神とその特権的被造物としての人間という教説に由来するといえるであろう。しかし、人間がかりに神の似姿であったとしても、人間は超越神そのものではない。そうである以上、ドストエフスキイの長編に登場するイワン・カラマーゾフが造型する大審問官のように、「自由は人間には重荷である」という他ない。にもかかわらず、あるいは、だからこそ、人間は自由を担うべきである、というのが、「絶対的な慈愛の宗教」たるキリスト教の教義に内包する苛酷なアスペクトである。

法の自己定立の主体、国制の創設主体が担うべき「主権的意思」の自由の超越神のみが担いうる自由である。それゆえに、プラトンやヘーゲルの国家範型のいずれにおいても、この、いわば「主権的意思」の自由の主体は、国家の外部に設定されている。しかし、フォスターによれば、ホッブズのような典型的な社会契約論的近代の主権的法治国家の内部においては、この自由の主体は原理的に国家の内部に設定され、国家を構成する原子論的諸個人に委ねられている。しかし、社会契約論的国家の理論構成においては、原子論的個人の、理性と意思、自由と平等とが、いきなり無前提・無媒介に想定されてしまっている。上述したように、理性と意思、自由と平等、製作と行為、これらの相互限定関係とその自然的・歴史的・社会的な被制約性・被媒介性の認識、要するに、人間の自他における自由と平等の限界の自覚にこそ、人間の自由と平等の可能性はあるというべきであろう。

民主制と代表制　差異性と同一性──活動の差異

デモクラシーという言葉は、いうまでもなく、古代ギリシア語 dēmokratiā に由来する。これはもともと古代ギリシア・ポリスの国制 politeiā の一類型（制度）を意味したのであり、厳密にいえば、統治者と被治者の一致という原

265

理を意味したわけではない。国制分類の基準は、プラトンやアリストテレスが示したように、国家政策(国家意思)の決定に、国家成員のうち、どれだけの数のひとつが、いかなる資格・能力によって、実質的に参与するか、ということにある。

上述したように、統治権(国家権力)は、王制であれ僭主制であれ、貴族制であれ民主制であれ、被治者によるすくなくとも黙示的な事実上の最低限の正統化(承認)なしには存立しえない。この意味では、統治者と被治者の同一性を、奴隷制国家においてさえ、事実上存在するのである。プラトンは、『国家』の中で、統治者と被治者の同一性を、「名誉制」においては統治者も被治者もいずれも「名誉制型人間」であり、「僭主制」においてもまた両者いずれも「僭主制型人間」である、というように表現している。

周知のように、プラトンは「民主制」を「国制」の堕落の極限である暴力に基づく「僭主制」のひとつ手前、金権制plutokratiāのひとつ後の国制oklokratiāとして位置づけている。プラトンにとって、「民主制」のメルクマールは、「ひとしいものもひとしくないものも無差別にひとしくする」という意味での自由と平等である。奴隷制を前提にするポリス国家において、死を賭してポリスに献身するという活動ゆえに成立したポリス市民の自由と平等は、ここではこの活動と無関係に、無際限の欲望追求pleonexiāの全面化という形の無差別の自由と平等に転化している。

プラトンが「民主制」と「民主制型人間」を描いた際には、もちろん前五世紀前半のアテーナイ民主制ではなく、その後半以降におけるその退廃が念頭におかれていたのであろう。いずれにしても、「国制」の一形式としての「民主制」を標識づけるのは、ポリス市民の無差別の自由と平等とそれゆえのいわゆる直接制である。ここではポリス市民は資格においても能力においても無差別かつ無根拠に自由かつ平等とされる以上、しかも現実的には何らかの行政・政治的な機能を認めざるをえない以上、ここで制度として採用されうるのは、役職の「抽籤制」、「輪番制」、そして直接投票制と多数決制による直接的な行政(司法)・政治的な決定ということ以外にはありえないということになろう。

266

解題　M・B・フォスター『プラトンとヘーゲルの政治哲学』

ここには代理はありえても、代表はありえないことになる。政治過程の暗函はいつも隈なく照らし出され、そこでの出入力は完全にイコールでなければならないからである。

古代市民国家と現代市民国家におけるデモクラシーに関して、しばしばその規模（あるいは司法・行政組織の有無）の差異が指摘され、間接制（代議制・官僚制）の技術的必然性が論じられた。だが、これはデモクラシーの本質的問題ではない。資格及び能力の無差別・無根拠を原理とする以上、つとにルソーが指摘するように、抽籤制・輪番制なしの代表制や官僚制を認めることは民主制ではありえないことになろう。選挙であれ試験であれ世襲であれ、何を基準とするにしても、そもそも選ばれるということが内在する国制は、原理的には「貴族制」に他ならないからである。

現代の主権的法治国家・国民国家の多くにおいて、旧ソ連邦などのソヴィエト制とは異なり、（憲法の制定・改正の最終的承認に関する国民投票を除き）国家の政策決定（司法決定）そのものは、国家市民総体の国民投票によってではなく、選挙を通して選出された大統領、国会議員、執行委員など、そして試験を通じて選抜された行政・司法官僚など、いずれもが何らかの公開された基準で選出された代表によっておこなわれている。要するに、現実の制度としては代表制・間接制が採られているのである。政治的理念的には自由主義者であるカントによっても、代表制と権力分立とを欠いたデモクラシーはデスポニズムに他ならないとされている。

政策決定や司法上の決定をいわば「人民投票的」な「喝采」によって成立させようとする志向は、より直接的なラディカル・デモクラシーの実現、あるいはまさにそれによる国家市民の政治教育といった意図に発している。だが、むしろそれはまさにデモクラシーからデスポティズムへの転化の傾向を示している。というのは、ここで統治者（政治家・官僚）及び被治者（国民大衆）が求めているのことが、「魂の世話」はおろか、欺瞞を潜めた「名誉」でさえなく、つまり政治的自己統治どころか、「善く生きる」という「意味」が縮減され、多様な「価値」が一元化された、金銭、恣意、悪平等という形の功利主義的・快楽主義的な「最大幸福」・「最小不幸」でしかないからである。ここでも、自由と平等というより、その限界の自覚こそがその実現の可能性の条件であるとすれば、この点においても、プラトン

解題　M・B・フォスター『プラトンとヘーゲルの政治哲学』

やヘーゲルの政治哲学が示唆するところに、耳を傾ける余地があるであろう。

結　自己立法の主体形成の条件――エルゴンとテュモエイデス

vox populi vox dei.「民の声は神の声」。古来、「正義」に反すると見なされる支配・統治・権力・権威に対して、被支配者（被統治者）が反抗する際に、「造反有理」として引き合いに出される格言である。ここにはたしかに一半の真実がある。しかしこれはあくまでも一半の真実である。かりに民の声の本質が「正義」dikaion einai であるとはかぎらないし、それどころか「不正」dikaion einai でさえありうるからである。

統治（支配）関係における同一性の原理は、差異性と同一性との同一性の原理の一バリエーションである。たしかに、この統治者と被治者（支配者と被支配者）の同一性あるいは同質性が民主制の原理である、といわれることがある。

しかし、この同一性は無前提・無根拠に主張されるべきものであろうか。

もちろん、政治的決定に関する合理的根拠を欠く、さらにより厳密にいえば、この合理的根拠に関する決定についての「手続き的合理性（正義）」を欠く、あらゆる政治的権威主義は批判されるべきであろう。しかし、法治国家の成員すべての、形式的のみならず実質的な同一性が無媒介に前提にされ、自他における自己立法の主体の形成過程が省みられず、政治的決定の合理的根拠についての判断に関してかれらの間に経験や能力の差異（質差）が認められないならば、少数意見の尊重は形骸化し、多数決がそのまま政治的決定となることで「多数者の専制」が成立し、さらにこれが「一者の独裁」に転化し、まさに民主制的多数決によって民主制の廃棄が決定されかねない。つとに指摘されている「民主制のパラドックス」がこれである。

けれども、上述したように、この統治者と被治者の関係における同一性は、厳密にいえば、あるレヴェルにおいては民主制のみならず、僭主制（専制）にさえ妥当する。主奴関係において、主人はこの関係を「正義」に適うと見なし、

268

解題　M・B・フォスター『プラトンとヘーゲルの政治哲学』

奴隷は反すると見なすであろう。にもかかわらず、暴力によって成立した主奴関係は、何故に存立するのか。奴隷は主人によって「語りうる道具」と見なされても、理性と意思を備えた「語りうる道具」である以上、暴力によって成立する主奴関係の存立は、奴隷自身によるこの関係の極限的な黙示的「承認」によってのみ可能である。だが何故にまた、この極限的な黙示的「承認」が成立するのか。さまざまな現実的諸条件（とりわけ最終的には暴力）がありうるとしても、本質的なことは、第一に、奴隷に生存への欲求があることであり、第二に、この生存への欲求に関して両者（主奴）の間に同一性がある、ということについての「認識」が両者において共有されていることである。

同じことは、名誉制や寡頭制（金権制）における統治（支配）関係においてもいえるであろう。名誉制においては「名誉」への志向・選好が、寡頭制においては「金銭」へのそれが統治（支配）関係の両項において共有されていることが、この関係の存立（被治者によるその承認）の必要条件であるからである。「名誉」と「金銭」への志向・選好の背後には、ソクラテスが洞察しているように、単なる生存欲を超えた「評判」doxa（何らかの「権力」）への欲望、あるいは自己欺瞞が潜んでいる。

民主制においては、たしかに十分根拠のあることであるが、このような自己欺瞞としての「名誉」や「金銭」への志向・選好に対する「言説」による批判、「言説」による正義への要求、自由と平等の均衡に関する判断についての「言論の自由」が、すなわち、言説以外のあらゆる強制・権威・権力の否定が強調される。だがしかし、プラトン（そして、このプラトン的理性主義やキリスト教的ルサンチマンを激しく糾弾するニーチェ）のような人は、ラディカル・デモクラシーにおける批判的「言説」、イデオロギー暴露志向そのものの中にさえ、自己欺瞞的イデオロギーを見極めているのである。

現代の高度資本制社会、リベラル・デモクラシーが標榜される高度大衆社会状況においてもまた、エリートであれ大衆であれ、統治者と被治者の双方にこのような自己欺瞞・偽善、言説そのもののイデオロギー化が猖獗をきわめている。自他の差異性と同一性を的確に見極めうる民（国家成員）自身の自己陶冶を欠くかぎり、「民の声は神の声」、

269

解題　M・B・フォスター『プラトンとヘーゲルの政治哲学』

西欧近代の資本制社会の形成過程において、この社会が構造的に孕む全般的な「合理化（脱呪術化）」過程を、ホルクハイマーとアドルノは「啓蒙の弁証法」として捉えた。この過程においてプレモダンの伝統や権威を批判したのは啓蒙主義あるいは合理主義・自由主義であり、この批判による歴史と伝統の性急な破壊に異を唱えたのは保守主義あるいは歴史主義であった。フランス革命をめぐって、大衆デモクラシー的な趨勢に対する深刻な懸念は、E・バークのみならず、すでにヘーゲルにも見られた。

十九世紀には、J・S・ミルやトクヴィルによってこの懸念は深められた。十九世紀末以降（とりわけニーチェ以降）、欧米で展開された大衆デモクラシー批判は、哲学、社会学、政治学においてさまざまな形で展開された。だが、爾来、「戦争と革命の世紀」としての二十世紀における左右、東西の間の総力戦及びイデオロギー闘争、南北の間の植民地解放闘争によって、また（冷戦期と冷戦終結以後における）アメリカ型リベラル・デモクラシーのイデオロギーの全般的普及によって、大衆デモクラシーの病理についての検討は、批判的・原理的には十分に深められなかったように思われる。現代の高度資本制社会、高度大衆社会に内在する病理の本質はどこにあるのか。もちろん、この大きな問題をここで論じつくすわけにはいかない。ここでは、月並みな言い方しかできないとしても、若干のポイントだけを挙げて、この解題を締め括りたい。

管見の及ぶ範囲でいえば、西欧に発する近現代社会が孕む原理的・構造的・思想的な問題や矛盾の所在は、上述のように、すでにマルクス、ウェーバー、ニーチェによって、「疎外」、「物化」、「合理化」、「イデオロギー的自己欺瞞」として理論的に的確に洞察されている。しかし、かれらにおいては、すくなくとも近現代デモクラシーに関する政治哲学的な問題（自己立法の主体の形成という問題）は充分には、展開されなかった。この

統治者と被治者の同一性（という原理）が両義性を免れない所以である。

したのはマルクスであり、この過程が必然的に孕む両義性的な「疎外」と「搾取」を理論的に解明しようとしたのはマルクスであり、この過程が必然的に孕む全般的な「合理化（脱呪術化）」過程を、ホルクハイマーとアドルノは「啓蒙の弁証法」として捉えた。「主体性の原史」が孕む両アスペクトの相互限定的展開（「理性」の両義化）過程を、ホルクハイマーとアドルノは「啓

270

解題　M・B・フォスター『プラトンとヘーゲルの政治哲学』

問題は、あらゆる実証主義的あるいはシステム論な諸理論はいうまでもなく、アーレントやハーバーマスのようなこれらを批判しようとした理論によってもまた、的確には捉えられているとは決して思えない。

大衆デモクラシー批判というと、古代のプラトンのそれに対してそうであったように、現代のニーチェ、ウェーバー、シュムペーター、パレート、オルテガ、アドルノなどのそれに対して批判しても、教養市民や技術官僚が念頭におかれたそれらのいわゆる貴族主義・エリート主義がしばしば時代錯誤として批判され退けられる。こうした反批判は、必ずしも見当はずれではない。だがしかし、そもそも、すでに中世末以降、self-made-manとして理想化された、自治都市住民としての商業ブルジョア、都市近郊の合理的経営主体として産業ブルジョアはいざしらず、世襲貴族にしろ、これを模倣しようとした新興教養ブルジョアにしろ、言説と活動との乖離に発する自己欺瞞は決して免れていない。ましてや資本制社会の確立とその高度化に伴う、「合理化」と「没意味化」が進展しつくしている近現代の「科学技術的自然支配に基づく大衆民主制」においては、政治家、官僚、知識人、大衆、このいずれもが、ウェーバーに倣っていえば、多かれ少なかれ「精神」と「信条」とのいずれをも欠く「専門人にして享楽人」であり、ここではこの意味での「大衆＝エリート」が自己再生産されているのである。

大衆デモクラシーにおいては、成り上がりの大小の似非カリスマが跋扈し、ここで権力者からも大衆からも疎外されたいわゆる知識人イデオローグにあっては、合理主義と非合理主義、進歩主義と保守主義、リベラリズムとコミュニタリアニズムなどといった、ありとあらゆるイデオロギー的な対立並存が、相も変わらずさまざまな意匠を凝らして入れ替わり立ち代り現われる。現実の社会的再生産から帰結する思想と行動の画一化・一元化の進展に逆説的に対応して、ありとあらゆる多元主義や差異性の主張がイデオロギー的に飽きもせず繰り返されることになるのである。

いずれにしても、価値と事実、理性と意思、製作と行為とを切断することだけに近代的意識の優位を見ようとする似非カリスマ的預言者も、あるいは一切を「複雑性を縮減」するシステム機能に還元しようとするスマートなシステム論者も、この主体形成に寄与するどころか、むしろそれを破綻させ似非知識人も、安易に両者を接合しようとする

271

解題　M・B・フォスター『プラトンとヘーゲルの政治哲学』

だとすれば、こうした現代の状況においては、「己が服する法を己自身が自己定立しうる主体」の形成を論じること自体、空虚なイデオロギー、はたまた永久革命論者の見果てぬ夢にすぎないのであろうか。資本制社会の構造的な「疎外」と「搾取」の極限にあって変革主体へと転化しうるとされた「プロレタリアート」、大衆デモクラシーにおけるエリートとされるテクノクラート、「合理化・没意味化」の果ての近現代社会においてもなおして社会を支えながら生活する庶民——これらはいずれも政治的自律性の担い手としてはもはやとっくに幻想でしかないことがあきらかになっているとするならば、そして、しかもなお、人間個人の主体性や自律性などといったカテゴリーそのものがいまやナンセンスである、とするような社会システム論に与しないとするならば、現代社会における諸個人の政治的自律性の形成を問いうる手がかりがどこにあるのであろうか。

その可能性の条件がありうるとすれば、それは、世界の「合理化」と「没意味化」の只中にあって、それがいかにささやかに見えようとも、まさに個々人の現実生活（己の果たすべき仕事）において、価値と事実、理性と意思、製作と行為、それぞれの両アスペクトの差異を対自化すると同時に、まさにこの対自化を可能にする自然的・歴史的・社会的な諸前提と両者の相互含意とを自覚しながら、両契機を切断することなく己自身の生活活動を有意味にしていく現実的営為そのものの担い手が、同時に政治的討議の主体となること——このこと以外においてではないであろう。

けだし、カントに擬えていえば、理性を欠く意思は盲目であり、意思を欠く理性は空虚であるからである。そして、同じことは製作と行為の関係においてもいえるであろう。とするならば、フォスターが示唆しているように、まさにここにおいて、多くの近現代的思惟が看過もしくは峻拒してきた、自他の縦横の（とりわけ縦の）関係において発現する、理性と欲望を媒介かつ限定する機能を果たす気概ないし勇気——これが人間の現実的な（つまり歴史的・社会的）生活活動において果たしうる機能及びそれが成立せしめうる意味が省みられるべきであろう。

272

解題　M・B・フォスター『プラトンとヘーゲルの政治哲学』

自己立法の主体、国制創設の主体の形成が国家内部において現実に可能でありうるとすれば、それはミュートスの形姿で呈示される超人でも似非カリスマでもなく、また、いずれも抽象的な、単なる権利と道徳の主体でもなく、所与の現実において「己の仕事」を果たしうる個人、活動において「観照、行為、作為」を、内面において「知恵、勇気、節制」を均衡させ、差異性を差異性として、同一性を同一性として両者の関係において見極めうる個人——こういう現実的な生活活動の主体としての諸個人の自己陶冶によって以外にはありえないであろう。

用語対照表（対訳）

Andreia, courage　ἀνδρεία　勇気
Arche, rule　ἀρχή　統治（起動因、権力）; ἄρχων（統治者）、ἀρχείν
Arete, virtue　ἀρετή　徳、器量、卓越性
Chrematistike, money-making　χρηματιστική　金銭獲得術
Demiurge, craftsman　δημιουργός　デミウルゴス、職能人、製作者
Dikaiosune, justice　δικαιοσύνη　正義　δικαιόν
Doulos, -eia, slave, slavaly　δοῦλος　奴隷、奴隷制
Eidos, form, species　εἶδος　形相、姿形、視像　μορφή
Eleutheros, -ia, free, freedom　ἐλευθερός　自由人　ἐλευθερία　自由
Episteme, scientific knowledge　ἐπιστήμη　学問的知識
Epithumethikon, To, the appetitive element（of soul）　ἐπιθυμητικόν　欲望エレメント
Epithumia, desire　ἐπιθυμία　欲求
Hexis, acquired disposition, character　ἕξις　習慣、慣習、性格
Logistikon, To, the faculty of reason　λογιστικόν　理性能力
Logos, reason　λόγος　理性、言葉
Muthos, myth　μῦθος　神話、物語
Nomos, law　νόμος　ノモス、慣習法
Nomothetes, lawgiver　νομοθέτης　立法者、国制創設者
Orthe Doxa, right belief　ὀρθὴ δόξα　「正しい信念」
Paideia, education　παιδεία　教育、陶冶、自己形成、教養
Polis, city　πόλις　都市国家
Sophia, wisdom　σοφία　知恵
Sophrosune, temperance　σωφροσύνη　節制
Stasis, faction　στάσις　内乱、党派抗争
Techne, art, craft　τεχνή　技、技能
Thumoeides, To, the spirited element（of soul）　θυμοειδές　気概エレメント
Thumos, anger, spirit　θυμός　憤怒、熱情

【付録】

正義と自律
―あるいはプラトン政治哲学のストイケイア覚書

永井健晴

＊自己立法の主体の自己陶冶 Selbstherausbildung des Subjekts der Selbstgesetzgebung
＊法の両義性 ius ―lex; 徳律 aretê と法律 nomos-themis
＊プラトン最善国家パラダイグマ paradeigma のコノテーション
― 正義 dikaion　均衡・調和 harmoniā・秩序 kosmos, taxis, to ta hautou prattein
― 魂 psychê (the individual) と国家 polis (the collective) の構成秩序の類比 analogiā と相互規定関係 mutual determination 縦・横の社会的労働の分割と結合　交換 Austausch
― logistikon―thumoeides―epithumêtikon/ sophiā―andreiā―sôphrosynê, philosophoi―epikouroi―dêmiourgoi
― 気概 thumoeides・epikouroi の両義的機能
― 統治 archein―egkrateia と陶冶 paideiā (器量・機能) aretê 善 agathon
― 自然（自生）physis ―人為（作為）nomos, technê, hexis, ethos, character, institutum, conventio, persona, technê, aretê ― agathon
― logos ― ergon
― 理念 idea/ Idee ―認識 cognitio/ Erkenntniss/ noêsis ― dianoia ― pistis ― eikasiā
― 関心（利害）interesse/ Interesse ―行為 actio/ Handeln
― 観照 theôrein ―実践 prattein ―製作 poiein

275

［付録］正義と自律——あるいはプラトン政治哲学のストイケイア覚書

序　啓蒙——理性と意思　intellectus et voluntas

敢えて賢かれ！　自分自身の理性を使用する勇気を持て！
Aude sapere! Habe Mut, dich deines eigenen Verstandes zu bedienen!〔1〕

　人間は理性的存在 homo sapiens である。ひとは誰もが、すくなくとも潜在的には、理性（知性）を備えているはずである。とすれば、自己自身のうちに潜在している理性を他者の後見なしに顕在化せしめようと意思しない人間は怯懦である。だから、自己理性の使用に関して、他律 Heteronomie を自律 Autonomie に転換せしめよ。——カントが提示する啓蒙 Aufklärung の標語は、このようにわれわれ一人ひとりに要請している。啓蒙とは、カントの定義によれば、他者の指導なしに自分の理性を公的に使用しようとする勇気〔2〕（意思）Mut＝Wille を持とうとしないような未成年状態 Unmündigkeit を人間個人が脱することだからである。したがって、カントにしたがうならば、この未成年状態にあることが自己責任 selbst verschuldet であるかぎり、まさにそれは「決断と勇気の欠如」Mangel der Entschliessung und des Mutes に他ならないわけである。〔3〕だがしかし、カントのこの要請に応える勇気（意思）を人間個人に持たせることを可能にする現実的条件はそもそも何であろうか？

　後期カントがかの論文（啓蒙とは何か、という問いに答える）Beantwortung der Frage: Was ist Aufklärung? を認めたのは、啓蒙（あるいは理性）の世紀と呼ばれる一八世紀の末のことである。冒頭に掲げた無条件の命令文には、一六世紀以降西欧近代において展開された倫理・法・政治に関する思想の基底にある、人間個人の自己意識における理性と意思の相関という原理的問題が凝縮され、その要諦が定式化されているともいえよう。

276

［付録］正義と自律——あるいはプラトン政治哲学のストイケイア覚書

しかし、二千数百年にわたる西欧哲学史のコンテクストに照らすならば、啓蒙あるいは人間の理性的自律性というプロブレマーティク Problematik が発現したのは、すでに前五世紀後半のソフィステース、そしてソクラテス、プラトンにおいてである。それどころか、マックス・ウェーバーの宗教社会学における「世界の普遍的合理化（呪術からの世界の普遍的解放）allgemeine Rationalisierung (=Entzauberung) der Welt やホルクハイマーとアドルノの『啓蒙の弁証法』Dialektik der Aufklärung における「神話はすでに啓蒙である。」(Der Mythos ist schon Aufklärung.) というテーゼに鑑みるならば、道具化（主観化）された理性による人間の自然支配と連動する「主体性の原史」Urgeschichte der Subjektivität は、西欧文明史の発端にまで遡れることになろう。

ところで、カントが件の論文で用いている未成年状態 Unmündigkeit という術語は、他者による後見（保護）Vormundschaft を必要とすること、法権利 Recht の主体として自己自身の法的自律性が法共同体 Rechtsgemeinschaft の成員たちからそれとして承認されていないこと、要するに、大人でないこと——このことを意味する法律用語である。だが、何が現実に社会生活を営む人間諸個人をして、この単に形式的な法的自律性を、実質的なそれに転化せしめうるのか？

結論を先取りして述べるならば、カントが想定するような西欧近代国家（共和制的法治国家 der republikanische Rechtsstaat）において、この転化に不可欠な前提条件は、第一に、経済的自立性 ökonomische Selbständigkeit、そして第二に、（経済を基礎とする人間の社会生活が政治を前提にしているかぎりで）政治的自律性 politische Autonomie、そして第三に、（この政治的自律性を可能にせしめうるような自己立法の主体 subjects of self-legislation の成立と緊密に係わる）人間諸個人の倫理的自己意識 das ethische Selbstbewusstsein——徳律と法律の関係についての自己意識——の成立であろう。

初期マルクスによれば、人間は「類的本質存在」Gattungswesen である。これを後期マルクスは「社会的諸関係の総体」と表現しているが、これは「人間と自然との間の物質的代謝」Stoffwechsel zwischen Mensch und Natur 過程において再生産される。文明成立以降、なんらかの政治的共同体（広義の国家）を前提として、いつもすでに歴史的かつ社

［付録］正義と自律——あるいはプラトン政治哲学のストイケイア覚書

会的に形成される縦・横の諸関係の磁場において、内外の自然との交換活動を通じて、人間の生活は営まれる。すなわち、①社会的・歴史的に形成される人間（社会）と人間の内外の自然との関係、②諸個人と歴史的に形成され再生産されている社会との関係、③諸個人（あるいは諸集団）の相互関係——これら三つの次元での交換関係を通じて人間は現実に人間として自己形成を遂げ、同時に自己保存 überleben (zen) のみならず、有意味な生活 gut leben (eu zen) をも可能にしている。③に関して、柄谷行人にしたがってさらにいえば、横の関係として、(1) 互酬交換、(2) 商品交換、縦の関係として、(3) 略取—再分配という形の交換関係——これら三類型を設定しうる。

さて、近現代の社会システムにおいてはその経済、政治、法、道徳などのアスペクトはそれぞれ自己完結的な部分システムとして相互に分化していく。これらの分化した諸部分システム間の関連において、「システム」System と「生活世界」Lebenswelt との関連において、法規範システムは——ハーバーマスにしたがえば——それらを媒介する蝶番の機能 Schalnierfunktionen を果たしうる。西欧近代の法治国家 Rechtsstaat の主権原理（君主主権であれ人民主権であれ）にしたがえば、この主権に基づく法権利システムは、国家成員たちによる法権利の自己定立の結果でなければならない。だが、そもそも、この法権利を自己定立する主体（政治的自律性 politische Autonomie）はいかにして成立しうるのか？

ここではさしあたり、カントの自律 Autonomie 概念に関連して、法権利 Recht を自己定立 selbst setzen する諸個人の意思（気概）の自己陶冶 Selbstherausbildung 過程における、①理性と意思の相関、②自律と他律の相関というプロブレマーティクに、注意を促しておきたい。ここで問題になるのは、倫理、法、政治のそれぞれのアスペクトにおけるそれぞれの理性的自律性の生成と存立の相互規定関係である。

この小論においては、この政治的自律性の現実的可能性の条件を、それがさしあたりいかに迂遠なことのように見えようとも、プラトンの『国家』篇において呈示されている「最善国家」モデルのパラデイグマに照らして、原理的に考察してみたい。

278

［付録］正義と自律——あるいはプラトン政治哲学のストイケイア覚書

第一に、古典古代と西欧近代のそれぞれの市民国家モデルにおいて①国家（polis と state）、②市民（citoyens と bourgeois）、③法権利（nomos と law）の概念が意味するところの異同（両義性）を確認し、これらの対応関係を検討する。（第一章、第三章）

第二に、これを前提にして、「正義」dikaion を結合原理とするヘーゲル的近代国家モデルと対比するプラトン的国家モデル（いわゆる「最善国家」）を、「自由」Freiheit（「主体性」Subjektivität）の概念の内包・外延を同定し、とりわけ、前者における「正義」to dikaion や「自由」Freiheit を結合原理とするヘーゲル的近代国家モデルと対比し、それぞれにおける「最善国家パラダイグマ」のメタ・パラダイグマ的あるいは「統制原理」的な意義を検討する。

第三に、とりわけ、そのプラトンの最善国家モデルにおける特殊プラトン的（あるいは古典古代ギリシア的）な自然 physis と技術 technē（とりわけ統治 archein の技術）の概念の意味に着目して、①魂 psychē の構成秩序と国家 polis の成秩序における、理性 logistikon（哲学者）と欲望 epithymētikon（生産者）を媒介する気概 thumoeides（守護者・補助者）の両義的機能——これら二つのプロブレマーティクが、上述の法権利を自己定立する理性ないし意思の主体——あるいは政治的自律性——の形成とに関する原理的考察にいかなる示唆を与えうるか、これを見きわめたい。（第四章、小括）

第一章　古典古代市民国家 Polis と西欧近代市民国家 State
　　　　国家権力 Gewalt—Macht—Recht と市民 politēs, civis; Staatsbürger, citoyen

人類史において、社会的生産がはじまると、いわゆる「国家によって組織された社会」die staatlich organisierten Gesellschaften (K. Eder) が成立する。すなわち、文明の開始以後、古今東西をとわず、諸大陸の各地にさまざまな形式の広義の国家（この略取—再分配という交換形式においては承認 Anerkennung と搾取 Ausbeutung の両アスペクトが交錯している）が現われる。形式はともあれ、それがその諸成員によって事実上正統化された政治権力 faktisch

279

［付録］正義と自律——あるいはプラトン政治哲学のストイケイア覚書

legitimierte Gewaltsamkeit としての国家権力を備え、この政治権力（Gewalt-Macht-Recht 関係）が社会的再生産の総体を効率的かつ実効的に統括し、かつそれによって対外的独立を貫徹する、という対内的・対外的な両機能（「システム統合」Systemintegration と「社会統合」Sozialintegration の機能）を十全に果たしえたかぎりで、いずれの国家も存立しえたといえよう。

西欧政治理論史において呈示された、「市民」（国家市民）politai; cives, Staatsbürger, citoyens に基づく国家モデルは、古典古代市民国家 polis, civitas, res publica と西欧近代市民国家 sovereign state; nation-state である。両モデルは、「市民」と「法」dikaion-nomos; ius-lex を基軸としている点で、たとえば古代以降現代にいたるまで各地域で見られるいわゆるオリエント的専制国家（帝国）、西欧中世における神聖ローマ帝国やその領内に分散割拠した封建国家などとは区別されうる。

しかし、古典古代と西欧近代の両市民国家における「市民」(politēs; civis と Staatsbürger) の内実は著しく異なる。古典古代市民国家 Polis であれ西欧近代市民国家 State であれ、いずれにおいてもゲマインシャフト Gemeinschaft (あるいは互酬交換) とゲゼルシャフト Gesellschaft (あるいは商品交換) の両アスペクトは見られるが、しかし、前者においては Gemeinschaft のウェイトが、後者においては Gesellschaft のそれが、はるかに大きいといえよう。生産手段としての土地の私有・商品（貨幣）経済は前者においてもすでに部分的には浸透してはいたが、それは後者においては全面化に向かい、共同体規制と共同体的諸関係を解体させていくからである。

(1) **古典古代市民国家　Polis**

古代ギリシア史の研究によれば、古拙期ギリシアの polis や初期ローマの civitas は、歴史的現実における国家の創成の多くがそうであるように、基本的に征服国家（あるいは土地と奴隷を調達するために戦争遂行を必要とする国家＝奴隷制国家）であった。マックス・ウェーバーにしたがえば、成熟期のポリス polis やキーヴィタース civitas の本質は、

280

［付録］正義と自律——あるいはプラトン政治哲学のストイケイア覚書

戦士ツンフト Kriegerzunft にあり、またそれは、地理的条件、武具の水準、戦闘形式などからして、いわゆる重装歩兵民主制 Hoplitendemokratie ともいえる性格を帯びていた（ウェーバーはポリスの発展経路において、「貴族制ポリス」と「民主制市民ポリス」との間に、「重装歩兵ポリス」を置いている）。

古典古代市民国家を構成する正式メンバーたる市民たち politai, cives は自由市民 eleutheroi（いわば独立自営農民）であり、この市民の自由 eleutheria, libertas は、この国家共同体への帰属、この帰属によって籤で分与された土地 klēros と奴隷 doûlos の所有、要するに市民の oîkos における奴隷所有によって可能になるかぎりでの、必要労働からの解放、さらには国政への参加権、市民的自由 (isonomía や parrēsía 平等の政治的権利、市民的公共性 staatsbürgerliche Öffentlichkeit)、市民が遂行する対外戦争への当該自由市民＝戦士市民たちの直接的参加を前提としての市民的 politeía ——これらを意味していた。いずれにしても、この意味での平等かつポリス成立期の段階においては、国家が遂行する対外戦争への当該自由市民＝戦士市民たちの直接的参加を前提としてのポリス的自由 politeía ——これらを意味していた。

しかし、民主制アテーナイの末期におけるように、貨幣経済と連動する購買奴隷制の発達といわゆる「アテーナイ海上帝国」の成立に伴って、かつてのポリスの中核を成した Gemeinschaft と Gesellschaft の稀有の均衡は崩壊する。

(2) 西欧近代市民国家　State

この古典古代市民国家のモデルやこれに関する諸カテゴリーは、さまざまな形で西欧近代政治理論において継受された。しかし、西欧近代市民国家のモデルや内実は、前者のそれとは著しく異なる。後者の諸条件は、商品経済の発展を背景にして台頭した商工業ブルジョアジーと王権との結合によって封建的諸勢力の分散割拠状態を清算しかつ集権化を遂げたいわゆる絶対主義国家によって用意されたからである。ここで成立したのは、第一に、主権者 sovereign と（主権者が絶対的であるがゆえに相互に平等でありうる）臣民たち subjects との縦の交換関係（略取と再分配）、第二に、この枠組みの中で展開された自由かつ平等な商品所有者（生産者）間の横の交換関係（商品交換）、そして第三に、

［付録］正義と自律——あるいはプラトン政治哲学のストイケイア覚書

これらと連動して展開される、一方の経済システムにおいて作動する人格・所有・契約の権利（市民法）と他方の行政システムにおいて作動する行政法という、二つの形式法システムである。（ここでは集権国家と交換経済、行政システムと経済システムは相関している。）

ここに登場してくる市民は、形式的には国家市民 Staatsbürger であっても、実質的にはさしあたり都市住民・商工民という意味での Bürger（都市の商工業ブルジョアあるいはその近郊農村の産業ブルジョア）である。たしかに、貨幣経済の発展、社会的生産力の上昇、伝統的共同体規制からの諸個人の解放、これらは学問・芸術・科学の画期的パラダイム転換を促した。ここでは、課税と代表をめぐる政治的論議のトポスとして、議会制やブルジョア的公共性も成立した。そのかぎりで、西欧近代ブルジョアの意識と行為において、目的合理性と価値合理性との間の、そして道具的、戦略的、コミュニケーション的な行為の間の、稀有な均衡が成立したといえるかもしれない。

しかしながら、資本制社会の全面化によって、システム分化と形式合理化が不可逆的かつ加速度的に進展するなかで、ここでは、自分自身の労働力を商品とする以外には生存しえない労働者たちのみならず、すべての諸個人が、その諸関係に構造的な疎外と搾取を孕む商品交換の（換言すると、「道具的行為」das instrumentelle Handeln、「戦略的行為」das strategische Handeln、つまり「成果志向的行為」das erfolgsorientierte Handeln の）諸主体に不可避的にならざるをえない。そのかぎりで、西欧近現代社会において生活活動を営む諸主体の理念と現実、思想と行為との間には、構造的に必然的な乖離ないし齟齬が生ぜざるをえないであろう。

現代市民（大衆）国家においては、それが自由主義と社会民主主義のいずれを標榜しようと、一方では、行政官僚や合理化競争に駆り立てられる企業家はシステム合理性・形式合理性の主体として（官民において形式合理性と実質非合理性は共通しているが、もちろん官僚性には固有の disfunctions がある）、他方では、アモルフな大衆 matabasis[14] は市場メカニズムの機能不全の補完機能を担う行政システムからの給付を受けるクライエントとして現われる。「政

282

[付録] 正義と自律――あるいはプラトン政治哲学のストイケイア覚書

治のために」für die Politik ではなく「政治によって」von der Politik 生活する政治家は、一方では、テクノクラートたる行政・司法官僚に実質的に従属し、他方では、民主制アテーナイ末期におけるごとく、大衆の無際限の欲望 pleonexia に迎合 kolakeuein する。現代市民（大衆）国家においても、（役割・機能の分化したその諸成員である）政治家、行政・司法官僚、大衆、このいずれの人格構造の中にも、箍の外れた欲望 pleonexia と形式合理性・システム合理性との同一・同型の相関関係しか見出せないとすれば、たとえばハーバーマスにおける「生活世界」Lebenswelt におけるコミュニケーション行為（市民的公共性）と議会における審議 deliberation（制度的公共性）とをフィードバックさせるような、bürgerliche Gesellschaft（ブルジョア社会）ならざる Zivilgesellschaft（公民社会）の意義などを主張しても、それは空虚な言説となりかねないであろう。

第二章　プラトン的正義 dikaion とヘーゲル的自由 Freiheit

　以上では古典古代と西欧近代とにおける市民国家、市民、その活動、そしてそれらの関係について、それぞれのメルクマールに注意を喚起し、それらを比較し、図式的に対照させた。ここでは、古典古代と西欧近代の（とりわけ思想哲学の）決算期（前五世紀末―前四世紀初頭、一八世紀末―一九世紀初頭）に当たるそれぞれの歴史的現実を前提にして成立した、プラトンとヘーゲルの国家モデルの眼目を検討しておきたい。プラトンの国家モデルは古典古代市民国家 polis とそれを構成する市民 politai とを、ヘーゲルのそれは西欧近代市民国家 state とそれを構成する市民 subjects, Staatsbürger とを、それぞれの理論構成において前提にしている。あらかじめ雑駁にいえば、プラトンの国家モデルは古代民主制（あるいは専恣としての自由と悪平等としての平等という原理）とこれに対応する民主制的人間類型の批判的吟味を、ヘーゲルのそれは近代社会契約説的・自然法的国家論とそれに対応した原子論的個人主義の批判的揚棄の試みを含意している。

［付録］正義と自律——あるいはプラトン政治哲学のストイケイア覚書

(1) 正義 dikaion ——プラトン的最善国家モデル

プラトンの政治哲学の——とりわけ、かれの主著と目される『国家』篇 politeia における正義 to dikaion の概念に基づくいわゆる「最善国家」パラダイグマの——眼目ないしメルクマールについてスケッチしてみよう。プラトンがその約八〇年の生涯を過ごしたのは、前五世紀後半から前四世紀前半であり、それは民主制アテーナイの末期であったと同時に、古典期ギリシア世界の末期でもあった。プラトン哲学の中には、古拙期以来展開されたギリシア哲学——いわゆる「ソクラテス以前の哲学者たち」Vorsokratiker——のさまざまなモティーフが流れ込んでいる。また、上で触れたように、その政治哲学のアスペクトには、よかれあしかれ、同時代のアテーナイ民主制とその人間類型への原理的批判が含まれている。

この意味で、「ミネルヴァの梟は迫りくる黄昏のなかで飛び立つ」という人口に膾炙した文言のメタファーは、西欧近代哲学の決算期に現われたヘーゲル自身についていえるだけでなく、プラトン哲学に典型的に当て嵌まるであろう。ここで、小論の論点を先取りして述べるならば、プラトンが呈示した政治哲学——これはたしかに基本的には後にアリストテレスが整理したような、形相因 eidos と質料因 hylē、目的因 telos と起動因 archē という枠組みの中で展開されている——には、M・B・フォスターが縷々論じているように、古典古代ギリシア政治哲学に固有の「正義」to dikaion というカテゴリーやパラダイグマを超出するような理論的契機（すなわち、ヘーゲルがその政治哲学の出発点とした西欧近代的な二重の意味での「自由」Freiheit あるいは「主体性」Subjektivität のカテゴリー）が萌芽しているようにも思える。
(18)

因みに、プラトンの哲学とかれのアカデメイアーにおける弟子であったアリストテレスの哲学との関係には、そして両者の後代の西欧哲学への影響関係には、にわかには断じ難い端倪すべからざるところがある。両者の間にはあきらかに原理的異同がある。たとえば、Physis（自然）や Technē（技術）の概念、Vorsokratiker との関係と断絶、イデア論やプシューケー（魂）psychē 論などの理解や評価をめぐって、現代の哲学者や古典学者の間でも、正反対

284

[付録] 正義と自律——あるいはプラトン政治哲学のストイケイア覚書

の解釈がなされている。これらの諸問題は、プラトン政治哲学の解釈においても決定的な意味を――あるいは評価の決定的差異を――もたらすであろう。

さて、『国家』篇 politeia の主題は、テクストに副題として付されているように、正義 to dikaion である。周知のように、プラトンの正義論のモティーフは、後にライプニッツのいうところの「神義論」Theodizee（神 theos の正義 dikē）の問題にプラトンの正義論のモティーフは、後にライプニッツのいうところの「神義論」Theodizee（神 theos の正義 dikē）の問題に本質的に重なっている。プラトンは、正義という言葉で、宇宙（自然）kosmos, physis, 国家 polis, 人間 anthrōpos の本質を言い当てようとしている。アリストテレスの用語法にしたがえば、正義はこれらの形相 eidos であり目的 telos である。この『国家』篇と呼ばれるテクストおいては、きわめて多岐にわたる諸問題（プラトン哲学の殆ど全モティーフ）が議論されているが、ここでは能うかぎり、「最善国家」モデルに関する諸論点に絞って論究しておきたい。

テクストの第一巻では、正義の定義 ti esti to dikaion をめぐるいわゆるエレンコス（否定論駁）elenchos が展開されるが、第二巻の途中からは、プラトンの描くソクラテスによる上述のテシスの論証が展開されていく。プラトンの描くソクラテスは、魂 psychē における正義、つまり人格的正義 persönliche Gerechtigkeit について語るための便宜として、これに類比されうる国家 polis における正義、つまり政治的正義 politische Gerechtigkeit について、議論を展開していく。

そこでソクラテスは、まず三つのポリス・モデル、すなわち、第一ポリス（健康なポリス、豚のポリス）、第二ポリス（病気のポリス、過剰なポリス）、第三ポリス（浄化されたポリス、最善国家）を提示する。この三つのポリス・モデルについては、聊か牽強付会ではあるが、ヘーゲル的な表現をすれば、即自的な統合 Integration an sich、対自的な脱統合 Disintegration für sich、即かつ対自的な再統合 Reintegration an und für sich という言い方も可能であろう。しかし、厳密にいえば、この三類型は、しばしば見られるような、Gemeinschaft—Gesellschaft—Assoziation といった図式とは異なるであろう。

［付録］正義と自律――あるいはプラトン政治哲学のストイケイア覚書

第一ポリス・モデル（健康のポリス）では、もはや、おしなべて前近代の伝統的共同体に見られるような、自給自足の農業経済に基づく国家ではなく、すでに農・工・商のそれぞれ専門的技能を持った職能人 dēmiourgos たちによる自動制御的な秩序と統合（必要な変更を付せば、マックス・ウェーバーのいう「諒解ゲマインシャフト」Einverständnisgemeinschaft）が成立している。ここでの交換は、西欧近代資本制社会におけるような商品交換ではなく、互酬交換である。ここでは、かれらの欲望は必要の限度を超えないから、他者（自然、人間）に敵対することなく、ポリス全体の均衡・調和・統合は、有機体 organism における、職能人たち dēmiourgoi の職能 technai 間の差異 diaphora ゆえに、自然発生的 naturwüchsig に成立する。このいわば homo faber たちの Gemeinschaft においては、秩序という意味でも、「自分固有の仕事を果たす」 to ta hautou prattein (idiopragieformel, O. Höffe) という意味でも、正義 to dikaion が現出している。

第二ポリス・モデル（病気のポリス）では、個々人の欲望は必要の限度を超え無際限となり、すなわち、いわゆるプレオネクシアー pleonexia＝Mehr-haben-wollen が成立して、この国家全体の均衡と調和が破れる。この脱統合の原因については、さまざまな現実的理由が考えられるが、本源的には、それは人間存在の自然本性そのものにあるといえよう。いずれにしても、このポリスの存立には、内外の対立や葛藤 stasis, polemos を制御するために、新たな職能人 dēmiourgoi としての守護者たち phylakes が、すなわち政治権力 Gewalt-Macht（政治家と司法・行政官僚）が、必要となる。

この意味で、ここでようやくはじめて狭義の国家が成立するわけである。すなわち、一方で、支配 Herrschaft ないし略取―再分配という縦の交換形式が現出し、他方で、横の交換形式としての互酬交換は商品交換に転化し始め、道具人たち homo faber の Gemeinschaft はその Gesellschaft に転換していく。だが、この横の交換関係の転化と社会構造の転換との進展に伴って、technē の意味も変わるが、ここでもやはり社会的分業ないし経済的なシステ

［付録］正義と自律——あるいはプラトン政治哲学のストイケイア覚書

ム統合の自生的均衡メカニズムが現われる。したがって、この第二ポリス・モデルは、必要な変更を付せば mutatis mutandis、人類史に現われるあらゆる諸国家に適用可能である。

第八巻以降で呈示されている第三ポリス（最善国家）・モデルの堕落形式としての四つの国制 politeiā 類型（名誉制 timokratiā, 寡頭制 oligarchiā, 民主制 dēmokratiā, 僭主制 tyrannis）は、この第二ポリス・モデルの現象形式とも、あるいは「不正のポリス」の理念型 Idealtypus ともいえるであろう。但し、名誉制と他の三つの国制類型との区別、そしてこの三つの相関にはとくに注意が必要である。(23)

第三ポリス・モデル（浄化されたポリス、最善国家パラデイグマ）では、戦争遂行と内乱制御を担う守護者 phylakes が分化して、つまり政治と行政・軍事の機能が分離して、徹底した生涯教育システムの所産である哲人統治者 philosophoi archontes ないし哲人王 basileus philosophōn が現われ、①哲人統治者と、これに統治される②補助者 phylakes=epikouroi、③生産者 dēmiourgoi から構成される三層の位階秩序・制御秩序 hiearchiā が示される。哲学 philosophein と統治 archein の一致という意味では、ここでは逆に、分業ないし専門化としての「正義」の原理が破られる。しかし、まさにそのことによって、ここで「正義」のメタ原理が示される。

この第三ポリス・モデルは、しばしばそう呼ばれるような理想国家などというよりも、諸範型 paradeigmāta の範型 paradeigma、つまり国家 polis あるいは国制 politeiā の形相 eidos ないしイデア idea、さらにいえば、カントのいう「統制原理」das regulative Prinzip を含意している、といった方が適切であろう。ここでは、ポリスの存立のために、人為的統治術が不可欠となるが、ポパーのごとく、この technē を無造作に近代的な意味に解するならば、プラトンの最善国家モデルは、ユートピア的社会工学 utopian social engineering のそれに仕立て上げられることになろう。だがこの第三ポリス・モデル、最善国家パラデイグマは、たしかにある意味で徹底したメリトクラシーとはいえるであろうが、能力、陶冶、教育など次第で職能と階層の移動が可能である以上、世襲カースト制は決してなく、さりとて、近代的意味での技術官僚支配でもなく、奴隷制あるいは階級支配を前提としない無産者エ

287

[付録] 正義と自律——あるいはプラトン政治哲学のストイケイア覚書

リートによる有産者民衆（生産者）の統治体制を呈示している。

いずれにしても、この第三ポリス・モデルの三階層秩序は、成員たち politai それぞれの魂 psychē のそれぞれに類比される。魂の三機能、すなわち理性 logistikon、気概 thymoeides、欲望 epithymētikon、そして、それぞれに固有の三つの潜在的機能 aretē（徳・器量）、すなわち、知恵 sophiā、勇気 andreiā、節制 sōphrosynē、これら三つの機能の関係は、理知が気概を介して欲望を制御する、という形で成立する構成秩序として示される。このモデルの中には、第一ポリス・モデルが第三層（生産者層）として、第二ポリス・モデルで登場する守護者たちが第二層（補助者 epikouloi）として、組み込まれている。ここでもまた、（古代ギリシア人たちが共有した）「自分に固有の仕事を果たす」to ta heautou prattein、いわゆる Idiopragieformel が正義 dikaiosynē として呈示されるが、この意味での正義が、すなわち、徳 aretē の実現（個体性）と普遍的交換（共同性）との相互規定関係が、プラトンの国家（国制）モデルの原理であり、この比喩によって示された諸個人の魂の構成原理である。(24)

(2) 自由 Freiheit——ヘーゲル的近代国家モデル

さて、これに対して、西欧近代政治理論、たとえばホッブズ、ロック、ルソー、ヘーゲルなどのそれにおいて呈示された西欧近代主権国家の原理は二重の意味での自由である。(25) 上で触れたように、古典古代における自由 eleutheriā、libertas の概念は、近代のそれとはむしろ逆に、国家共同体への帰属とそれからの保護を含意していた。この意味での自由は、とりわけポリス市民たちそれぞれにおける魂 psychē の第二機能である気概（勇気）andreiā に基礎を置いていた。(26) だが、プラトンのテクストにおいて見られるように、前五世紀末の民主制アテーナイにおいては、自由 eleutheriā の含意は、すでに言及したように、きわめて図式的にいえば、古典古代市民国家においては国家 Polis と社会 Gemeinschaft は未分化であり、国家 polis（国家市民たち politai の相互関係）と家 oikos（主人 oikodespotēs と奴隷 doulos の関係）の関

288

[付録] 正義と自律——あるいはプラトン政治哲学のストイケイア覚書

この基本的社会構造の転換に伴って、諸カテゴリーの内包・外延も転換する。

ヘーゲルは西欧近代国家の原理を主体性 Subjektivität ないし自由 Freiheit としたが、この自由はかれの近代国家モデルにおいては二重の異なる意味を持っている。第一に、それは、伝統的な生活と生産の手段としての土地からの解放個人の欲望（任意選択）の自由（経済的自由）である（マルクスは、この自由を生活と生産の手段としての土地からの解放とその喪失という意味で、二重の意味での自由と表現している）。この欲望は基本的に無際限の欲望 pleonexia であるが、この形での原子論的個人の諸欲求（諸々の経済的自由）の競合は、まさにそれゆえに他方で、人格・所有・契約の諸主体から成る形式法システム（「全面的相互依存関係」allseitige (wechselseitige) Abhängigkeit としてのいわゆる「諸欲求の体系」System der Bedürfnisse）を現出せしめるとともに、社会のシステム分化と世界の合理化（あるいは「システムによる生活世界の植民地化」Kolonialisierung der Lebenswelt durch Systeme）を推進し、社会的生産力の飛躍的増大を可能にする。第二に、それ（自由）は、（ホッブズ的原子論的諸個人における pleonexia の任意選択の自由 economical freedom でも、カント的実践理性（道徳）の自律的主体の自由 ethical freedom でも、あるいは形式法システムの形式的法人格の自由 legal freedom でもなく）いわば政治的自律性という意味での自己限定 Selbstbestimmung ないし自己立法の諸主体 subjects of self-legislation の自由 political freedom である。

この二重の意味での西欧近代的自由についての叙述を、後期ヘーゲルはかれの『客観的精神』の哲学を敷衍した『法権利の哲学』において展開している。第一部「抽象的法権利」das abstrakte Recht においては、欲望（任意選択）の自由が、人格・所有・契約（形式法）の主体の自由として、第二部「道徳態」Moralität においては、カント倫理学を念頭におきながら、この形式的法人格の内実としてのいわば信条倫理 Gesinnungsethik の主体の自由として、消極的

289

［付録］正義と自律――あるいはプラトン政治哲学のストイケイア覚書

自由の両アスペクトが叙述され（抽象的法権利と抽象的道徳性のMetabasis）、第三部「習俗規範態（人倫）」Sittlichkeitにおいては、これらのいずれも抽象的な消極的自由を現実化せしめる、その三つのアスペクト、家族、ブルジョア社会、国家から成るダイナミックな具体的構成体（「システム統合」と「社会統合」の相互規定的関係態）から、とりわけ、このトリアーデの中核を占めるブルジョア社会から、捉えかえされている。

ヘーゲルのこのテクストにおける狭義の「習俗規範性」Sittlichkeitという概念は、主体性と共同性、主体Subjektと基体Substanz、この両契機の相互規定的なフィードバック関係という、すぐれて近代的な関係構造が含意されているが、かのブルジョア社会の位相に関するヘーゲルの叙述においては、抽象的法権利（経済的自由）の主体や信条倫理（倫理的自由）の主体をして政治的自律性（政治的自己立法）の主体へと自己陶冶 selbstherausbilden せしめうる諸制度として、司法活動 Rechtspflege（法システム）、福祉行政 Polizei（行政システム）、職能共済団体 Korporation が意味づけられている。

だが、ヘーゲルの立憲主義的な法治国家・社会国家モデル（立憲君主制）は、当然のことながら、議会制＝代表制（身分制議会）Ständeを備えているが、ヘーゲルがいわば「公共善」の実現のために実際に期待しているのは、代表制議会の審議よりも、よかれあしかれ、むしろプロイセン土地貴族層から調達される官僚の廉直性 Rechtlichkeit である。このことの因って来る所以は、たしかに、ドイツ近代化の遅延、ブルジョアジーの未成熟、かれ自身の保守思想にあるともいえよう。だがしかし、そこにわれわれはむしろ原理的な根拠を見るべきではなかろうか。もちろん、十九世紀初頭、ドイツではいまだ、よかれあしかれ、ブルジョア社会・資本制社会は十全には確立していなかった。しかし、

［付録］正義と自律——あるいはプラトン政治哲学のストイケイア覚書

ブルジョア社会とそれに基づく代表制議会が成立しているとしても、構成する諸個人の、(当時でいえば)「実体的身分」(土地貴族、農民)、「反省的身分」(商工民)、「普遍的身分」(官僚)という形の社会的分業関係と、そして、そこでのそれぞれの人格及び行為の類型そのものとが、構造上、原理的問題を孕んでいるかぎり、「公共善」(正義)の実現に関するあらゆる言説はイデオロギーそのものにならざるをえないであろう。(30)

さて、ヘーゲルが呈示しているこの近代的自由の概念の両義性(経済的自由、倫理的自由、政治的自由)は、すでに言及したように、上述したプラトンの第三ポリス・モデル(最善国家パラデイグマ)において、アリストテレス的ないわゆる形相質料論 philemorphism の枠の中ではあるが、すでに萌芽的に呈示されている。すなわち、当該モデルにおける三層の位階秩序・制御秩序における第三層(生産者層)においては、第一のいわば経済的自由(任意選択の自由)が、第二層(補助者層)においては、いわば倫理的自由が、第三層(哲人統治者層)においては、いわば政治的自由が、必要な変更を付すならば、あくまでも萌芽的かつ原型的にではあるが、示されているように思われる。とすれば、そのかぎりで、プラトンの第三ポリス・モデルは、戦士市民とその倫理的自由を基礎にした歴史的現実であった古典古代ポリスよりも、すでに西欧近代市民国家の祖型をスケッチしているともいえよう。(31)

だが、ヘーゲルは、一方でプラトンにおける正義の概念を、古代末以来さまざまな形で展開された自然法 ius naturalis 概念を介して、(いわば大文字の理性 Vernunft ないし法権利 Recht として)継承しながら、他方で二重の意味の近代的自由(経済的自由と倫理的自由)のみならず、いわば古典古代的な積極的自由を、かれの政治哲学の基礎に据えることによって(但し、上で指摘したように、そこでは政治的自由は十全には成立していないが)、プラトンの第三ポリス(最善国家)・モデルを、そこでの経済的自由及び倫理的自由(消極的自由)の抑圧ゆえに、しばしば批判している。しかし、この意味でのヘーゲルのプラトン批判は、必ずしも正鵠を射ていないように思われる。この点はヘーゲルのプラトン哲学理解(解釈)そのものにかかっているはずである。(32)

［付録］正義と自律——あるいはプラトン政治哲学のストイケイア覚書

第三章　法権利（Moral — Recht — Gesetz）の両義性　nomos — law; ius — lex

人間の社会には、国家と文明の成立以前であれ以後であれ、古今東西、何らかの形の法あるいは正義の観念が内在している。その際、社会統合あるいは国家統合は、完璧に自然発生的な形でも、完璧に国家権力に基づく人為による形でもなく、いずれにより大きなウェイトがかけられるかはともかく、いつもすでにこの両方を包含する形で可能になる。

システム論的にいえば、社会システムにおけるシステム統合と社会統合との結節環を成すのは法権利システムである。法権利 Recht あるいは正義 Gerechtigkeit の観念は、時処に応じて、神話的、宗教的、形而上学的、哲学的、科学的な世界観の形をとりうるが、人格システムと社会・国家システムを、換言すると、個人と国家（国民）のそれぞれの自己同一性、personal identity と collective identity を、成立せしめうる核となりうる。（両者は法権利システムを介して、相互限定関係にある）その時々の統合機能を究極的に果たしうる国家権力をいつもすでに正統化する法権利システムは、まさにそれゆえに eo ipso、階級支配を正当化するイデオロギー機能をも果たしうる。とはいえ、権力と法権利のシステムが階級支配の手段になりうるとしても、個人人格と国家共同体との存立が確保されるべきであるとするならば、それらを廃棄するわけにはいかないし、すべきでもないであろう。

さて、上で言及した古典古代と西欧近代の市民国家のそれぞれに対応する法権利の形式は、ここでも雑駁に図式化するならば、慣習法の意味での nomos と制定法の意味での law である。もっとも、国家社会に成立する慣習法と制定法、自然法と実定法、といった法権利のアスペクトの区別や対比は、いかなるケースにおいても単純なことがらではなく、程度あるいはウェイトの問題ではあろう。けれども、人間の自己意識が自己言及的・回折的構造を備えているかぎり、問題はむしろ、法とはそもそも、法権利・正義（平等や均衡）の原理を、自然であれ、超越神であれ、やはり人間であれ、誰かが何らかの方式で定立したところの当のものである、ということがいかに意識化・自覚化さ

292

［付録］正義と自律——あるいはプラトン政治哲学のストイケイア覚書

れているか、これである。

法（法規範ないし人為）と訳される古代ギリシア語ノモス nomos は、それがピュシス physis（自然）と対置される以前には、後に分化することになる正義と法、道徳と法律、自然法と実定法の両アスペクトを同時に含意している。逆にいえば、ノモス nomos 人為やテクネー techné 技術と対置される以前のピュシス physis は、起動因 arché をそれ自身に内在させた、自己生成・自己産出（auto-chinêsis, auto-poiêsis）の原理であり、そこでは、形相因 eidos と質料 hylé、精神 Geist と物質 Stoff、本質 essentia と現存 existentia などの両アスペクトを分離されずに併せ含むものであった。この意味でのいわば Vorsokratiker 的ピュシス physis（自然）の概念は、同じく起動原理・生命原理としてのプシューケー psyché（魂）の概念と内包・外延が重なっている。ピュシス physis とノモス nomos が対立することになると、ピュシス physis は質料 hylé・物質 materia・現存 existentia などの属性を帯びる狭義の（対象化された）自然となり、広義の自然に内包されていたノモス nomos はそれを対象化する人為となった。

コスモス kosmos（いわば美的宇宙秩序）に包括されていたピュシス physis とノモス nomos の両アスペクトの分化は、すでにプラトンの時代には顕在化している。(33) しかしながら、プラトンの用語としてのノモス nomos においてもまた、よかれあしかれ、自然と人為は未分化であり、むしろ、プラトンは両者をいわば同一性と差異性の同一性として捉え返している。そうであるかぎりで、プラトンにおいては、ノモス nomos は、所与の客観的・普遍的秩序としての正義 dikaion ないし理性 logos として捉えられ、これを基礎として自然的秩序と人為的国家権力との狭間で成立する、伝統的な習俗規範（ethos, mos, Sitte）を意味していた。

法権利 ius, Recht の本質は理性 intellectus にあるのか意思 voluntas にあるのか、という主知主義 intellectualism と主意主義 voluntarism との原理的対立は、ギリシア哲学とキリスト教との両世界観の関係（あるいは原理的対立）に伏在していた。盛期中世のキリスト教神学において統合されていた両契機の対立は、すでにスコトゥスやオッカムにおいて露出していたが、宗教改革以降、さらに顕在化し、とりわけプーフェンドルフ、トマジウスから、ライプニツ、

293

[付録] 正義と自律——あるいはプラトン政治哲学のストイケイア覚書

ヴォルフをへて、カント、ヘーゲルに至るまでの近代自然法学においても徹底的に議論された。にもかかわらず、ある意味では、現代法哲学においても未決の問題として残されている。

なんらかの自然法的基礎としての正義から切り離されているか否かはともかく、ギリシア語の nomos や thesmos は、近代語の law や Gesetz などと同じく、定立する (nomizein, lay, setzen) という他動詞の完了分詞から派生した語的であれ、定立かつ再定立され、さらにそれぞれの時代の国家権力によって支えられて事実上妥当する法規範（習俗規範、慣習法 mores, Sitten）である。この意味で、もちろんノモス nomos には人為性があるが、しかし、国家共同体における大部分の成員たちの自覚的・対自的な人為性・定立性（法の一般性と特殊性、抽象性と具体性、この区別と相関の自覚）を欠くかぎりで、ノモス nomos は近代語の law や Gesetz とは異なる。

妥当性のみならず拘束力を有する規則としての法権利システムの成立史においては、国家権力を背景にして、まず刑法や行政法が現われるが、近代法システムにおいて大きなウェイトをしめるのは、古代ローマ法 (pandectae etc.) ——とりわけその所有権法——を継承した近代市民法である。他方で、上で言及したように、近代の民法、商法、会社法などの形式法諸システムは、基本的に、諸々のいわば自己完結的な欲求主体の「全面的相互依存関係」を基礎にした「諸欲求の体系」（商品交換に基づくブルジョア社会）からいわば自生的に析出されるものといえるであろう。これに対応して、行政法や経済法を含めて、近現代諸法システムの著しい特徴は、それらの実定性 positivity（ラテン語 ponere の完了分詞に由来する語）、あるいはそれらの一般性 generality（類・種—関係）、普遍性 universality（一般・特殊—関係）、抽象性（具体・抽象—関係）abstraction にある。これらは、いわば相互に疎外し合う排他的な相互行為における予測（計算）可能性 Berechenbarkeit を成立させる。

この実定性が含意するのは、法規範 Rechtsnorm の、一方における定立主体 Subjekt der Rechtssetzung の意思と、他方におけるその被定立性に由来する完了性・既成性 Positivität とを、つまり、国家権力による支持をさしあたり度

［付録］正義と自律——あるいはプラトン政治哲学のストイケイア覚書

外視しても、それそのものから成立する背反を許さないような既成性、一般性、普遍性、抽象性こそは、一方で行政執行の形式合理性を可能にするとともに、他方で法システムの構成メンバーたちにおける選択の自由（経済的自由）のみならず、一方で、倫理的自由を——さらには政治的自由をも——可能にする前提条件でもある。これらは、意思の起動を、すなわち、権力遂行の目的合理性とシステム合理性を、他方で、法＝権利の主体の自発性 Spontaneität と帰責性 Zurechnungsfähigkeit とを、可能にするからである。

近代法システム das moderne Rechtssystem において、法律 Gesetz と権利 Recht とは、法規範（法＝正義）Recht そのものの客観的アスペクトと主観的アスペクトとして、表裏の相互限定関係にある。この点の法共同体の成員たちにおける自覚化・対自化の有無は、近代的自己意識のひとつのきわめて重要なメルクマールである。しかし、それよりもなによりも、近代の民主制的法治国家 der demokratische Rechtsstaat の基本法（憲法）Verfassung の基礎にある二つの法＝権利、「（基本的）人権」Menschenrechte と「人民（国民）主権」（自己立法権）Volkssouveränität の両原理の法権的差異（前者は後者によって基礎づけられうるのであって、その逆ではないこと）の自覚化・対自化は、私法・公法の両レヴェルにおける近代法システムにとって、そして近代主権国家、民主制的法治国家の実質的存立にとって、欠くべからざる要諦 sine qua non であろう。

ここでヘーゲルとほぼ同時代の英国人ウィリアム・コベット William Cobbet（一七六三—一八三五）の言を借りよう。かれは次のように述べている。「社会におけるわれわれの権利は夥しい数になる。生命と財産を享受する権利、心身の諸力を率直な仕方で発揮する権利がそれである。しかし、万人の偉大な権利、そして、それなしには事実上いかなる権利も存在しないところの権利、これは、われわれがそれによって統治されるところの諸法律を作成することに参加する権利 the right of taking a part in the making of the laws by which we are governed である」と。

295

[付録] 正義と自律——あるいはプラトン政治哲学のストイケイア覚書

要するに、ここで問題になるのは、上で言及したように、「(基本的)人権」と「人民(国民)主権」の関係、後者が前者を基礎づけるという関係、そして、これを基礎づける立法主体におけるその当該主体性成立の現実的可能性の原理的条件である。(40)

第四章　統治 archein と支配 despozein ――主権 souveraineté

近代国家は、市民国家、立憲国家、法治国家、夜警国家、そして現代国家は、行政国家、社会国家、福祉国家といった言葉でしばしば呼ばれる。それらは、国家権力の機能の消極性と積極性、規模の大小や複雑性の高低、構成メンバーの能動性と受動性、これらの差異を表現している。だが、上で言及したように、近現代国家の核心にある政治哲学的問題は、法権利の自己定立の主体が現実に形成されうるのか否かであろう。だが、現代国家の巨大な規模や高度の複雑性に鑑みるならば、「主体性」(人間個人の理性と意思の自発性と行為の帰責性)などはもはや問題にならない、ということになるのであろうか。とすれば、環境の複雑性を縮減するためにシステムそのものの複雑性を上昇させるという意味でのシステム自律性だけが問題になりうる、ということになるのであろうか。

西欧政治理論史の文脈では、法権利の自己定立の主体形成というプロブレマーティクは、ユダヤ教・キリスト教的世界観と近世初頭以来のいわゆる「ホッブズ問題」克服のための主権者の設定と緊密に係わっている。商業ブルジョアジーの台頭、宗教改革運動の展開、絶対王権の形成、こうした西欧近代初頭の歴史的趨勢の中で、主権souveraineté: sovereignty という概念はボダン Jean Bodin によって提示された。この概念の含意は、近代社会の脱統合を現実に克服するための単なる ultima ratio (正統化された至上の物理的暴力) に尽くされない。それはさらに、自己自身がそれにしたがって生きるところの法規範を自己自身が定立する能力を含意する。その際、この自己立法の主体としての主権者とは、何 (誰) であるのか。

296

［付録］正義と自律――あるいはプラトン政治哲学のストイケイア覚書

周知のように、スピノザはかれの主著の冒頭で、神の本質を「自己原因」causa sui という言葉で示している。もっとも、スピノザにとっての神は超越神ではなく、徹底した内在神＝自然 natura naturans ではあるが。スピノザから深刻な影響を受けているはずのヘーゲルであれば、自己原因は「自己限定」Selbstbestimmung ないし「限定された否定作用」bestimmte Negation と表現するところであろう。いずれにしても、カントが実践的理性（道徳的理性）の主体としての人間諸個人に要請する自律性 Autonomie がそうであるように、自己原因を内在させた自己産出原理としての古代ギリシアの絶対的超越神・創造神、あるいは、上で述べたように、自己原因 causa sui は、厳密に言えば、自然 physis 以外に適用しえない本質規定である。(41)

西欧近代市民国家理論においては、この自己原因・自己立法という意味での主権概念が、カント倫理学においてそうであるように、人間（国家市民）たちが構成する西欧近代市民国家とに帰されることが要請されている。キリスト教において説かれているように、人間は神の被造物であるとともに神の似姿でもあるとしても、人間は神ではありえない。しかし、主権概念は、その厳密な意味からすれば、君主主権であれ人民主権であれ、いわば人間が神になることを人間に要請している。そうでなければ、人間の意思の自発性と行為結果の帰責性あるいは意味での自由はありえないからである。

これは西欧近代市民（主権）国家論が――その倫理学がそうであるのと同じく――原理的に孕んでいる難問 crux である。いずれにしても、自己立法の主体としての主権者とは、自己統治 archein と支配 despozein という、人間と自然、人間と人間、この二つの縦の関係行為あるいは秩序形成行為は、概念的にいかに区別しうるであろうか。

ここで、プラトンの第三ポリス・モデル（最善国家パラディグマ）が呈示している原理的諸問題に再び立ち戻りたい。

上で触れたように、この「最善国家」パラディグマの基本原理は、国家 polis の構成メンバーの魂 psychē における理知 logistikon、気概 thumoeides、欲望 epithymētikon という三機能の制御・構成秩序としての正義 dikaion である。

297

[付録] 正義と自律——あるいはプラトン政治哲学のストイケイア覚書

このポリスの構成メンバーは、いずれの階層に属していても、すべて技能technēに係わる職能人 dēmiourgos であり、かれらの結合原理は正義（形相）である。したがって、ここでの哲人統治者 philosophos archōn の統治（支配）archein 能力もまたテクネー technē 以外ではない。

プラトンのこの第三ポリス・モデルにおいては、この意味で専門家原理が貫かれているのであるが、M・B・フォスターは、これについて次のような疑問を呈している。すなわち、プラトンは、第三層（生産者層）の社会的分業原理として（technai 相互の差異ゆえに）自然発生的に各人を横に結合させるその同じ正義（形相）原理を、ポリス全体の位階秩序・制御秩序における縦の統治（支配）関係にも適用しているが、これは正義の原理と何かそれ以外のそれ（つまり、政治的自由の原理）とのカテゴリーの混同ではないか、と。フォスターは、ここでの哲人統治者の統治術 technē politikē によるこの種の縦の人為的な結合（統合）原理は、自己統治（支配）[42]という意味での自己立法 self-legislation の、つまりすぐれて近代的な意味での政治的自由の原理であろう、としている。

しかしながら、この第三ポリス（最善国家）・モデルで呈示されているのは、しばしばそう信じられているようには、世襲カースト制でも、階級支配を正当化するイデオロギーでもなく、テクストをけれんみなく読もうとするならば、むしろ逆に、生涯教育システムを基礎にした徹底したメリット・システムである。能力 aretē とその陶冶 paideiā 次第で階層間の移動は可能であるし、逆にいえば、そうでなければ、このモデルは正義を実現しうるポリスとしての意味を成さない。[43]

また、いわばメタ・イデアとしての「善のイデア」を観照しえているとされている第一層の哲人統治者の知 epistēmē; noēsis—dialektikē は、たしかに、そのかぎりで、いわば絶対知 absolutes Wissen ということにはなろう。[44]しかしながら、にもかかわらず、かれはやはり主権者 sovereign ではないし、立法者 legislator ですらないのである。かれは自己自身の魂のうちに正義（理性的自己統治）を実現しているかぎりで、自余の同胞たちが模倣 mimēsthai すべき行為 ergon や生活 bios の範型 paradeigma を呈示する dēmiourgos にすぎない。かれは人間である

298

［付録］正義と自律——あるいはプラトン政治哲学のストイケイア覚書

以上、超人でもなければ、自己原因たる創造神・超越神でもないし、また定義からして、tyrannos ではありえないし、さらには、そのテクネー technē の含意からして、近現代的意味でのテクノクラートでもありえないからである。現実化可能性に関して、プラトンの設定する哲人統治者は、最善国家パラデイグマと同じく、そのまま実現可能なモデルでも、理念型 Idealtypus でもなく、いわば範型の範型——つまり meta-paradeigma——としての統制原理 das regulative Prinzip に他ならないからである。

たしかに、プラトンがいわゆるクラフト・アナロジー craft-analogy を駆使して叙述を展開していることは事実である。しかし、かれが使っているテクネー technē（技・術あるいは技能）という語は、近代語における対象化された内外の自然を、客観化科学 objektivierende Wissenschaft、つまり論証（経験）科学と結び付いて、支配・搾取するためのの技術 Technik, Technologie とは、似て非なるものである。すなわち、それはアーレントにおけるような、単なる製作 Herstellen でも労働 Arbeiten でもないし、ハーバーマスにおけるような、「道具的行為」das instrumentelle Handeln や「戦略的行為」das strategische Handeln（成果志向的行為 das erfolgsorientierte Handeln）でもないであろう。古代ギリシア人の technē は、そしてまたプラトンにおけるそれもまた、たしかに、自然 physis をして自然そのもの（その aretē）を語らしめる人間の技・術でありかつ知 epistēmē である。それは自己産出的自然そのもののに内在するその潜在的可能性の一面を、一定の意味や価値に照らして顕在化・現実化する。だがしかし、テクネー technē は必要の限度を超える人間の欲望 pleonexia のために自然を支配・搾取する道具になりうるとしても、そのことが technē そのものの本質であるわけではない。そもそも、自然はそれ自身の原因と根拠を、人間の専恣としての欲望の中にではなく、それ自身のうちに持っているからである。

後期ハイデガーによれば、vorstellen は herstellen（poiein 製作）でもあり、アーレントによれば、Herstellen（製作）にはすでに自然に対する暴力が必然的に潜んでいるとされている。ホルクハイマーやアドルノによれば、人間の生存（環境への適応）のために、人間の理性は必然的に道具化し、道具化した理性は必然的に内外の自然を抑圧・搾取し、

299

[付録] 正義と自律——あるいはプラトン政治哲学のストイケイア覚書

よかれあしかれ、人間はその主観的理性による自然支配によって主体性を確立する。啓蒙(合理化)過程は不可逆であり、道具的理性による人間の自然支配は盲目的自然による人間支配に逆転する。たしかに、このような自然と理性(技術)に関する理解は、それが過去数千年の西欧文明史において一定の妥当性を持つであろう。だがしかし、それは果たして人類にとって普遍的妥当性を持つであろうか。

『国家』篇の第一巻において、統治(支配)術の含意をめぐるエレンコスにおいて、プラトンの描くソクラテスは、牧羊術、医術、操船術などを、統治術のテクネー・アナロジー analogíā technēs として、「強者の利益が正義である」(トゥラシュマコス)——あるいは「力が正義である」(カリクレス『ゴルギアス』篇)——と主張するソフィストに対して提示している。トゥラシュマコスにとっては、テクネー technē は何であれ、その主体の利益 chsympheron のために、その対象から搾取するための手段にすぎない。しかし、ソクラテスにとって、テクネー technē (質料において その形相を自己定立せしめること)は何であれ、その対象自身の固有の機能(徳、器量) aretē を開花させる技能であり、その意味で、その対象以外に利益をもたらさない。したがって、統治術あるいは政治術も、被治者にのみ利益をもたらすものであり、被治者を支配・搾取するのではなく、というわけである。したがって、統治術がそうしたものである かぎり、第三ポリス・モデルにおける哲人統治者の統治 archein のテクネー technē は、階級支配と搾取のための社会工学 Sozialtechnik ではありえないことになろう。

たしかに、古今東西の現実の政治あるいは統治には、可視的であれ不可視的であれ、まぎれもなく階級支配の要素がある。しかし、それをまったく階級支配に還元しきってしまうことはできない。統治 archein には、システム統合のみならず、社会統合の機能を人為的に果たすという要素があるとともに、プラトン的意味で人間の徳 aretē を実現せしめる機能も確実にあるからである。なるほど、政治はそれ自身なんら価値や意味を生み出す前提をもたらすだけだといわれる。しかしながら、プラトン的統治概念に照らすならば、政治は単に生きることのみならず、まさに善く生きること eu zēn のために必要な営為なのである。したがって、統治 archein と支配

[付録] 正義と自律――あるいはプラトン政治哲学のストイケイア覚書

despozein の両概念は、一方を他方に還元するのではなく、両者を概念的に区別した上で、あらためて両者の関係が問われるべきであろう。

小括　政治的自律性 politische Autonomie
――気概の両義的機能 äquivoke Funktionen der Tatkraft (thymoeides)

近現代国家において法権利を自己定立する主体の形成というプロブレマーティクに、プラトンの最善国家パラディグマがいかなる示唆を与えうるか。これについて、以上の論究を踏まえて、ここで簡単に暫定的小括を行なっておこう。

1　理性が気概を介して欲望を制御 hēgesthai あるいは統治 archein することは、正当化を必要としないであろう。理性は、定義からして、制御するもの hēgemonikon だからである。だが、同じく常識にしたがえば、哲人王 basileus philosophōn が補助者を介して生産者を統治することは、正当化を必要とする。常識にしたがえば、人間は神でも超人でもありえない以上、権力はいかなる人間も堕落せしめるからである。だが、同じく常識にしたがえば、完璧なアナーキズムないし完璧な自生的社会秩序もありえない。とすれば、秩序形成に関して、自然と人為の何らかの形での兼ね合いを考えざるをえない。というよりも、現実に人間社会が存立しているかぎり、この兼ね合いはいつもすでに存在しているのであって、問題はむしろそれを発見することであろう。

2　魂（人格）においても、国家（社会）においても、統治・被治の関係秩序とこれを形成する統治活動とは、人間の生存のためのみならず、その有意味な生活のためにも必要である。魂と国家それぞれの構成秩序を、プラトンは「正義」to dikaion と呼んで類比しているが、人格的正義と政治的正義との間には、類比のみならず、相互限定関係を想定しうるであろう。なぜならば、社会的統合機能と階級支配機能をいつもすでに同時に果たしうるいかなる政治権力も、被治者たちによって少なくとも黙示的に正統化されることによってのみ事実上存立しうるが、被治者たちによるこの事実上の承認が成立しうる根拠は、被治者と統治者のそれぞれの魂（人格）におけるその三要因の構成秩序の――

［付録］正義と自律——あるいはプラトン政治哲学のストイケイア覚書

——少なくとも潜在的な同型性にある、と考えうるからである。だがしかし、同型性は同一性ではない。統治者と被治者との間の差異性が前提されているからこそ、構成秩序の形成が問題になるからである。

3　上で触れたように、超越神ならざる人間には、厳密にいえば、カントが要請する倫理的自律性やルソーが構想する政治的自律性（人民主権という原理）の実現は、かれら自身がもちろん自覚していたように、不可能であろう。実現可能だといえば、それは人間を超越神に擬える人間の hybris 以外ではないからである。それらをあくまで要請や当為として呈示することは有意味ではあろうが、単なる要請や当為でしかなければ、やはり空虚である。

4　序で述べたように、人間は、社会的再生産過程においてのみ、その「システム統合」と「社会統合」との関係においてのみ、すなわち、時間と空間、歴史と社会、現実の縦・横の諸個人の関係磁場においてのみ、自己のアイデンティティを形成・維持し、これによって、単に生きること überleben のみならず、善く生きること gut leben をはじめて可能にしうるところの存在である。人間個人は、まぎれもなく、初期マルクスにおいていわれているように、「類的本質存在」Gattungswesen であるが、と同時にまた、キェルケゴールにおいていわれているように、一回的・不可逆的・実存的な生を生きざるをえない現存在 Exsistenz である。要するに、人間は自然的、社会的・歴史的、そして実存的な存在であり、この条件の中で、法権利を自己定立しうる、あるいはせざるをえない存在である。

5　この自己立法の主体陶冶に際して、人間存在の魂の三機能、理性 logistikon、気概（意思）thumoeides（Tatkraft; Wille）、欲望 epithymētikon の制御（限定）関係において、理性と欲望を媒介する意思の機能が決定的意味を持つように思われる。一方で、理性を道具化せしめ、その道具化された理性によって欲望を無際限の欲望 pleonexia に転化せしめるとともに、他方でまた、この無際限の欲望を制御するところのいわば理性の理性（すなわち、すぐれた意味での政治的理性）に転化せしめうるのもまた、気概 thymoeides に他ならないからである。かくして、魂の三機能の相関において、理性と欲望とを媒介するその気概の両義的機能に応じて、理性と欲望の機能もその意味を変えうるであろう。(52)

[付録] 正義と自律――あるいはプラトン政治哲学のストイケイア覚書

まさにそれゆえに、プラトンは、自己立法を志向する主体のこの気概（意思）の自己陶冶を可能にするような、すなわち aretē の自己開花を実現せしめうるような、支配 despozein とは異なる、人間の行為と関係の形式としての統治 archein の意義に、われわれの注意を向けているのではなかろうか。人間は、他者との緊張関係においてのみ自己を発見し、よりすぐれたモデルを模倣することによってのみ、自己の aretē をよりすぐれた形で自己実現しうる存在だからである。プラトンが主著のテクストで展開している議論は、少なくとも、倫理的自律性と政治的自律性、ひいては人民（国民）主権という近現代の政治原理に関する思惟パラデイグマのアポリアの所在と所以とに、あらためて注意を喚起しているように思われる。

注

1 Kant, Immanuel, Beantwortung der Frage: Was ist Aufklärung, in: Werkausgabe Bd.XI, S. 53

2 カントはここでは Verstand というドイツ語を用いている。Verstand (intellectus) が悟性と訳される場合、これは人間の認識能力における noēsis（弁証法的理性）に対する dianoia（分析的理性）を意味する。コンテクストからして、ここでの Verstand は、主観的能力として、これらの両義を含んでいる。他方、ドイツ語の理性 Vernunft は、ギリシア語の nous や logos と同じく、客観的秩序と主観的秩序形成能力との両アスペクトを含意しうる。

3 カントは、啓蒙ないし理性的自律性（理性を公的に使用する自由）に関して、ここでは、理性（理論理性）もさることながら、むしろそれ以上に勇気（意思）（実践理性）のほうにウェイトを置いている。同じ問題について、坂部はカントとメンデルスゾンの見解の差異に注意を促している。（坂部恵『カント』二〇〇一年、講談社、一七五―一七六頁）

4 Vgl. Horkheimer, M. /Adorno. T.W. *Dialektik der Aufklärung*, Ffm. 1969 (1944); Horkheimer, *Zur Kritik der instrumentellen Vernunft*, Ffm. 1974 (*Eclipse of Reason*, 1947)

5 Vgl. Kant, Zum ewigen Frieden, Bd. XI, S. 204 ff. 自由かつ平等な理性的に自律した国家市民 Staatsbürger が Selbstinteresse と Gemeinwohl をともに実現するような立憲国家を自発的に構成する、というカントの Republikanismus の構想には、古典古代的市民国家と近代的社会契約説的（自由主義的）国家の両契機を基礎にした法治国家 Rechtsstaat モデルが見られる。但し、そこでは、

[付録] 正義と自律──あるいはプラトン政治哲学のストイケイア覚書

6 国家権力機能（立法権と執行権）の分割と代議制を伴わないような Demokratie は Despotism に他ならないとされている。

7 柄谷行人『世界共和国へ』二〇〇六年、特に一八頁以下参照。

8 Vgl. Habermas, J. *Faktizität und Geltung*, Ffm. 1992 (1998), S. 77; auch *Theorie des kommunikativen Handelns*, Bd.I, S. 332 ff.

9 Vgl. Höffe, Ottfried, Zur Analoge von Individuum und Polis in KL *Platon Politeia*, Berlin 1997, S. 69 ff.

10 政治の自律性の形成（人民主権）の問題は、自己立法の主体の形成の問題という形で、いわゆるポスト形而上学的状況（価値の多神教）Politheismus der Werte の時代、世俗化 Säkularisierung の極まる時代）における支配・権力・実定法（の妥当性）の正統化（正当化）Legitimation の問題と原理的に係わっている。

11 Vgl. Eder, K. *Die Entstehung staatlich organisierter Gesellschaften*, Ffm. 1976.

国家という団体 Verband においては、ウェーバーが説くように、Gewalt（至上暴力）──Macht（統合機能）──Recht（正統的制定律、法）のトリアーデ関係が成立している。近代国家は、Gemeinschaft, Gesellschaft, Assoziation のいずれのアスペクトも含むが、究極的な社会的統合機能を果たしうる正統的政治権力を備えているかぎりで、また Assoziation に還元しきれない以上、Verein（任意団体、結社）というよりも Anstalt（法システムと政治権力を備えた非任意団体）である。法治国家における法と権力が国家成員の一般意思に他ならないとしても、国家成員たちに国籍脱権が認められるとしても、よかれあしかれ、生まれ育つところの国家を自分で選べるわけではないからである。Vgl. Max Weber, Soziologische Grundbegriffe in: *Wirtschaft und Gesellschaft*, v.a. S. 26 ff; 雀部幸隆『公共善の政治学』、二四九頁以下参照。国家はまた、対内的な社会統合機能の遂行のみならず、他の諸国家との対外的緊張関係の維持と相互承認関係の調達を可能にすることによってはじめて存立しうる。

12 Vgl. Weber, Max, *Gesammelte Aufsätze zur Sozial- und Wirtschaftsgeschichte*, Tübingen, 1924, S. 93 ff.、邦訳、マックス・ウェーバー『古代社会経済史（古代農業事情）』上原専禄他監訳、一一七頁以下、雀部幸隆『ウェーバーと政治の世界』二二六頁以下参照。

13 すなわち、ポリス市民 politai の政治参加は、家 oikos における家父長 oikodespotés としての奴隷支配に基づく家政遂行のみならず、アテーナイ民主制下の艦隊勤務という形であれ、古典期ポリスの重装歩兵 hoplitai という形であれ、かれらが国家事業としての戦争遂行に戦士市民として直接に参加することを前提にして成立した。

14 だが、「政治的なるもの」の概念を、C. Schmitt におけるごとく、闘争（友敵関係）に、あるいは H. Arendt におけるごとく、実存的自己開示を可能にするようなコミュニケーション関係に還元することは、いずれも一面的であるとの誹りを免れない。たしかに、政治は経済や行政と概念的に区別されるべきである。しかし、政治的営為の本質は、目的合理的（道具的・戦略的）行為とコ

[付録] 正義と自律——あるいはプラトン政治哲学のストイケイア覚書

15 ミュニケーション行為との相関にこそあるのである。

16 プラトン『国家』、とりわけ558BC以下参照。プラトンは、いわゆる古代アテーナイにおける末期大衆デモクラシーが現出させた populism, mammonism, puerilism の様相を、印象的な筆致で生彩に描いている。そこでは、自由は放縦に、平等は悪平等に転化し、言説は道具化して démagôgos が跋扈し、親が子に、教師が生徒に、政治家が大衆に迎合し、前者は後者を模倣する。カントは die republikanische Verfassung は永遠平和という望ましい成果をもたらしうるとしているが (Kant, Zum ewigen Frieden, a.a.O. S. 205)、末期アテーナイ民主制は、かの「メーロス島談判」(トゥキュディデス『戦史』巻五、八四以下) で示されているような、むしろ露骨な覇権主義・帝国主義を押し通した。

17 Vgl. Habermas, Vorwort zur Neuauflage 1990 in: *Strukturwandel der Öffentlichkeit*, Ffm. 1990 (1962); *Faktizität und Geltung*, v.a. S. 166 ff.; *Die Einbeziehung des Anderen*, Ffm. 1999, v.a. S. 293 ff.

18 Cf. Foster, M.B. *The Political Philosophies of Plato and Hegel*, Oxford, 1935, P. 39, seq.

19 藤沢令夫『プラトンの哲学』一九九八年、『世界観と哲学の基本問題』一九九三年、参照; Vgl. auch Höffe, O. *Vier Kapitel einer Wirkungsgeschichte der Politeia* in *Platon Politeia*, a.a.O. S 333 ff. イデア論や哲人王論に関するプラトン批判はすでにアリストテレスから始まっている。一方でホワイトヘッドのように「西欧哲学史はプラトン哲学の脚注である」と述べる哲学者もいたが、「プラトン自身をプラトンの著作の解釈者とする」古典学者 (藤沢令夫) からすれば、あまりにも恣意的かつ杜撰なプラトン解釈がまかり通ってきたようである。

現代哲学における明示的あるいは黙示的なプラトン批判にはおよそ三つの系統、①分析哲学、論理実証主義 (B. Russel, Wiener-Schule)、②反形而上学・反哲学 (Nietzsche, Heidegger, Arendt, Habermas, Postmodernism)、③自由主義、デモクラシー、実証主義、科学主義 (Popper, Kelsen etc.) がある。

プラトンが残した三十数篇のテクストは、その生涯の前・中・後期に応じて①エレンコス的、②教説提示的、③探求的な傾向をもつといえようが (加藤信朗『初期プラトン哲学』参照)、中期に成立したとされる『国家』篇なども、教説提示的テクストとしてではなく、テクスト全体がエレンコス的かつ探究的 (批判的) なそれとして読まれるべきであろう。

20 プラトン『国家』、とりわけ361A以下参照。登場人物グラウコンは、もっとも正しくありながらもっとも不正である人、すなわち、einai (であること) と einai dokein (であると思われること) の二つの極限ケースにおけるそれぞれの生涯の禍福を比較するという思考実験を提起している。

[付録] 正義と自律――あるいはプラトン政治哲学のストイケイア覚書

21 さしあたり、第一ポリスは、即自的かつ対自的な正義の共同体、第三ポリスは不正の国家といえよう。第一ポリスは、ここでは自生的な均衡と統合が成立しており、国家権力による人為的な統合を必要としていない以上、狭義の国家ではない。その意味では、それは近代の社会契約説的国家論における自然状態という概念に似ているが、しかし、かの第一ポリス・モデルは、ホッブズ、ロック、ルソーなどにおけるいずれの自然状態とも似て非なるものである。ここではすでに社会的分業が現出しており、しかもその相互依存関係はまた、近代のブルジョア社会（資本制社会）におけるそれとは原理的に異なる。前者の相互依存には、後者のそれのような、水平的排他性（疎外）も垂直的支配（搾取）も見られないからである。第二ポリス・モデルは、文明成立以後に現出する歴史的現実における国家の理念型といえよう。この国家モデルは、マルクスやウェーバーがそうしたように、近代以前のGemeinschaftと自然経済を基礎にした類型と、近代以後のGesellschaftと全面的商品経済を基礎にしたそれとに分けられよう。第二ポリス・モデルにおいて成立する国家、その権力と法律とは、たしかに一面ではいつもすでに階級支配のための道具としての機能を果たしている。だが、国家権力と国法は、単に搾取と妥協（階級支配、前衛党支配、競合する私的利害間の妥協・取引）のための手段ではない。

22 Cf. ibid. 369A. seq. 第一ポリス・モデルの社会的分業における個々の労働は、その対象に対する敵対・搾取・疎外を含意する単なる「道具的行為」でも、「戦略的行為」でもない。Technēは、人間が内外の自然を支配・搾取するためのtechniqueではない。あるいはすくなくとも、それは後者に尽くされない。

23 Cf. ibid. 372E. seq. 名誉制timokratiāは、戦士共同体Kriegerzunftとしての古典期ポリスの祖型に近いといえよう。名誉timēは、国家共同体への戦士市民の献身という現実的行為ergonに対するポリス成員たちからの賞賛であるが、この現実的行為を欠き続けているかぎり、戦士市民は、西欧中世末・近世初頭の貴族のように技術官僚に転化するか、あるいはそうでなければ、単なる口説の徒になりかねない。名誉制は、条件次第で、名誉よりも財富（金銭）の多寡に、共同体の公益GemeinwohlよりもむしろSelbstinteresseの方にウェイトがおかれる国制への転換に、いつも晒されている。プラトンは、ここでは、民主制dēmokratiāを衆愚制oklokratiāとして、僭主制tyrannisを不正と堕落の極限形式として、描いている。

24 第三ポリス・モデル、最善国家、浄化されたポリスについては、ここでは、basileiā（王制）あるいはaristokratiā（最善者統治）という語が用いられている。後のプラトン自身の『政治家』やアリストテレスの『政治学』におけるのとは異なり、ここでのaristokratiāは文字通り、最善の徳・器量aretēを最善の教育を通じて最善に実現しえた者（哲人王）、すなわち、その魂において理性による気概を介しての欲望の制御を最善に果たしえた者、このような者による統治を意味している。

306

［付録］正義と自律──あるいはプラトン政治哲学のストイケイア覚書

この最善国家モデルの設定には、二つの倒逆論法 hysteronprosteron が見られる。第一に、最善者の統治（教育）によって被治者の魂における正義は実現するが、そもそもこの統治は被治者による自発的承認なしには成立しえないが、自発的承認が可能であるのは、すでに被治者の魂において何らかの正義が実現しているのであれば、そもそもこの最善者統治は必要でない。第二に、最善者の教育が実現しているのであれば、この教育を遂行しうる最善者がいなければならない。しかし、その正義が実現しているのであれば、そもそもこの最善者統治は必要でない。第二に、最善者の教育のためには、この教育者もまた教育されなければならない。Der Erzieher muss auch erzogen werden, この論理的な循環ないし無限遡及は突破しえない。いわゆるイデア論のアポリアが原理的に再考されなければならない所以であり、また、だが、マルクスの顰に倣えば、この教育者もまた教育されなければならない所以でもある。

最善国家モデルをメタ・パラダイグマとして、さしあたり考えておかなければならない。つとに指摘されているところであるが、この最善国家モデルでは、意図的か否かはともかく、家族の問題が捨象されている。このモデルの一つの制度的眼目は、守護者層においては財と妻子の私有が、つまり家族をもつことが、禁じられている。内在と超越、本質と実存の区別も大きな意味を持っている。フォスターは、プラトンとヘーゲルの政治哲学の異同を論ずるに当たって、「意思」will という概念に照らして経済的自由 economic freedom と倫理的自由 ethical freedom を概念的に区別している (Foster, esp. p. 72 seq.)。ここで二重の意味で、といっているのはこの意味においてである。ホッブズは自由を the absence of external impediments (Leviathan, I, XIV) と定義しているが、良心を前提にすれば、議論は結局古典古代的自由と西欧近代的自由の二者択一か、あるいは Sein と Sollen の対立併存 metabasis に帰着する。ルソーは、自然的自由 liberté naturelle と市民的自由 liberté civile の二分法に道徳的自由 liberté morale を加えた三分法を提示している (Rousseau, du contrat social, I, 8)。

ヘーゲルは、一方で、抽象的な欲望ないし意思と対応する抽象的法権利（私法）とカント的道徳との意味での、主体的な自由の意義を強調しながら、他方で、さらにこれらを自己限定的に実現しうるような、より高次な意味での Sittlichkeit の形における自由を示しているが (Vgl. G.d.P.d.R. v.a. §§257 ff.)、これは、よかれあしかれ、大文字の理性の自己実現過程、つまり「世界精神」の掌の

25 Cf. Foster, p.72. seq. 自由は歴史的にも概念的にもきわめて多義的であり、一筋縄では括れない概念である。西欧思想史の文脈では、ひとまず古典古代的自由と西欧近代的自由を区別しうる。この区別は社会構造の転換 (Gemeinschaft → Gesellschaft, 互酬交換→商品交換) に対応させて考察しうる。他方では、世界観・自然観・宗教観に関して、多神教と一神教 (創造神・超越神) の分業は、商品交換ではなく互酬交換と考えられるが、守護者と生産者層内部の分業は、商品交換ではなく互酬交換と考えられる、同じく双務的互酬関係 interactive reciprocity ということになろう。

［付録］正義と自律——あるいはプラトン政治哲学のストイケイア覚書

上にのせられている。ヘーゲルが提示している君主制的立憲国家モデルは、しばしば信じられているほど反動的な性格をもたないが、その Verfassung は、かれにとって、だれであれ、現代の世代がまったく新たに創設しうるものではなく、いわば無数に積み重ねられた諸世代の知恵の結晶として与えられるものである。もちろん、問題は、その知恵をだれがいかに見きわめるのか、ということになろう。

いずれにしても、ヘーゲルにとって、諸個人の恣意（選択意思）あるいは抽象的・形式的・消極的な自由は、それをそれたらしめる諸前提・諸媒介によって成立する。消極的自由の自発性は、実のところ、非自発性（非自由）なのであって、人間諸個人が自由でありうるのは、その自由の非媒介性をいかに、どれだけ自覚するかにかかっている。ヘーゲルは、この意味での自己陶冶のトポスを、ブルジョア社会のレヴェルにおける Gemeinde や Korporation などの中間団体に見ようとし、特に Korporation から選出された商工業ブルジョア（「反省的身分」）の代表たちから、身分制議会 Stände（下院）を構成している。だが、国家の基体ないし共同意思（一般意思）の見きわめに関して、ヘーゲル自身は、普遍的身分としての合理的官僚のほうに、あきらかにウェイトをおいている。

26 古代ギリシアのポリス的自由 eleutheria といっても、歴史的・概念的に、さしあたり以下のアスペクトを区別する必要がある。①いわゆる「デマラトス対話」（ヘロドトス『歴史』第七巻、一〇一—一〇四）において示されているような、専制的支配者個人の恣意の支配に対する、ポリス共同体のいわば共同意思の表現である nomos による支配（isēgoríā, eunomíā）。②アテーナイ民主制下の ekklēsíā における parrēsíā、③同民主制末期における放恣・放縦 akolasíā, ataxía, anarchíā, asélgeia。（仲手川良雄『古代ギリシアにおける自由と正義』、とりわけ九六頁以下参照。）

27 プラトン『国家』、とりわけ358C 以下、555B 以下参照。

28 Vgl. Hegel, *Grundlinien der Philosophie des Rechts*, 1821, Werke 7, Foster, aaO. P. 72 seq.; Dallmayr F.R., G.W.F. Hegel: *Modernity and Politics*, London, 1993; ヘーゲルはこのテクスト（*G.d.Philosophie des Rechts*）において、家 oîkos と国家 polis から構成される古典古代国家モデルでも、個人 individuen と国家 state から構成される自由主義的国家モデルでもない、近代国家モデルを提示している。ここでは、もはや二重の意味での生産（経済）のトポスではない核家族、商品の生産・交換社会（資本制社会）、これらの Gemeinschaft と Gesellschaft を基礎とする（揚棄する）国家の三つのアスペクトから存立する近代国家の本質規定が叙述されている。たしかに、この国家モデルには、一九世紀末以降に現われるような、社会国家・福祉国家 Sozialstaat; Wohlfahrtssstaat 論の要素がすでに見られる（Vgl. Fetscher, Iring, *Herrschaft und Emanzipation*, v.a. S. 201 ff.）。

［付録］正義と自律——あるいはプラトン政治哲学のストイケイア覚書

しかし、国家論のレヴェルで注目すべきはやはり、一七、一八世紀の社会契約説と非歴史的近代的な自由主義ないし共和主義の国家論を批判的に揚棄して、理性法の実定性 positivity of rational law と主意主義的活動 voluntaristic activity（つまり、理性と意思）の相関を基軸にして、近代国家の本質規定を照らし出そうとする試みの方であろう。但し、議会 Stände や公論 die öffentliche Meinung についてのヘーゲルの評価は、よかれあしかれ、かなり低い（臆見 doxa; Meinung と学知 epistémē; Wissenschaft との区別を堅持しようとする立場からは当然であろうが）。国家権力（支配）の正統化 Legitimation のいわば真理問題 Wahrheitsfähigkeit に関しては、ハーバーマスが一貫して主張しているように、自然法論、歴史哲学などの単なる存在論 Ontologie や意識哲学 Bewusstseinsphilosophie のパラダイムでの論議ではもはや説得力を持ちにくい、とはいえよう。

29 Vgl. Hegel, ibid. v.a. §209 ff. §230 ff. ヘーゲルは、ブルジョア社会における欲求と労働の個別化（多様化）と一般化（形式化・抽象化）、諸個人の孤立化と相互依存化、貧富の格差化、社会的生産力の飛躍的上昇と諸個人の精神的荒廃、要するにそのメリットとデメリット、これら両契機の相関を的確に指摘している。ヘーゲルは、あくまで主体性（自由・自己決定）と理性的意思との原理に固執して、ブルジョア社会における分裂・対立・退廃の只中に自己陶冶 Bildung、すなわち、Bürger の Staatsbürger への自己形成を、bürgerliche Gesellschaft の Zivilgesellschaft への意味転換を、見届けようとしている。それは、司法活動 Rechtspflege（とりわけ Geschworenengericht）や福祉行政 Polizei への積極的参与、職業共済団体 Korporation における自己客観化教育と自発的相互共済などの意義についての言及の中に見られる。ルソーやカントとは異なり、ヘーゲルは、自由（法権利）の主体性自己形成過程を考究している。

しかし、ここで注目しておくべきは、（アーレントの用語を使えば）Arbeiten と Herstellen の主体である Bürger が Handeln の主体である Staatsbürger へと自己陶冶するという問題である。その際、ヘーゲルにおける広義の Arbeit 概念は、初期マルクスなどにおいてもそうであるように、主体性の自己形成にとって決定的な意味をもっている。それは、アーレントやハーバーマスなどにおけるように、生物学的自己再生産の活動や das instrumentelle Handeln に還元されえない。Arbeit と Interaktion とを概念的に区別することは必要（必然）であり、重要な意味を持ちうるが、しかし、両アスペクトを切断したまま、das kommunikative Handeln や etwas Politisches について論じても空しいことなのである。

30 Hegel, Vgl. ibid. v.a. §257 ff. Vgl. Hočevar R.K. *Hegel und Preussische Staat*, München, 1973. ドイツ近代政治史に関して、宗教改革、農民戦争の挫折、宗教戦争の惨禍、プロイセン官僚政治・軍国主義、合理的官僚による上からの近代化、ブルジョアジーの未成熟、ドイツ自由主義の特異性、啓蒙主義・合理主義とロマン主義との対立、後進国の理論的優位、近代化の遅延、遅れた国民、

309

[付録] 正義と自律――あるいはプラトン政治哲学のストイケイア覚書

等々のことがしばしば常套句のように語られる。しかし、イギリスと比較すると、ドイツでは、目的合理的に振舞いうるその市民層の脆弱さもさることながら、実は、その貴族層の内実の薄弱さが、大きな意味を持ったのではなかろうか。ハーバーマスは、ドイツが西欧近代の水準に達したのは、ようやく第二次大戦後である、と語っているが（Vgl. Habermas, Wozu noch Philosophie?, in: *Philosophisch-politsche Profile*, Ffm. 1971. S.11 ff.）、いまや「近代の未完のプロジェクト」は完成に向かいつつあるのであろうか？「ラディカルな精神的貴族主義とラディカルな民主主義との内面的（結合）」（丸山真男『日本の思想』、一七九頁）は、もはや語られるべきことではないのであろうか？

31 Cf. Foster, *The Political Philosophies of Plato and Hegel*, esp. P. 39 seq.

32 Vgl. Hegel. aaO. S. Vorrede, S. 13-14, §46, A. §124, A. §185, A. §206, A. §299, A. etc. Cf.also Foster, P. 72 seq, esp. P. 101 seq; Popper, K. R., *The Open Society and its Enemies*, Bd.I: The Spell of Plato, London, 1948 (*Die offene Gesellschaft und ihre Feinde*, Bd.I: Der Zauber Platons, Bern 1957). ポパーのプラトン批判の欠陥については、ヘッフェの次のテクストが簡潔に整理している。Höffe, O. Vier Kapitel einer Wirkungsgeschichte der Politeia, 4 Der Zauber Poppers in: *Platon Politeia*, 359 ff.

33 たとえば、法（正義）は、『国家』に登場するトゥラシュマコスにとっては、逆にそれは弱者が強者からの収奪・搾取を回避するための言説であり、『ゴルギアス』に登場するカリクレスにとっては、強者（支配者）の支配を正当化する言説であり、『国家』でグラウコンが定式化しているある種の社会契約説によれば、強弱定かならぬ大衆が、収奪しえずに収奪される、という最悪の事態を回避するための妥協にすぎない。いずれにしても、sophistaiやかれらに感化された大衆にとって、法律や正義などというものは、臆見doxa（つまり、イデオロギー）に他ならないというわけである。

34 Cf. Thornhill, Cris. *The German Political Philosophie―Metaphysic of Law*, London, 2007, esp. P. 1-98.

35 physis (ius) ― nomos ― lex (law)：physisとnomosの対比は基本的に自然と人為のそれであり、nomosとlawとの対比は慣習法と制定法（実定法）のそれである。慣習法の意味でのnomosは、伝統的・具体的な共同体規制と古典古代的自由eleutheriaの概念と対応している。制定法（実定法）positive lawは近代的自由（選択意思）negative freedomと表裏の関係にある。中世末以降、アングロサクソン的な近代のcommon lawは、伝統的慣習法でもあるが、自覚的に選択された社会規範であるかぎりで、近代法的実定性を帯びている。

36 Cf. Foster, P. 101 seq.

37 Cf. Foster, ibid. esp. P. 113 seq.

38 人間の権利、つまり人権Menschenrechte概念の西欧思想史的背景にあるのは、とりわけ中世以来のキリスト教的自然法思想

310

[付録] 正義と自律——あるいはプラトン政治哲学のストイケイア覚書

であろう。キリスト教においては被造物のひとつである人間に宇宙（万物）における特権的地位が与えられるが、創造神＝超越神によって定立されたその自然法 lex naturalis の内容は、基本的に、第一に個人と類の生存（自己保存）vivere、第二に諸個人の実存 exsistantia と社交性 appetitus societatis（socialitatis）である。これは近代自然法論では諸個人の生得 innated の自然権 ius naturale とされる。原子論的個人を前提にすれば、個人の生命はキリスト教的神が与えたものであるから、個人が任意に処分するわけにはいかないが、当該個人の生命以外の一切は、さしあたりそれを全うするための任意に処分しうる手段になりうる。ところが、その個人以外の万物もその個人と同じく被造物である。そこで、万物における人類の特権的地位を前提にして、他の人間諸個人に危害を与えないかぎり、すべてが許される、というキリスト教に基づく自由主義の主張が提示されるわけである。その場合、人類以外の一切が人類生存のために任意に処分されてもよい対象であるということになるわけである。

諸個人（諸集団、諸類）が生活空間を共有せざるをえず、生活資源の希少性を前提とせざるかぎり、自己保存権であれ所有権であれ、権利 ius, Recht というものは、原理的に考えるならば、そもそも諸個体（諸個人、諸集団、諸類）の間の相互承認によって成立するのであって、生得 innated, angeboren の権利などということはありえない。人類以外の生物種間には言語を介しての意思疎通がないにしても、人類にはそれがありうるのであって、なんであれ権利は当該者たちの黙示的・明示的な正当化によってのみはじめて成立するのである。問題は、個人であれ集団であれ、人間の権利の正当化（正統化）に際して、その遂行とその遂行の諸前提とがいかにして正当でありうるかである。

39 Foster, ibid. P. 199.

40 人民（国民）主権、参政権と立法権の関係としての政治的自律性の問題は、一方では政治制度ないし政治システムの問題であるが、他方では倫理的かつ政治的なレヴェルでの individual self-determination と collective self-determinationn の相関（相互規定）という原理的問題である。人権 Menschenrechte と人民主権 Volkssouveränität とのフィードバック関係については、とりわけ以下を参照：Vgl. Habermas, *Faktizität und Geltung*, v.a. S. 109 ff. *Die Einbeziehung des Anderen*, S. 293 ff. *Dialektik der Säkularisierung*, Freiburg, 2005, S.15-37.

41 藤沢令夫『世界観と哲学の基本問題』、とりわけ八四頁以下参照。

42 Cf. Foster, P. 1-38.

43 たしかに、生産者層における社会的分業の自然発生的均衡（正義原理）と第三ポリス全体の人為的統治秩序（自由原理）とは、アリストテレス以後、あるいは近代的な思惟パラダイムからすれば、カテゴリー的に区別することができる。しかし、プラトンの用いている概念とその思惟パラダイムとは、よかれあしかれ、これらとは異なると考えなければ、生産者の techne と統治者のそれとは、

[付録] 正義と自律——あるいはプラトン政治哲学のストイケイア覚書

44 ればならないであろう。

45 プラトンがここで呈示する哲人統治者に関しては、以下のテクストを参照：Spaemann, Robert, Die Philosophenkönige Buch V 473b-VI 504a in: Platon Politeia.

46 Vgl. Arend, H. Vita activa, v.a. S. 161 ff.；Habermas, Technik und Wissenschaft als "Ideologie", S. 9 ff.; Theorie des kommunikativen Handelns, Bd. 1, S. 126 ff.

47 藤沢令夫、前掲書、とりわけ一三六頁以下参照。

48 Vgl. Heidegger, M. Platons Lehre von der Wahrheit, Ffm, 1947 (4 Afl, 1997); Arendt, H. Vita activa, S. 165. "Alles Herstellen ist gewalttätig, und Homo faber, der Schöpfer der Welt, kann sein Geschäft nur verrichten, indem er Natur zerstört". ハイデガーのプラトン解釈については、木田元『哲学と反哲学』、『反哲学史』参照。ハイデガーのプラトン解釈批判については、藤沢令夫『哲学の課題』、『世界観と哲学の基本問題』、『プラトンの哲学』参照。

49 プラトン『国家』345C ff. ここでは、プラトンの描くソクラテスによれば、technē はその遂行者にではなく、その対象になる者にのみ、利益をもたらす、とされているが、『国家』篇で示されているこの統治概念では、①kybernān よりも、②人間個人の aretē を自己陶冶せしめる paideiā の機能が前面に出ている。柄谷における国家を「略取—再分配」という交換形式とするならば、現実のこの関係には（支配者による）搾取と（被支配者による）承認の両契機が含まれている。もちろん、社会に構造的暴力が内在するかぎり、政治（統治）権力は、①②とともに、いつもすでに③階級支配機能を果たしている。

50 ここでは、社会統合機能 kybernān（社会的労働とその成果との正統的分配機能）を遂行する統治 archein と階級支配機能を果たす支配 despozein とは概念的に区別しうる。『国家』篇で示されているこの統治概念では、①kybernān よりも、②人間個人の aretē を実現する、ということを意味するとすれば、technē は、ひるがえって、その遂行者にもまた、善きもの agaton をもたらす、ともいえるのではないか。例えば、教育がそれを受ける者のみならず、それを行なう者にも何かをもたらすように。

「政治的なるもの」etwas Politisches には、(a) 闘争 polemos、暴力 bia、(b) 妥協 kolakeia、取引 logos poieisthai、(c) 対話 dialogos、説得 peithō、(d) 教育・陶冶 paideiā、(e) 公共の空間における人間個人の実存開示などの諸契機を含んでいる。マキアヴェッリ、ホッブズ、シュミット的 realist なら (a) を、ロック的 liberalist であれば (b) を、ルソー的 republicanist であれば、(d) を、アーレント的 existentialist であれば、(e) を強調するであろう。だが、政治は「生きること」zēn と「善く生きること」eu zēn の両アスペクトにトータルに係わっている以上、それをどれかの契機に還元するわけにはいかない。

312

[付録] 正義と自律――あるいはプラトン政治哲学のストイケイア覚書

51 Vgl. Höffe, Otfried, Zur Analogie von Individuum und Polis (Buch II 367e-374d) in *Platon Politeia*, S.69 ff.
52 Vgl. Höffe, ibid.

[Literatur 主な参考文献]

Platonis opera, Burnet, J., Oxford 1900-1907; プラトン全集、全一五巻、田中、藤沢編
Platon, Werke in 8 Bd. (griechisch-deutsch), übers. von Schreiermacher, F.Det al. 2.Auf. 1990
Klassiker auslegen Platon Politeia, hrsg. von Höffe, O. 1990
Hegel, G.W.F., *Grundlinien der Philosophie des Rechts, Werke 7* (Suhrkamp
Foster, M.B. *The Political Philosophies of Plato and Hegel*, Oxford, 1935
Heidegger, Martin, *Nietzsche*, 1961; *Einführung in die Metaphysik*, 1957
Horkheimer, M. Adorno, T.W. *Dialektik der Aufklärung*, 1944
Arendt, Hannah, *Vita activa oder Vom tätigen Leben ― The Human Condition*, 1958
Habermas, Jürgen, *Technik und Wissenschaft als Ideologie*, 1968; *Theorie des kommunikativen Handelns*, 1981; *Faktizität und Geltung*, 1992
Weber, Max, *Gesammelte Aufsätze zur Sozial- und Wirtschaftsgeschichte*, 1924
藤沢令夫『ギリシア哲学と現代』一九八〇年、『世界観と哲学の基本問題』一九九三年、『イデアと世界』著作集II所収二〇〇〇年、『プラトンの哲学』一九九八年
雀部幸隆『公共善の政治学』二〇〇七年、『ウェーバーと政治の世界』一九九九年
柄谷行人『トランス・クリティーク』二〇〇一年、『世界共和国へ』二〇〇六年

＊ 本稿は、二〇〇九年一一月に刊行された『社会哲学のアクチュアリティ』――三浦和男追悼論集（未知谷）へ同著者の寄稿文とほぼ同じものである。異なるところは、第一に、冒頭に簡単な論点を提示していること、第二に、寄稿文では、とくに注の一部で、紙幅の制約から割愛した部分を残していること、第三に、覚書という性格上、煩瑣をいとわず、あえてできるだけ用語の原語を（但し、ラテン文字で）挿入したままにしていることなどである。また、

313

［付録］正義と自律——あるいはプラトン政治哲学のストイケイア覚書

本稿は、二〇〇九年五月の政治思想学会での報告レジュメとも内容が重なっている。

あとがき

Jedem das Seine.（各人に各人のものを）——この人口に膾炙した言葉を、思わぬところで見つけて愕かされたことがある。十年程前、ワイマール近郊、チューリンゲンの森の小高い丘陵の上に残るブーヒェンヴァルト強制収容所跡をたまたま訪れた。そのとき、その入口の門扉にこれが掲げられていたのを眼にしたのだ。古代ギリシア以来幾度となく異口同音に語られてきた正義を表現するこの格言・法諺を、苛酷な政治的圧制に平然と加担した誰かが臆面もなく用いていたのである。

この格言・法諺は、プラトンの『国家』篇においても、主題の正義に関して、「自分のことを果たし、他人のことには手を出さない」というような言い方で使われている。自他のことをそれとして、誰が如何にして見極めるのか。正義の問題は、古代から現代に至るまで、配分・矯正・交換の基準点を、あるいは自由と平等との均衡点を、誰が如何にして見極めるのか、この点に集約されている。『国家』篇においては、この基準点・均衡点を見極める人間個人の魂（人格）こそが、問題になっているのである。

「己のことを果たす」ということには、他者関係と自己実現という相互に限定し合う二つのことがらが含意されている。この相互限定を自覚しながら、己の本領（徳）を発揮しうる適合域において「善く生きる」ことが問題なのである。そうであるかぎり、自由と強制は、二律背反あるいは二者択一の問題ではない。自由であるためにこそ、人間はいつもすでに、個人においても国家においても、他者関係における自己統治を必要としている。ヘーゲルの「他者のうちにありながら自己のもとにある」という自由の定義はそのことを意味しているはずである。

善悪、美醜、真偽、生死の狭間に開く深淵に臨み、ことがらの根拠についての対話を持続せよ、という要請は当為

315

あとがき

にすぎない。所詮、どのような言説もいつもすでに両義的・多義的でありうるし、それどころか正反対の意味に転義しうる。自省を絶やすことなく、しかも、人間として、とりわけ個人として、分をわきまえて、只管(ひたすら)、所与の現実の只中において己のことを果たすこと、これがデルフォイの信託「グノーティ・サーウトン(汝自身を知れ)」の謂いに他ならない。要するに、魂の内なる理性と意思の相克を、ソクラテスのみならず、フォスターがまったく外連を感じさせない正攻法で迫っているプラトンやヘーゲルもまた、それぞれの思念の奥底で深刻に凝視していたように思える。

「我事において後悔せず」。この武蔵の言葉について、小林秀雄はどこかで、「我事」は「ワレコト」ではなく「ワガコト」と読むべきであろう、と述べていた。ひとは己の生きる時代を選びえない。時代の転換期を生きた武蔵は、生業に就くこともなく、生涯に六十余度、文字通り命のやりとりを繰り返し、宗教者のごとく「生死の意味」を探究し続けた。こういう生き方は時代と本人の器量との稀有の邂逅がなければありえまい。それは日々の生業に追い立てられた庶民の憧憬の対象にはなりえても、己の生き方の直接的な模範にはなり難い。とはいえ、「神仏を敬い、神仏を頼らず」という生き方には、われわれのこころの琴線に触れるものがある。

二十世紀初頭におけるマックス・ウェーバーの時代診断の中にあるように、一世紀を経て、資本主義・技術主義・享楽主義のさらなる「勝利の凱旋行進」の只中にあって「信条を欠く享楽人」と「精神を欠く専門人」が、すなわち、世界の「合理化」と「没意味化」によって「虚無」そのものに成り果てた「末人たち」が、文明と進歩の頂に登りつめたと自惚れている。だがしかし、人間が「意味を飢渇する」存在であるかぎり、「アテナイ人諸君、きみたちは、金や名誉を追い求め、魂の世話を疎かにして生きていることを、恥としないのか」というソクラテスの叫びもまた、二千数百年の歳月を越えて、極東の島国に生きるわれわれの耳朶の底に何かを響かせるに違いない。

本書の著者M・B・フォスターは、プラトンとヘーゲルの政治哲学を、ユダヤ教・キリスト教の「自由意志」の思想、政治権力における意思・命令・法の問題連関から捉え返しているが、そのことはまた逆に、古代ギリシア哲学の「理性」・「徳」の問題連関を、とりわけプラトン哲学におけるソクラテス・モティーフや初期ヘーゲル哲学におけるキリ

316

あとがき

本書は、M・B・Foster, *The Political Philosophies of Plato and Hegel*, Oxford, 1935 の全訳である。原書は二百頁ほどの比較的小さな本であるが、扱っている内容はきわめて大きい。訳者がフォスターのこのテクストの存在を知ったのは、十年ほど前のドイツでの在外研究のときにたまたま手にした学生向けの小さなドイツ語のプラトン概説書 (Martin Suhr, *Platon*, 1992 Ffm.) においてであった。フォスターのテクストは、ここで『国家』篇に関する三つの参考文献のひとつとして挙げられていた。そこには、このテクストについて次のように簡潔に記されている。

「このテクストにおいては、プラトン哲学が西欧哲学全体のコンテクストにおいて捉え返されている。それゆえに、このテクストは、総じてもっとも明快なプラトン解釈のひとつに数えられよう。さらにまた、ヘーゲル哲学についての研究書のなかで理解が容易でしかも同時に教えるところの豊富なものはきわめて数がすくないが、フォスターのヘーゲル解釈は、この数すくない研究書に属している」(S.172)。

いま訳者の手許にあるのは、帰国後、横浜国立大学所蔵の戦前にオクスフォードで出版された原典テクストをコピーしたものである。爾来、訳者は著者フォスターについて本書以外何も知るところがなかった。本書の序文の末尾に記されているところからすると、かれはまさにワイマール共和国一九二〇年代の激動期にドイツに留学していたらしい。一九二九年にドイツのキール大学でヘーゲルに関する博士論文をドイツ語で公刊しているからである。この経験は、本書の内容に大きな影響を及ぼしているはずである。

もちろん、古典学・文献学については戦前のドイツにも大きな蓄積がある。しかしやはり、イギリスでのその蓄積

スト教批判の意味を浮かび上がらせ、われわれをより深い「意味の探究」に誘うことであろう。現代政治における国家内外の資源及び権力の分配に関する妥協・取引という現実的問題や、リベラリズムとコミュニタリアニズムとの折衷などといった理論的問題の背後には、こうしたより深い原理的な問題が潜んでいるからである。

*

317

あとがき

がドイツのそれを遥かに凌ぐほどであったとはいえよう。ところが逆に、イギリスにおけるドイツ古典哲学研究、とりわけヘーゲルに関する研究は、例外はあるとしても、きわめてかぎられている。戦前・戦後の西ヨーロッパにおける哲学の研究状況に鑑みて、プラトンとヘーゲルに関するフォスターの研究は、西欧哲学史の両巨人についての研究にしばしば見られる解釈のイデオロギー的偏向を少しも感じさせない。この点で本書は稀有なものではあるまいか。寡聞にして訳者は、本書のように何の外連も感じさせずに正攻法で両者の政治哲学に肉薄した研究書を知らない。

というわけで、著者フォスターの経歴については殆ど知るところがなかったが、後に、同僚の知人がインターネットで調べてくれた資料によると、われわれの著者フォスター（Michael Beresford Foster）の生没年は一九〇三年─一九五九年であり、a tutor in philosophy of Oxford University's Christ Church を務め、没年に至るまで the chairman of the British Student Christian Movement であった、とのことである。共著を除くと、単著の公刊書は、本書の他には、*Mystery and Philosophy*, M.B. Foster, SCM Press, 1957 のみが記されている。弱冠三十をいくらか越えたときに著された本書は、もちろん十二分にとはいえないまでも、おそらく著者の生涯の思想的モティーフを簡潔かつ的確に表現しているように思われる。

安世舟先生には草稿段階の原稿を読んでいただいた。さまざまな困難の中、何がそうさせるのか、ひとり奮闘しておられる風行社の犬塚満さんには、今回もまた快く出版を引き受けていただいた。出版助成に関しては、勤務校学務課の大塚晃弘さんにお世話をいただいた。これらの方々に、記して感謝の念を表しておきたい。

尚、本書は、平成二十二年度の大東文化大学特別研究費の助成を受けた。この件に関してご配慮いただいた方々にも感謝いたします。

あとがき

平成二十二年　水無月　夏至のころ　小田原にて

永井健晴

索　引

罰 Punishment　54
批判、批判主義、批評 Criticism　206, 214
福祉行政 Police, (D) Polizei　180ff., 183
普遍的 universal, as Form c.w. Law　132ff.
　c.w. 個体的 individual　37, 192
分業（労働分割）Division of Labour, 専門化
　　Specialization　9, 14, 19, 26
　　c.w. division of classes　31ff., 39-41, 49ff.,
　　69ff.
便宜 Expediency 192
弁証法 Dialectic, (G) διαλεκτική, (D) Dialektik
　　138, 156
　　Hegelian, c.w. Platonic 142ff., 187ff.
法、Law , (L) lex, (D) Gesetz Ch.IV.
　　c.w. Nomos, (G) νόμος　134ff., 140, 155ff,
　　164
　　c.w. Form　131ff.
　　positive　134, 138ff., 152ff.
　　as command　134ff.
　　as "Gesetz"　140ff.
　　civil c.w. economic 171ff.
法権利（D）Recht,「抽象的法権利」das
　　abstrakte Recht　174, 198
封建制 Feudal system　129, 218
補助者 Auxiliaries, (G) ἐπίκουρος　15ff., 17,
　　54ff.
ホッブズ Hobbes, Th.　29, 47, 57, 84, 135,
　　159, 171, 172, 175, 187, 198, 203, 216,
　　219, 232

〔マ〕

マールブランシュ Malebranche　235
マルクス主義 Marxism　232
身分、身分制議会 Estates, (D) Stände　76
ミル Mill, J. S.　235
ムーア Moore, G. E. 165
目的論 Teleology　223ff., 227ff., 235ff.

〔ヤ〕

有機的統一体 Organic unity　8ff.
　of Polis　11ff.
　of the State　217ff., 234

有機体 Organism　19, 20, 217, 218

〔ラ〕

「理念性」(D) Idealität　233
ルソー Rousseau　41
歴史 History　138ff., 151, 204ff.
　philosophy of　223, 229
ロゴス (G) λόγος; reason c.w. λογιστικόν (Tò;
　　the faculty of reason)　67, 68, 87
　　c.w. Muthos, (G) μῦθος　168
ロック Locke, J.　35, 37, 154, 158, 198, 1782,
　　175
ローマ法 Roman Law　36, 161

III

laws of　43, 77, 171ff.
自由 Freedom, (G) ἐλευθερία, (L) libertas, (D) Freiheit Ch. II,　94ff.
　道徳的自由 moral freedom c.w. 欲望 desire の自由　98ff.
　異教徒的自由 pagan　66, 76, 105ff.
　「倫理的」自由 ethical　144ff.
　「経済的」自由 economic　148ff.
　Ethical c.w. Economic　131, 176ff.
　「祖国愛的」自由 patriotic　191ff.
　「政治的」自由 political　191, 195ff.
　立法の自由 freedom of making laws　226
　言論・出版の自由 freedom of speech and the Press　190, 195ff., 216
自由主義 Liberalism　172
主権 Sovereignty　29, 215ff.
主体性、主観性 Subjectivity, (D) Subjektivität Ch III., App. E
社会 Society c.w. 国家 State Ch. V.
社会の経済的秩序 Economic order of society　35ff., 73, 76, 77, 126, 127, 167ff., 172ff.
常識 Common sense　153ff.
職業共済団体 Corporations, (D) Koporationen　180ff., 183
所有、財産 Property　97
人為、作為、技、技術 Art　213ff.
　c.w. 自然 Nature　33ff., 212, 220, 227
　fine, c.w. useful　209, 213ff., 228ff.
進化 Evolution　205, 223ff., 235ff.
神託 Oracles　129
「人倫性（習俗規範性）」(D) Sittlichkeit　102
　of the Polis, c.w. that of the State　104, 105, 111ff.
スタシス（内乱、党派抗争）(G) στάσις, faction　127
ストア派（ストア哲学）Stoicism　66
スピノザ Spinoza　46, 198, 157
精神 Spirit, (D) Geist　29, 43, 50
政治的結社 Political association, nature of 8, 17ff., 51

政党 Party　127, 190, 216
政府 Government c.w. Monarchy and Parliament　190
　c.w. Sovereign　216
生物学 Biology　205, 235ff.
「世界精神」(D) Weltgeist　224, 236
摂理 Providence, (D) Vorsehung　230, 231, 234, 236
戦争 War　14, 38
創造 Creation　157, 165, 210, 219ff.
　artistic　212ff.
祖国愛 Patriotism　192ff., 205, 206
ソフィアー（知恵）(G) σοφία, wisdom　16, 56, 66ff., 87ff., 96, 143ff.
ソーフロシュネー（節制）(G) σωφροσύνη, temperance　111ff.
存在論 Ontological argument　29

〔タ〕

「第一国家（ポリス）」First city Ch. I. passim., 49ff.
代表（制）Representation　190, 216
ダーウィン Dawin　236
「魂の諸部分」Parts of the Soul　61ff., 87
ディカイオシュネー（正義）(G) δικαιοσύνη, justice　32, 35, Ch II. passim.
デカルト Decartes　47, 68
テクネー (G) τεχνή, art, craft　44, 46, 209ff., 2125ff.
統治 Ruling, 統治術 Thechne of ruling　22ff., 31ff., 51ff., 211ff., 227
　distinguished from Auxiliaries　14ff.
道徳、道徳性、道徳態 Morality (Kantian), (D) Moralität　96, 99ff., 125, 145, 159
ドゥ・バーグ De Burgh, W. G　235
奴隷制 Slavery　65, 66, 84, 109ff, 219

〔ナ〕

ノモス Nomos, (G) νόμος c.w. Law　132ff.

〔ハ〕

発展 Development　223ff., 227, 229

索　引

[c.w. = contrasted with]
（L）Latin,（G）Greek,（D）Deutsch

〔ア〕

アウグスティヌス Augustine,（L）Augustinus　164
アリストテレス Aristotle,（G）'Αριστοτέλης　43, 44, 82, 83, 109, 145, 146, 157, 160, 164, 168, 233
アレテー（徳・器量・卓越性）、（G）ἀρετή, virtue　49, 59
アンドレイアー（勇気）Andreia,（G）ἀνδρεία　16, 63-66, 75, 105ff., 146, 152
異教思想 Paganism　66, 109
意思、意志 Will,（L）voluntas　150ff., 196ff.
「倫理的」ethical　144ff.
「経済的」economic　148ff.
「倫理的」ethical c.w. economic　131, 177, 184
偉大さ、偉人 Greatness　224ff.
エルゴン（活動・行為）、（G）ἔργον　58-59
エンサイクロペディア・ブリタニカ Encyclopaedia Britannica　235
オルテー・ドクサ（正しい臆見・信念）、（G）Orthê Doxa, right belief　75, 106, 143, 159

〔カ〕

階層、階級 Class　56, 69, 74, 76, 110-111, 184-187
　c.w. trade 27, 31ff., 73ff.
カント Kant　37, 46, 67, 96, 97, 99, 100, 145, 158, 200, 235
キリスト教 Christianity　68, 154ff., 188, 210, 220, 236
教育、陶冶 Education,（G）παιδεία,（D）Bildung　16, 27ff., 54ff., 79-81, 107, 145
議会（制）Parliament,（D）Stände　190
議会制民主制 Parliamentary democracy　221, 226, 227
偽善 Hypocrisy　100
「薬としての嘘」Medical Lie　54
クレーマティスティケー（金銭獲得術）money-making;（G）χρηματιστική　69ff, 83, 90, 92, 97, 98
クローチェ Croce, B.　235, 236
クローナー Kroner, R.　165
君主制 Monarchy　190, 218
経験論 Empiricism　66, 84, 126, 134, 158, 171, 220, 232
形相 Form;（G）εἶδος, μορφή c.w. Matter　19ff.
啓蒙思想 Enlightenment, the,　95, 204
ゲゼッツ（法則、法律）、（D）Gesetz　134, 139
ゲミュート（心情、情緒）、（D）Gemüt　146
検閲（監視）Censorship　54
合理論（合理主義、理性主義）Rationalism　66, 84, 138, 171, 179
公論 Public opinion,（D）Öffentlichkeit　190, 195
個体的 individual c.w. 普遍的 universal　37
国家 State, c.w. Polis Ch.I
　c.w. Society　35, Ch V.
コベット Cobbett　198, 226

〔サ〕

三位一体論 Trinity, doctrine of,　157
自然 Nature　43
　state of　36, 168ff.

I

[著者略歴]
Michael Beresford Foster (1903 – 1959)
A tutor in philosophy of Oxford University's Christ Church,
The chairman of the Britisch Student Christian Movement.
Die Geschichte als Schicksal des Geistes in der Hegelschen Philosophie
(Dissertation, Kiel Universität, 1929)
The Political Philosophies of Plato and Hegel（Oxford University Press, 1935)
Mystery and Philosophy（SCM Press, 1957)

[訳者略歴]
永井健晴（ながい　たけはる）
慶應義塾大学大学院法学研究科博士課程修了、フランクフルト大学哲学博士
現在、大東文化大学法学部政治学科教授　政治哲学専攻
著訳書：
Natur und Geschichte — Die Sozialphilosophie Max Horkheimers（Dissertation, Goethe Uni. Frankfurt a.M., 1982)、ヘーゲル『法権利の哲学』（共訳、1991年、未知谷）、L・ゴルドマン『啓蒙精神と弁証法的批判』（2000年、文化書房博文社）、C・ソーンヒル『現代ドイツの政治思想家』（共訳、2004年、岩波書店）。R・マオラー『プラトンの政治哲学』(2005年、風行社）、『プラトン政治哲学批判序説』（風行社、2008年）、『社会哲学のアクチュアリティ』（共著、2009年、未知谷）、学術論文に、「ハーバーマスの政治理論」（2002年、日本政治学会年報、岩波書店）など。

プラトンとヘーゲルの政治哲学

2010年8月20日　初版第1刷発行

　　　　　著　者　M・B・フォスター
　　　　　訳　者　永　井　健　晴
　　　　　発行者　犬　塚　　　満
　　　　　発行所　株式会社 風 行 社
　　　　　　　　〒101-0052 東京都千代田区神田小川町3-26-20
　　　　　　　　Tel. & Fax. 03-6672-4001
　　　　　　　　振替 00190-1-537252
　　　　　印刷・製本　創栄図書印刷

2010　Printed in Japan　ISBN978-4-86258-050-4

［風行社　出版案内］

プラトン政治哲学批判序説
――人間と政治

永井健晴著　　　　　　　　　　　　　　　　　　　　　　Ａ５判　4725円

プラトンの政治哲学
――政治的倫理学に関する歴史的・体系的考察――

Ｒ・マオラー著　永井健晴訳　　　　　　　　　　　　　　Ａ５判　4725円

政治思想の源流
――ヘレニズムとヘブライズム

古賀敬太著　　　　　　　　　　　　　　　　　　　　　　四六判　3675円

ハンナ・アレント研究
――〈始まり〉と社会契約――

森分大輔著　　　　　　　　　　　　　　　　　　　　　　Ａ５判　4725円

エドゥアルト・ガンスとドイツ精神史
――ヘーゲルとハイネのはざまで

川﨑修敬著　　　　　　　　　　　　　　　　　　　　　　Ａ５判　6300円

主権論

Ｈ・ヘラー著　大野達司・住吉雅美・山崎充彦訳　　　　　　Ａ５判　4200円

ナショナリティについて

Ｄ・ミラー著　富沢克・長谷川一年・施光恒・竹島博之訳　　四六判　2940円

政治と情念
――より平等なリベラリズムへ――

Ｍ・ウォルツァー著　齋藤純一・谷澤正嗣・和田泰一訳　　　四六判　2835円

多層的民主主義の憲法理論
――ヨーロッパにおける自治の思想と展望

ディアン・シェーフォルト著　大野達司訳　　　　　　　　　四六判　9240円

カール・シュミットの挑戦

シャンタル・ムフ編　古賀敬太・佐野誠編訳　　　　　　　　Ａ５判　4410円

＊表示価格は消費税（５％）込みです。